LES ORIGINES

DE L'ANNEXION DE LA HAUTE-ALSACE A LA BOURGOGNE

EN 1469

LOUIS STOUFF

LES ORIGINES DE L'ANNEXION

DE

LA HAUTE-ALSACE

A LA BOURGOGNE

EN 1469

Etude

sur les terres engagées par l'Autriche en Alsace depuis le XIVe siècle

spécialement la seigneurie de Florimont

PARIS

LIBRAIRIE

DU RECUEIL GÉNÉRAL DES LOIS ET DES ARRÊTS

ET DU JOURNAL DU PALAIS

L. LAROSE, ÉDITEUR

22, RUE SOUFFLOT, 22

1901

A LA MÉMOIRE DE MON PÈRE

LES ORIGINES

DE

L'ANNEXION DE LA HAUTE-ALSACE

A LA BOURGOGNE

EN 1469

PRÉLIMINAIRES

LES DOCUMENTS[1]

Le pays, objet de cette étude, est une partie de l'Alsace demeurée française. Florimont, aujourd'hui village du canton de Delle, dans l'arrondissement de Belfort, était autrefois une petite cité avec une enceinte fortifiée et un château. La ville avait une bourgeoisie, quelques libertés, un corps de magistrats. Elle était le chef-lieu d'une seigneurie autrichienne, composée de sept villages et de plusieurs autres domaines. Dépendant de la régence

---

1.   1º *Archives.*

I. *France et Alsace-Lorraine.* Archives départementales du Haut-Rhin à Colmar. Archives départementales de la Côte-d'Or. Archives départementales du Doubs. Archives communales de Florimont. Archives de M. le Marquis de Scey de Brun au château de Buthiers (Haute-Saône) et aux archives de la ville de Mulhouse (fonds Scey-Ferrette). Bibliothèque de la ville de Montbéliard, etc..

II. *Etranger.* Archives de l'État de Bâle-Ville. Archives provinciales d'Insbruck, etc..

2º *Documents imprimés, chroniques, chartes, publications in-extenso, analyses, extraits, traductions, abréviations employées pour les citations les plus fréquentes.*

SCHŒPFLIN, *Alsatia diplomatica :* deux volumes (Mannheim, 1772 1775).

T. TROUILLAT, *Monuments de l'histoire de l'ancien évéché de Bâle.* Cinq volumes (Porrentruy, 1854-1867). Chartes et extraits de chroniques. Renferme beaucoup de documents sur Florimont du XIIIᵉ siècle à la fin du XVᵉ siècle, la plupart en regeste.

STOFFEL, *Dictionnaire topographique du département du Haut-Rhin,* compre-

1

d'Ensisheim, c'est-à-dire de l'administration du landgraviat des Habsbourg dans la Haute-Alsace, elle se trouvait ainsi rattachée au gouvernement des pays de la Haute-Autriche, qui comprenait, avec le landgraviat en Alsace, le Sundgau, le Brisgau, la Forêt Noire, les quatre Villes Forestières sur le Rhin, les villes de Villingen et de Prunlingen et le comté de Tyrol [1].

Au XVIIe siècle toutes ces vieilles choses furent bouleversées. La guerre de Trente Ans, la terrible « guerre des Suédois », dont le souvenir est toujours vivant dans cette contrée, malgré toutes les invasions qui l'ont désolée

nant les noms de lieu anciens et modernes (Paris, Imprimerie Impériale, 1868). *Topographisches Wörterbuch des Ober-Elsass*, die alten und neuen ortsnamen enthaltend, IIe Auflage (Colmar, 1876). Plus complète que l'édition française.

Basl. Chron., *Basler Chroniken*, herausgegeben von der historischen und antiquarischen gesellschaft von Basel. Six volumes préparés par Vischer, Boos et Bernoulli (Leipzig, 1880-1900).

Boos, *Urkundenbuch der landschaft Basel*. Deux parties (Bâle, 1881, 1883).

Viellard, *Documents et mémoire pour servir à l'histoire du territoire de Bel fort* (Besançon, 1884). Documents antérieurs à 1251.

UB. Basel. Wackernagel. *Urkundenbuch der stadt Basel*. Le premier volume a paru en 1890. Actuellement il y a cinq volumes publiés, les tomes I à V (728-1408) et le tome VII (1441-1454). Le VIe volume (1409-1440) et le VIIIe (1455-1501) paraîtront avant la fin de l'année 1901.

Rappoltstein. UB., Albrecht, *Rappoltsteinisches Urkundenbuch*, (759-1500). Cinq volumes (Colmar, 1891-1898).

Feltin, *Florimont* (Belfort, 1898). Documents du XVe au XVIIIe siècle dans le texte et sous le titre de *pièces justificatives*, les plus anciens traduits en français moderne.

Thommen, *Urkunden zur Schweizer geschichte aus Osterreichischen archiven*, I, 765-1370 (Bâle, 1899).

Benner, *Inventaire raisonné du fonds Sœy-Ferrette* aux archives municipales de Mulhouse (Mulhouse, 1900), 262 pages.

P. J., Documents, presque tous inédits, publiés à la fin de la présente étude comme Pièces Justificatives.

Je crois utile de rappeler que le style chronologique jusque vers le milieu du XVIe siècle est presque toujours celui de Noël. Léopold, duc d'Autriche, date une charte du vendredi après Noël 1401 (P. J., 6). Cette date, exprimée dans notre style, est le 31 décembre 1400. Les comptes de Burquelin Pommeaul d'Or, receveur de Ferrette, et de Jean Bernard d'Asuel, châtelain et receveur de Delle, commencent à Noël 1424 (1423, n. st.), et finissent à Noël 1425 (1424 n. st.). Le style de Noël était aussi celui de l'évêché de Bâle (P. J., 29, 1432, 13 avril).

1. P. J., 54 (1522, 1er mars); 55-57 (1523, 5 juin; 16 juil.; 19 sept.). On distinguait parmi les pays de la Haute Autriche les pays intérieurs et les pays antérieurs, inner und vorderlande. L'Alsace était pays antérieur.

depuis, ravagea la ville, détruisit le château et ses remparts, arrêta la vie sociale, ruina nombre de particuliers, endetta la communauté, dispersa les habitants et réduisit la bourgoisie à un très petit nombre de familles [1]. Puis vint l'annexion française. Elle eut pour conséquences l'affaiblissement ou la disparition lente des anciennes institutions municipales et seigneuriales, la perte des exemptions fiscales accordées ou laissées à l'Alsace au lendemain de la conquête, et finalement l'assimilation du pays à la France. La Révolution acheva de détruire ce qui avait échappé aux intendants d'Alsace.

Longtemps avant la guerre de Trente Ans, la seigneurie de Florimont était déjà presque détachée de l'Autriche. Dès la seconde moitié du xive siècle les Habsbourg, pressés par le besoin d'argent, engagèrent la plupart de leurs terres patrimoniales de la Haute-Alsace à de nombreux créanciers. Florimont fut l'une des premières seigneuries comprises dans ces engagements. Jusqu'à la fin du xviie siècle le domaine ne cessa presque à aucun instant d'appartenir à des seigneurs créanciers de la Maison d'Autriche. Il n'était pas encore sorti de leurs mains que le pays était devenu français.

De la fin du xive siècle à 1648, une date mémorable coupe l'histoire de la longue série de ces seigneurs engagistes. C'est la journée du 9 mai 1469, dans laquelle fut signé le traité de Saint-Omer. Ce jour là, Sigismond,

---

1. En 1648, on ne trouvait plus personne qui voulût s'obliger comme caution. V. le *Livre de vie de l'église de Courtelevant* ou recueil des obligations constituées au profit de cette église, fol. 309. Par ordonnance et commandement de noble *Jean Sebastian Scletzlin,* chastellain à *Florimont,* l'on at renouuellé les obligations suigantes. Mais considérant que l'on ne peult trouuer plaige ny caution, l'on at mis et donnez èsdictes obligations bons et suffisans assignaulx, et est ce au cause des orualle de guerre que personne ne ce veulx constituer plaige. Actum ce 10 feuurier 1648. *Ja. Chr. Thomas,* manu propria. Dix-huit bourgeois et une fille ou veuve formaient alors toute la communauté (Mémoire premier pour les maire, maître-bourgeois, jurés et habitans de la communauté de la petite ville de Florimont, p. 36).

duc d'Autriche, donnait en gage à Charles le Téméraire, duc de Bourgogne, toutes ses possessions alsaciennes. La seigneurie de Florimont devint terre bourguignonne. Ce ne fut que pour quelques années. Cinq ans après, jour pour jour, l'exécution du grand bailli de Charles le Téméraire, Pierre de Hagenbach, rendait à l'Autriche ses territoires [1].

Les sources de l'histoire de la seigneurie de Florimont, sous les ducs d'Autriche, consistent principalement dans des chartes et autres pièces d'archives [2]. Par malheur, beaucoup d'anciens titres, la plupart sans doute, sont perdus. La seigneurie eut sa part de tous les grands malheurs publics. Elle subit ses propres calamités. Brûlée en 1425 dans la guerre de l'évêque de Bâle, Jean de Fleckenstein, et du comte Thiébaud de Neuchâtel en Bourgogne, la ville était incendiée de nouveau vers l'an 1511. Les chartes de franchises que la bourgeoisie avait reçues des ducs d'Autriche périssaient dans cet incendie. Le château, où l'on conservait les titres de la seigneurie, brûlait en 1577 [3]. Il ne se relevait de ses ruines que pour être rasé par les Français en 1635 [4].

1. Johannis Knebel Diarium (*Basl. Chron.*, II, p. 91).

2. Il en est dit quelques mots dans la chronique d'Albert de Strasbourg (xive siècle), les Annales des Franciscains de Thann *(Annales oder Jahrs-Geschichten der Baarfüsseren oder Minderen Brüdern s. Franc. ord. insgemein Conventualen genannt zu Thann*, beschrieben und in ordnung gebracht durch P. F. Malachiam Tschamser, MDCCXXIV : (Colmar, 1864, 2 vol.), le Journal de Jean Knebel, chapelain de l'église de Bâle, les suppléments et continuations de la Chronique de Königshoven par un anonyme, la Chronique de Röteln (xve siècle), la Chronique de Bâle de Wurstisen (xvie siècle) et la Chronique de Guebwiller (*Die Gebweiler Chronik des Dominikaners* Fr. Seraphin Dietler zum ersten male vollständig herausgegeben von Dr Joh. v. Schlumberger ; Gebweiler, 1898).

3. P. J., 50 (1511, 4 févr.). 1o Mémoire concernant la terre de Florimont, fol. 4, ro (P. J., 62). Rapports et lettres des officiers de la Maison d'Autriche concernant l'état du château incendié le mardi 26 mars 1577 par la mégarde des servantes de Jacques Girardin, châtelain. A part les écuries et les granges, peu de chose est resté debout. Le château ne pourrait être reconstruit que moyennant quelques mille livres (Arch. du Haut-Rhin, M, fonds Barbaud, dossier 2, liasse 2, réparations, reconstruction du château incendié, 1564-1586).

4. Castrum *Gallicanus* miles, dit Schœpflin, anno 1635, solo æquavit (*Alsatia illustrata*, II, p. 51).

Ce qui reste des titres de Florimont est épars dans de nombreuses archives françaises et étrangères. La situation moderne de Florimont à la limite extrême de trois États, les changements de frontières, assez fréquents dans cette région, ont contribué à leur dispersion, qui a été peut-être la plus grande difficulté de ce travail. Mais la cause principale de cet éparpillement est dans le grand nombre de familles d'origine et de nationalité diverses qui ont possédé Florimont depuis le xiii⁰ siècle jusqu'à la Révolution. On en jugera par l'exposé aussi sommaire que possible des mutations de la seigneurie. La liste chronologique des maîtres de Florimont est indispensable pour comprendre la répartition actuelle des anciens documents. Il était également nécessaire de poursuivre cette énumération jusqu'à 1791. Les titres de propriété et les papiers fonciers se transmettaient avec la terre. C'est dans les archives des possesseurs français du xvii⁰ et du xviii⁰ siècle que se sont arrêtées nombre de pièces du moyen âge et de l'époque de la domination autrichienne[1].

1° Période des comtes de Ferrette
(de 1256 à 1324)

Florimont appartint successivement : I, à Ulric, comte de Ferrette (1256) ; II, à son fils Louis (1262) ; III, après la mort de Louis, à sa veuve, la dame de Ribeaupierre, et à son fils Ulric (1281) ; IV, à Thiébaud de Ferrette, oncle paternel d'Ulric (1309) ; V, à Ulric II, fils de Thiébaud ; VI, à Jeanne de Ferrette, fille d'Ulric II.

---

1. La date de plusieurs mutations ne m'est pas connue. Aussi les dates indiquées dans le texte sont simplement, sauf indications contraires, celles d'actes où figurent ces divers personnages en qualité de maîtres de Florimont.

2ᵉ Période des ducs d'Autriche
(1324-1648)

En 1324, Jeanne de Ferrette épousa Albert le Sage, duc d'Autriche. Florimont devint alors autrichien et ne cessa plus de l'être que pendant les courtes années de la domination de Charles le Téméraire en Alsace. Mais, vers 1360, les frères Albert et Léopold d'Autriche l'engagèrent pour la première fois, et à partir de cette époque la seigneurie fut possédée par les engagistes dont les noms suivent :

I. Marguerite, marquise de Bade (1361, 1366).

II. Jean de Wahlbach (1368) [1].

III. Adélaïde, marquise de Bade et dame de Belfort, femme de Walraf le jeune, comte de Thierstein.

IV. Bernard, comte de Thierstein, fils de la précédente (1390-1407) [2]

V. Jean de Thierstein, frère de Bernard (1421-1455) [3].

VI. Oswald et Guillaume, fils de Jean (1455-1457).

VII. Marquard zum Stein ou von Stein ou Marc de la Pierre (1457, 1491) [4]. Celui-ci transmit le gage en mourant à son gendre.

VIII. Bernardin de Reinach (1496, 1521) [5].

---

1. P. J. I (1368, 27 avril), 2 (5 mai).

2. Titre érigeant le bien de Pfetterhausen en fief mouvant de la seigneurie de Florimont (Mercredi avant la Saint-Lucien, 5 janvier 1390), extrait dans la Suite chronologique des différents seigneurs qui ont possédé la terre de Florimont. P. J., 4 (1399, 19 août).

3. P. J., 11 (1421, 16 avril), 27 (1431, 29 janvier), 32 (1447, 14 novembre), 23 (1451, 29 juin), 36 (1454, 21 septembre).

4. P. J., 38 (1457, 22 mars), 39 (1457, 26 juin), 41 (1461, 9 octobre), 43 (1462, 19 février), 43 (1469, 17 février), 46 (7 juillet).

5. P. J., 53 (1521, 10 mai). Mémoire concernant la terre de Florimont, fol. 3, rº (P. J., 62).

IX. Melchior de Reinach, fils de Bernardin, fut son successeur [1].

X. Jacques de Reinach, fils aîné de Melchior, hérita apparemment de la terre de Florimont après la mort de son père en 1542. Il en jouit jusqu'en 1560. Il la vendit alors à

XI. Nicolas et Jean de Bollwiller (1560, 1604).

XII. Rodolphe de Bollwiller leur succéda (1604-1616). Le mariage de

XIII. Marguerite de Bollwiller, fille de Rodolphe, avec

XIV. Jean-Ernest, comte de Fugger, (1616), fit passer Florimont dans la famille des riches banquiers d'Augsbourg anoblis sous Charles-Quint pour les services pécuniaires qu'ils avaient rendus à l'Empire.

XV. Otton-Henri et Christophe-Rodolphe, comtes de Fugger, frères, jouissaient déjà de la seigneurie en 1628, du vivant même de Jean-Ernest. Vers la fin de la guerre de Trente Ans, ils la perdirent pendant quelque temps. Bernard de Saxe-Weimar et le roi de France disposaient alors de plusieurs seigneuries autrichiennes au profit des officiers étrangers à leur service. Florimont fut confisqué et donné à Wolmar de Rosen, colonel d'un régiment suisse[2]. La famille de Fugger recouvra le domaine après la paix de Westphalie, et le dernier vivant des deux frères, Christophe-Rodolphe, le conserva jusqu'en 1672.

---

1. P. J., 59 (1529, 13 mai), 60 (1530, 25 août).

2. Mémoire concernant la terre de Florimont, fol. 5, v°, note, 1647, 20 mai (P. J., 63).

3e Période française

(1648-1791)

Il y avait plus de dix ans que l'Alsace était devenue française [1]. Le traité des Pyrénées venait d'être conclu lorsque le cardinal de Mazarin se fit donner par Louis XIV la plus grande partie du Sundgau et le comté de Ferrette [2]. Florimont se trouvait compris dans cette donation pour certains droits de souveraineté, les droits de seigneurie étant réservés à la famille de Fugger. A son tour Mazarin donna le vaste domaine qui venait de lui être constitué à la quatrième de ses cinq nièces, Hortense Mancini. Celle-ci épousa Armand-Charles de la Porte, duc de la Meilleraye, qui prit, à la suite de son mariage, le titre de duc de Mazarin. La dotation de Mazarin passa successivement par héritage à Paul-Jules de Mazarin, duc de la Meilleraye, Louise-Jeanne de Durfort de Duras, duchesse de Mazarin, mariée au marquis de Villequier d'Aumont, Louise-Félicité-Victoire d'Aumont, épouse de Honoré-Maurice Grimaldi, duc de Valentinois. Elle était donc entrée dans la famille des princes de Monaco lorsque la loi du 2 novembre-1er décembre 1790 révoqua la donation faite à Mazarin [3].

1. Sur le caractère et la portée de l'annexion de l'Alsace à la France, v. Pfister, *La réunion de l'Alsace à la France (Revue de Paris,* 1900, p. 361).

2. Il y eut trois lettres patentes : 1º création du comté de Belfort et donation de ce comté ainsi que des seigneuries de Delle, Thann et Altkirch à Mazarin en 1658 ; 2º le 23 décembre de la même année, annulation de toutes les donations faites aux officiers étrangers, et qui étaient encore entre les mains de leurs descendants (Publiée par Pfister, *Un mémoire de l'intendant Colbert sur l'Alsace.* 1663, Belfort, 1895, p. 32, n. 1) ; 3º en décembre 1659, donation du comté de Ferrette et confirmation de la donation de 1658 (De Boug. *Recueil des édits, déclarations, arrêts du conseil souverain d'Alsace,* Colmar, 1775, I, p. 11). Reuss, *l'Alsace au* XVIIe *siècle* (Paris, 1897), IV, 1, § 5.

3. Contestation entre Paul Jules de Mazarin et Gaspard Barbaud, seigneur de Florimont, au sujet des dîmes novales. 1689-1690. Arch. du Haut-Rhin, E, 3304. Présentation d'un chapelain pour la chapelle Saint Georges de Florimont le

Louis XIV disposait autrement de la seigneurie [1]. En 1672, l'intendant d'Alsace, Poncet de la Rivière, la rachetait à Christophe-Rodolphe de Fugger et la vendait à

I. Gaspard Barbaud, seigneur de Grandvillars et de Thiancourt [2]. Le roi la reprenait en 1682 pour en faire donation à

II. Jacques de la Grange. intendant d'Alsace, à charge de rembourser Barbaud [3]. Deux ans après, le nouveau seigneur la revendait avec un fort bénéfice au même

27 août 1707 et le 10 juin 1729. Arch. du Doubs, Pouillé du diocèse, 1, fol. 31. Présentation d'un chapelain pour la même chapelle par Louise Jeanne de Durfort de Duras, le 5 janvier 1750 (Ibid.). Tallon, *La Seigneurie de Delle le 9 mars 1786* (*Revue d'Alsace*, 1863), p. 34, le duc de Valentinois collateur de la chapelle Saint Georges de Florimont. Liblin, *Belfort et son territoire* (Mulhouse, 1877), p. 85.

1. Sur la seigneurie de Florimont au XVIIe siècle, v. Math. Merian, *Topographia Alsatiæ* (Francfort-sur-le-Mein, 1663), p. 4; P. C. B. Han, *Das Seelzogende Elsass* (Nürnberg, 1676), p. 22; F. R. von Ichtersheim, *Elsassische Topographia* Regensburg, 1710), p. 53; Billing, *Geschichte und beschreibung des Elsasses und seiner bewohner von den ältesten zeiten* (Basel, 1782), p. 90; Pfister, *Un mémoire de l'intendant Colbert sur l'Alsace*, p. 30, la seigneurie de Florimont est composée d'une petite ville avec un château ruiné et de sept villages. Reuss, p. 371 Etat des revenus et droits seigneuriaux de la baronie de Florimont (P.J., 63).

2. Vente de la terre de Florimont par M. *Poncet de la Rivière*, intendant d'*Alsace*, pour le compte du roi, à *Caspar Barbault*, laquelle terre a été retirée des mains du sieur comte de *Fougger*, engagiste d'icelle, au profit dudit *Caspar* qui en a payé comptant 37.666 livres, 20 août 1672. Arch. du Haut-Rhin, M, fonds Barbaud, inventaire raisonné des archives de Florimont, 2. Notice historique sur la seigneurie de Florimont (1560-1724).

3. Les lettres patentes de cette donation sont de Versailles, mai 1682. La donation fut précisée et amplifiée par lettres patentes datées de Versailles, janvier 1684, dont il existe deux copies aux archives de Florimont. Louis XIV comprenait dans la donation tous les villages et droits domaniaux qui en dépendaient, dîmes tant anciennes que nouvelles, banvins, umgelt, fiefs, arrière-fiefs, vassaux, sujets distraits et non distraits avec le droit de les y réunir, biens vacants et délaissés, droit de fouiller les mines de fer pour ses forges que le roi lui permettait d'y établir, droit de rechercher les mines dans la seigneurie et à la distance de cinq à six lieues aux environs d'icelle, sans être tenu envers le roi ni les seigneurs particuliers à aucune finance, attendu que c'était un droit de régale dont le roi lui faisait don, droit de faire couper les bois dépendant de la seigneurie dont il aurait besoin pour la jouissance des forges, et d'en acheter des communautés et particuliers de ladite terre et des autres voisines, sans avoir besoin d'autre consentement que celui des vendeurs. Des difficultés surgirent au sujet de la nature de cet acte. Pendant longtemps les seigneurs de Florimont furent considérés comme des vassaux de la couronne. Ils firent foi et hommage et fournirent les aveux et dénombrements (1686, 9 février; 1695, 12 avril; 1714, 30 mai; 1756). Finalement, dans un

III. Gaspard Barbaud qui, peut-être dans l'intervalle des deux acquisitions, avait pris la particule [1]. Après Gaspard de Barbaud, mort en 1694, la seigneurie fut possédée par

IV. Etienne de Barbaud, son fils [2].

V. Abraham le Comte, lieutenant-colonel des régiments suisses de Greder et de Monin, gendre d'Etienne. Il acheta la seigneurie à son beau-père avec clause de réméré en 1701 [3].

VI. Anne-Catherine de Barbaud, veuve d'Abraham le Comte (1709-1713).

VII. Gaspard-Léopold de Barbaud, écuyer, fils d'Etienne, qui exerça le réméré en 1713 [4]. Il mourut en 1724.

VIII. Jean-Gaspard de Barbaud, son fils, garda la seigneurie jusqu'à sa mort, le 22 février 1780.

IX. Gaspard-Nicolas de Barbaud, mort le 18 mai 1783.

mémoire qui fut présenté à la commission des fiefs à Strasbourg, l'on prouva à l'intendant que cette terre avait cessé, par le don fait à M. de la Grange, d'être un fief de la mouvance de la couronne. Depuis 1682, la seigneurie était un bien propre, en conséquence librement commuable, exempt de toute prestation féodale envers le roi et non réversible à la couronne L'intendant parut se rendre à ces observations, et depuis MM. de Florimont cessèrent de faire hommage sans plus être inquiétés dans leur jouissance (Notice historique sur la seigneurie de Florimont).

1. Cette vente fut faite à Colmar le 27 mai 1684, pour la somme de 60,000 livres (*Inventaire Scey-Ferrette*, pp. 117, 143).

2. Gaspard Barbaud mourut le 9 avril 1694 (Inventaire raisonné des archives de Florimont).

3. Le 21 février 1701, pour une somme de 90.000 livres (Notice historique sur la seigneurie de Florimont). Sur Abraham le Comte, lieutenant-colonel du régiment suisse de Greder, v. d'Hozier, *Armorial général de France*, Franche-Comté (Dijon, 1875), p. 105.

4. Gaspard Léopold Barbaut, écuyer, seigneur de Suarce et de Florimont, expose au Conseil souverain d'Alsace que, par contrat du 21 février 1701, Etienne Barbaut, son père, avait vendu au sieur le Comte, avec la faculté de réméré, ladite terre pour le prix de 90.000 florins, et que voulant user de son droit il a retiré le 17 novembre 1713 ladite terre, conformément aux lettres de don accordées au sieur la Grange, duquel son père l'avait achetée à charge seulement de foi et hommage (Inventaire raisonné des archives de Florimont, 7). V. encore pour la série des engagistes et les dates des mutations jusqu'en 1724 : 1° la Suite chronologique des seigneurs de Florimont pour les engagistes depuis Bernard de Thierstein; 2° la Notice historique sur la seigneurie de Florimont pour la période commençant à 1560.

X. Jean-Baptiste-Nicolas de Salomon, époux de Jeanne-Bénédicte de Barbaud.

Florimont ne fit que de passer entre ses mains (1784-1785)[1]. Dès le xve siècle habitait à Florimont une branche de la famille noble de Ferrette. Les nobles de Ferrette de Florimont étaient, au xviiie siècle, seigneurs d'Auxelle, de Saint-André et de Courcelles[2]. Ils reçurent de Louis XV le titre de baron. Par la résidence continuelle qu'ils faisaient à Florimont et par les bons rapports qu'ils entretenaient avec les bourgeois de la ville, ils jouissaient dans la seigneurie d'une influence au moins égale à celle du seigneur. Ce fut à

XI. Philippe-Henri-Xavier-Joseph Béat, baron de Ferrette, qu'en 1785 fut vendue la terre de Florimont. Il fut le dernier seigneur[3].

Aujourd'hui les documents relatifs à l'ancienne seigneurie de Florimont sont conservés dans les dépôts suivants :

1° FRANCE ET ALSACE-LORRAINE.

I. *Archives nationales.*

F, 89119. Inventaire sommaire des archives com-

---

1. Ordonnance de l'intendant d'Alsace, M. de la Galaizière, sur requête présentée par les fermiers de M. de Salomon, seigneur de Florimont, dans ses bois de Normanvillars (1785, 3o août). Arch. de Florimont.

2. Pour la généalogie de la famille de Ferrette, v. : 1° l'abbé Lintzer, *Xavière de Ferrette, dernière abbesse de Masevaux* (Extrait de la *Revue catholique d'Alsace*, Rixheim, 1892), généalogie à partir d'Ulmann, grand bailli d'Alsace-Sundgau (1365); 2° Arbre généalogique des nobles de Ferrette depuis Jean (1267-1324) par E. Meininger et E. Benner, aux archives du château de Buthiers et aux archives de la ville de Mulhouse *(Inventaire Scey-Ferrette*, p. 160). La famille s'est éteinte en 1848 par la mort de M. François-Antoine-Sigismond-Hubert, baron de Ferrette.

3. Pour les derniers seigneurs de Florimont, v. registre des baptêmes, mariages et sépultures (1725-1788). Dès le 11 mars 1727, Béat-Frédéric de Ferrette, oncle de Philippe Henry, mort sans enfants en 1770, avait acheté à Gaspard de Barbaud une partie de la seigneurie (*Inventaire Scey-Ferrette*, pp. 100, 121 Arch. du Haut-Rhin, M, fonds Barbaud).

munales de Florimont antérieures à 1790 dressé en
1861 .

II. *Archives départementales du Haut-Rhin à
Colmar.*

C, 599, revenus seigneuriaux (XVIIe siècle); 648, pro-
cédures (XVIe, XVIIe siècle) ; 658, 2e partie, bailliage de
Delle, domaines (XVIe siècle); 659 (XVIe, XVIIe siècle); 672
(XVIIe siècle).

E, 3304, 3305, 3307, dîmes novales, église paroissiale

1. AA. 1. Privilèges accordés à la ville de Florimont par Catherine de Bourgogne, duchesse d'Autriche. Confirmation de ces privilèges par Charles V et
Maximilien, archiducs d'Autriche, 1404-1547. Liasse, 7 pièces, feuilles volantes
sur parchemin : les sceaux manquent.

BB. 1. Prestation de serment du bourgmestre de Florimont. Certificat délivré par la régence d'Ensisheim constatant l'accomplissement de cette forma-
lité, 23 novembre 1523. Carton. Une pièce, feuille volante sur parchemin : le
sceau manque.

BB. 2. Délibérations de la municipalité de Florimont, lettres patentes du
roi, proclamations, décrets, 1789-1790. Registre cartonné en mauvais état, 128
feuillets.

CC. 1. Comptes d'administration de la commune ; comptes des recettes et
des dépenses: taxes perçues au nom des seigneurs : pièces à l'appui, tels que
rôles, répartitions, quittances, commandements ou ordres de payer, 1732-1768.
Liasse, 23 pièces en mauvais état.

DD. 1. Baux des revenus de la communauté de Florimont passés au profit
des seigneurs de Florimont pour les rentes ou redevances qui leur revenaient
pour les privilèges qu'ils avaient accordés à ladite ville. Baux de la ferme
communale de la Maison Rouge passés dans les mêmes conditions, 1718-1786.
Liasse, 28 pièces en assez bon état.

DD. 2. Entretien des édifices publics : agrandissement des granges et écu-
rie de la maison curiale : réparations à la maison de ville, aux portes de la
ville, au cloître de l'église paroissiale, au grand pont. Règlement pour l'administration des forêts et la distribution de l'affouage, 1764-1770. Liasse, 10
pièces en mauvais état.

FF. 1. Pièces de procédure entre les habitants de la commune de Florimont et le sieur Gaspard de Barbaut, seigneur dudit lieu, concernant le chemin du Fourneau, 1760-1762. Liasse, 22 pièces en mauvais état.

FF. 2. Pièces d'un procès entre la commune de Courtelevant et celle de
Florimont pour la délimitation de leurs territoires. Droit de vaine pâture,
1738-1768. Liasse, 105 pièces, un plan des lieux, le tout en assez bon état.

FF. 3. Procès intenté et soutenu contre l'aliénation de terrains communaux
par la commune de Florimont contre le sieur Gaspard de Barbaut, seigneur
dudit lieu, pour faire révoquer cinq contrats d'acquisition de biens communaux passés au profit de ce dernier dans des conditions illicites, 1743-1745.
Liasse, 20 pièces en mauvais état.

. 1. Naissances, mariages et décès, 1725-1788. Registre cartonné, 133 feuillets en bon état.

Notre-Dame de Florimont, chapelle Sainte-Catherine, chapelle Saint-Georges-du-Château (xive-xviiie siècle).

M. Fonds de Barbaud (xve-xviiie siècle)[1]. — Fonds de l'abbaye de Lucelle, portefeuille n° 40, article 12 (1490-1755). — Fonds des familles de Bollwiller et Fugger (1571-1657). — Fonds de la famille de Ferrette (1595-1630).

III. *Archives départementales de la Côte-d'Or.*

B. Fonds de la chambre des comptes des ducs de Bourgogne.

295, 296. Nombreux actes depuis 1378 jusqu'à 1470 relatifs à la dot et au douaire de Catherine de Bourgogne, fille de Philippe le Hardi, mariée à Léopold le Superbe, duc d'Autriche. L'assignation de la dot et du douaire avait été faite en première ligne sur le comté de Ferrette.

11933. Négociations entre le duc de Bourgogne, Philippe le Bon et les ducs d'Autriche au sujet du comté de Ferrette.

1047-1051. Sous le titre *Ferrette et son comté.* Les pièces qui composent ces articles ont deux provenances diverses.

Le plus petit nombre se rattache au douaire de Catherine de Bourgogne. La veuve de Léopold le Superbe prit possession de son douaire en 1411, et porta le titre de comtesse de Ferrette à partir de cette époque. Elle mourut le 26 janvier 1426. La liasse B, 1047 renferme des pièces relatives à son administration. Ce sont plusieurs comptes de receveurs. Les plus anciens ont été rendus à la duchesse dans les deux dernières années de sa vie. Les plus récents ont été présentés après la mort de Ca-

---

1. Ce fonds renferme un double des lettres de gage de 1421 à 1469.

therine à son héritier Philippe le Bon, duc de Bourgogne, et reçus par la chambre des comptes de Dijon [1].

1. Disz ist das buoch da an geschriben stat das die amptlute minem herren dem hoff meister verrechnet hand von allem dem bruch so verzert ist worden in miner frowen von *Osterrich* hoffe, syder das ir gnade von *Belfort* gescheiden ist, das was an Sant Matheus tag des heiligen zwölfbotten nach Cristi geburt viertzehenhundert vnd drú vnd zwentzig jare, vnd ist diss buoch gemacht an mentag zuo *Ensishein* vor Sant Symons tag des heiligen zwölfbotten in dem vorgenanten jare, etc. Orig., cahier de papier de onze feuillets.

Compte de *Barquelin Pomineaul d'Or*, receveur de *Ferrettes* et des appartenances, pour ung an entier commençant à Noël mil cccc xxiij et finissant à Noël l'an reuolu mil cccc xxv, lequel compte lui a esté fait en manière d'estat au mois de juillet mil cccc xxvj à *Ennguessey*, oy et cloz par messire *Jacques* de *Villers*, cheualier, maistre *Estienne Armenier*, conseiller, et *Jehan* de *Leschenel* dit *Bouloingne*, secrétaire, et *Pierre le Wautier*, seruiteur de monseigneur le duc de *Bourgoingne*, à ce commis de par mon dit seigneur par l'ordonnance de messire *Jehan* de *Thoulonjon*, seigneur de *Senecey*, mareschal et capitaine general de *Bourgoingne* et les gens de son conseil de Dijon. Orig. Cahier de papier de six feuillets.

Compte de *Jehan Bernart*, seigneur d'*Azuel*, chastellain et receueur de la terre de *Delle* et des appartenances, pour ung an entier, commençant à Noël mil iiijc xxiiij, et finissant à Noël l'an réuolu mil iiijc xxv, lequel compte lui a esté fait par manière d'estat ou mois de juillet mil quatre cens vint et six tant à *Emguessey* comme à *Belfort* et oy et cloz par messire *Jacques* de *Villers*, cheualier, maistre *Estienne Armenier*, conseillers, *Jehan* de *Leschenel*, dit *Bouloingne*, secretaire et *Pierre le Wauthier*, seruiteur de monseigneur le duc de *Bourgoingne* à ce commis de par mon dit seigneur par l'ordonnance de messire *Jehan* de *Toulonjon*, seigneur de *Senecey*, mareschal et capitaine general de *Bourgoingne* et les gens de son conseil à Dijon. Orig.. Cahier de papier de quatre feuillets.

Compte de *Jehan Guillame* de *Chaulx*, receueur des terres, rentes et reuenus appartenans aux chasteaulx et villes de *Beaufort* et *Rosemont* pour madame *Katherine de Bourgoingne*, duchesse d'*Osteriche*, contesse de *Ferrates* etc., d'un an entier commençant le viij° jour du moys d'aoust mil cccc xxiiij, et fenissant ledit jour l'an reuolu mil cccc xxv que l'on compta à luy par le commandement de ma dicte dame par deuant les maistres d'ostel et conseil de ma dicte dame que pour lors auoient son gouuernement au lieu d'*Engessey*, comme est contenu en certaines lettres de madicte dame seellés de son seel donnés audit lieu d'*Engessey*, ledit viij jour d'aoust l'an que dessus mil iiijc xxiiij, desquelles lettres la teneur suit. Orig.. Cahier de papier de quarante-six feuillets.

Cy apres s'ensuiuent pluseurs comptes des officiers de recepte des conteiz de *Ferrettes* et d'*Aussais*, du temps que lesdiz officiers auoient à compter, du temps de feu madame *Katherine* de *Bourgoingne*, duchesse d'*Austerriche*, contesse desdiz contez de *Ferrettes* et d'*Aussais*, cui Dieu pardoint, lesquels comptes ont esté faiz par manière d'estat en aoust iiijc xxvj à *Belfort*, pour ce que en autre l'on ne les a peu auoir desdiz officiers, desquelz la plus grant partie ont esté oiz et cloux par messire *Jaques* de *Villers*, cheualier et les autres commis, desquelz comptes la cloison n'a point esté certiffié par lesdiz commis pour les causes retenues en l'intitulacion de chascun desdiz comptes. Orig. Cahier de papier de xxxiij feuillets.

Le traité de Saint-Omer a fait entrer dans les archives
de la chambre des comptes une seconde série de documents. La plupart sont des actes du gouvernement de
Charles le Téméraire [1]. Mais un grand nombre est
antérieur à l'annexion de 1469. Telle est, par exemple,

1. V. notamment, B, 1051 : Double de l'informacion faicte par ordonnance
de Monseigneur le duc de *Bourgoingne* en ses pays de *Ferrates* et d'*Auxay*
sur pluseurs matières y déclarées. Cahier de papier. Soixante feuillets. On
remarque aussi dans B, 11814, les montres des hommes d'armes levés pendant la domination bourguignonne dans les pays de Ferrette, d'Alsace et de
Suisse pour les guerres de Charles le Téméraire :

I. Monstres faictes au lieu de *Dannemarie lez Tanne*, le jeudy dixième
jour du mois de septembre mil cccc soixante et douze par *Jehan Alard*,
escuyer, seigneur d'*Andeul*, commis à voir et passer à monstres tous les
hommes d'armes, demi lances, crenequeniers à cheual, longues lances, co-
louureniers, crenequeniers et halbart à piet leuez sur les pays de *Ferrettes*,
d'*Axais*, *Noire Montaigne*, *Souhychrich*, et des aliances, pour suiure monseigneur le duc de *Bourgoigne* enuers et contre tous, soubz et en la compagnie
de messire *Pierre de Hagembach*, cheualier, seigneur de *Belmont*, maistre
d'ostel de mondit seigneur le duc et son grant bailly de *Ferretes* et d'*Axais*,
capitaine. Les noms et surnoms desquelx gens de guerre sy apres s'ensui-
vent. Original. Cahier de parchemin de huit feuillets.

II. Monstres d'armes faittes au lieu *Rauières* le vanredy neufuiesme jour
d'octobre mil quatre centz soixante et douze par nous *Anthoine de Lucemburg*,
conte de *Rousy*, lieutenant et gouuerneur general de par nostre très redoubté
seigneur, monseigneur le duc, en ses pays, duchié et contés de *Bourgoingne*,
Charolas, *Maconnois et Ausserrois*, de tous lez gens de guerre cy après nommés
estans soubz et en la compaignie de messire *Pierre de Hagembach*, cheualier,
seigneur de *Belmont*, maistre d'ostel de nostre dit seigneur et son grant
bailly de *Ferrate* et d'*Asaix*, leur capitaine. Les noms et surnoms desquels
gens de guerre cy apres c'ensuit. Original. Une feuille de parchemin.

III. Reueues faictes au lieu de *Moustier Arraine*, samedi xxj[e] jour de nouembre l'an mil quatre cens soixante et douze par nous *Jaques Pot*, seigneur
de *Thorey* et de *Nesles*, et *Guyot Bonnot*, escuiers, commis par monseigneur
le conte de *Raissy*, lieutenant et gouuerneur general de par nostre très
redoubté seigneur, monseigneur le duc, en ses pays de *Bourgoingne*, *Charolois*, *Masconnois et Auxerois*, de tous les hommes d'armes, demie lances, crenequiniers à cheual, longues lances, colouriniers, crenequiniers et halbart à
pied leués sur les pays de *Ferrates* et d'*Auxais*, *Noire Montaigne*, *Souhychrych* et des aliances pour suir mondit seigneur enuers et contre tous soubz
et en la compaignie de messire *Pierre de Hacquembach*, cheualier, seigneur
de *Belmont*, maistre d'ostel de nostre dict seigneur et son grant bailli de
Ferrates et d'*Auxais*, leur capitaine, lesquels gens de guerre auoient estés
passés darrenement à monstres au lieu de *Dannemarie* par *Jehan Alart* ad ce
commis et depuis passés à reueues au lieu de *Rauières* par mondit seigneur
le gouuerneur. Les noms et surnoms desquelz gens de guerre cy apres s'en-
guiguent. Original. Cahier de parchemin de six feuillets. Les noms des
hommes d'armes sont presque tous allemands. Les noms suivants appartiennent ou peuvent appartenir au comté de Ferrette et à la région voisine.
Montre I. Demies lances à cheual : *Caspar* von *Morsperg*, *Wernher* von
Morsperg (fol. 2, r°, 2e colonne). Longues lances à pied : *Claus* von *Pfirt* (fol.

B. 1047, une copie faite au xvᵉ siècle de l'urbaire allemand de 1303, qui énumère et évalue les droits des ducs d'Autriche dans la régence d'Ensisheim [1]. Ce document est intitulé : *Ce sont les rentes, les tailles, les droits que les ducs d'Autriche, qui sont landgraves de la Haute-Alsace, ont dans l'office et dans la ville d'Ensisheim, et dans les villages ci-après indiqués.* [2]. Florimont, alors possession des comtes de Ferrette, n'est pas dans cette pièce. Mais on y trouve les villages rattachés à la seigneurie après son acquisition par les Habsbourg.

Le texte le plus important pour nous du fonds *Ferrette et son comté* a été établi de suite après le traité de Saint-Omer. En vue du rachat projeté par Charles le Téméraire des seigneuries-gageries dont il venait d'acquérir la suzeraineté, la chambre des comptes fit exécuter la copie authentique des lettres de gage de ces seigneuries et réunir ces copies de manière à en former un livre. Aux lettres elle fit joindre des états estimatifs dressés par les engagistes et renfermant : 1· la déclaration des som-

3, vᵒ, 1ʳᵉ colonne), *Henslin* von *Pfirt* (fol. 4, rᵒ, 2ᵉ col.), *Cristin* von *Rederstorff* (vᵒ, 1ʳᵉ colonne). Colurinniers : *Thoman* von *Brisach, Thoman* von *Hal* (2ᵉ col), meister *Cunrat* von *Basel* (fol. 5, rᵒ, 1ʳᵉ col.). Crenequiniers : *Schanfriant*, (ibid.), *Jacob* von *Belfort* (2ᵉ col.), meister *Stoffer* (fol. 5, vᵒ, 1ʳᵉ col), *Lienhart* von *Rufach* (fol. 6, rᵒ, 1ʳᵉ col.). Montre II. Demies lances à cheval : *Conrat* von *Spiegelberg*. Gens à pied : *Thiebault* de *Delle ; Wilhem* von *Befort ; Jehan* d'*Alle* de *Porentru*. Montre III. Demies lances a cheval : *Anthony* von *Munstral* (fol. 2, rᵒ, 3ᵉ col.) : *Claus Schreyer* (fol. 4, rᵒ, 1ʳᵉ col) : *Jehan Voienat* : *Benedikt* von *Stouffen ; Steffan* von *Befort* (2ᵉ col.) : *Andres* von *Lanser* (fol. 5, vᵒ, 2ᵉ col).

1 Publié par T., III, 32, pp. 43-73, d'après l'original. Commenté par Schulte *Geschichte der Habsburger in den ersten jahrhunderten* (Innsbruck, 1887), et par Maag, *Das Habsburgische urbar (Quellen zur Schweizer geschichte* herausgegeben von der allgemeinen geschichteforschenden gesellschafft der Schweiz, xiv, xv). V. notamment xiv, amt Dattenriet, p. 31 ; burglehen im Elsass, p. 40.

2. Dis sint die gülte, stúre, nütze vnd recht die die hertzogen von *Oesterich*, die lantgrafen sint in *Obren Elsas* hant oder haben sollent in dem ampt vnd in der statt ze *Einsichshein* an die doerfern die hienach geschriben stant. Copie du xvᵉ siècle. Cahier, papier, seize feuillets. Le texte est souvent meilleur que celui de Trouillat.

mes pour lesquelles chaque seigneurie avait été engagée ; 2· l'énumération des droits lucratifs de la seigneurie compris dans l'engagement, et l'indication du produit en argent ou en nature de chacun d'eux ; 3° le total
des produits et l'évaluation de la seigneurie-gagerie.
Une table générale intitulée : *le prix des livres et valeur des vins et grains*, réduit les monnaies d'Alsace
en monnaie de Bourgogne et de France, et fixe en argent la valeur des prestations en nature [1]. Le tout est
précédé du procès-verbal de la prise de possession par
les commissaires de Charles le Téméraire des terres et
seigneuries d'Alsace et de Ferrette, et de l'indication sommaire pour chaque seigneurie du nom de l'engagiste, du
total des sommes gagées sur elle, des noms des ducs
d'Autriche auxquels ces sommes ont été avancées, et enfin de la mention que chaque engagiste a promis de rendre le gage au duc de Bourgogne contre remboursement [2].

[1]. En même temps la chambre des comptes faisait établir un inventaire des titres qui appuyaient les droits du duc de Bourgogne sur ses nouvelles possessions d'Alsace. P. J., 49 (1470-1472).

[2]. Cy après est desclairct la manière de procédé tenue par nobles et puissans seigneurs le marquis de *Hocberg*, conte de *Neüfchastel*, seigneur de *Rutelin* et de *Suzemberg*, messire *Guillaume* de *la Baulme*, seigneur d'*Illain*, messire *Pierre* de *Hacquenbac*, chcualiers, maistre *Jehan Carondelet*, juge de *Besançon*, et *Jehan Poinsot*, procureur général du baillage d'*Amont* ou conté de *Bourgoingne*, ambasseurs legatz et deputez de par mon très redoubté et souuerain seigneur, monseigneur le duc et conte de *Bourgoingne*, à prendre, pour et en nom de lui, possession des terres et seignouries par lui naguères acquises de monseigneur le duc *Sigismond* d'*Ostriche*, lesquelz ambasseurs ont prins ladite possession desdites terres et seignouries d'*Auxay* et de *Ferrete*, et fait au seurplus touchant ceste matière ce que s'ensuit, en ensuygant sur ce la forme de leurs instructions à eulx baillées de par mon dit seigneur en ceste partie (fol. 1, r°). V. pour Florimont le fol. 8, r° : *Florimont* est tenu de gaige par messire *Marc* de *la Pierre*, pour la somme de six mil trente deux florins d'or, dont ladite seignourie a esté chargie enuers lui par monseigneur le duc *Aulbert* et par monseigneur le duc *Sigismond*, à diuerses fois et parties, comm'il appert par les lettres desdites gaigières, dont la copie est cy rendue, et n'y conprent l'on point ce qu'il puet auoir mis en la réparation et reffection des estangs, s'aucune chose y a mis, et a baillé ledit messire *Marc* un scelle de remectre ès mains de mondit seigneur ladite seignourie, quant l'on le ramboursera de son principal, lequel scelle est aussi cy rendu. Signé au dos par S.. — Ladite seignourie, selon que l'a baillé par desclaration ledit messire *Marc* puet aussi valoir par communes années le tout prest à argent enuiron ijc lxx liures et est ladite desclaration cy rendue.

Ce volume est donc le *Cartulaire authentique des seigneuries-gageries*[1].

Sur les feuillets 78 à 87 ont été transcrits sept documents de 1421 à 1469 relatifs à l'engagement de Florimont. Ce sont : 1° la lettre d'engagement à Jean de Thierstein par Anne de Brunswick, 1421 ; 2° une lettre du duc Albert assignant aux comtes Oswald et Guillaume une nouvelle somme sur le même gage, 1454 ; 3° l'acte par lequel le duc Albert approuve la cession par les comtes Oswald et Guillaume à Marc de la Pierre, 1457 ; 4° trois actes du même duc portant augmentation du capital assis sur le gage, tant pour travaux et réparations que pour avances, 1457, 1461, 1462 ; 5° enfin, une lettre du duc Sigismond qui a le même objet, 1469. Toutes ces copies ont été collationnées avec les originaux et sont attestées conformes par Jean Saltzman, notaire de la cour de l'official de Bâle. Vient ensuite l'état estimatif de Marc de la Pierre sous ce titre : *Ce sont les tailles, redevances et rentes appartenant à Florimont*. Ce texte est partie en allemand et partie en français. Il n'est pas daté ; mais il a dû être rédigé dès 1469.

IV. *Archives départementales du Doubs.*

E. 1774. Entre autres documents un *Etat des revenus et droits seigneuriaux de la baronie de Florimont et de ses dépendances*. Il doit être rapproché de celui de 1469 [2].

---

1. B. 1048. 169 feuillets. Sur la couverture l'inscription suivante : Ce sont les copies des lettres que les seigneurs gaigers des pays d'*Aussay* et de *Ferrete* ont de leurs gaigières tant de monseigneur le duc *Aulbert* que de monseigneur le duc *Sigismont d'Ostriche*, et auec ce y sont plusieurs déclarations des valeurs annuelles desdites gaigières. [Et plus bas :] et porté par *Besançon Philebert* et baillé en garde en ceste chambre des comptes jusques à ce que ait appointé de la somme de mi [lacune] florins en laquelle il dit estre obligié au [lacune] notaires pour la rechetion des instrumen[s] de la possession de *Ferrates* promise au prouffit de monseigneur le duc.

2. A rapprocher également le procès-verbal de la visite de la seigneurie par les commissaires du roi les 13-16 mai 1673 à la suite de la vente faite à Bar-

G. Fonds du chapitre de Saint-Mainbœuf de Montbéliard. Documents relatifs aux possessions du chapitre à
Florimont (xve-xviiie siècle).

VI. *Archives communales de Florimont.*

Le peu qu'avaient épargné les incendies et les guerres,
le temps et les hommes, fut l'objet de l'inventaire conservé aux Archives nationales. Mais depuis, un nouvel
incendie a fort maltraité les débris des archives. Il ne
reste qu'un petit nombre de pièces et de registres, presque tous du xviie et du xviiie siècle.

Les textes les plus anciens sont les privilèges accordés
par les maîtres de la seigneurie à la communauté des
bourgeois de Florimont pendant les xve et xvie siècles.
La charte de 1404, par laquelle Catherine de Bourgogne
abandonnait à la ville le droit d'angal sur le vin vendu
en détail à Florimont et dans les communautés dépendant de la seigneurie, est énoncée dans l'inventaire de
1861. Mais elle ne se retrouve plus. Il reste seulement les
pièces suivantes, série A A 1.

1° Charte par laquelle Jean de Thierstein accorde aux
bourgeois de Florimont le droit de rétablir un battoir et le
marché hebdomadaire, 1447, 14 novembre.

2° Diplôme par lequel l'empereur Maximilien, en qualité d'archiduc, confirme les privilèges par lesquels ses
prédécesseurs, les ducs d'Autriche, accordaient à la ville
de Florimont deux foires par an, un marché hebdomadaire, un grenier à sel et une tribu des marchands, 1511,
4 février[1].

baud. Cet acte contient une description détaillée de la seigneurie (Arch. du
Haut-Rhin, fonds Barbaud).

1. V. sur ce privilège : 1° Adjudication par *François Dietremann*, subdélégue
de M. *le Pelletier*, intendant d'*Alsace* et de l'armée du *Rhin*, de la ferme des
revenus patrimoniaux de *Florimont*, savoir : le droit d'ungelt, provenant du

3° Supplique des bourgeois de Florimont à un archiduc d'Autriche, à l'effet d'obtenir la permission d'établir des péages. La demande ayant été accueillie, le texte de la requête tenait lieu de privilège. Ce privilège n'est pas daté et le nom de l'archiduc n'est pas indiqué. Il est postérieur à 1511.

4° Diplôme de Charles-Quint portant confirmation des privilèges de Florimont, 1520, 21 août.

A ces quatre privilèges il faut joindre, série BB, 1, un acte de prestation du serment de fidélité par le maître-bourgeois de Florimont, 1523, 23 novembre. Cet acte était considéré comme un privilège parce qu'il en résultait que ce serment n'était prêté que moyennant le serment des officiers des ducs d'Autriche de respecter les privilèges et bonnes coutumes de la ville.

Aucun de ces privilèges n'existe en original. La ville n'en a que des copies tirées, au XVIII° siècle, de copies authentiques faites au XVI° siècle à Innsbruck dans un *Livre de confirmation* (confirmationsbuch). En 1740, ayant à soutenir devant le Conseil souverain d'Alsace un procès au sujet de son droit de grenier à sel, elle rechercha ses anciens privilèges. Les originaux avaient péri, les bourgeois s'adressèrent à Innsbruck et obtinrent la copie des privilèges transcrits sur le livre. Cette transcription fut faite et attestée par Joseph Stetthamer, registrateur du gouvernement de la Haute-Autriche et

---

vin qui se débite en détail par les cabaretiers dans la seigneurie ; celui du sel qui se vend en détail dans la même terre ; celui du rouage provenant des chariots qui passent sur les ponts des grands chemins. Arch. de Florimont, CC, 1, Orig.. — 2° Lettres patentes sur arrêt qui confirment les bourgeois et habitans de *Florimont* dans la possession et jouissance des droits d'ungelt et de grenier à sel, ainsi que des autres privilèges à eux accordés par les anciens souverains d'Alsace (30 mai 1755). *Recueil des édits, déclarations et arrêts du Conseil d'État et du Conseil souverain d'Alsace*, II p. 451. — 3° Consultation de Mes Quessemme et Hann, avocats au Conseil souverain d'Alsace, du 22 novembre 1770, sur l'interprétation du privilège du 4 février 1511. Arch. de Florimont. Orig. CC, 1.

notaire impérial. Les pièces furent traduites à Colmar et à Altkirch, et ce sont ces copies et leurs traductions qui, après avoir été soumises au Conseil souverain, furent déposées dans les archives de Florimont [1].

VI. *Archives de M. le marquis de Scey de Brun*, au château de Buthiers (Haute-Saône) et aux archives de la ville de Mulhouse.

La famille de Ferrette avait de riches archives, dont une très grande partie touchait l'histoire de la seigneurie. Les titres de cette famille aujourd'hui éteinte sont échus par voie d'héritage à M. le Marquis de Scey de Brun. La plupart sont devenus en 1894 la propriété de la ville de Mulhouse. Ils forment dans les archives municipales un fonds particulier sous le nom de *Scey-Ferrette*. Les archives Scey-Ferrette comprennent : 1° les documents provenant des diverses branches de la maison de Ferrette du xiiie au xixe siècle ; 2° les documents des maisons Giel de Giesperg, Thurn de Valsassina et autres familles nobles de l'Alsace et des pays voisins ; 3° la correspondance diplomatique et la comptabilité de l'ordre de Malte de la dernière moitié du xviiie siècle, provenant du bailli de Ferrette. L'inventaire de ces documents vient d'être terminé. Il ne comprend pas moins de huit cents fiches. D'autres documents, pièces généalogiques et traités de famille, sont restés au château de Buthiers [2].

---

1. Je citerai encore parmi les pièces originales provenant de Florimont : 1° deux mémoires pour les maire, maître-bourgeois, jurés et habitans de la communauté de la petite ville ou bourg de Florimont en Haute-Alsace, où l'on examine l'ancienneté de cette seigneurie, de son château, de l'église et de ladite ville, et en même tems leur état actuel, ensemble 78 pages (42 et 36). Je me suis également servi d'une collection antérieure à 1790 de titres et papiers domestiques appartenant à une ancienne famille de Florimont. Les documents les plus anciens remontent aux premières années du xviie siècle. Je les cite ainsi : Titres divers.

2. Je cite l'acte de partage entre les trois frères Frédéric, Conrad et Valentin

VII. *Archives de l'ancien greffe et du tabellionage de Florimont,* en l'étude de M⁰ Droit, notaire à Delle [1].

Ce beau chartrier, qui m'a été ouvert avec beaucoup d'obligeance, se compose principalement de la série des protocolles des tabellions Devillers et Lajanne, depuis 1684 jusqu'à la Révolution. Quelques pièces sont d'une époque antérieure. Aucune, à ma connaissance, ne remonte plus haut que le xviie siècle. Il y a dans ce dépôt des actes nombreux de la famille de Ferrette de Florimont et de la famille de Barbaud. Mais c'est surtout au point de vue de l'histoire du droit privé, de l'étude des formulaires, des coutumes, du conflit entre le droit romain et le droit coutumier dans la forme et dans le fond des actes, que les minutes des anciens notaires de Florimont sont intéressantes à compulser.

VIII. *Archives de la fabrique de l'église paroissiale de Saint-Etienne de Courtelevant.*

Florimont a été rattaché à cette paroisse depuis la fin du xvie siècle jusqu'à 1725. Les archives de St-Etienne possèdent trois volumes précieux, d'une époque relativement récente. Ce sont deux registres des baptêmes, confirmations, mariages, sépultures. Le premier va de 1642 à 1690. Le second commence en 1690. Jusqu'à la séparation des paroisses on y trouve beaucoup d'actes de la famille de Ferrette. Le troisième registre est le *Livre de vie* ou recueil original des constitutions de rentes

---

de Ferrette de Carspach du mercredi avant la Saint-Laurent, martyr, 1502. Traduction française par Brueder, avocat et secrétaire interprète au Conseil souverain d'Alsace, 1734. Orig., pap., 29 feuillets.

1. La composition de ce dépôt a été indiquée très sommairement par Lobstein, *Manuel du notariat en Alsace* ou notice sur la composition de toutes les études de cette ancienne province (Strasbourg, 1844), p. 131. Les noms des anciens tabellions sont étrangement altérés dans ce livre.

faites au profit de l'église paroissiale Notre-Dame de Florimont, de l'église paroissiale St-Etienne de Courtelevant, et de diverses chapelles et confréries. Commencé en 1578, il a été achevé en 1713. La moitié à peu près des actes sont de la fin du XVIe siècle [1].

IX. *Bibliothèque de la ville de Montbéliard.*

Quelques pièces manuscrites du XVIIIe siècle rangées sous le numéro 195, concernent la seigneurie. Ce sont : 1° un exemplaire du Mémoire concernant la terre de Florimont, où l'on examine l'ancienneté de cette seigneurie, etc. ; 2° une sorte d'état des terres dépendant de la seigneurie intitulé *Seigneurie de Florimont* ; 3° la suite historique et chronologique des différents seigneurs qui ont possédé la terre de Florimont, avec les preuves des faits avancés ; 4° une traduction française du diplôme de Maximilien, de l'an 1511 ; 5° la copie d'un certificat de noblesse donné en 1700 par M. Béat de Ferrette à un gentilhomme de la même maison ; 6° la suite chronologique des chapelains de la chapelle de St-George au château de Florimont.

2° ARCHIVES ÉTRANGÈRES [2]

Les archives de l'Etat de Bâle contiennent des documents qui sont, en général, de l'époque des Thierstein.

---

1. Petit in-folio, couvert en parchemin gaufré, avec portraits en médaillons, entre autres celui d'Erasme de Rotterdam. Environ 300 feuillets. V. aussi sur ce livre, Feltin, p. 75.

2. Je mentionne pour mémoire les archives de l'ancien évêché de Bâle, naguère au château de Porrentruy, aujourd'hui à Berne, et les belles archives de la bourgeoisie de Porrentruy. Le premier de ces dépôts conserve entre autres documents intéressant Florimont le *Cartulaire de l'abbaye de Bellelay*, mss., pap., commencement du XVe siècle, assez nombreux actes relatifs aux possessions de cette église dans la seigneurie. Le second dépôt renferme un certain nombre de pièces du XIIIe au XVe siècle. Tous ces textes, ou peu s'en faut, ont été édités ou analysés par Trouillat. Aux archives du palais de Monaco, l'ancien inventaire des archives des terres d'Alsace qui font partie

1° *Adelsarchiv*. — Contrats de gage et autres pièces dont la plupart se rapportent à ces contrats.

2° *Briefbuch* ou *Briefe*. Volumes II et III (1424-1429). — Collection de lettres missives originales adressées à la ville de Bâle.

3° *Missiven*, Volume III. — Recueil des minutes des lettres missives de la ville de Bâle.

4° *Wochenausgabenbuch*, (1423, 24 décembre — 1433, 20 septembre). — Livre des comptes hebdomadaires de la ville de Bâle.

5° *Fronfastenrechnungen*, (1424-1440). — Livre des comptes des Quatre-Temps.

6° St 91 (kriegswesen).

Ces cinq derniers articles fournissent de nombreux renseignements sur la guerre de l'évêque de Bâle, Jean de Fleckenstein, et de Thiébaud de Neuchâtel, et notamment sur la longue occupation de Florimont par les Bâlois.

Les archives provinciales d'Innsbruck gardent encore un registre du xvie siècle coté 41, qui paraît être l'ancien *Livre de confirmation*. Il s'y trouve vingt copies de documents relatifs à Florimont. Ce sont les sept actes de 1421 à 1469 transcrits dans le recueil de Dijon, et les actes de confirmation de franchises de Maximilien (1511) et de Charles-Quint (1520), que nous avons rencontrés dans les archives de Florimont. Mais le registre d'Innsbruck comble des lacunes importantes. Il renferme une sentence de Léopold IV d'Autriche, rendue en 1400, entre la ville et les villages ; la charte de concession de l'angal accordée par Catherine de Bourgogne en 1404 ; une

du fonds Mazarin contient à la page 291 les analyses de quelques documents (1682-1718). Mais dans les liasses afférentes à cet inventaire, il n'y a plus trace des documents analysés. Je dois ce renseignement à M. Saige, conservateur des archives du palais de Monaco.

charte de 1454 de l'archiduc Albert portant exemption, en faveur de la ville, des tailles, de la taxe d'affouage et de l'obligation de transporter au château le vin du seigneur ; un autre privilège du même déchargeant les habitants de la seigneurie de tout impôt d'empire (1457) : en tout quatre documents du xve siècle. Viennent ensuite sept pièces du xvie siècle provenant de la chancellerie de Charles-Quint et de son frère Ferdinand, ou du gouvernement de la Haute-Autriche. La dernière copie est suivie d'une note datée de 1553 ainsi conçue : « Ces copies concernant la seigneurie-gagerie de Florimont ont été envoyées par la régence en Alsace, sur l'ordre du gouvernement de la Haute-Autriche, pour être enregistrées »[1].

1. Je remercie les nombreuses personnes qui ont bien voulu faciliter mes recherches, en particulier celles qui m'ont communiqué des documents, et tout spécialement M. le marquis de Scey de Brun : M. Wackernagel, archiviste de l'État de Bâle-Ville, et M. Auguste Huber, archiviste-adjoint; M. Waltz, conservateur de la bibliothèque de Colmar, et M. Rodé, bibliothécaire-adjoint ; M. l'abbé Lhôte, curé de Courtelevant ; M. Droit, notaire à Delle ; M. Stouff, maire, et M. Pergue, secrétaire de mairie, à Florimont ; M. Mayr, directeur des archives provinciales d'Innsbruck ; M. Meunier, bibliothécaire de la ville de Montbéliard ; M. Benner, archiviste de la ville de Mulhouse. Je me félicite d'avoir été conduit par mon travail au nouveau palais des archives de l'État de Bâle et d'avoir pu admirer cette œuvre d'un savant historien devenu excellent architecte. Construit sur les plans de M. Wackernagel dans un joli style du moyen âge, l'hôtel renferme les perfectionnements les plus modernes accumulés pour la conservation des documents et la commodité des travailleurs.

PREMIÈRE PARTIE

LES ORIGINES DE L'ANNEXION DE LA HAUTE-ALSACE A LA BOURGOGNE EN 1469

LES ORIGINES

DE

L'ANNEXION DE LA HAUTE-ALSACE

A LA BOURGOGNE

EN 1469

Etude sur les terres engagées par l'Autriche en Alsace depuis le XIVe siècle, spécialement la seigneurie de Florimont.

Introduction. — Les relations politiques de la Bourgogne avec l'Autriche jusqu'à l'annexion. Les seigneuries-gageries autrichiennes dans la Haute-Alsace. Origines de la seigneurie de Florimont. Les ducs d'Autriche et les seigneurs engagistes. — 1° La seigneurie. — I. Le territoire, le château, la ville. — II. La population, hommes libres, clergé, nobles, bourgeois. III. Les droits des ducs. Régalies. Avouerie. Droits seigneuriaux. — 2° La gagerie. Les comtes de Thierstein engagistes. — I. Le contrat de gagerie. Sa nature et ses effets. — II. Manière dont les Thierstein ont exécuté le contrat. Florimont sous leur domination. Leurs guerres. A) Guerre contre Léopold d'Autriche et Catherine de Bourgogne. B) Guerre contre Thiébaud de Neuchâtel en Bourgogne. C) Guerre des Armagnacs. — Conclusion. Le régime des gageries a préparé l'annexion.

INTRODUCTION

Maître définitif du comté de Bourgogne par la mort de Louis de Male, le duc Philippe le Hardi voyait les limites de ses Etats portées jusqu'au Jura et à la Haute-Alsace. L'acquisition qu'il venait de faire lui donnait pour voisins, dans la région du Rhin, les ducs d'Autriche et les évêques de Bâle. L'évêché était un vaste territoire qui s'étendait de la ville épiscopale au confluent du Rhin et de l'Aar, et de là, vers l'Ouest, à la crête occidentale du Jura et au cours du Doubs. Les ducs d'Autriche tenaient à des titres divers la partie méridionale de l'Alsace à peu près toute entière. Le landgraviat, leur possession principale, était un bien patrimonial de leur famille[1]. Ils avaient en fief de l'évêché de Bâle le comté de Ferrette, qui occupait le sud de la Haute-Alsace[2].

Les ambitions de la Maison de Bourgogne grandissaient plus vite encore que ses domaines. Louis de Male n'était pas mort que Philippe le Hardi se préparait déjà à prendre pied dans la vallée du Rhin par le mariage projeté entre l'une de ses filles et Léopold le Superbe, duc d'Autriche. L'annexion du comté de Bourgogne, survenue peu après, ne pouvait qu'encourager ses desseins. A partir de cette époque, Philippe le Hardi, et après lui Jean sans Peur, Philippe le Bon et Charles le Téméraire, dirigèrent leurs efforts et ceux de leur noblesse des deux Bourgognes vers l'acquisition de ces pays rhénans, qui devait compléter la formation, entre la France et l'Empire, de l'un des plus grands et des plus redoutables Etats de l'Europe occidentale.

En 1393, le mariage de Léopold le Superbe avec Catherine, fille de Philippe le Hardi, introduisit en Alsace la Maison de Bourgogne. Pour la première fois cette province connut l'administration française. Les clauses du contrat de mariage avaient été combinées de manière à permettre à la Bourgogne de s'y maintenir. En retour de la dot de cent mille francs qu'elle apportait à son mari, la nouvelle duchesse d'Autriche acquérait des droits nombreux. La coutume lui donnait son *morgengabe* sur la succession de son mari, et sa part dans les acquêts de la communauté. Par le traité de mariage Léopold constituait à son profit une rente de vingt mille francs. La moitié de cette rente correspondait au capital de la dot. Elle devait être payée à Catherine ou à ses héritiers aussi longtemps que le capital ne serait pas restitué. L'autre

---

1. Schulte, *Geschichte der Habsburger in den ersten jahrhunderten.*

2. Schœpflin, II, 1102 (1361), p. 236. *Basl. Chron.*, III, p. 184.

moitié, destinée à s'éteindre par la mort de la duchesse, était le douaire conventionnel. La rente perpétuelle et la rente viagère avaient été assignées sur les domaines autrichiens les plus voisins de la Bourgogne, en particulier sur le comté de Ferrette [1]. Philippe le Hardi espérait probablement que la dot ne serait jamais rendue, et que l'inexécution du contrat de mariage lui permettrait de prendre possession des territoires qu'il convoitait.

Selon les règles naturelles du douaire, le *morgengabe* et le douaire conventionnel ne s'ouvraient qu'à la mort de Léopold. Le même évènement rendait exigible la créance en restitution de la dot. Mais deux choses avancèrent le jour où Catherine de Bourgogne prit en mains l'administration des domaines de son mari en Alsace. D'abord le contrat de mariage stipulait que la rente de dix mille francs afférente au capital de la dot serait fournie à compter du jour du mariage, et, pour assurer le paiement, il associait immédiatement Catherine à la gestion de son mari. D'autre part, dès l'année 1406, Léopold, appelé à gouverner l'Autriche comme tuteur de son cousin Albert, quittait l'Alsace pour n'y plus revenir. Il y laissait sa femme avec le pouvoir d'administrer en son nom. Ce mandat étendit l'administration de Catherine à des terres restées en dehors de l'assignation de la dot et du douaire. La mort de Léopold, en 1411, mit fin à la régence de Catherine. Mais en investissant la duchesse de son douaire, elle confirma son pouvoir sur le comté de Ferrette. Devenue libre et souveraine du comté, la veuve de Léopold fit appel au concours des Bourguignons auxquels elle confia les charges de châtelains et de receveurs, et dont les noms français contrastent étrangement, dans les séries des comptes, avec les noms des officiers allemands leurs prédécesseurs et leurs successeurs. Catherine morte en 1426, son douaire fit retour à l'Autriche.

.Le mariage de Catherine et de Léopold, demeuré stérile,

---

1. P. J., 3 (1378-1407); II, p. 14-18, les conventions matrimoniales de Léopold le Superbe et de Catherine de Bourgogne.

avait de toutes manières réalisé les espérances de la cour de Bourgogne. Après la mort de Léopold, Frédéric à la bourse vide n'avait point restitué à Catherine la somme qu'elle avait apportée en dot. Les arrérages de la rente dotale n'avaient pas été payés régulièrement. La duchesse n'avait pas été mise en possession de son *morgengabe* et des beaux acquêts qu'elle avait faits dans le comté de Ferrette. Frédéric redoutant de voir ce pays passer « en des mains étrangères », avait employé les flatteries, les menaces et les défis, pour déterminer la veuve de Léopold à lui livrer les forteresses qu'elle retenait pour son douaire [1]. Les réclamations de Catherine, celles de Philippe le Bon, son héritier, étaient restées inutiles. En 1454, non seulement la Bourgogne n'avait pas encore reçu satisfaction, mais les ducs d'Autriche retenaient les riches joyaux que Catherine avait emportés du palais de son père.

La Maison de Bourgogne n'attendit pas si longtemps pour tenter d'occuper ces territoires sur lesquels le contrat de mariage de Catherine lui donnait maintenant quelques droits. Dès l'an 1422, la princesse bourguignonne s'entendait avec son neveu Philippe le Bon pour combattre l'Autriche [2]. La guerre ne commença que deux ans plus tard [3]. Elle se traîna, trente ans durant, sous une forme inattendue et très différente de celle que les alliés pensaient lui donner. Excepté pendant la période de 1430 à 1435, elle ne fut jamais une guerre avouée, officielle. Ce fut une lutte sourde entre les nobles du comté de Bourgogne et les nobles d'Alsace. De brusques agressions, des courses rapides en pays ennemi étaient suivies de longues suspensions d'armes. Tout se passait entre les vassaux des deux duchés. On eût dit que les ducs se dissimulaient derrière eux. A vrai dire, les ducs d'Autriche restaient à peu près inactifs ; les ducs de Bourgogne n'intervenaient que pour faire la fortune des

---

1. P. J., 10 (1414, 24 nov.-6 déc.).

2. P. J., 12 (1422, 7 oct.).

3. Les premiers actes d'hostilité paraissent remonter à 1420 (P. J., 37, 1454, nov., 18°).

nobles qui les avaient le mieux servi, et pour négocier, par
l'intermédiaire de leurs officiers, les suspensions d'armes
utiles à leurs partisans.

Ce fut une circonstance étrangère aux rapports de la
Bourgogne et de l'Autriche qui fit éclater la guerre des deux
noblesses. A la fin du XIVe siècle, un Welche devenu évêque
de Bâle par une exception rare et qui fut regrettée, Humbert
de Neuchâtel en Bourgogne, éprouvant ces embarras d'argent dont paraissent avoir souffert la plupart des seigneurs
de cette époque, mettait en gage son domaine temporel presque tout entier. La plus grande partie des contrées occidenta-
les de l'évêché devenait ainsi la possession du neveu de l'évêque Thiébaud VIII, comte de Neuchâtel [1]. Après la mort de
Humbert, un patricien de Bâle, Hartmann Munch, que la
réaction contre le souvenir de l'évêque bourguignon avait
porté sur le trône, offrit à Thiébaud le rachat. Le comte
n'était pas disposé à rendre ces beaux territoires qui dou-
blaient l'étendue de ses domaines. Se sentant trop dépourvu
d'appuis et trop âgé pour le réduire, Hartmann Munch rési-
gna ses fonctions (1423). Un autre Allemand lui succéda,
Jean de Fleckenstein en Alsace. Son énergie et ses puissantes relations l'avaient désigné au choix du chapitre
pour être le vengeur de l'église. Avec lui, le comte s'efforça
vainement de traîner les choses en longueur. Ce fut inutilement qu'il intéressa à sa cause Philippe le Bon. Les bourgeois
de Bâle ne se prêtèrent point aux négociations que le duc
essaya d'engager par leur entremise [2]. Cependant l'évêque
faisait appel à ses nombreux amis, à ses proches, à ses vassaux, aux villes de ses domaines. Il donnait pour chef aux
troupes qu'il rassemblait de toutes parts un personnage dont
le nom reviendra souvent, Jean, comte de Thierstein, d'une
illustre famille du Jura allemand, vassal de l'évêché, vassal

---

1. Erat purus *Gallicus*, nesciens loqui alemannum (T., IV, p. 617). Impigno-
ravit castra *Sancti Ursicini, Goldenfels* et *Liberum Montem (Basl. Chron.*, V,
p. 352). — Sur Thiébaud VIII, v. *Basl. Chron.*, IV. p. 35, n. 2 ; abbé Loye,
Histoire de la seigneurie de Neuchâtel - Bourgogne (Montbéliard, 1890),
pp. 156, s.

2. P. J., 13 (1423, 9 oct.).

autrichien, homme avisé et bon capitaine. En un clin d'œil, Thiébaud de Neuchâtel perdait tous les gages dont il avait refusé la restitution. Mais la guerre ne faisait que commencer.

Ces querelles locales avaient toujours une force extraordinaire d'expansion. Les nobles, parents, alliés ou amis des adversaires, s'en mêlaient à l'envi. Or, il y avait ici plus qu'une simple querelle locale. C'était l'occasion qui ouvrait les hostilités entre les deux duchés. C'était aussi l'un des mille épisodes de la lutte des Welches et des Teutons, du pays français et de l'Allemagne, c'est à dire, ainsi qu'on la comprenait alors, de l'ensemble des pays de langue germanique[1]. La querelle de l'évêque et du comte entraîna donc sans peine d'une part les seigneurs des deux Bourgognes, de l'autre les seigneurs autrichiens, et les précipita les uns contre les autres. Mais la noblesse allemande n'était pas le seul ennemi de Thiébaud de Neuchâtel. Celui qui offensait une ville d'Allemagne trouvait derrière elle l'une de ces ligues urbaines qui furent la plus grande force du régime municipal dans ce pays. Bâle était de la ligue des villes d'Alsace et de Brisgau. Elle eut pendant toute cette guerre l'aide morale de la ligue des villes de Souabe, et plusieurs grandes bourgeoisies du Sud s'unirent spontanément avec elle et lui envoyèrent des troupes[2]. Le comte bourguignon, audacieux ou malavisé, vit se dresser soudain devant lui une coalition où figuraient, entre autres villes, Strasbourg et

1. Les Welches, *die Wahlen*, est l'expression continuellement employée dans la correspondance de Bâle et de ses alliés pour désigner les Bourguignons. V. aussi une lettre de Bâle à Thiébaud de Grandvillars du 12 mars 1425 (*Missiven*, III, 175) : von welschen land harusz in tútsch land, et P. J., 3o (1433, septembre), 3o ; 37 (1454, novembre), 23o.

2. Sur la ligue des villes en Alsace et Brisgau et le conseil des VII (siebener ausschuss) v. par exemple *Rappoltstein. UB.*, III, 333, 334 (1425). Quant à l'attitude de la ligue de Souabe dans cette guerre, v. notamment l'offre de médiation faite à la ville de Bâle par les conseillers de cette ligue assemblés à Ulm (*Briefe*, III. 74, 21 juillet). Les autres alliées de Bâle étaient Brisac, Colmar, Endingen, Kaysersberg, Ober-Enheim, Schlettstadt, Soleure, Turckheim. — Thiébaud de Neuchâtel comptait parmi ses partisans Jean de Montagu, son cousin, Antoine de Vars, Philibert, seigneur de Rye et le prince d'Orange, sire de Châlon-Arlay.

Berne, Zurich et Mulhouse, Fribourg en Brisgau et Fribourg
en Uechtland. Ces bourgeoisies avaient oublié aussitôt leurs
démêlés entre elles, leurs querelles avec l'Autriche, leurs
guerres avec les seigneurs du voisinage pour s'unir, sous la
direction de Bâle, contre le Welche, l'ennemi commun. La
guerre gagna l'Alsace, ravagea le Sundgau, atteignit Catherine de Bourgogne au fond de son comté de Ferrette, où
plusieurs puissants vassaux de l'église de Bâle, les comtes
de Ramstein, les Munch, le sire de Morimont, avaient aussi
des fiefs. Attirée par ses vassaux vers le parti de l'évêque,
contrainte d'entrer dans la ligue, inclinant d'autre part vers
les Bourguignons par un sentiment naturel et par son mé-
contentement contre l'Autriche, la fille de Philippe le Hardi
garda, au cours de cette guerre dont elle ne vit pas la fin,
une attitude incertaine, secrètement favorable à Thiébaud de
Neuchâtel et suspecte aux Allemands [1].

Après la prise de Héricourt, sa forteresse principale, Thié-

1. Catherine de Bourgogne mourut le 26 janvier 1426. — Sur son attitude et
sur celle des fonctionnaires autrichiens, en particulier Jean Bernard d'Asuel,
receveur de Delle, Jean Erard Bock de Stauffenberg, grand bailli de Catherine, et Hugue Briot de Dijon, son chancelier, v. : 1° P. J., 21 (1425, 19 mars).
C'est la lettre d'un homme qui voudrait rester neutre et que l'on dérange ;
2° Correspondance de Bâle (*Missiven*, III, et *Briefe*, III). Catherine s'est infor-
mée auprès de Bâle si les négociations entre l'évêque et le comte inclinent
vers la paix Réponse de Bâle (*Missiven*, III, 95, 20 fév.). Jean Erard Bock a tenté
de négocier la paix. Bâle accueille froidement la communication qu'il lui
fait à ce sujet, et l'invite à préparer pour la guerre le pays de Madame
d'Autriche (123, 19 mars). Bâle requiert le grand bailli, au nom de ses engagements envers la ligue, de cesser les pourparlers avec Thiébaud en vue de la
paix (215, 1er juin). Lettre de Bâle à Strasbourg, Fribourg, Colmar, Schlettstadt
(55, 9 juin). Bâle a demandé au grand bailli, conformément au traité d'alliance,
de lui aider dans la guerre contre Thiébaud. Jean Bock pense n'y être pas
obligé. Mais il se soumettra aux ordres du conseil de la ligue. Bâle fixe un
jour pour la réunion du conseil. Bâle, suivant la décision du conseil de la
ligue, prie Catherine de ne point prêter assistance à l'ennemi, *sie in* ihren
slossen, vestinen, noch gebieten wissentlich nit enthalten, sy nit spisen aetzen
noch tringken, dheinen gezug lihen, geben oder zuschieben noch solichen
unsern vigenden dhein geleite geben soellen (272, 1er sept.). — Jean de Thierstein prie Bâle d'écrire au grand bailli de ne point favoriser les ennemis
(*Briefe*, III, 99, 8 sept.). — Bock de Stauffenberg travaille de nouveau pour la
paix. Bâle lui recommande de ne point annoncer le résultat de sa médiation
aux Welches avant de l'en informer elle-même (*Missiven*, III, 291, 20 oct.). —
Lettre de Hugue Briot au grand bailli. Il lui donne des nouvelles des conférences qui ont lieu pour la paix. Il a appris que les Bâlois veulent marcher
contre Héricourt. « Ce serait pour Madame, pour vous et pour nous tous un

baud de Neuchâtel abandonna la lutte. L'évêque et Bâle, auxquels la paix donnait toute satisfaction, en firent autant. .Mais les causes mêmes qui avaient propagé la guerre hors des contrées où elle était née s'opposaient à ce qu'elle s'éteignît rapidement. La retraite des ennemis primitifs ne mit pas fin aux hostilités entre les nobles autrichiens et les seigneurs bourguignons. Les Allemands continuèrent leurs courses à travers le comté de Bourgogne. Ils y rencontrèrent dans Humbert, seigneur de Villersexel et de Saint-Hippolyte, un adversaire intrépide [1]. Un an après seulement, sur l'ordre des ducs de Bourgogne et d'Autriche, le maréchal de Bourgogne et le grand bailli de la Haute-Alsace arrêtaient la lutte par un traité. Les ducs s'obligeaient à faire tenir en paix les sujets de leurs pays respectifs [2]. La guerre s'assoupissait un moment. Elle se réveillait bientôt plus terrible et plus dangereuse.

Depuis le traité de Troyes, le duc de Bourgogne était devenu le fidèle allié des Anglais. Lorsque les insuccès répétés des armées anglaises et le couronnement de Charles VII eurent compromis suffisamment la cause de l'Angleterre et de la Bourgogne, Frédéric à la Bourse vide, depuis longtemps inquiet des projets de Philippe le Bon sur l'Alsace, osa se rapprocher du roi de France. Un projet de mariage fut arrêté entre Radegonde, fille de Charles VII, et Sigis-

---

gros affront ». Mais il espère beaucoup de l'union des grands seigneurs du comté et du duché de Bourgogne qui ont pris part aux conférences. *Das wer miner frawen gnad, üch und uns allen ein grosz schande, solt fürbasser ützit anders darin getragen werden, denne was grosser herren in aller graueschafft und hertzogenthům zuo Burgunden sind, die sind by diser tedinge gewesen und hant zuo disen sachen gehellet* (*Briefe*, III, 128).

1. Pour les courses de Bourcard Munch, Jean de Morimont, des Ramstein et autres du comté de Ferrette, sujets ou officiers autrichiens, v. P. J , 37, 1454, nov., 10°, 13° - 15°, 20°; et pour les représailles de Humbert de Villersexel, P. J., 28 (1431, 8 nov.) — Sur Humbert de Villersexel, v. abbé Loye, *Histoire du comté de la Roche et de Saint-Hippolyte, sa capitale* (Montbéliard, 1888), pp. 116, s.

2. Traictié de abstinences de guerre entre les païs de *Bourgoigne* et les contez de *Ferrates* et d'*Aulsais* fait par monseigneur le mareschal de *Bourgoigne* et le bailly de *Ferrates*. Die decima sexta mensis februarii anno Domini millesimo cccc° vicesimo sexto, more gallicano (1427, n. st.). Arch. de la Côte-d'Or, B, 11933. Orig. Parch.

mond, fils de Frédéric. Aussitôt Frédéric faisait cause commune avec celui que la chancellerie de Bourgogne, à l'exemple de celle d'Angleterre, s'obstinait à considérer comme un usurpateur et à n'appeler que le Dauphin. La noblesse alsacienne obéissant à son suzerain envoyait son défi au duc de Bourgogne [1].

Mais le concile de Bâle ne devait pas tarder à se réunir. Cette grande assemblée ne se proposait pas seulement de traiter des questions ecclésiastiques. Elle voulait fonder dans l'Eglise et dans le siècle, et surtout autour d'elle, le règne de la paix [2]. Dès la première année, elle ménageait des trêves entre tous les ennemis en présence. Charles VII et Philippe le Bon suspendaient pendant six ans leurs querelles. Les pays de Bourgogne et d'Alsace, après un armistice de courte durée, étaient compris dans la trêve du roi de France et du duc de Bourgogne. En 1433, à la suite de la rupture par Charles VII des trêves conclues avec la Bourgogne, les seigneurs bourguignons recommencèrent à jeter les yeux sur l'Alsace. On les surprenait à épier les forteresses autrichiennes « de nuit et à des heures étranges ». L'Autriche s'émut. Sur sa demande, des conférences s'ouvrirent entre ses ambassadeurs au concile et ceux que la Bourgogne y avait elle-même envoyés. Les députés de la Bourgogne firent d'abord des difficultés. Ils traitaient d'imaginations les accusations lancées contre la noblesse de leur pays. D'ailleurs, venus à Bâle pour les affaires du concile, ils n'avaient pas qualité pour s'occuper de la prolongation des trêves. A la

---

1. P. J., 28 (1431, 8 nov.), 11, p. 21, note 2; 3o (1433, sept.), 4o. Rodolphe de Ramstein, seigneur de Gilgenberg, déclare à Philippe, duc de Bourgogne, que, comme le duc Frédéric d'Autriche, son seigneur, est devenu l'auxiliaire (helffer) de Charles, roi de France, contre le duc de Bourgogne, il aidera lui-même le duc d'Autriche contre le même duc de Bourgogne, et contre les auxiliaires de celui-ci, à l'exception du comte Jean de Fribourg, seigneur de Neuchâtel, son suzerain (öhin her), et de Jean de Neuchâtel, seigneur de Vaumarcus. An fritag noch Sant Margreten tag, anno xxx° (143o, 21 juillet). Arch. de la Côte-d'Or, B. 11942, n° 63. Orig., pap. V. d'autre part la plainte de Bâle contre Jean de Pupillin (1431, 17 avril), n° 69. Orig. pap.

2. P. J., 28 (1431, 8 novembre), II, p. 62, note; 3o (1433, septembre).

seconde séance ils cessèrent d'être intraitables. Ils avaient reçu de leur maître l'instruction d'isoler Charles VII. Ils se déclarèrent disposés à renouveler l'armistice. Il ne fallait pas, disaient-ils, que l'on pût croire que les trêves entre l'Autriche et la Bourgogne fussent liées à celles que la volonté du roi de France venait d'abroger. Ce langage était embarrassé et peu habile. A quelque temps de là, les Bourguignons reprochaient aux députés de l'Autriche de ne plus vouloir poursuivre le renouvellement des trêves. C'est sans doute, disaient-ils, afin de maintenir vos alliances avec l'adversaire de notre duc. Les négociations paraissent s'être arrêtées là. Peu de temps après d'autres conférences commençaient à Arras. Elles aboutirent, en 1435, au traité de paix qui rétablissait la paix entre la France et la Bourgogne [1]. La réalisation des projets de la Maison de Bourgogne sur la Haute-Alsace était encore ajournée.

Les années qui suivirent furent à peine marquées par les entreprises isolées de quelques seigneurs du comté de Bourgogne sur les territoires allemands [2]. Philippe le Bon n'intervint pas. La minorité de Sigismond eût peut-être été une occasion. Mais le duc de Bourgogne avait à se garder de Charles VII, constamment hostile à ses progrès terri-

---

1. Traité de paix entre Charles VII, roi de France et Philippe le Bon, duc de Bourgogne, ratifié par le concile de Bâle. Arch. de la Côte-d'Or, B, 11616.

2. 1436 ou 1437. Maximin de Ribeaupierre, grand bailli d'Autriche en Haute-Alsace, charge Jean Henri de Spechbach, bailli de Florimont, de négocier avec le bailli bourguignon au sujet de la délivrance de deux pauvres garçons du duc d'Autriche appartenant au bailliage de Rosemont, que Jacques de Blamont a fait prisonniers et pour lesquels il exige une rançon de 44 florins. Maximin demande leur libération sans condition. Il fait valoir que Jacques de Blamont a fait cela pendant que la paix régnait en Bourgogne, et pendant qu'il disait lui-même qu'à cause de la paix il ne permettrait à personne de diriger des attaques du côté de la Bourgogne (*Rappoltstein. UB.*, III, 1196). — 1440, 21 janv.. Lettre d'Arnold de Berenfels, maître-bourgeois, et du conseil de Bâle, écrite à Jean de Fribourg, comte et seigneur de Neuchâtel, gouverneur de Bourgogne, à la demande de l'évêque de Bâle. Celui-ci se plaint qualiter nonnulli ex dominio... *Burgundie...*, ducis *Burgundie...* subditi nuper in sancta nocte festiuitatis Natalis Domini proxime elapsa quedam castra et fortalitia sua expugnare attemptauerint, quosdam eciam suos ac sibi subditos homines violenter ceperint, ac captiuos cum bonis et rebus suis secum abduxerint. Arch. de la Côte-d'Or, B, 11933. Orig. Pap.

toriaux, et disposé à soutenir énergiquement le prince autrichien que, depuis de longues années, il s'était accoutumé à regarder comme son gendre. En 1444, sous l'empire de sa préoccupation habituelle, le roi de France confiait à son fils la mission de diriger contre les Suisses et leurs alliés la campagne, également menaçante pour la Bourgogne, qui se terminait par la journée de Saint-Jacques[1]. La défaite écrasante des confédérés suisses fortifia la Maison d'Autriche dans ses domaines rhénans, et retarda de nouveau le moment où ils devaient appartenir à la Bourgogne[2].

Une volonté persévérante était, sans doute, la qualité maîtresse de Philippe le Bon. Il le prouva deux fois encore par les négociations qu'il noua avec l'Autriche. En 1446, le duc Albert lui proposa, au nom de Frédéric III, un traité d'alliance. Mais la Bourgogne devait renoncer à toute prétention sur la Haute-Alsace. C'était demander à Philippe le Bon de remettre aux Habsbourg les obligations qu'ils avaient contractées par le traité de mariage de Catherine de Bourgogne. Le duc s'y refusa[3].

, En 1454, le maréchal de Bourgogne, Thiébaud de Neuchâtel, fils du tenace adversaire de Jean de Fleckenstein, recevait la charge de finir par un acte en forme la guerre interminable inaugurée par son père, de régler par des indemnités les différends de la noblesse des deux duchés depuis 1425, et d'établir un régime qui permît de maintenir la paix entre la Bourgogne et l'Autriche[4]. Dans le fond, cette mission n'était qu'une entrée en matière. Le maréchal devait en tirer prétexte pour formuler les prétentions de Philippe le Bon sur le comté de Ferrette. La base des revendications de

1. Montre des gens d'armes destinés à être dispersés sur les frontières à l'encontre des Ecorcheurs estans à grand puissance tant près de la rivière de *Loire* qu'ès frontières d'*Allemagne* en intention de venir vivre en *Bourgogne*. 1444. Arch. de la Côte-d'Or, B, 11810.

2. Sur l'interprétation de la campagne de 1444. v. Leroux, *Nouvelles recherches critiques sur les relations de la France avec l'Allemagne de 1378 à 1461* (Paris, 1892), p. 262.

3. De Beaucourt, *Histoire de Charles VII*, IV (Paris, 1888), pp. 348, 351.

4. P. J., 34 (1454, 24 février).

la Bourgogne était toujours les conventions matrimoniales de la duchesse Catherine. Toutes les querelles de la noblesse autrichienne et de la noblesse bourguignonne, y compris, dirait-on, la guerre de Thiébaud de Neuchâtel, étaient présentées comme des conséquences de la violation du contrat de mariage par la Maison d'Autriche. Le comté de Ferrette était dépeint comme un centre d'invasions incessantes dirigées contre le comté de Bourgogne, un foyer d'inquiétudes, de troubles et de dangers continuels. Les ducs d'Autriche eux-mêmes étaient pris à partie. On leur reprochait de n'avoir rien fait pour réprimer certaines attaques de leurs vassaux et de leurs sujets, et même d'avoir coopéré à des expéditions désastreuses pour les seigneurs bourguignons. On eût dit que les sujets du duc de Bourgogne, et le duc lui-même, n'avaient rien à se reprocher, et que toutes les querelles eussent été cherchées par les Allemands. On exhumait enfin de vieilles lettres réversales du xiiie siècle, et l'on échafaudait sur elles le principe de la suzeraineté du duc de Bourgogne, sinon sur le comté de Ferrette tout entier, au moins sur plusieurs terres. De fait, les ducs d'Autriche, comme successeurs des comtes de Ferrette, auraient été les vassaux de la Bourgogne [1]. C'était bien là le but suprême de l'ambition de Philippe le Bon. Le vieux duc ne devait pas l'atteindre.

La Maison de Bourgogne, riche et prospère, allait trouver dans la pauvreté de l'Autriche l'appui le plus favorable à l'accomplissement de ses desseins. Deux choses réduisaient les Habsbourg à une gêne qui les faisait souffrir dans mille circonstances de leur vie domestique, et les obligeait à « endurer tout pour ne dépenser rien » [2]. C'était leur guerre perpétuelle avec les Suisses et la mauvaise administration d'une série de princes amis du faste et follement dépensiers, Frédéric à la Bourse vide, Albert VI le Prodigue et l'insouciant

---

1. P. J., 37 (1454, novembre), notamment 14° et 16°.

2. Exemples : P. J. 2 (1368, 5 mai); 14 (1424-1425), I, 1°. 5°; 36 (1454, 21 sept.) — Frédéric III, dit Comines, enduroit toutes choses pour ne despendre rien *(Mémoires sur les règnes de Louis XI et de Charles VIII, IV, 1).*

Sigismond [1]. Dès le milieu du xiv⁰ siècle, les ducs d'Autriche s'étaient vus obligés de recourir au remède suprême des gentilshommes appauvris par l'abus de la vie noble : l'emprunt sur gage. Ils abandonnèrent ainsi à leurs créanciers, les unes après les autres, leurs terres d'Alsace et de la région de Bâle. En 1469, presque tous ces domaines étaient aux mains des créanciers de Sigismond, et l'ensemble des sommes hypothéquées sur eux ne se montait pas à moins de cent quatre-vingt mille florins [2].

Cette désagrégation des domaines autrichiens coïncidait avec le développement des Etats de la Maison de Bourgogne. Elle se produisait dans le temps où la cour de Dijon tournait ses vues sur les contrées situées à l'est du duché. Les ducs d'Autriche ne s'étaient pas dépouillés de tous leurs droits sur les terres qu'ils avaient engagées. Ils avaient cédé la jouissance des droits seigneuriaux, tels que la basse justice, la taille et la main-morte. Ils étaient restés souverains. Ils conservaient la haute justice. Mais ils allaient peu à peu être amenés par la force des choses à perdre les droits régaliens de la même manière dont ils avaient renoncé aux droits de seigneurie. N'ayant ni les moyens ni surtout la volonté d'amortir leurs dettes, les augmentant, au contraire, incessamment, le moment vint où ils songèrent à tirer argent des droits qui leur restaient. Tout bien pesé, la mise en gage des droits seigneuriaux avait emporté la plus grande partie du produit des domaines. Les droits souverains, d'un faible rapport, si on les comparait aux droits de seigneurie, étaient surtout des prérogatives. Cette réflexion se présenta certainement à l'esprit de Sigismond. Elle le détermina, les sollicitations de Charles le Téméraire et le découragement produit par les incursions des Suisses dans le comté de Ferrette

---

1. La guerre avec la Bourgogne avait encore endetté Frédéric à la Bourse vide. 1432. Wir vnserm getruwen *Hans Volker* von *Sultzbach* vnserem pfleger zu *Befurt* schuldig sein vnd gelten sullen, am ersten zwey tusen sibenhundert nuntzehen Rinisch gulden die er in vnserem kriege zü *Ellsass* wider den von *Burgundi*, des nechstuergangen jors (1431), von vnsern wegen, vsgegeben, als er das geraittet hat *(Cartulaire des seigneuries gageries*, fol. 22, r°).

2. P. J., 45 (1469, 9 mai), II, p. 107, note.

aidant, à conclure, le 9 mai 1469, à Saint-Omer, le traité qui comblait, au-delà de toutes les espérances, les vœux que la cour de Bourgogne formait depuis près d'un siècle. Dans le préambule du traité Sigismond faisait un aveu qui eût été pénible à tout autre qu'à lui. Il confessait son indigence. C'était elle qui l'obligeait à se défaire d'une partie des biens patrimoniaux de sa Maison. Il engageait à Charles le Téméraire pour cinquante mille florins le comté de Ferrette, le landgraviat de la Haute-Alsace, les villes forestières et le comté de la Forêt Noire. Il transférait en même temps au duc de Bourgogne le pouvoir de racheter toutes les gageries situées dans ces territoires. Sigismond devenait le vassal du prince bourguignon pour le droit, à peu près illusoire, qu'il conservait sur ses anciennes possessions, et qui se réduisait à la faculté de les recouvrer par le paiement d'une somme énorme pour lui. Le remboursement était rendu plus difficile encore par l'obligation de le faire en une seule fois, sans distinction entre les sommes principales et les sommes accessoires, telles que dépenses utiles ou nécessaires faites par le duc de Bourgogne sur les domaines engagés [1].

On s'est proposé d'étudier ces seigneuries-gageries dont la formation, en amenant peu à peu la Maison d'Autriche à la conclusion du traité de Saint-Omer, a tant contribué au succès de la politique bourguignonne. Dans l'impossibilité où l'on se trouvait de faire l'histoire de l'ensemble des gageries, on a choisi, à titre d'exemple, celle de Florimont.

La trouée de Belfort, dans sa partie méridionale, celle qui avoisine la Suisse et la haute vallée de l'Ill, est l'une des régions les plus gracieuses et les plus pittoresques de l'Alsace. Un plateau ondulé, où s'entremêlent les bois et les étangs, fait la lisière du bassin du Rhin. Le pays est solitaire. Les villages, en général clairsemés, ont l'aspect habituel aux contrées que depuis des siècles la guerre visite fréquem-

---

1. P. J., 44 (1469, 9 mai). Nerlinger, *Pierre de Hagenbach et la domination bourguignonne en Alsace.* (Annales de l'Est, 1889, p. 235).

ment. Ils forment des agglomérations compactes. On voit qu'ils étaient destinés à être fortifiés rapidement, comme on le faisait autrefois, au moyen de levées de terres et de barricades construites avec des arbres abattus. Aux abords du Jura, le plateau se relève et se coupe de vallons étroits et profonds, bordés de rochers et de forêts, dont les nombreux détours et les sites charmants rappellent, au dire des voyageurs, certains paysages de l'Ecosse.

La principale vallée de ce pays est celle de l'Allaine. Après avoir traversé le pays de Porrentruy, elle entre en France près de Delle, et se jette dans le Doubs au-dessous de Montbéliard. Un peu après Delle, elle reçoit la Vendeline qui vient de l'est. En remontant cette vallée secondaire on arrive, au bout d'une lieue et demie environ, avant d'atteindre Courtelevant, à un point où elle se bifurque. Tandis que la vallée de la Vendeline continue vers l'est, au sud s'ouvre une gorge assez resserrée qui donne passage à un affluent nommé la Covatte. Au-dessus du confluent des deux petites rivières est une hauteur boisée, aux pentes escarpées, isolée presque de toutes parts, rattachée seulement par un faîte étroit au premier chaînon du Jura, qui s'étend au sud le long de la Vendeline. Cette colline porte à son sommet le donjon d'un château ruiné, et à mi-hauteur une tour, seul reste d'une église du XIIIe siècle. Au pied du côteau se trouve ce qui fut autrefois la ville de Florimont. On ne se douterait guère, à voir cet ensemble, que l'on est en présence d'une ancienne forteresse des Habsbourg, chef-lieu d'un bailliage autrichien, et l'un des points stratégiques de la Haute-Alsace au temps passé.

Ce qui donne à cette contrée un intérêt particulier, c'est sa situation géographique. Placée sur la ligne des eaux du Rhône et des eaux du Rhin, partie dans le diocèse de Besançon et partie dans le diocèse de Bâle, à la frontière de la Bourgogne et de l'Allemagne, disputée de tout temps entre l'influence welche et l'influence germanique, elle fut le champ de bataille des Bourguignons et des Allemands pendant le siècle qui précéda le traité de Saint-Omer[1]. Primitivement, le pays était bien une terre welche. Mais mille circonstances s'étaient succédé, pendant des siècles, pour en faire une terre allemande à bien des égards. Après avoir appartenu à l'Elsgau, où la langue romane était seule en usage, elle fut réunie au Sundgau, c'est-à-dire à un comté de langue germanique[2]. A partir du XIIIᵉ siècle elle ne cessa presque jamais d'avoir des maîtres allemands : les comtes de Ferrette, branche détachée de la famille de Montbéliard, mais promptement germanisée dans le milieu où elle fut transportée ; les évêques de Bâle, suzerains du pays depuis le XIVᵉ siècle ; les Habsbourg, successeurs des comtes de Ferrette ; enfin, les seigneurs engagistes que les Habsbourg donnèrent à la terre de Florimont.

Cette conquête germanique altéra moins profondément qu'on ne le croirait le caractère du pays. La population, restée française, ainsi qu'en témoignent les noms de personne au XIVᵉ et au XVᵉ siècle, s'assimila les familles allemandes que les maîtres avaient amenées pour leur service personnel ou pour administrer et défendre la seigneurie. Tandis que les seigneurs employaient la langue allemande, la classe inférieure continua de parler un dialecte bourguignon. Les lieux dits appartenaient tous au français. La ville et les villages reçurent des noms germaniques. Mais la population demeura fidèle aux vieux noms d'origine celtique ou latine[3]. Les institutions seules furent modifiées. Les Al-

1. La frontière de 1871 a laissé à la France toutes les localités qui faisaient autrefois partie de la seigneurie de Florimont, à l'exception de Pfettrouse, le seul point de cette seigneurie où la langue allemande fût en usage Les territoires de Réchésy, Lepuix, Suarce et Chavannatte touchent la frontière. Boron, Chavannatte, Grosne, Normanvillars, Réchésy, Suarce étaient du diocèse de Bâle. Courcelle, Courtelevant, Faverois, Fesche-l'Eglise, Florimont, Grandvillars, Joncherey, Lepuix appartenaient au diocèse de Besançon. (Viellard, 5, p. 32) — Au VIᵉ siècle, la ligne de partage des eaux paraît avoir été la limite des Burgondes (19, p. 45). La seigneurie de Florimont tout entière, excepté Pfettrouse, était située dans le bassin du Rhône.

2. Au VIIIᵉ siècle, Delle, à l'ouest de Florimont, faisait partie de l'Elsgau. Delle appartint plus tard au Sundgau (T., I. 35, p. 71. Viellard, 14).

3. Grosne est un nom celtique Il indique un endroit marécageux (Holder, *Altcellischer sprachsatz, Gronna*) Cpr. la Grosne, affluent de la Saône (Graon-

lemands introduisirent leurs mesures, leurs monnaies, les procédés de leur justice et de leur gouvernement. Au xve siècle, l'organisation de la seigneurie, la constitution de la bourgeoisie de Florimont et des communautés rurales étaient tout entières germaniques. Le droit civil lui-même avait subi quelques atteintes. La coutume locale, bien qu'en général identique à l'ancienne coutume du comté de Bourgogne, présentait des particularités du droit germanique : la marche, la tenure colongère, les contrats en plait, la tradition par le fétu, les règles de la tutelle des femmes propres aux pays allemands. On y retrouvait, en particulier, l'influence de la coutume de Ferrette. Elle était marquée par le retrait lignager, le droit de juveigneurie, et surtout par certaines curiosités du régime matrimonial : faculté pour les époux de rédiger leurs conventions après le mariage, de les modifier à leur gré, et droit pour le mari de prendre les deux tiers de la communauté [1]. En résumé, Florimont offre le spectacle

---

na, Ragut, *Cartulaire de Saint-Vincent de Mâcon*, p. 560) et Grozon (Jura). Le nom de Chavannatte est peut-être également celtique (Cpr. Holder, *Cavennæ*). — Parmi les noms allemands, les uns, les plus anciens sans doute, ne paraissent avoir aucun rapport avec les noms romans (Herbsdorf ou Courtelevant). D'autres ont été formés par la prononciation tudesque du nom français (Guntscherach, Jonchercy ; Schaffnatt, Chavannatte). — Tous les noms communs qui entrent dans la composition des lieux dits du finage de Florimont sont français. Tels sont : la *pied* ou *piée* (par exemple la Pied de la Croix), division du territoire rural, laquelle ne s'appliquait qu'aux champs, — les *chésaux*, terrains ou tenures, — les *curtils* ou jardins, — les *esserds* ou défrichements, — les *noz* ou *noyes*, qui sont les prairies marécageuses, — les *œuches* ou *oiches*, c'est-à-dire les chenevières, — les *chasnes* ou chênes, — les *charrières*, — les *vies*, qui sont les chemins, — les *planches* ou ponts de bois, — la *maletière* ou *maltière*, qui était la léproserie, située du côté de Faverois, — les *fourches* ou le *gibet*, du même côté. Les noms d'anciens propriétaires ayant vécu ou paraissant avoir vécu au Moyen-Age, qui se sont conservés dans les lieux dits, sont également français ; par exemple, Es Belorsier, Champ damne Claire, Chesal d'Esuel (Asuel), Champ Malfrey, Esserd Grivelet, Noz messire Pierre, Prelz Bourguignon, Terre ès Moines de Lucellans, Terre de Tavanne, Verger sire Jacque.

1. 1° *Tenures colongères*. Une partie des sujets de la seigneurie appartenait à la grande cour colongère de Delle, domaine de l'abbaye de Murbach. Sur cette cour, v. Viellard, 370 (1235), p. 428 et l'urbaire de 1303 (T., III, 32, pp. 62-64). — Le prieuré de Froidefontaine avait des colonges à Normanvillars. 2° *Contrats en plaid*. 1303. Vente coram *Petro* procuratore illustris domini *Theobaldi*, tunc sedente in judicio (T., III, 31). Au xvie siècle, les notaires dressaient leurs actes *en instance*. Ils recevaient ordinairement *en la même instance* plusieurs actes. Mais ceci était du droit romain. Le notaire faisait acte de juri-

peu commun et intéressant pour nous, d'une seigneurie allemande implantée en une terre française et bourguignonne.

Les origines de cette seigneurie sont obscures. Les documents les plus anciens, d'ailleurs rares et laconiques, ne datent que du xiie et du xiiie siècle [1]. Mais la trace d'un passé antérieur à l'époque historique ne s'est point complétement perdue. Certains faits, quelques institutions, des noms de lieu sont les témoins de cet âge si éloigné. En combinant ces éléments, en les interprétant par d'autres observations recueillies hors de la seigneurie, mais dans la contrée, il est possible de reconstituer, avec quelque vraisemblance, ces origines.

A l'époque des invasions germaniques, une immense forêt de chênes et de hêtres, propriété du fisc romain, couvrait, entre le Jura et les Vosges, le plateau où se séparent

diction gracieuse. Les déclarations des parties étaient des *confessiones in jure.* — 3° *Tradition par le fétu.* Resignatione adhibita, que vulgariter gallice dicitur fechtuar (T., III, 31). De même, en signe de mainmise sur les terres de Humbert de Villersexel, le gouverneur de la prévôté de Baume-les-Dames jetait une vergette qu'il tenait à la main par la barrière de la porte de Saint-Hippolyte (P. J., 28, 1431, p. 66). — 4° *Tutelle des femmes.* L'intervention d'un tuteur était requise toutes les fois que la femme, fille, mariée ou veuve. faisait un acte juridique. Le tuteur s'appelait aussi *advocatus, vouhay.* En règle générale, il était nommé en justice, et pour une affaire. Le mari était, en principe, tuteur de sa femme. Per... laudem... mariti, tutoris, seu advocati mei (T., III, 31, 1303. — Pour l'exception, v. p. 777 (1337, 8 mai). — 5° *Retrait lignager.* Les *laudationes,* si nombreuses jusqu'au xive siècle, par lesquelles les proches intervenaient dans tout acte d'aliénation pour y consentir, ne sont pas autre chose qu'une renonciation implicite au retrait lignager. Au xviiie siècle encore, des mentions constatant le retrait lignager sont inscrites au revers de nombreux actes de vente. — 6° *Droit de juveigneurie.* Il permettait au plus jeune des enfants de prendre la maison paternelle, à charge d'en payer la valeur à ses cohéritiers. Bonvalot, *Coutumes de la Haute-Alsace* (Paris, 1870) cxvii. — 7° *Régime matrimonial.* Bonvalot, p. 238. En 1706, deux époux faisaient rédiger leur traité de mariage environ sept mois après la célébration du mariage (Arch. du tabellionné de Florimont, protocolles). A la fin du xviiie siècle on tendait vers le partage égal entre les époux. Plusieurs contrats de mariage dérogent sur ce point à la coutume (Titres divers).

1. Delle est nommé en 728, Pfettrouse en 731, Suarce en 823, Joncherey en 962, Boron, Grosne, Vellescot en 1105, Grandvillars en 1147, Courcelles vers 1170, Réchésy, le Puix en 1290, Courtelevant en 1294, Faverois en 1295, Chavannatte en 1458. V. pour ces dates Stoffel et pour celle de Réchésy *UB. Basel,* II, 689. Une localité a pu exister longtemps avant que nous ne rencontrions un document où elle soit nommée.

les eaux du Rhône et les eaux du Rhin. Le plateau était
à peu près inhabité, tandis que la vallée de l'Allaine et les
vallées des affluents étaient déjà semées de villas gallo-ro-
maines et de forges [1]. L'invasion ne devait pas respecter la
grande forêt. Les Germains s'y établirent. Leur hache y fit
de vastes clairières. Ils s'y taillèrent des domaines auxquels ils donnèrent leurs noms.

L'occupation germanique prit encore une autre forme.
Des tribus, burgondes sans doute, s'installèrent au fond des
bois. Elles formèrent les communautés rurales, et fondèrent
les domaines auxquels les lois barbares donnent le nom de
marches [2]. Ces communautés faisaient deux parts de leur
territoire. L'une était réservée à l'usage commun de tous les
membres de la marche. C'étaient les forêts et les pâtures.
L'autre était découpée en lots, et assignée aux chefs de famille pour en jouir isolément. Chacun avait sa maison, son
verger et ses champs. Sur tout le territoire qui lui appartenait la marche exerçait un droit propre de juridiction. Cette
justice s'appliquait à la partie commune du domaine pour en
régler l'usage, aux tenures individuelles pour donner l'investiture aux nouveaux possesseurs, procéder au bornage et
retirer la concession dans certains cas. D'une manière générale, elle jugeait tous les différends relatifs aux terres dépen-
dantes de la marche. C'était une justice exclusivement foncière et communale.

Ce fut une colonie de ce genre qui défricha le sol où furent
bâtis plus tard le château et la ville de Florimont. Suivant
l'un des grands chemins des invasions, la voie qui conduisait du Rhin dans la Séquanie par Kembs et Mandeure, les

---

1. En descendant la vallée de l'Allaine, Pluviosa (Pleujouse), Miseriacus (Mi-
serez), Metis curtis (Miécourt), Curtis Metia (Courtemaiche), Grandis Gurges
(Grandgourt), Juncarias (Joncherey), Grande Villare (Grandvillars), Miseriacus (Mésiré), etc., et dans les vallées secondaires : Caviniacus (Chevenez),
Fontanetum (Fontenais), Lugduniacus (Lugnez), Curticellas (Courcelles), Fa-
bricas (Faverois), etc.

2. Schmidt, *Les seigneurs, les paysans et la propriété rurale en Alsace au
moyen âge* (*Annales de l'Est*, 1895, p. 375). Brissaud, *Manuel d'histoire du droit
français* (Paris, 1899), p. 448.

émigrants parvinrent à l'endroit, où, peu après avoir été rejointe par la route secondaire de Ferrette et Bâle, elle traversait la vallée de la Vendeline. En face d'eux, sur la hauteur, se dressait l'une de ces tours de garde placées, pour la protection des voyageurs et la défense du pays, au débouché de chacune des vallées que la grande voie croisait dans cette région déjà montagneuse. Cette tour, plus tard, peut être, donjon du château de Florimont, surveillait la jonction des deux routes et le pont ou le gué que la voie franchissait dans le fond de la vallée [1]. Les barbares s'arrêtèrent. Ils construisirent leurs huttes dans le lieu où se trouve aujourd'hui le village de Courtelevant. Le territoire qu'ils occupèrent avait l'étendue des finages de ce village et de l'ancienne communauté de Florimont [2].

1. La voie venait de Mandeure (Epomanduodurum), passait un peu au sud de Delle, s'engageait dans la forêt de Saint-André, en sortait probablement vers le lieu dit le Fourneau, traversait la rivière à Florimont ou à Courtelevant Elle allait ensuite entre Lepuix et Suarce, au nord et tout près de *l'Etang de l'Estaré*, dont le nom rappelle la *strata* ou l'*estrée* romaine, puis entre Friessen et Uberstrass. Les limites qui séparent ces quatre communes depuis l'Etang de la Ville jusqu'à la vallée de la Largue se confondent peut-être en certains endroits avec le tracé de la voie. Il y a de nombreux exemples de voies romaines devenues avec le temps limites de territoires. Arrivée à Larga (Largitzen) elle se bifurquait d'un côté vers Cambes (Kembs, à treize kilomètres d'Huningue) et Augusta Rauracorum, de l'autre vers Argentoratum. L'abbé Bouchey, *Recherches historiques sur Mandeure* (Besançon, 1862, I, p. 45). Stoffel, p. ix et aux mots : *Englischsträssle* (route des Anglais), souvenir des grandes compagnies; *Hochsträssle* ou *Römersträssle*, *Larga*, *Uberstrass* (français : *Schu Etrées*), *Vilenti*. Viellard, p 30. J'ai consulté de plus un tracé inédit que M. Colard de Delle a bien voulu mettre à ma disposition. Sur la voie secondaire de Delle à Bâle par Pfettrouse, Dirlinsdorf, Ferrette, Saint-Blaise et Hegenheim, v. Stoffel, p. x. Pour l'hypothèse d'une tour de garde, origine du château de Florimont, Feltin, p. 6. Un peu plus loin la tour de Milandre, à l'entrée de la haute vallée de l'Allaine, placée de manière à saisir d'un coup d'œil toute la partie de la voie qui traversait la vallée, eut peut-être la même origine et la même destination.

2. Au xive siècle, le territoire appelé plus tard les Franches-Montagnes était encore couvert de forêts et à peu près désert. L'évêque Imier de Ramstein y attira des émigrants de tous pays en promettant des libertés exceptionnelles et des concessions de terres à défricher (T. IV, 213). Au xvie siècle, les habitants de plusieurs villages de la vallée de Delémont se faisaient des propriétés dans les Hautes-Joux, c'est-à-dire dans les forêts du domaine public. Ces défrichements, que l'on appelait *cerneux*, *cernies* ou *esserts*, n'étaient permis que dans la montagne du Raimeux, et sous certaines conditions. Mais on n'observait pas la défense. Arch. de Delémont, A. Le roole du pays de l'année 1562. Cahier, pap., 68 pages. *La grace de nostre très souverain prince et sei-*

Pendant des siècles cette communauté n'eut point d'histoire. Le régime seigneurial s'y installa avec son cortège habituel de servitudes personnelles et foncières. Quelque famille de chevaliers prit possession de la tour. Ces guerriers protégeaient la communauté au milieu de laquelle ils résidaient, mais ils vécurent à ses dépens. Ils eurent des droits sur les forêts et sur les pâturages. Ils levèrent des redevances. Ils exercèrent la justice sur les terres et sur les habitants. La marche devint une seigneurie. De nombreux étrangers franchirent l'entrée de la communauté, si jalousement gardée par les anciennes coutumes. Des nobles, des églises acquirent des fonds dans son territoire. La communauté avait perdu une partie de son autonomie. Son unité restait intacte. Un grand événement politique du XIIe siècle la détruisit [1].

Dans le commencement de ce siècle, le comté dé Ferrette fut fondé au profit de Frédéric, fils de Thierry Ier, comte

gneur se plaint des devant nommés treize francs villages et de leurs consors, de ce que les hautes joux, selon le contenu de ses régalies et reprises, nonobstant qu'elles luy soient seulement et à nul autre appartenantes et à son évesché, estoient cernoyées et essertées par iceux, entre eux departies et pour heritages vendues (p. 11). Voici maintenant l'exception pour le Raimeux : Néanmoins les subiects du Vaul de *Delémont*, de toute ancienneté, eurent cette franchise et droiture qu'un chascun d'iceux peut aller sur cette montagne et monter sur un arbre et depuis iceluy sur un autre et sur le troisième et ruer ou ietter son haitchate ou hache, et si loing qu'il l'aurat rué, il pourat tout à l'entour de l'arbre sur lequel il aurat commencé à ruer son hache, esserter et retenir cette terre pour luy et pour son héritage, et y assigner son anniversaire, ou en marier ses enfants ou pour toute autre manière en disposer comme de ses autres biens propres (p. 56). Au XVIIe et au XVIIIe siècle, des colons, allemands pour la plupart, recevaient, à charge de cens, des terres à défricher dans le bois de Normanvillars. Installés dans des huttes, dans des *barraques* en bois, ils passaient leur vie au milieu des clairières que leur hache avait taillées dans la forêt. Tous ces faits d'époques relativement récentes, sur lesquels nous possédons des éléments d'information précis et abondants, peuvent donner une idée de la manière dont fut établie la marche.

1. Plusieurs vestiges de la marche persistèrent : 1° *La justice foncière de la communauté des bourgeois de Florimont.* Amoindrie par les empiétements des seigneurs et par la centralisation française, elle paraissait encore au XVIIIe siècle. La ville avait conservé sur ses forêts certains droits de juridiction et de gruerie. Si elle ne connaissait pas elle-même des délits, elle avait le pouvoir d'instituer des forestiers, ce que l'on considérait comme un élément de la juridiction. Le droit de marque lui appartenait comme celui de faire sien le produit des peines pécuniaires, soit concurremment avec le seigneur, soit même à l'exclusion de celui-ci. (P. J., 63, II, p. 158, note sur l'arrêt du conseil

de Montbéliard [1]. La marche se trouva du nombre des alleux qui entrèrent dans sa composition [2]. Formé par un prélèvement sur les possessions de la famille de Montbéliard, le nouveau comté était une combinaison très compliquée de droits utiles et de domaines enchevê-

souverain d'Alsace du 6 mai 1729). La justice de la communauté s'était également maintenue sur les héritages des particuliers. On ne portait pas de suite devant la justice seigneuriale les actions en bornage. Elles étaient de la compétence des sept borneurs jurés. Ces juges, choisis par la communauté et parmi ses membres, n'étaient point investis d'une mission éphémère et limitée à une seule contestation. C'étaient ces mêmes juges que l'on rencontrait dans nombre de communautés de langue allemande, où l'on continuait à les désigner par l'antique dénomination de juges de la marche (*markgericht, marker*). Simples rachimbourgs à l'époque mérovingienne, ils étaient devenus des juges permanents à la suite de la réforme des tribunaux publics. — 2° *L'unité de paroisse*. Les habitants de Florimont appartinrent encore pendant près d'un siècle à la paroisse de Courtelevant. Il y avait, dès la fin du XIII⁰ siècle, dans l'enceinte même du château de Florimont, une chapelle placée sous le vocable de Notre-Dame (T., II, 445, 1294, capelle Beate Marie *Floridi Montis*.) Cette chapelle ne devint église paroissiale, et Florimont n'eut un curé que dans le XIV⁰ siècle (Index des noms de lieu, Florimont). — 3° *Le droit de seconde herbe*. Au XVIII⁰ siècle encore, entre Florimont et Courtelevant, il y avait du midi jusqu'au nord une étendue de prairies d'environ une demi-lieue, dont la condition juridique était très remarquable. La plupart de ces terres appartenaient à des particuliers. Mais les deux communautés de Florimont et de Courtelevant avaient conjointement sur elles le droit de percevoir la seconde herbe. Il y a lieu de croire, disait-on pour expliquer cette singularité, que ces prairies étaient anciennement des communaux qui avaient été partagés entre les habitants. Cette opinion, fondée sans doute sur la tradition, ne s'éloignait point de la vérité. Le droit à la seconde récolte n'était que l'une des conséquences du domaine éminent de la marche sur les tenures qu'elle avait concédées à chacun de ses membres. C'était une sorte de redevance récognitive, contemporaine de l'époque où les deux communautés ne formaient qu'une marche (P. J., 64, 1768).

1. Pour la généalogie des comtes de Ferrette, v. de Mas-Lastrie, *Trésor de chronologie* (Paris, 1889). Sur le partage qui eut lieu vers 1125, v. T., II, p. LXXXIII, et Viellard, p. 21. A l'ouest les limites des deux comtés étaient, en général, celles qui séparent le département du Doubs et le département du Haut-Rhin. Au sud, Frédéric obtenait l'Elsgau, c'est-à-dire le bassin de l'Allaine jusqu'au territoire de Delle, la vallée de la Vendeline jusqu'au territoire de Réchésy, le vallon de la Covatte jusqu'au territoire de Courcelles (T., II, p. LXXXIII, n. 4). Mais il y eut plusieurs modifications dans ces limites. En 1226, Richard, comte de Montbéliard, et Frédéric II, comte de Ferrette, terminaient leur guerre en concluant un traité par lequel le comte de Ferrette renonçait à ses prétentions sur le château de Belfort, s'obligeait à détruire le château de Montfort, et acquérait l'avouerie de Delle. Des difficultés s'élevèrent au sujet de la succession de Frédéric II entre son fils Ulric I⁰ʳ, comte de Ferrette, et le beau-frère d'Ulric, Thiébaud III, comte de Montbéliard. Ulric abandonna à Thierry le château de Porrentruy, toutes ses possessions dans le val d'Ajoie et l'avocatie de Bure (Viellard, 348, 372).

2. 1309. Juribus et jurisdictionibus allodii et hereditario ad nos pertinentibus (T., III, 75). Cpr. II, pp. LXXX-LXXXII.

trés [1]. Les limites qui le séparaient des possessions conser-
vées par les comtes de Montbéliard étaient assez confuses.
Ce fut la cause de longues querelles entre les deux familles.
Pour se mettre à l'abri des attaques de leurs cousins, les
comtes de Ferrette établirent en travers de la trouée des
Vosges un barrage de forteresses [2]. Le côteau qui dominait le
confluent de la Vendeline et de la Covatte, et la tour dont il
était surmonté, attirèrent leur attention. De là, on avait vue,
non-seulement sur les anciennes voies du Rhin et de Bâle,
mais sur une autre route, qui, venant du midi et se rencon-
trant avec la voie du Rhin au-dessous du côteau, entretenait
un courant de relations incessantes entre l'Elsgau et cette
partie du comté de Ferrette [3]. Ces trois routes étaient ouvertes aux incursions des comtes de Montbéliard. Une
forteresse, sur l'emplacement de l'ancienne tour romaine,
suffisait pour fermer tous les passages.

Ce fut probablement Ulric Ier qui construisit cette forte-

---

1. En 1303, le comte Renaud de Montbéliard donnait à son gendre Ulric de
Ferrette, fils du comte Thiébaud, en représentation d'une somme qu'il avait
promise pour la dot de sa fille Jeanne, plusieurs domaines, savoir : quidquid
iuris habebat in villis de *Corcell* [a], de *Rachesis*, de *Danfruyl*, de *Boncort*, de
Cortelecano, de *Luegnue* et de *Essert* prope *Florimont* (Thommen, I, 166). En
1256, Ulric Ier complétait ses possessions de Florimont en acquérant au moyen
d'un échange les terres d'une famille de petite noblesse, les de Zäsingen : *Vol-*
ricus, comes *Phirretarum*,.. per manum et consensum *Friderici*, *Ludewici* et
Thiebaldi liberorum nostrorum... possessiones nostras, quas habuimus in
banno *Chesslach*, hominibus dumtaxat exceptis, titulo permutationis pleno
iure dedimus *Hugoni* militi de *Zezingen*, pro omnibus... possessionibus, quas
idem habuit apud *Bluomenberc*, apud *Herbistorf*, apud *Fauereiz* et apud *Cuoue*,
hominibus similiter exceptis (*UB. Basel*, I, 307).

2. Tantôt ils ne faisaient qu'agrandir et renforcer des constructions antérieures. Tantôt c'était des forteresses nouvelles qu'ils créaient de toutes pièces. — V. Liblin, *Belfort et son territoire* (Mulhouse, 1877, 2e édition), Angeot
(xiie siècle, p. 29), Banvillars (Fin du xie siècle, commencement du xiie siècle,
p. 37), Belfort (xie siècle, p. 46), Delle (après 1232, p. 211), Montfort (démoli probablement peu après le traité de 1226, pp. 97, 125), Montreux-Château (première
moitié du xiie siècle, p. 211), Rosemont (Sous Louis de Mousson, premier
comte de Montbéliard, mort probablement en 1071, p. 247), Rougemont, deux
châteaux, l'Oberburg, Hoheburg ou Mont-Ori, et le Niederburg, le second
construit par Ulric Ier (1232-1275), le premier reconstruit et agrandi par le
même comte qui lui donna son nom (p. 256). Plusieurs de ces dates ne sont
pas certaines.

3. Quiquerez, *Topographie d'une partie du Jura oriental* (Porrentruy, 1864),
p. 331. Un vieux chemin très direct entre Porrentruy et Florimont appelé les
vies de Courcelles, suit presque continuellement le haut du plateau, en cou-
pant à travers les bois.

resse, à la suite des guerres assez malheureuses que son père et lui-même avaient eues avec les comtes de Montbéliard [1]. Les grands châteaux n'étaient point seulement destinés à arrêter l'ennemi. Ils étaient un lieu de refuge pour les populations chassées de leurs foyers par la guerre. Elles y trouvaient place dans la « basse cour », c'est-à-dire dans une première enceinte moins forte que la seconde. La basse cour du château d'Ulric s'étendit entre le côteau et la rivière, et, comme il arriva pour les principaux châteaux du même pays, une toute petite ville y fut bâtie [2]. La nouvelle forteresse était complète. Il fallait lui donner un nom. Dans les siècles précédents on l'eût appelée simplement le bourg, la garde ou le châtillon. Mais alors, on préférait à ces appellations purement militaires un nom pompeux qui exprimât la force du redoutable édifice, ou bien on recherchait le contraste de quelque nom poétique. Les Clermont, les Montfort, les Montfaucon, les Rosemont, les Roche d'Or et les Schlossberg étaient à la mode. Ce fut, sans doute, à un caprice de ce genre, appuyé peut-être par quelque particularité locale, que le nouveau château et l'humble petite ville qui se cachait à sa base dûrent leur nom de Florimont [3].

La formation de la ville entraîna la division de la marche en deux communautés, celle de Courtelevant et celle de Florimont. Il n'y avait point de ville sans bourgeoisie, point de bourgeoisie sans biens communaux. Il était donc néces-

---

1. Il y a dans le voisinage plusieurs exemples de châteaux construits ou refaits au XIII⁰ siècle pour arrêter les incursions des Welches. Après sa guerre avec Renaud de Bourgogne, comte de Montbéliard, l'évêque de Bâle, Henri d'Isny, aidé par Rodolphe de Habsbourg, construisait Roche d'Or. Il opposait le Schlossberg à l'allié de Renaud, le comte de Neuchâtel, et fermait le Val de Saint-Imier au moyen du château d'Erguel (*Chronicon Alberti Argentinensis*, T., II, 293).

2. Cpr. Asuel, Clémont, Grandvillars. Sloss *Hasemburg* und stettlin (T., V, 30). Stettelin *Clemont* (*Basl. Chron.*, IV, p. 37), 1439. *Grandweyler* das stettlin (p. 49). Toute agglomération de maisons, si petite fût-elle, était une ville, pourvu qu'elle fût entourée de remparts. Un village pouvait être plus grand qu'une ville. Asuel et Grandvillars sont aujourd'hui des villages. Clémont n'est plus qu'un hameau.

3. Le Bourg, Wart, Wartenberg, Chastelvouhay (près Courchavon). Le Châtillon ou le Chételat (près Bremoncourt, etc.). La Motte (Boncourt, Bonfol, Ocourt). Cpr. : abbé Arnold, *Études étymologiques sur les noms des communes du territoire de Belfort* (Montbéliard, 1876), p. 27.

saire de séparer les nouveaux bourgeois de Florimont des habitants de Courtelevant, et de leur donner leur part des biens communs. On traça entre la ville et le village une ligne à peu près droite, dont le caractère artificiel apparaît bien lorsqu'on la compare aux limites partout ailleurs sinueuses du finage de Florimont.

Ulric Ier s'était prémuni contre les comtes de Montbéliard. Mais la forteresse qu'il venait de bâtir attira sur le domaine les convoitises de ses puissants voisins, les évêques de Bâle et les ducs d'Autriche. En 1271, Ulric vendait à l'évêque Henri de Neuchâtel la plupart des domaines et des droits qui composaient le comté de Ferrette [1]. Florimont avait alors pour seigneur Louis, fils d'Ulric [2]. Pour ce motif, peut-être, la seigneurie ne fut point nommée parmi les possessions vendues. Elle ne fut pas non plus exceptée [3]. C'était une porte ouverte à la chicane. Quelques années plus tard Louis mourait. L'évêque Henri d'Isny et le comte Thiébaud de Ferrette, frère de Louis, profitèrent d'une mésintelligence entre sa veuve et son fils Ulric II pour conclure entre eux un traité par lequel ils se préparaient à acquérir ensemble la seigneurie [4]. Méconnaissant ses engagements, Thiébaud essaya de s'en rendre seul maître. Mais il se heurtait à un évêque ferme, Otton de Grandson. Menacé d'une incursion des bourgeois de Bâle, il abandonna aussitôt Flo-

---

1. T., II, 156, 164 (1271) et pp. LXXVI-LXXXII.

2. Sentence de Louis, seigneur de Florimont, pour le monastère de Bellelay, au sujet de Montignez. (T.,V, 8, 1262).

3. A la différence de Schœnberg et d'Illfurth (T., II, p. LXXVII).

4. La veuve de Louis, mère d'Ulric, était une dame de Ribeaupierre (*Rappoltstein. UB.*, I, 141). — Quiquerez, *Histoire des comtes de Ferrette* (Montbéliard, 1863), table 2. — 1281, mi-mai. Accord entre Henri d'Isny et Thiébaud de Ferrette, au sujet de leurs prétentions réciproques sur Florimont et sur Porrentruy. L'évêque promet que, si la mère d'Ulric lui vend sa part du domaine de Florimont dans l'espace de cinq ans, il laissera la moitié de cette part à Thiébaud avec le château, les gens qui sont dans la ville, quels qu'ils soient, et les biens allodiaux. S'il arrive que la part du fils soit dévolue à sa mère, de manière que l'évêque puisse acheter le tout, il en laissera la moitié au comte qui, de son côté, fait une promesse réciproque identique (*Rappoltstein. UB.*, I, 141). — Même date. Thiébaud déclare que, s'il achète ou s'il obtient par toute autre voie le château de Florimont, die vestene von *Bluomenberc*, la moitié de ce château, des gens et des biens doit rester à l'évêque de Bâle (T., II, 258).

rimont à son adversaire, qui consentit à le lui donner en fief [1]. Désormais, la seigneurie de Florimont suivit le sort du comté de Ferrette. Elle fit partie de l'évêché de Bâle [2].

Peu d'années après, Florimont devenait seigneurie autrichienne [3]. Pendant le XIIIe siècle, les Habsbourg avaient acquis au sud-ouest, à l'extrémité de leur landgraviat de Haute-Alsace, plusieurs domaines qui avaient fini par entourer, presque de tous côtés, la seigneurie. C'étaient Boncourt, Delle, Thiancourt, Joncherey, Faverois, Courtelevant, Réchésy et Courcelles. La seigneurie ne touchait plus au comté de Ferrette qu'au nord, par l'étroite bande de terrain contiguë au territoire de Chavannes-les-Grands. Le comté lui-même était, pour la plus grande partie, une dépendance du landgraviat de la Haute-Alsace. Les ducs d'Autriche avaient les droits régaliens, et les comtes de Ferrette, subissant dans leur propre domaine un partage avec les Habsbourg, voyaient leur part réduite aux droits seigneuriaux. Telle était, notamment, la situation des comtes dans tous les villages les plus voisins de la seigneurie de Florimont, Grosne, Boron, Vellescot, Chavannes-les-Grands et Suarce. La seigneurie était

1. Episcopo cum civitate volente egredi in terram comitis, comes munitionem *Blumenberg* propriam in feudum recipiens ab episcopo, reformatur eidem (Chronicon Alberti Argentinensis, T., III, 75). — Entre le 2 et le 5 février 1309, Thiébaud résignait Florimont entre les mains de l'évêque de Bâle et le reprenait en fief (T., III, 75). — Le 5 février, Marguerite de Blamont, épouse de Thiébaud, ratifiait la cession faite par son mari (76).

2. 1421. *Blumberg* in *Basler* bystum gelegen (P. J., II, 1421, 16 avril, 1°).

3. Sans cesser d'avoir pour suzerains les évêques de Bâle. Rodolphe, duc d'Autriche et ses frères Albert, Frédéric et Léopold reprennent en fief de l'église de Bâle le comté de Ferrette. Parmi les dépendances de ce comté figurent die burg, die stat und die vorstat ze *Bluomenberg*, mit allen dörferen, die zuo den vorgenanten burg vnd stat ... hoerent (Thommen, I, 662, 1361). — Un acte de dernière volonté d'Albert d'Autriche et de sa femme Jeanne de Ferrette de l'année 1331 aurait complété la main-mise des évêques de Bâle sur le comté de Ferrette et la seigneurie de Florimont, s'il avait été suivi d'exécution. Albert et sa femme léguaient à l'église de Bâle les seigneuries de Ferrette et de Florimont, s'ils ne laissaient pas d'enfants vivants à leur décès. Ils promettaient de ne jamais confier ces seigneuries qu'à des personnes dévouées à l'évêché, qui prêteraient serment de remettre immédiatement les forteresses à l'évêque ou à ses successeurs, si la condition du legs venait à être remplie. L'acte se terminait par une alliance pour la défense des droits respectifs du duc et de l'évêque sur les seigneuries, objets du legs, et par l'énumération des domaines compris dans cette disposition. C'étaient

déjà comme noyée dans les domaines autrichiens[1]. L'annexion se préparait. Elle fut réalisée au mois de mars 1324 par le mariage de Jeanne, petite fille de Thiébaud et fille d'Ulric III, dernier comte de Ferrette, avec Albert d'Autriche.

La pauvreté des Habsbourg ne leur permit pas de conserver longtemps la possession de leur nouveau domaine. Quarante ans ne s'étaient pas écoulés et Florimont était le gage de Marguerite, marquise de Bade[2]. Elle laissa par testament la créance et le gage à sa fille Marguerite, femme de Geoffroy, comte de Linange[3]. Les ducs Albert et Léopold retirèrent le gage. Mais ce n'était que pour changer de créancier. Ils le donnèrent à un riche bourgeois de Bâle, Jean de Wahlbach, qui avaient déjà plusieurs gageries autrichiennes, et non des moindres[4]. Celui-ci céda la seigneurie à Adélaïde, marquise de Bade et dame de Belfort. Adélaïde était la femme de Walraf le Jeune, comte de Thierstein, et la mère de Bernard et de Jean de Thierstein, qui possédèrent l'un après l'autre, lorsque leur mère fut morte, la terre de Florimont[5].

En 1406, Léopold le Superbe et Catherine de Bourgogne enlevèrent Florimont à Bernard. A la mort de Léopold, la

Ferrette, Florimont, Altkirch, Thann, la vallée de Massevaux, Ammertzwiller, Spechbach, Cernay, Dirlinsdorf, Bouxwiller, Riespach, Burnhaupt, Schweighausen, Dannemarie, Illfurth, Hohroth, Blochmont, Loewenberg, Morimont, Liebenstein, Hohenack, Wineck (Thommen, I, 362). A. Huber, dans *Allgemeine Deutsche biographie*, I, 279.

1. V. la carte historique des possessions autrichiennes dans la Haute-Alsace en 1303 dans Schulte, *Geschichte der Habsburger*.

2. T., IV, 67 (1361).

3. 1366, 15 sept.. Item je doins à madite fille [*Marguerite*, marquise de *Baude*, comtesse de *Lienaige* et de *Richecort*, femme *Joffroy* conte doudit *Lienaige* et de *Richecort*] quinze cens florins que je ai suis la forterace et suis toutes les appendices de *Florimont*, de quoi je ay lettres de monsignour d'*Osteriche* et ency comme il contient esdites lettres (Schœpflin, 1127, II, p. 249).

4. Jean de Wahlbach était seigneur engagiste d'Ensisheim, de Cernay, Massevaux, Rougemont et du château de Thann (*UB. Basel*, IV, 307, 1366). P. J., I, 2 (1368, 27 avril, 5 mai).

5. Walraf le Jeune était déjà seigneur de Florimont en 1383 (T., IV, p. 776, 1383, 25 août).

seigneurie ayant cessé d'être comprise dans les assignations faites à Catherine pour sa dot, passa à une autre branche de la Maison d'Autriche. Elle eut successivement pour souverains Frédéric à la Bourse vide, Albert le Prodigue et Sigismond. Dix ans après la mort de Léopold, Anne de Brunswick, femme de Frédéric, et régente de ses possessions en Alsace, engageait Florimont à Jean de Thierstein. Les fils de Jean, Oswald et Guillaume, lui succédaient en 1455. Ils vendaient la seigneurie deux ans plus tard à un officier des ducs de Wurtemberg, le chevalier Marc de la Pierre, qui la tenait encore à l'époque du traité de Saint-Omer.

De tous ces engagistes, les comtes de Thierstein sont les plus remarquables ; et ce n'est pas seulement parce qu'ils ont gardé la seigneurie pendant près de soixante ans. Nous ne connaissons de Marguerite de Bade que ses fondations en faveur des églises de Florimont. Marc de la Pierre fut renommé pour un succès littéraire, pour sa participation à une croisade de seigneurs bourguignons, et surtout pour sa belle réponse à Charles le Téméraire qui le sommait de rendre la place de Montbéliard [1]. Plein de loyauté et d'un calme et froid courage, il portait avec honneur le titre de chevalier qu'il faisait suivre de celui de « bourgeois commun de Montbéliard » [2]. Administrateur soigneux, il releva bien des ruines dans la seigneurie. C'était, semble-t-il, un homme qui sortait de son milieu et n'était pas tout à fait de son temps. Les Thierstein, au contraire, personnifiaient en eux les défauts et les qualités de cette noblesse allemande à laquelle les ducs d'Autriche se voyaient contraints de livrer leurs domaines. En étudiant la seigneurie sous leur administration, on

1. Marc de la Pierre fit la première traduction allemande d'un singulier livre pour l'éducation des filles, qui jouit d'une grande vogue au moyen-âge, le *Livre du chevalier de la Tour Landry. Der Ritter vom Turn, von den Exempeln der Gotsforcht vnn erberkeit* (Bâle, Michel Furter, 1493). Anatole de Montaiglon, *Le Livre du chevalier de la Tour Landry pour l'enseignement de ses filles* (Paris, 1854), p. lj. V. la réponse de Marc de la Pierre dans Johannis Knebel diarium (*Basl. Chron.*, II, p. 93, 1474). Pour la croisade, Feltin, p. 23.

2. Rytter und gemein burger (Lettre à l'évêque de Bâle du 5 mars 1476. *Basl. Chron.*, III, p. 434).

pourra se faire une idée exacte de ce que fut dans la Haute-Alsace le régime des gageries. On doit, pour cela, voir d'abord en quoi consistait la seigneurie qui leur fut confiée, puis rechercher ce qu'ils étaient eux-mêmes, quels droits leur conféra le contrat de gage, et quel usage ils firent de ces droits.

1° La seigneurie de Florimont.

I. *Territoire de la seigneurie.*

La seigneurie, sous les ducs d'Autriche, n'était plus la même que sous les comtes de Ferrette. Soit pour donner au domaine la consistance d'une seigneurie moyenne, soit pour offrir à un créancier un gage suffisant, les ducs lui avaient rattaché des possessions qui leur appartenaient avant l'acquisition de Florimont. La seigneurie ferrettaine était, autant qu'on peut en juger, un ensemble compact et homogène, formé de territoires limitrophes et de droits uniformes et égaux. La seigneurie autrichienne était, au contraire, un faisceau de droits de nature et d'origine diverses assis sur plusieurs terres. Toutes ces terres ne se touchaient pas, toutes n'étaient pas sujettes aux mêmes droits, et souvent l'une d'elles échappait à telle prestation qui grevait sa voisine. La seigneurie nouvelle nous apparaît comme un assemblage arbitraire, exposé à des changements qui ne manquèrent pas de se produire dans la suite des temps.

Les éléments fonciers de la seigneurie autrichienne étaient, par conséquent, de deux sortes. Il y avait d'abord l'ancien territoire de la seigneurie ferrettaine, c'est-à-dire, selon toute apparence, le ban ou finage de

Florimont [1]. On y retrouvait distinctes les deux portions de l'ancienne marche : d'une part, des parcelles très morcelées, champs labourables, prés et vignes [2]; d'autre part, de grandes forêts, le Bois de la Ville, le Banbois, le Bois Banal du Seigneur ou Fahy, et de nombreux étangs naturels ou artificiels, qui étaient une source de richesse pour le pays.

Le second élément consistait dans les territoires et dans les droits fonciers que les ducs avaient ajoutés à la seigneurie primitive. Ils avaient détaché de leur bailliage de Delle des droits et des terres à Courcelles, Courtelevant, Faverois et Joncherey. Ils avaient enlevé Réchésy à la mairie de Seppois-le-Haut [3]. Ils avaient séparé de l'ancien comté de Ferrette Grosne, Boron, Suarce, le Puix. Par une série d'arrangements de ce genre, ils avaient groupé sous le nom de Florimont des biens ou des droits dans les villages de Beurne-

1. Le territoire de la commune actuelle de Florimont est plus étendu que le ban de l'ancienne communauté, car il a été formé par la réunion de trois territoires : 1º le ban ou finage de Florimont; 2º le ban de Saint-André à l'ouest de Florimont. Saint-André, aujourd'hui simple ferme entre le Bois le Chênois et la Forêt de Florimont, était autrefois une communauté d'habitants, une paroisse, une seigneurie qui appartint pendant des siècles à la famille des nobles de Ferrette. La seigneurie consistait en une église, Saint-André des Esserts, deux hameaux, deux granges, terres, étangs, carpière, pâturage et une forêt, le Bois de Saint-André incorporé aujourd'hui à la Forêt de Florimont (Stoffel; p. 160. *Inventaire Scey-Ferrette*, p. 162, 1483-1770; p. 184, 1714-1750); 3º le ban de Normanvillars au nord de Florimont. Une chapelle, un cimetière et le nom d'une ferme rappellent le souvenir de ce village situé au milieu des bois et des étangs. Le nom même de Normanvillars que l'on trouve dès l'an 1105 (*Normanno Villario*), et mieux encore l'existence de colonges, prouvent son antiquité. Ce fut peut-être au xvº siècle qu'il disparut dans une invasion des Écorcheurs. Au xviiº siècle « le ban de *Normanvillars* où il y avoit autrefois un village à présent désert et ruiné appartient en haute, moyenne et basse justice au seigneur de *Florimont*... Il appartient audit seigneur le dixme dans le ban de *Normanvillars* et ses dépendances, à la réserve de xxij journaux dont le dixme revient au prieuré de *Froidefontaine* » (Procès-verbal de la visite de la seigneurie par les commissaires du roi). Sur Normanvillars v. Stoffel, p. 130; Liblin, p. 217; *Inventaire Scey-Ferrette*, p. 124.

2. Au xiiiº siècle on cultivait la vigne dans la plus grande partie du territoire qui est aujourd'hui la France, même dans les régions septentrionales, dans le Beauvaisis par exemple. Au xviiiº siècle, les vignes de Florimont étaient, depuis longtemps sans doute, transformées en prés et en champs.

3. Urbaire autrichien (T., III, 32, p. 61).

vésain, Boron, Courcelles, Courtelevant, Faverois, Fesche-l'Eglise, Grandvillars, Grosne, Joncherey, Pfettrouse, le Puix, Réchésy et Suarce. Les domaines ainsi réunis à Florimont étaient quelquefois des plus restreints. A Fesche un seul manse, séparé de Florimont par le territoire du bailliage de Delle, appartenait à la seigneurie. A Pfettrouse, seigneurie de l'abbaye de Lucelle, les ducs n'avaient qu'un moulin, et peut-être une terre. Beurnevésain, village et château, était une seigneurie de l'évêché de Bâle inféodée à Thiébaud de Neuchâtel. Les ducs y étaient propriétaires de plusieurs biens [1].

Tous ces droits et tous ces domaines formaient un ensemble assez imposant. Mais la justice était l'élément essentiel de toute seigneurie. Seigneurie et justice étaient synonymes. Il s'ensuit que la seigneurie de Florimont ne se composait, à vrai dire, que des territoires sur lesquels les ducs avaient la justice seigneuriale, c'est-à-dire la basse justice. Ces territoires auxquels le nom de seigneurie de Florimont doit être réservé, étaient uniquement ceux de Courtelevant, Courcelles, le Puix, Suarce et le domaine de Fesche [2]. Par conséquent les immeubles et les droits fonciers sis hors de ces territoires n'étaient que des accessoires de la seigneurie. Ainsi entendue, la seigneurie avait pour limites au sud l'Elsgau, terre de l'évêque de Bâle, à l'ouest le bailliage de Delle, au nord les mairies de Bourogne et de Chèvremont, à l'est la

---

1. P. J., 47 (1469). Pour Courcelles, aj. T., IV, p. 695 (1364) : Marguerite, marquise de Bade, donne à Perrin Recht de Courcelles des biens sis en ce lieu. Pour le Puix, v. P. J., 27 (1431, 29 janv.). Pour Beurnevésain : T., IV, 223 (1386), p. 468 ; 235 (1387) ; p. 687 (1362, 15 juin) ; V, 32 (1402).

2. Ladite terre et seigneurie de *Florimont* consiste en la haute, moyenne et basse justice, tant audit lieu que villages qui en dépendent, sçavoir premièrement en la totalité audit bourg et ban de *Florimont* comme aussy en la totalité des villages de *Courtelvant, Courcelles, Lepuy, Souhars* et *Chavenat*, en cinq sixièmes au village de *Faveret*, en cinq sixièmes au village de *Faiche-l'Eglise*, en deux sixièmes à *Vallecour*, en un sixième à *Boron*, en un sixième à *Réchésy* (Procès-verbal de la visite des commissaires du roi). P. J., 63. Ces deux textes sont de l'époque française. Mais je ne connais pas de liste antérieure.

mairie de Seppois que l'urbaire autrichien de 1303 rattachait au bailliage de Delle [1].

La partie la plus importante et la plus productive de la seigneurie, le centre militaire, judiciaire, administratif et commercial du domaine était la forteresse de Florimont, c'est-à-dire le château et la ville.

Un chemin roide et malaisé partait de la ville pour conduire au château. Formé par une ligne de fossés et de murailles flanquées de tours, le « pourpris » du château renfermait les constructions que l'on avait coutume de réunir dans les places fortes de ce genre, afin de prolonger la résistance. Il y avait des granges où l'on serrait, en temps de paix, le produit des redevances en nature, et où l'on accumulait les provisions pour la guerre. Un autre bâtiment, « la maison des chevaliers », servait d'habitation à la garnison [2]. Un puits qui descendait jusqu'au niveau de la vallée donnait de l'eau en toute saison. Le donjon, contigu aux remparts du côté du couchant, joignant les bâtiments au levant, était une grande tour ronde très élevée, dont les murs n'avaient pas moins de neuf pieds d'épaisseur [3]. Deux églises s'élevaient dans l'enceinte, toutes deux fondations des seigneurs de Florimont, qui s'étaient réservé sur elles

1. Offitium *Dattenriet* (Schulte, *Geschichte der Habsburger*, p. 34). D'après l'urbaire de 1303, l'un des éléments de cet office était le grand domaine colonger de Delle. Ce domaine comprenait les censives (*urbar*) de Courcelles, le quart d'une dime à Courtelevant, les censives de Faverois, Joncherey, Boncourt et Thiancourt la dîme de Faverois, la ville de Delle, le village de Saint-Dizier, un manse à Fesche, le village de Villars-le-Sec, les villages de Croix et de Montbouton et des terres à Lebetain. A la cour colongère de Delle appartenaient le patronage des églises de Delle, Saint-George, Bure, Croix, Montbouton, Sainte-Suzanne et Essert près Belfort (T., III, 32, 1303, pp. 62, 64). — Ampt ou meiertum *Sept* (p. 61). A la mairie de Seppois l'urbaire de 1303 rattache les tailles à Réchésy, Ueberstrass, Seppois-le-Bas, Bisel, Grentzach, Largitzen et Plent ou Blenne, et la justice sur les habitants de ce dernier village.

2. Nerlinger, *Etat du château de Thann en Alsace au XVᵉ siècle* (Strasbourg, 1899), p. 8.

3. Mémoire sur l'ancienneté de Florimont (P. J., 62), II, p. 154, n. 1. — Item qu'il appartient audit seigneur le chasteau et son pourpris, lequel chasteau a esté ruiné auparavant la guerre (Procès-verbal de la visite des commissaires du roi).

le droit de patronage. Entre la ville et la partie supérieure du château plusieurs terrasses étaient étagées. De hautes murailles, consolidées par des arcs en ogive, soutenaient la plus large d'entre elles. Elle portait, vers le milieu d'un cimetière, une antique chapelle consacrée à Notre-Dame, et devenue église paroissiale lorsque le démembrement de la marche fît sentir la nécessité de retirer les habitants de Florimont à l'église de Courtelevant. Assise sur le roc qui perçait en maint endroit de sa nef, elle touchait presque les fossés du château à l'ouest [1]. Plus haut, une seconde chapelle avait été construite. Fondée probablement à l'époque où la chapelle Notre-Dame fut transformée en église paroissiale, dotée au moyen de rentes constituées par les ducs sur les revenus de leur terre de Delle, enrichie par un legs de Marguerite de Bade, elle était l'oratoire du seigneur et de la garnison. Au xive siècle, on l'appelait simplement la chapelle du château. Dans le siècle suivant, elle fut placée sous l'invocation du patron des sociétés de la noblesse allemande. Elle porta désormais le nom de chapelle Saint-Georges-du-Château [2].

La partie inférieure de la forteresse occupait le fond de la vallée. Resserré entre les murs du château et de l'église qui le dominaient au sud-ouest, et la rivière au nord qui souvent l'inondait, ce quartier bas, c'était la ville, la « petite ville ». Elle n'était peut-être guère plus grande que le château, bien

---

1. Mémoire sur l'ancienneté de Florimont (P. J., 62, II, p. 154, n. 1). Mémoires pour l'église de Florimont. Devis des réparations de l'église, 1733 (Feltin, pp. 54-56).

2. Compte de Jean Bernard d'Asuel, châtelain de la terre de Delle, 1424-1425. Arch. de la Côte-d'Or, B, 1047. Après avoir fait le total des rentes et revenus de cette terre, le rendant compte ajoute : Sur quoy fault rabatre et desduire iiij bichoz viij quartes blé, iiij bichoz viij quartes espiote et iiij bichoz viij quartes auainne baillés et deliurés à ung chappellain qui desert la chappelle de *Florimont* (Fol. 2, r°). — 1366. Item je doins à *Florimont* pour acheter un anniversaire pour moy à toujours mais x florins per une fois. Item je doins à la chapelle du chatel de *Florimont* quinze livres pour acheter rentes en accroissance de ladite chapelle. Item je doins a curé de *Florimont* dou florins per une fois (Schœpflin, II, 1127, p. 249). T., IV, p. 703 (1366, 15 septembre). — Après l'incendie de 1577, le vocable de Saint-Georges et la dotation de l'ancienne chapelle du château furent transportés à une chapelle de l'église paroissiale.

que ses habitants fussent plus nombreux. Aussi, dès le xive siècle, la population débordait dans un faubourg situé à l'occident, que l'on appelait le petit bourg, quoiqu'il fût presque aussi vaste que la ville elle-même [1]. La ville et son annexe pouvaient renfermer tout au plus un millier d'habitants. Mais les villes grandes, riches, adonnées au commerce, n'avaient elles-mêmes, aux jours de leur plus grande prospérité, qu'une population très inférieure à celle de nos villes modernes [2].

La ville proprement dite, comme beaucoup d'autres en cette contrée de côtes abruptes et d'étroites vallées, ne se composait guère que d'une grande rue parallèle à la rivière. Quelques ruelles y aboutissaient, dont la principale continuait le chemin du château et de l'église. Les maisons étaient faites de solives recouvertes de lattes et de mortier, selon l'usage du pays. Une maison de pierre était une rareté, en quelque sorte un luxe réservé à la noblesse et à l'Eglise [3]. Aussi, cette ville de bois brûlait plusieurs fois en un siècle.

Des fossés et une muraille, la « cloison » entouraient la ville. Le mur se détachait du château à l'angle nord-est, descendait la colline, rencontrait la rivière, faisait un retour

---

1. Stettlin *Blumberg* (P. J., 51). — 1344. 4 février. Vernier, fils Besançon, jadis prévôt et châtelain de Florimont, sa femme Romagne et Henemans leur fils déclarent avoir vendu à l'abbaye de Bellelay leur maison située au grand bourg de Florimont, entre les fossés du petit bourg, d'une part, et la maison de bovett de Montignez, de l'autre, avec le curtil et la cloison derrière (T., III, p. 821). — 1591. Une maison ou grange au *petit bourg* dudit *Florimont*, les murailles de la ville par derrière (*Livre de vie de l'église de Courtelevant*, fol. 126, r°).

2. On a évalué à 50.000 âmes au plus la population de Strasbourg dans la première partie du xive siècle. La ville comptait alors parmi les premières de l'Empire. Au xve siècle Bâle atteignit le chiffre de 25.000 habitants. Schmoller, *Strassburgs blüte und die volkswirthschaftliche revolution im* XIII *jahrhundert* (Strasbourg, 1875), p. 23. Heusler, *Verfassungsgeschichte der stadt Basel im mittelalter*, p. 266.

3. 1296. Richard de Vendelincourt, chevalier, fait don à l'abbaye de Lucelle d'un muids de céréales à prélever annuellement sur sa propriété de Bonfol. Hec omnia dedi dictis religiosis... pro eo quod ipsi dederunt mihi et heredibus meis domum suam lapideam sitam in oppido *Florimont*, sub castro, iuxta portam qua itur versus *Montbliart* (T., II, 468).

à angle droit pour la suivre, la quittait à l'extrémité de la
ville, et, par un nouveau coude, atteignait, en remontant la
hauteur, l'angle nord-ouest du château. La plus grande partie
des maisons de la ville s'adossaient à la muraille, en sorte
que les incendies avaient ordinairement pour résultat d'en-
dommager l'enceinte [1]. Une galerie de bois, dans laquelle
circulaient à couvert les défenseurs de la place, surmontait
le mur. Trois tours coupaient cette galerie à de longs inter-
valles. Deux portes surmontées d'un logis fortifié, la Porte
Dessus, et la Porte Dessous la Ville, par laquelle on allait à
Montbéliard, ouvertes aux deux extrémités de la grande rue,
donnaient chacune accès à un pont qui conduisait dans la
campagne. En somme, cette enceinte était facile à enlever
par un coup de main. Ces toutes petites villes sous les
murs des forteresses seigneuriales n'étaient que des travaux avancés. L'ennemi ne pouvait s'y maintenir que si la
prise du château suivait de près l'occupation de la ville. Or,
ce premier succès n'avançait point ses affaires. La garnison
se réfugiait au château. La ville, laissée à dessein sans défense du côté de la partie haute de la forteresse, était expo-
sée sans cesse à des retours offensifs et à l'incendie, moyen
désespéré, mais infaillible de chasser l'ennemi [2].

II. *Les personnes.*

La masse de la population était libre. Il n'est question de
serfs nulle part. Les hommes de la seigneurie participaient,
dès le XIVe siècle, avec tous les hommes des ducs dans la
Haute-Alsace, à cette franchise essentielle dont la violation

---

1. Dardurch die ringmaur doran gar inn abgang khomen (P. J., 50, 1511,
4 février, 1o: 51, entre 1511 et 1553, 1o). Mémoire concernant la terre de Florimont, fol. 4, ro (P. J., 62, II, p. 149).

2. Les petites villes de Clémont, de Florimont et de Grandvillars furent
prises, les deux premières en 1425, la dernière par les Armagnacs en 1439.
Mais les châteaux ne furent pas pris et les ennemis durent se retirer. La petite ville de Héricourt, sur le point de tomber aux mains des Bâlois, fut incendiée par les défenseurs du château (*Basl. Chron.*, V, p. 185).

par les engagistes fut l'une des causes de la guerre entre les
Habsbourg et Bâle, en 1445[1]. Ils avaient le droit de libre
émigration. Ils se déplaçaient comme ils voulaient, ils s'éta-
blissaient où bon leur semblait dans les terres de l'Autriche
et dans l'évêché de Bâle. Un traité conclu en 1339 par le duc
Albert avec l'évêque avait réglé l'émigration des hommes
de la seigneurie. Il ne prévoyait d'autres obstacles au changement de domicile que la condamnation judiciaire encou-
rue par l'émigrant, ou le délit commis par lui dans le lieu
d'origine[2].

Au-dessus des personnes libres, il y avait une classe formée par les personnes d'Eglise, les nobles, et l'unique bourgeoisie de la seigneurie.

La seigneurie ne renfermait aucun couvent, mais il s'y
trouvait nombre d'églises paroissiales, de chapelles et de
confréries, qui toutes étaient des personnes morales et possédaient des biens. Il en était de même de plusieurs monas-
tères situés au dehors, l'abbaye mérovingienne de Saint-
Ursanne, le prieuré clunisien de Froidefontaine, celui de
Lanthenans, le prieuré de Feldbach, le chapitre Saint-Mainbœuf de Montbéliard et l'abbaye de Lucelle. L'abbaye de Bellelay, de l'ordre des Prémontrés, avait de grands biens[3].

Sur plusieurs points du territoire vivaient des familles de
petite noblesse, originaires du pays pour la plupart. La famille des nobles de Delle avait fixé sa résidence à Florimont

---

1. *UB. Basel*, VII, 89 (1446, 4 oct.) p. 156.

2. Accord au sujet des hommes de Ferrette, Delle et Florimont qui s'établi-
raient à Porrentruy, en Ajoie ou dans le Sornegau, et réciproquement (T.,
III, 310, 1339). Transaction entre l'évêque de Bâle et les ducs d'Autriche au
sujet des émigrants (IV, 64, 1361). Rodolphe, duc d'Autriche, invite Henri de
Massevaux, bailli de Delle, Marguerite, marquise de Bade, dame de Florimont, Erchambaud d'Ortemberg, bailli de Ferrette, à observer cette convention (67, 1361, 7 mars). Dès le XIIIe siècle, deux hommes de Réchésy, Gauthier
le tailleur et Conrad le boulanger, sont établis à Bâle. Conrad garde cependant
ses biens dans son pays (*UB. Basel*, II, 52, 1270 : 689, 1290). Jean de Grosne est
conseiller de Bâle en 1366 (T., IV, p. 700). Honriat, de Florimont, est colonger
à Porrentruy au XIVe siècle (V, 97, pp. 304, 311). Henri Quelain, de Florimont,
curé de Fontenais au commencement du XVe siècle (p. 734, 1411, 23 juin ; p. 760,
1427, 28 mai).

3. P. J., 27 (1431, 29 janv.), note.

dès le XIII° siècle. Au XV° siècle, les nobles de Ferrette vin·
rent s'établir dans la ville. Des gentilshommes campagnards
résidaient à Courtelevant, à Grandvillars, à Réchésy et à
Suarce. C'étaient des chevaliers, plus souvent des écuyers
ou des damoiseaux trop pauvres pour devenir chevaliers.
Quelques familles étaient presque aussi anciennes que les
races les plus illustres de la contrée [1].

La condition supérieure de la bourgeoisie, comme les priviléges de la noblesse, était la récompense de certaines obligations militaires très spéciales et très étroites. Les bourgeois
étaient les défenseurs nés de la ville. Pour entretenir le
château, le seigneur recourait à la corvée ou à des taxes qui
atteignaient tous les sujets du domaine [2]. Pour le défendre,
il appelait des mercenaires, et il se servait d'un contrat d'une
application constante dans les pays de régime germanique,
le *burglehen* ou fief castral. Les nobles de Delle, et après
eux les nobles de Ferrette, s'étaient obligés à résider au
château, sous la condition de tenir en foi et hommage certains cens fonciers dont l'ensemble portait le nom de *cha-
sement* ou *bourquele* de Florimont [3]. Rien de pareil

1. V. ci-après table généalogique de la famille de Delle. Peterman de Courtelevant, écuyer (T., III, p. 853, 1347). Henri et Jean, nobles de Grandvillars (*UB,
Basel*, I, 191, 1246). Guillaume de Grandvillars, chevalier (T., IV, p. 347, n. 1:
p. 703, 1366; p. 731, 1373; p. 772, 1382). Thiébaud de Grandvillars, écuyer (235,
1387; 300, 1395; 307, 1397). La veuve de noble Jean de Grandvillars, écuyer (V,
p. 877, 1484; 311, 1492). Humbert, chevalier, de Réchésy (II. 389, 1291), Thiébaud.
écuyer, son fils (III, p. 715, 1323). — Au XII° siècle, Henri (I, 148, 149, 151, 1105)
et Ulric, chevalier, de Suarce (229, v. 1170).

2. Desdiz habitans qui doiuent chascun an pour conuertir ès ouuraiges et ès
reparacions du chastel dudit *Ferrettes* xx l. baloiz, à paier à deux termes par
moitié, c'est assauoir mars et septembre, pour ce, pour le temps de ce compte
xx l. baloiz (Compte de Burquelin l'ommeaul d'Or, fol. 1, v°).

3. Gesellen, knechte. On opposait les *knechte* aux chevaliers. (P. J., 50, 1511,
4 février, 3°).— Etat des fiefs que retient du duc d'Autriche Henri de Delle, chevalier. Vers 1331. Item chassamentum alias bourquele nuncupatum de *Flo-
ridomonte*, pro *Henrico* de *Dela* milite antedicto et *Guillermo* scutifero ejus
fratre (T. III, 252). L'obligation de résider dans la forteresse était peut-être
limitée, en temps de paix, à tant de jours par an, par exemple, ad sex septi-
mannas in anno. Fief de Jean-Ulric de Delle à Bure (251, v. 1331). Le fief
castral de Florimont passa dans la famille de Ferrette par le mariage de
Catherine de Delle avec Ulric de Ferrette. En 1500, Maximilien d'Autriche en

5

n'existait pour la ville. Le fardeau tout entier de la garde des remparts portait sur la bourgeoisie, et c'était elle seule qui les entretenait de ses deniers comme de son travail.

Il n'y avait rien dans la bourgeoisie de Florimont qui ne rappelât les bourgeoisies de l'Allemagne. Les origines étaient les mêmes. Le lieu était une forteresse et une place commerciale, siége de marchés et d'une corporation ou tribu des marchands. Au xive siècle, on comptait dans l'Elsgau et dans le Sundgau en monnaies ayant cours au marché de Florimont[1]. Au xve siècle, deux foires annuelles et un marché hebdomadaire attiraient périodiquement dans la ville le commerce de la région[2]. Les circonstances principales qui partout en Allemagne avaient produit les bourgeoisies, et constitué leurs priviléges, s'étaient trouvées réunies à Florimont pour détacher de la marche une communauté nouvelle, celle des bourgeois.

La bourgeoisie de Florimont était, comme toutes les bourgeoisies allemandes, une association de personnes et une communauté de biens[3]. L'association des personnes avait reçu la forme ordinaire d'une confrérie religieuse. La bourgeoisie avait dans l'église paroissiale sa chapelle sous le vocable de Notre-Dame de Pitié[4]. Le Bois de la Ville, les Grands Bois, des droits utiles donnés par le seigneur, des droits fonciers, par exemple, un débris de la marche, le droit de percevoir sur certains prés la seconde herbe concurremment avec la communauté de Courtelevant, formaient le fonds

---

investit leurs fils Frédéric, Conrad et Valentin (*Inventaire Scey-Ferrette*, p. 39). En 1520 on le retrouve parmi les fiefs autrichiens : le fief du bourg on appelle *bourgel* à *Bluemberg* (Stoffel, édition allemande, p. 165).

1. T., III, pp. 715 (1322); 719 (1324, 23 mai); 749 (1332, 20 janv.); IV, p. 659 (1353). On comptait aussi en monnaies *coursables* au marché de Porrentruy. Le marché dans lequel les monnaies devaient avoir cours était déterminé par le domicile du débiteur.

2. Foires le jour des Morts et le mercredi après Pâques. Marché le mercredi (P. J., 32, 1449, 14 nov. ; 50, 1511, 4 fév.).

3. Le plus ancien texte où je trouve l'expression bourgeois de Florimont, est antérieur à la domination autrichienne (T., III, 149, 1317).

4. Mémoire sur l'ancienneté de Florimont (P. J., 62), note, II, p. 155. *Livre de vie de l'église de Courtelevant*, fol. 363, v°.

social. Le maître-bourgeois et le conseil, élus annuellement par les bourgeois, administraient la communauté.
Dans certains cas, on réunissait le maître-bourgeois ancien
et le maître-bourgeois nouveau, l'ancien conseil et le nouveau conseil. On convoquait aussi la bourgeoisie tout
entière en assemblée générale. L'autonomie de la ville ne
reposait point sur la simple tolérance du seigneur. Elle était
un droit appuyé de quelques garanties. Au début de leur
règne, les ducs d'Autriche échangeaient, par l'intermédiaire
de leurs officiers, des promesses solennelles avec leurs bourgeois. Ceux-ci juraient d'être fidèles et obéissants. Les souverains faisaient le serment de respecter les libertés de la
ville, et délivraient à la communauté un acte par lequel ils
confirmaient ses franchises et ses anciens usages [1].

La bourgeoisie avait ainsi dans ses éléments essentiels la
même organisation que les villes les plus grandes de l'Allemagne. Elle ne doit pas moins être reléguée parmi les bourgeoisies du dernier rang. Dans la hiérarchie communale,
les villes libres, les villes impériales, et, après leur émanci-
pation, les villes épiscopales venaient en tête. Les bourgeoisies de cet ordre s'étaient constituées, et elles avaient étendu
leurs droits par une évolution spontanée, conséquence de
leur excellente position géographique et de leur prospérité
commerciale. Elles avaient surmonté les obstacles que la
méfiance de leurs maîtres leur avait opposés. Le terme de
leurs progrès avait été marqué par la complication extrême de leur organisme surchargé de magistratures, de
conseils et de commissions, et par la pleine jouissance des
droits de souveraineté. Battant monnaie à leurs armes, in-
vesties du droit de vie et de mort sur leurs sujets, elles étaient
les égales des plus grands seigneurs et des plus hauts prélats.
Elles promettaient sur leur foi et honneur de communauté,
comme ils s'engageaient en foi et honneur de prélats et
de princes [2].

1. P. J., 52 (1520, 21 août); 58 (1523, 23 nov.).

2. 1470, 30 avril. Promittimus eciam sub fide et honore cuiuslibet nostrorum
et eciam ipsius communitatis. Quittance donnée par la ville de Bâle à Charles

On compte les villes qui avaient atteint à ce degré de fortune. Colmar, Mulhouse et Bâle étaient les seules dans la région. Au-dessous d'elles on trouve la foule innombrable des bourgeoisies moins bien dotées par la nature et par le commerce. Delle, Porrentruy, Altkirch, Belfort en sont des exemples. Ici la formation et le développement de la municipalité avaient été aidés par le souverain ou par le seigneur. Le maître, trop puissant et trop haut pour prendre ombrage de la communauté, avait reconnu combien il lui serait profitable de placer entre lui et ses sujets une personne morale solvable qui répondrait du recouvrement de ses redevances, et sur laquelle il se déchargerait d'une partie des frais de l'exploitation domaniale. Ces bourgeoisies n'avaient pas ajouté de nouveaux rouages à leur administration primitive. Elles ne s'étaient pas élevées au-dessus de la possession des droits de seigneurie. Elles avaient un sceau, marque de leur juridiction.

Florimont était encore plus bas. Il y avait au degré tout à fait inférieur les petites cités germées, si je puis ainsi parler, dans la basse cour de quelque château [1]. Elles n'étaient point des seigneuries. Elles ne possédaient point de scel authentique. Elles étaient réduites à faire usage du sceau de leur seigneur [2]. Seulement, le seigneur leur

le Téméraire, de la somme de six mille florins à compte sur le prix du rachat de la gagerie de Rhinfelden. Arch. de la Côte-d'Or, B. 1050. Orig.. Parch.. Scellé sur double queue.

1. Les officiers bourguignons introduisirent en Alsace cette expression qui était en usage dans leur pays. Pour la Bourgogne, v. *Rappoltstein UB*, II, 277 (1387). la bassecourt de la forteresse de *Talend*. Pour l'Alsace, cpr. le Double de l'information. Réparations nécessaires au château d'*Ortemberg*. Premierement conuient par fere reffere oudit chastel grant partie de la muraille de la bassecourt renuercée et fendue en pluseurs lieugs, parce qu'elle ne a pas esté assoinge ne bien faicte (Fol. 32, r⁰). V. aussi Nerlinger, *La seigneurie et le château d'Ortemberg au val de Villé sous la domination bourguignonne*, 1469-1474 (Paris, 1894) p. 8, n. 2.

2. Une quarantaine de villes suspendirent leurs sceaux à l'acte de la convention monétaire de 1387. (*UB. Basel*. V, 94. *Rappoltstein. UB.*, II, 288). Florimont était du nombre. Malheureusement le sceau ne se retrouve point parmi ceux qui sont encore suspendus au parchemin. En 1412, la ville prenait part au grand traité d'alliance conclu par Bâle avec Frédéric d'Autriche et trente-cinq villes de l'Alsace, du Brisgau et du nord de la Suisse (*Rappoltstein. UB.*, III, 61). Mais l'auteur de l'*UB*. n'a pas retrouvé l'original.

abandonnait quelques-uns de ses droits, afin de leur permettre de vivre et de subvenir à la tâche commune des bourgeoisies, l'entretien et la défense de l'enceinte fortifiée. Ferrette, Saint-Ursanne, Asuel, Grandvillars et Florimont appartenaient à cette classe.

La bourgeoisie de Florimont n'avait pas une charte générale de franchises. Ses libertés écrites consistaient uniquement dans la série des actes par lesquels les ducs d'Autriche et les seigneurs engagistes lui avaient accordé cession ou exemption de certains droits, domaniaux ou autres. Mais aucune charte ne lui avait transmis d'un mot le droit municipal d'une grande ville. Aucune ne renfermait un ensemble de règles de droit politique, administratif, civil et pénal[1]. La condition personnelle du bourgeois n'était relevée par aucun de ces priviléges personnels qui, dans les villes plus importantes, plaçaient les membres de la communauté urbaine bien au-dessus du paysan. Il ne jouissait lui-même de l'exemption d'aucun droit seigneurial. La capacité féodale, c'est-à-dire l'aptitude à tenir des fiefs, lui était refusée[2]. Au point de vue du droit civil, de la procédure et du droit criminel, son état se confondait avec celui des paysans de la seigneurie. Il ne pouvait invoquer ce privilége de juridiction si répandu, qui soustrayait le citoyen à toute justice séculière autre que le tribunal de son domicile[3]. Le droit pénal de la Haute-Alsace, si terrible et si cruel, ne lui épargnait aucune de ses rigueurs[4]. Il était l'égal du paysan.

1. A ce double point de vue, Florimont différait de ses deux voisines Delle et Porrentruy. Charte de Rodolphe de Habsbourg pour Porrentruy, T., II, 286 (1283). Charte de Rodolphe Ier pour Delle, Schœpflin, II, 1081 (1358), p. 219. Gengler, *Corpus juris municipalis*, I, p. 726.

2. Dicti burgenses possunt conducere et tenere omnia genera feudorum (Charte de Rodolphe Ier pour Delle, Schœpflin, II, p. 221).

3. Dicti burgenses non debent coram alio quam suo judice in *Dela* per nos dato eisdem, ut predicitur, conveniri pro causis vel negociis quibuscumque: matrimonialibus, usurariis et impignoracionum dumtaxat exceptis (Schœpflin, II, p. 220).

4. Le Double de l'information fait connaître quelques coutumes de la Haute-Alsace en matière de droit criminel. Fol. 9, ro : Dit encoires que on a accoustumé pour larrecin de cinq solz copper l'oreille, pour dix

Aussi le témoignage d'un paysan était admis contre lui. Le paysan le provoquait valablement au duel judiciaire. Le droit de se venger du paysan, que la charte de Delle reconnaissait dans un cas au bourgeois, ne lui appartenait pas [1]. Une liberté plus grande dans le gouvernement de leurs affaires communes était à peu près le seul avantage que les habitants de Florimont avaient retiré de l'érection de leur communauté en bourgeoisie. Encore est-il douteux que cette liberté allât jusqu'au pouvoir de faire des statuts municipaux [2]. Tout ceci montre une bourgeoisie très modeste, très seigneuriale, à peine au-dessus des communautés rurales. Les bourgeois de Florimont étaient, ainsi qu'ils le disaient eux-mêmes à leurs maîtres « des pauvres sujets », « des pauvres bourgeois » [3].

solz copper les deux oreilles, et pour vint solz faire pendre et estrangler au gibet. Dit aussi que pour mouldre, on a accoustumé de faire rompre aux communeux les bras, jambes et le dos, c'est assauoir les bras et jambes chacun en deux lieux et le dos par le milieu, et pour ce faire on les meet sur la roue tous vifz selon la coustume du pays. Dit encoires que les traictres on les meet en quatre quartiers tous vifz et laisse l'on la teste au quartier dextre. Dit oultre que les faulx monnoyres on les meet boulir et morir en vne chaudiere en hulle. — Fol. 9, v° : Dit encoires que, se vne femme desrobe jusques à xx sols et au dessoubz, on a accoustumé de la noyer s'elle n'a grace du prince ou de son bailli dudit *Ferrates*. Et se ieunes enfans jusques à le aige de xv ans et au dessoubz font larrecin. quel qu'ilz soit, on a accoustumé de le faire battre de verges tout nuz par l'executeur de la haulte justice parmy la ville jusques à la croix du plain de la ville dudit *Tanne*, sans autre pugnicion, et n'y a mondit seigneur aucune amende.

1. Charte de Delle : Nullis ruralis seu extraneus in testem debet admitti contra burgensem. Nullis ruralis seu extraneus potest burgensem duello impetere, nisi de ipsius burgensis fuerit voluntate. Ruralis seu extraneus, si burgensem vulneraret, hoc cum primum judicium in *Dela* intimatum fuerit, debet eidem rurali seu extraneo demandare ut talem suum excessum indilate emendet, quod si non fecerit, idem burgensis non tenebitur ad emendam pro eo quod ipsi suo injuriatori postea irrogat (Schœpflin, II, p. 220).

2. Burgenses de *Dela* potestatem liberam habeant in se ipsos faciendi et edendi statuta, que sibi et dicto opido visa fuerint profutura (Schœpflin, p. 222). — Le nombre des conseillers était de beaucoup inférieur à celui qui se trouve dans les villes du second ordre. Nous n'avons que des listes du xvi° siècle. Mais il est peu probable qu'au siècle précédent le nombre des conseillers ait été plus élevé. Index des noms de lieu, Florimont.

3 Unnser armen burger, dit Catherine de Bourgogne, en reprenant sans doute les termes mêmes de leur supplique (P.J., 8, 1404, 26 février). Wür arme unterthanen (51, entre 1511 et 1553).

III. *Les droits des ducs d'Autriche dans la seigneurie.*

Les droits des ducs dans la seigneurie étaient de toute provenance et de toute nature. Délégués de l'autorité impériale, les ducs exerçaient les droits régaliens [1]. Fondateurs ou ayants cause de plusieurs églises, ils avaient des droits de patronage et des dîmes [2]. Seigneurs, ils possédaient la justice, et avec elle le pouvoir d'ordonner et de défendre, d'instituer des taxes et d'administrer, choses que l'on ne séparait pas comme aujourd'hui du pouvoir de juger. Propriétaires de certaines terres, ils les exploitaient de la manière accoutumée dans le pays. Ils passaient des baux [3]. Moyennant le droit forestier ou affouage, ils laissaient les habitants couper du bois dans leurs forêts du Fahy et de Normanvillars [4]. Ils y autorisaient la glandée sous réserve d'une redevance, et permettaient de creuser des étangs à charge d'une rente de cire [5]. En un mot, ils

1. Regalia. Merum et mixtum imperium. P. J., 44 (1469, 9 mai).

2. Dîmes à Courtelevant (Urbaire de 1303, T., III, 32), à Faverois (P. J., 47, 1469, 37°).

3. Prairies louées (24°). Champs appartenant au château loués (38°).

4. Holtzgelt (16°). Pour le sens de ce mot v. le compte de Pommeaul d'Or : Desdiz habitans pour leur affouaige qu'ilz doiuent chascun an xxiiij liures Baloiz (Fol. 1, v°).

5. P. J., 47 (1469, 20°, 30°, 41°). Pour le droit de glandée, v. archives du Haut-Rhin, fonds Barbaut. Contestation devant la Régence d'Ensisheim entre les nobles de Bollwiller et la communauté de Florimont, 1591. Les engagistes veulent restreindre à leur profit l'étendue du droit de glandée qui appartient aux habitants dans les forêts de la communauté. Ils font valoir le droit de domaine direct du prince sur ces forêts. Or ils sont les ayants cause du prince. La communauté obtient gain de cause en invoquant la possession immémoriale. Pour les rentes de cire v. encore : P. J., 63 (23°). La redevance de cire avait dans le pays deux autres emplois : 1° elle était une charge réservée dans l'acte d'affranchissement (*UB. Basel*, III, 109, 1293). Ceci est rare et d'époque ancienne. 2° Elle était une redevance foncière stipulée au profit des églises dans les donations qui leur étaient faites avec réserve d'usufruit (*UB. Basel*, III, 56, 68, 142, 186, 538; 1292-1300). V. aussi vente d'immeubles que le vendeur reprend de suite en tenure héréditaire à charge d'une redevance d'une demie-livre de cire (516, 1300).

tenaient tous les personnages, cumulaient tous les droits, tiraient profit de tout. Mais les droits les plus considérables à raison de leur nature, de leur étendue d'application ou de leurs produits, étaient les droits de souveraineté, le droit d'avouerie, les droits seigneuriaux.

1º *Droits de souveraineté ou haute justice* [1]. — Dans le ban de Florimont, les ducs étaient souverains en qualité de vassaux de l'église de Bâle. Ces droits dépendaient de leur fief. Trois villages, Suarce, Boron et Grosne, appartenaient au landgraviat. Un autre, le Puix, était autrefois de la partie du comté de Ferrette dans laquelle les comtes avaient la souveraineté. Pour les autres territoires, l'origine de la souveraineté des ducs est inconnue. Comme hauts justiciers, les ducs pouvaient infliger la mort ou les « grosses amendes », c'est-à-dire les amendes de soixante sous et au-dessus. Ils levaient sur le pays les impôts d'Empire. Ils requéraient de tous les gens de la seigneurie le service militaire d'expédition, et les faisaient contribuer, à proportion de leur fortune, aux frais de ce service [2].

2º *Droit d'avouerie.* — Le droit d'avouerie était une taille payée à l'avoué par les sujets de l'église placée sous sa protection, en guise de rémunération. Les villages de la seigneurie payaient la taille de l'avoué [3]. Longtemps avant le XVe siècle, les avoueries avaient disparu presque partout, ici tuées par les abus de leurs titulaires, là transformées par ces mêmes abus en seigneuries au profit des avoués. En ce qui concerne la seigneurie de Florimont, on ne voit nulle part qu'au XIVe et au XVe siècle le seigneur ait, en cette qualité, possédé le titre et rempli les fonctions d'avoué d'une église. Jean

1. *Oberckeiten* par opposition avec les *herrlichkeiten* ou droits de seigneurie. Regalie jura. Regalia jura.

2. Reisen, herferten, zogen, lantweren. P. J., 1 (1368, 27 avril, 6º). Landschatzungen und lantreisen. P. J., 11 (1421, 16 avril, 9º). Ce texte dispose que les gens de la seigneurie ne pourront être conduits à la guerre hors du Sundgau.

3. P. J., 47 (1469, 17º).

de Thierstein était protecteur de l'abbaye de Bellelay pour
ses terres situées dans la seigneurie [1]. Mais le protecteur
n'était pas un avoué. Pour expliquer l'existence de la taille
de l'avoué sur la terre de Florimont, il faut considérer que
dans un domaine bien des droits en pleine vigueur étaient
les vestiges d'un passé disparu parfois depuis longtemps. Ils
avaient appartenu à une autre organisation sociale et politique. Ils étaient les témoins d'une autre répartition du sol,
les contemporains d'anciens domaines qui n'existaient plus
et de circonscriptions territoriales effacées. Au xviiie siècle,
on continuait à percevoir à Faverois et à Courcelles les cens
fonciers du fief castral de Florimont. Or, depuis plus d'un
siècle, le château dont ce fief devait assurer la défense était
détruit. Aucune obligation ne répondait plus à cette redevance. Elle était aussi dépourvue de signification que son
nom corrompu et changé en celui de *bouquerelles* était
méconnaissable [2]. C'est là un exemple frappant de la vita-
lité des créations fiscales. De tout temps, des institutions
devenues inutiles, passées à l'état de monuments historiques,
ont été maintenues afin de permettre à quelqu'un d'en tirer
les revenus.

Le droit de l'avoué dans les villages de la seigneurie était
également le reste d'une institution ruinée. Il ne peut être
compris que si l'on se reporte à plusieurs centaines d'années
en arrière. Au xiie siècle, Lucelle, bien que placée sous la
protection directe de l'Empire, et, comme beaucoup d'abbayes cisterciennes, exempte d'avoué, employait des fonctionnaires qui étaient, en quelque sorte, des sous-avoués. A
partir de 1180, ces fonctions étaient en la possession des
Habsbourg [3]. En 1105, Ermentrude, femme de Thierry Ier,
comte de Montbéliard, fondait le prieuré de Froidefontaine.
Les églises de Grosne et de Boron, avec leurs hommes et leurs
terres, faisaient partie de la dotation du nouveau monastère.

1. P. J., 27 (1431, 29 janv.).

2. *Inventaire Secy-Ferrette*, p. 170 (1624), p. 176 (1661), p. 179 (1687), p. 182
(1701).

3. Schulte, *Geschichte der Habsburger*, p. 95.

Ermentrude se réservait l'avouerie pour elle et pour ses successeurs. Or le premier comte de Ferrette, Frédéric, était fils d'Ermentrude. Il assistait à l'acte de fondation ; il y apposait son seing manuel. En qualité d'héritier de sa mère, il eut peut-être à son tour ce droit d'avouerie et le transmit à ses descendants [1]. En 1144, ce même Frédéric donnait au prieuré de Feldbach le domaine de Suarce, en retenant l'avouerie. Ce serait donc comme anciens sous-avoués de Lucelle, comme successeurs des anciens comtes de Montbéliard et de Ferrette, que les ducs d'Autriche levaient, au XVe siècle, la taille de l'avoué [2].

3° *Droits seigneuriaux.* — Le premier des droits seigneuriaux, le principe de tous, était celui de basse justice et de scel authentique [3]. Au criminel, la basse justice était limitée aux méfaits que ne punissait ni la mort, ni la grosse amende. Les textes donnent comme type de ces délits le vol et le « fravail », c'est-à-dire les injures et les violences [4]. Au civil, elle s'étendait à tous les procès, et comprenait la juridiction gracieuse dont la partie la plus lucrative, à l'ordinaire, consistait à recevoir les actes des particuliers et à les sceller, soit directement en séance de justice, soit au moyen de tabellions institués par le justicier.

1. T., I, 149 (1105). Viellard, Mémoire sur l'origine des comtes de Montbéliard, p. 23.

2. T., II, 533 (1144). On ne saurait songer à l'avouerie que les comtes de Ferrette possédaient encore en 1235 sur le grand domaine colonger de l'abbaye de Murbach à Delle et en plusieurs lieux compris plus tard dans la seigneurie de Florimont. (Viellard, 348, 1226, T., I, 337; 357, 1231 : 370, 1235). Avant 1303 les ducs d'Autriche avaient acquis la seigneurie de ce domaine. La substitution d'une seigneurie laïque à une seigneurie ecclésiastique n'eût peut-être pas été un obstacle au maintien de la taxe de l'avoué. Mais il semble que les comtes de Ferrette perdirent l'avouerie de Delle pendant le XIIIe siècle. En 1282, Thiébaud, comte de Montbéliard, donnait cette avouerie à Renaud de Bourgogne (T., II, 269, 1282).

3. Au XVIIe siècle le sceau, probablement très ancien, de la seigneurie de Florimont était petit, rond, chargé de deux fleurs de lis coupées et opposées par leur base, et séparées par une fasce. Les émaux me sont inconnus. La légende, composée par quelque ignorant, portait : Sigila domini *Florete Monte*.

4. P. J., 49 (1469, 23°). Cpr. : Amt *Sultzbach.* Item büssen vnd besserungen, klein vnd gross gericht, dúp vnd freuel, als es do valt (*Cartulaire des seigneuries gageries,* fol. 61, v°). De même pour Balschwiller (fol. 62, r°).

Les autres droits seigneuriaux étaient les taxes et les banalités. Les sujets payaient pour les gages de la plupart des officiers du seigneur [1]. Ils contribuaient à l'entretien de la garnison du château. Les gens des villages donnaient trente sous par an au pâtissier du château, et deux livres pour le transport de chaque foudre de vin [2]. Les redevances les plus importantes étaient le droit d'angal sur le vin qui se vendait au détail, la mainmorte dont l'existence dans la seigneurie est seulement vraisemblable, le cens et la taille [3]. En Alsace, la mainmorte ne portait que sur la meilleure tête de bétail. A Florimont, était-elle personnelle ou réelle ? Il est impossible de le dire. Les textes manquent pour la seigneurie, et dans la contrée elle avait tantôt l'un tantôt l'autre caractère [4]. Le cens, charge de la terre, prix d'une concession réelle ou fictive du sol, se payait en poules, rarement en argent [5].

---

1. P. J., 47 (1469, 25°-29°).

2. P. J., 47 (1469. 18°, 22°). Les bourgeois de la ville et les habitants des villages payaient aussi pour le transport du bois de chauffage et pour le port des messages dans le bailliage. P. J., 5 (1400, 13 août).

3. Droit d'angal (ungelt) : P. J., 8 (1404, 26 février).

4. Vall ou besthaupt. Sultzbach. Item, wenn ein huber stirpt, so valt miner herschafft on eins das best houbt oder v ss. ob er nit so vil hette (*Cartulaire des seigneuries gageries*, fol. 61, v·) P. J , 9 (1412, 1ᵉʳ mai). — Le mot *val* que je trouve deux fois révèle peut-être l'existence de la mainmorte dans la seigneurie. Mais ce mot, dans le texte auquel il appartient, peut avoir un autre sens, celui de revenu. Lüte und velle. P. J., 6 (1400. 31 déc.). Gülten, nützen ¡und vellen P. J., 11 (1421, 16 avril, 5°). Les colongers de Delle étaient soumis à la mainmorte. Man nimet ouch da von ie dem manne, der ein gantz huobe hat, das beste houbt an eins ze valle. Hat er ouch minder denn ein gantz huobe, so wirt ouch der val minder (Urbaire de 1303) Das ampt *Troubach*. Item die velle von den welschen luten, wenn einre stirbt (*Cartulaire des seigneuries gageries*, fol. 61, r·). Pour la mainmorte réelle : *UB. Basel*, II, 281 (1279) biens de la mairie de Kembs : 438 (1284) immeuble à Egringen ; 612 (1288), immeuble à Staffelfelden.

5. Cens en argent sur quelques biens à Courcelles et à Faverois. P. J., 47 (1469. 19·). Cens des poules (3r). Un passage de l'urbaire de 1303 relatif à Dannemarie montre le caractère de la rente des poules. Item die fryen lüte ze *Domarkilchen* hant geben, von vogtrechte ze stúre, bi dem meisten xxxv lib. Basler; zem minsten xx lib., vnd ie von dem hus ein vasnacht huon. Il résulte de ce texte que cette redevance n'est point une charge de la personne, puisqu'elle grève les maisons. Elle n'est pas une redevance servile, puisqu'elle est payée par des hommes libres. — Les rentes en grains (korngult) perçues sur les biens de Beurnevésain, Réchésy, Courcelles (34·-36·) étaient-elles des cens ?

Les tailles étaient probablement personnelles. Il y en avait
de deux sortes, les unes permanentes et annuelles, les autres
extraordinaires, par exemple, le subside qu'en 1368 les ducs
Albert et Léopold s'étaient réservé le droit de requérir pour
le rachat de la seigneurie [1].

Par l'établissement des banalités, le seigneur avait poussé
jusqu'aux dernières limites de son droit de justice. Il interdisait certaines choses, et se faisait payer pour lever ses dé-
fenses. Nulle voiture ne passait sur les routes sans payer le
rouage. Nulle marchandise ne franchissait les ponts sans
acquitter le pontenage. Nulle personne n'exerçait la pro-
fession de marchand sans avoir été reçue dans la tribu
seigneuriale des marchands et sans avoir payé le droit
d'entrée [2]. Seul encore le seigneur pouvait tenir foires
et marchés. Il trouvait son profit dans l'accroissement
périodique du produit de la justice et des péages, et probablement aussi dans certains péages établis à l'occasion de ces
réunions commerciales [3]. Il usait enfin de son autorité pour
imposer à ses sujets ses services en exigeant une rétribution.
Il s'était fait un monopole du droit de battre les récoltes des
habitants et de moudre leurs grains dans ses battoirs et ses
moulins de Florimont et de Pfettrouse [4]. Il avait son maga-
sin à sel, où les gens de la ville et des villages devaient s'ap-

---

1. P. J.. 1 (1368, 27 avril, 7°). Tailles à Courcelles, Courtelevant, Réchésy,
Grandvillars. Fesche, Boron, Faverois, Joncherey, dans les mairies de Suarce
et de Grosne et dans la ville de Florimont. P. J . 47 (1469, 1°-12°). — Des habitans de ladicte terre pour leurs tailles de mars cccc xx iiij et septembre
iiijc xxv qui ne croissent ne descroissent ijc xviij 1. baloiz (Compte de Burquelin Pommeaul d'Or, fol. 1, r°, recepte). Interrogué se les tailles deues en
ladite ville de *Tanne* à mondit seigneur sont reelles ou personnelles, dit
qu'elles sont personnelles et non pas reelles. (Double de l'information.
fol. 12, v°).

2. Cela s'appelait « acheter la tribu ». P. J., 50 (1511, 4 février, 1°). Il y avait des
tribus dans des localités très petites, par exemple, à Massevaux. la tribu des
tisserands. Item xxiiij lib. wachs, dofur iiij lib. xvj ss. vss der weber zunfft
von der wag uff liechtmess (*Cartulaire des seigneuries gageries*, fol. 74. r°).

3. Thann Item der zol am jormercket über allen kosten by viij pfunt, mynre
oder mere (*Cartulaire des seigneuries gageries*, fol. 59, r°).

4. Battoir (bluwel) à Florimont sur un terrain (hofstatt) devant la ville.
P. J., 32 (1447, 14 nov.). Moulins à Florimont et à Pfettrouse. P. J., 47 (1469, 32°,
33°).

provisionner moyennant un abonnement annuel dont le montant s'ajoutait à la taille [1]. Deux fois par an, à Pâques et à la Pentecôte, les sujets étaient tenus de lui acheter son vin et de le lui payer au-dessus du prix courant [2].

Le complément naturel des droits qui viennent d'être indiqués était le droit d'instituer les officiers chargés de les faire valoir. Le domaine avait été organisé d'après le type assez uniforme des seigneuries autrichiennes. Il formait un bailliage subdivisé en mairies et gouverné par une hiérarchie d'officiers que le seigneur payait et dont il disposait à son gré [3].

A la fois juges et intendants, les maires étaient les officiers inférieurs. Il y avait au moins quatre mairies en 1469, Florimont, Suarce, Courcelles et Grosne [4]. Un vœble assistait le maire de la ville, et peut-être chacun des maires de la campagne. Simple messager à l'origine, chargé de porter les ordres du maire et de signifier les actes de justice, il était, dès cette époque, le lieutenant du maire. Au-dessus des maires, quelques officiers étendaient leur autorité à la seigneurie tout entière. Le châtelain, capitaine de la forteresse, était en même temps bailli, c'est-à-dire grand intendant ou receveur, et juge suprême. Président du tribunal des xxiv, il prononçait des condamnations capitales, que l'on exécu-

---

1. C'était le *salzgeld*. Massevaux. Item viij lib. das saltzgelt vs der mertzenstur (*Cartulaire des seigneuries gageries*, fol. 74, r°).

2. P. J , 47 (1469, 13°, 15°). A Suarce, la quantité de vin que le seigneur pouvait écouler ainsi était illimitée. A Florimont, elle était fixée à deux foudres par an Les habitants de la petite ville payaient en outre quatre livres pour le transport des deux foudres. — In dem ampt ze *Tann*. Item ze Winachten zwey fuder ein omen banwin do gebúrt minre herschafft, das vber gelt vom selben win, als man innen denn koufft, so sol man ye die mass zwey pfenig túrer geben den andern win, oder min herschafft mag iren win dar geben also das man doch zwey pfennig hoher gebe dan andern win (*Cartulaire des seigneuries gageries*, fol. 59, r°). Das amt ze *Zillisheim*. Item vj omen banwin, uff jeglich mass ij pfennig ze übergelt, ze Winachten (fol. 63, r°).

3. Amt *Blumenberg*. P. J., 1 (1368, 27 avril, 1°). Pflege *Dattenriet Blumenberg* und was in die pflegnisze gehoret (*UB. Basel*, IV, 307, 1366).

4. P. J , 47 (1469, 9°, 10°, 28°). — 1490. Marc de la Pierre, bailli de Montbéliard, donne à l'abbaye de Lucelle une rente annuelle de cinq florins assignée sur les mairies de la seigneurie de Florimont, pour la fondation de quatre anniversaires perpétuels (T., V, p. 895). P. J., 47 (1469, 9°, 10°, 27°, 28°, 29°).

tait au lieu dit les Fourches ou la Haute Justice [1]. Seul, parmi les fonctionnaires de la seigneurie, il était gentilhomme. Le dernier châtelain des comtes de Ferrette fut le riche chevalier Renaud de Delle qui dota Sainte-Marie de Grandgourt, fonda la chapelle Sainte-Catherine à Florimont, et dont la vieille église Notre-Dame garda jusqu'à nos jours la sépulture [2]. Après le châtelain venait le prévôt, nommé aussi écoutète. Il rendait la basse justice, avec une compétence plus étendue que celle des maires [3]. Le procureur, que l'on appela plus tard le procureur fiscal, représentait le seigneur devant la justice et dans les actes extrajudiciaires [4]. Le greffier tenait les comptes du domaine et les registres de la justice [5]. Peut-être faisait-il déjà fonction de tabellion.

Il reste à déterminer l'importance des revenus que les ducs tiraient de leurs droits dans la seigneurie. Il faut tenir compte d'abord des causes diverses qui restreignaient entre leurs mains l'exercice de ces droits. Le clergé avait ses droits propres. Les régales de Lucelle, l'immunité accordée à Saint-Ursanne par un diplôme presque aussi ancien que l'abbaye, le privilége général qui soustrayait les personnes d'Eglise à la justice séculière, limitaient le pouvoir des ducs. Mais, réserve faite des droits de l'Eglise, les Habs-

---

1. Chastellain et cappitaine d'*Hamguesstein. (Cartulaire des seigneuries gageries*, fol. 4, v°). Chastellain et receueur de la terre de *Delle* (Compte de Jehan Bernart, seigneur d'Azuel, fol. 1, r°). Le tribunal des xxiv existait certainement à Florimont à la fin du xvi° siècle. Procédure entre Jean Muller et consorts de Florimont, demandeurs, et Claude Chiquet, prévôt dudit lieu, défendeur, tendant à obtenir réparation d'honneur avec dommages-intérêts, à raison d'une poursuite criminelle intentée par le défendeur contre les demandeurs par devant les xxiv juges criminels dudit lieu, dont il s'est désisté faute de preuves (Arch. du Haut-Rhin, C, 648). Il n'est pas téméraire de croire à son existence au xv° siècle, car on le trouve dès cette époque à Thann. Tous jugemens par mort se font et ont accoustumé de faire en ladite signorie de *Tanne* par les xxiiij conseillers d'icelle, present ledit receueur et procureur, à jeung et auant boire et manger, et n'y doit auoir aucuns conseillers bastars (Double de l'information, fol. x, r°).

2. Mémoire sur l'ancienneté de Florimont, P. J., 62, II, p. 146, n. 2.

3. L'office du prévôt ne se confondait pas avec celui du maire de la ville.

4. Procurator, scafinarius, syndicus, schafner, vertreter, verwalter — Il administrait parfois la juridiction gracieuse par délégation du châtelain.

5. Schriber. P. J., 47 (1469, 26°).

bourg possédaient pleinement les droits de souverains sur toutes les personnes et sur toutes les terres de la seigneurie.

Il n'en était pas de même pour les droits seigneuriaux, à l'exception de la basse justice. Je ne parle pas des droits, tels que la taille de l'avoué et la taxe d'affouage, que leur nature même ne destinait qu'à frapper un sujet déterminé, personne ou fonds de terre. Mais le domaine d'application des autres droits était diminué par la liberté de certaines terres, par les priviléges de certaines personnes. Les nobles ne devaient pas la taille ; ils n'étaient pas soumis à la mainmorte et aux banalités. En principe, toutes les terres de la seigneurie payaient le cens. C'était là ces « charges seigneuriales anciennes et accoutumées », d'ailleurs minimes, que réservaient encore au xviiie siècle, suivant une formule vieille de plusieurs siècles, les actes portant transmission de propriétés immobilières [1]. Au fond le droit d'affouage lui-même était une sorte de cens. Toutefois, deux sortes de terres échappaient à la grande redevance foncière. Il y avait des fiefs dans la seigneurie. Jean-Thiébaud de Delle et Thiébaud, bâtard de Thierstein, pour ne citer que ceux-ci, étaient vassaux du seigneur [2]. Il y avait aussi des alleux. On le voit dans le partage fait en 1502 entre les trois frères de Ferrette [3].

---

1. La dite terre que le vendeur a dénoncée estre franche et quitte de toutes charges, hypothèques et obligations quelconques, sauf des seigneurieuses, anciennes, dehües et accoustumez (Titres divers). La formule se trouve déjà dans le *Livre de vie de Saint Etienne de Courtelevant*.

2. P. J., 7 (1401, 13 sept.), 33 (1451, 29 juin). — V. aussi dans Maag, *Das Habsburgische urbar* (*Quellen zur Schweizer geschichte*, XV) la liste des fiefs concédés par le duc Rodolphe en 1361. Item es hat empfangen *Barkart Lötterlin* item des ersten 40 viertel geltz uff der muli ze *Blümenberg* (P. 449). Ce vassal appartient à la famille des seigneurs de Morimont. Item dominus *Johannes Ulrici* de *Dela* tenet in feodum... item anthassamentum suum in *Florido Monte* et in tota parrochia de *Florido Monte*, et de omni vase vini magno et parvo, quod ibi venditur, habet unum quartum vini, et quicumque facit anthassamentum suum, potest lignum in tota parrochia antedicta recipere (P. 454).

3. Concernant les successions paternelle et maternelle, nous avons, le tout bien considéré, examiné et estimé, fait de tout une masse, que ce soit fief ou alodial, lesquelles nous avons partagé en trois parts (Fol. 6, r). Pourront le sieur *Frideric* de *Ferrette*, qui a la part de *Carspach* et ce qui est attri-

Ni les fiefs ni les alleux ne devaient le cens. Mais cette exemption ne s'appliquait pas aux censives que les nobles acquéraient, et qui étaient peut-être la plus grande partie de leurs possessions. La franchise de la personne ne se communiquait pas à la terre : le seigneur ne pouvait être touché par un contrat auquel il n'avait pas été partie.

On doit encore, afin d'apprécier exactement les recettes de la seigneurie, considérer l'usage que les ducs faisaient de leurs droits et la manière dont ils les exploitaient. On ne dirait pas qu'ils aient tiré un grand profit du droit d'authentiquer les actes des particuliers. Il nous serait resté plus d'un contrat passé dans leur justice et nous trouverions, avant le xvie siècle, les noms de tabellions seigneuriaux, sinon leurs protocolles [1]. Dans le fait, le seigneur laissait les habitants libres d'employer d'autres procédés pour imprimer à leurs actes le caractère solennel. Tantôt on sollicitait quelque chevalier du pays, Renaud de Delle, par exemple, de sceller le contrat [2]. Tantôt on faisait appel aux notaires de l'officialité de Besançon établis à Porrentruy. Tantôt on s'adressait aux curés, dont plusieurs, semble-t-il, avaient reçu de l'official le pouvoir d'instrumenter. Jean de Granges, curé de Florimont au milieu du xive siècle, était notaire en titre de l'officialité de Besançon, et l'on trouve des actes scellés par les curés des environs [3]. Les ducs ne paraissent avoir rien fait pour combattre cette concurrence.

---

bué à cette part, le sieur *Conrad* de *Ferrette* la résidence de *Cernay* et ce qui est donné en partage à ladite résidence et le sieur *Valentin* de *Ferrette* la résidence de *Florimont* et ce qui est donné en partage a cette résidence dès à present et à l'avenir iouir, profiter, faire, agir, posseder et deposseder chacun de sa part, à leur volonté et comme bon leur semblera, et particulierement des alodiaux ainsi qu'il appartient et des fiefs (Fol. 23, v°).

1. Acte scellé par Thiébaud, comte de Ferrette, le curé de Courtelevant et Hugue, chevalier, de Boncourt (T., III, 31, 1303).

2. T. III, p. 705 (1318, juil.); p. 749 (1332, 20 janv.).

3. Actes dressés par Jean de Granges : T. III, p. 793 (1341, 15 août): p. 821 (1344, 4 fév.); p. 830 (1345, 18 mai): p. 853 (1347, 14 nov.). Actes scellés par d'autres curés : T., III, p. 705 (1318, juil.): p. 715 (1322): p. 719 (1324, 23 mai): p. 749 (1332, 20 janv.).

Il faut aussi retrancher des revenus du domaine le produit des droits que les seigneurs abandonnèrent à la bourgeoisie. Catherine de Bourgogne lui céda l'angal[1]. A une époque incertaine, peut-être entre 1407 et 1421, les ducs d'Autriche lui octroyèrent le droit de grenier à sel et le droit de tribu, en sorte que la taxe d'entrée dans la corporation des marchands fut désormais acquittée à la bourgeoisie[2]. D'autres avantages, d'autres immunités furent accordés à la ville. Mais en regard de la diminution des recettes, le seigneur pouvait placer les dépenses, telles que les frais d'entretien des remparts, qu'il avait rejetées au préalable sur les bourgeois, bien qu'elles fussent naturellement à sa charge. Dans sa pensée, ces concessions n'étaient pas des donations. Catherine de Bourgogne, avec sa sincérité de princesse étrangère, exprimait le sentiment réel du seigneur. C'était, disait-elle, à l'instante prière de ses pauvres bourgeois, écrasés de dépenses pour la forteresse, qu'elle avait consenti ce sacrifice. Elle ne se proposait que de les mettre en état de supporter leurs charges, et le produit tout entier de l'impôt devait être affecté à l'entretien des remparts[3]. Le caractère synallagmatique des chartes de franchises apparaît clairement dans ce texte. Les priviléges n'étaient, en réalité, que des actes de bonne administration.

Lorsque l'on étudie les droits lucratifs qui pesaient sur une seigneurie, il est intéressant de rechercher quel était annuellement le montant de leur produit et d'apprécier la somme pour laquelle chaque catégorie de droits contribuait à la formation du revenu total. L'état estimatif dressé par Marc de la Pierre, sur l'ordre de la chambre des comptes de Dijon, répond à cette question. L'ensemble des droits compris dans la gagerie rapportait en moyenne 280 livres. La taille de

1. P. J., 8 (1404, 26 février).

2. P. J., 50 (1511, 4 fév. ; 52, 1520. 21 août). Maximilien rappelle que ces droits ont été accordés par ses prédécesseurs feu les princes d'Autriche.

3. Cpr. l'exposé des motifs de la suppression de la mainmorte dans les mairies d'Etueffont et de Vézelois. Catherine de Bourgogne agit dans l'intérêt de ses revenus. Si on ne ménage pas le sujet, les revenus diminueront. P. J., 9 (1412, 1er mai).

l'avoué entrait dans cette somme pour 8 livres. La justice, haute et basse, amendes grosses et petites, juridiction contentieuse et gracieuse, ne donnait que 20 livres. Le rapport des banalités s'élevait à plus de 60. Les rentes foncières, dîmes, fermages, affouage, taxes de glandée, cire, cens, produisaient environ 95 livres. Les autres redevances montaient au total de plus de 99 livres, dont 86 livres, 8 sols pour la taille seule[1].

2° La gagerie. Les comtes de Thierstein.

Les comtes de Thierstein apparaissent au commencement du xii° siècle. Ils tiraient leur nom d'un château perdu au fond des montagnes, à la limite du Salsgau et du Sisgau. Thierstein, chef-lieu de l'alleu primitif de la famille, dominait l'un de ces profonds défilés qui interrompent les longues et étroites chaînes du Jura. Puissants dès cette époque lointaine, les Thierstein ne cessèrent pas de s'accroître.

Vers le milieu du xiii° siècle, la famille se divisa en deux branches[2]. L'une, probablement la branche aînée, issue de Simon Ier, se développa dans la région comprise entre le Rhin et l'Aar. Elle faisait du château de Farnsbourg sa résidence principale[3]. Elle tint le landgraviat de Sisgau en communauté avec les Frobourg et les Habsbourg, le landgraviat de Buchsgau conjointement avec les comtes de Kibourg. Au commencement du xv° siècle, elle possédait à elle seule ces deux landgraviats[4]. Ses domaines et ses châteaux étaient épars dans le Sisgau, le Buchsgau, le

---

1. P. J., 47 (1469), II, p. 114, note sur les revenus de la seigneurie de Florimont d'après l'état de Marc de la Pierre.

2. V. ci-après table généalogique des comtes de Thierstein.

3. Boos, 535 (1402). *UB. Basel*, V, 382 (1408).

4. Boos, 387, 388, 390 (1363), 397 (1364), 476 (1390), 487 (1392), 596 (1416). — Pour le landgraviat de Buchsgau, T., IV, 110 (1367). *UB Basel*, V, 384 (1408). T., V, p. 750 (1419, 20 juill.).

Frickgau, la ville et les environs de Bienne [1]. Elle acquit par un mariage une partie des biens des comtes de Nidau et de Frobourg [2]. Elle eut de très nobles vassaux, les comtes de Ramstein, les barons de Bechbourg et les barons de Falkenstein [3]. Elle s'éteignit au commencement du xve siècle en la personne du comte Otton, et le landgraviat de Sisgau, ainsi que le château de Farnsbourg, passèrent dans la famille de Falkenstein.

Les Thierstein de l'autre ligne descendaient de Rodolphe III, frère de Simon Ier. Ils exercèrent leur activité du côté de Bâle, de l'Alsace et de la Bourgogne. A peu de distance de Bâle, vers le sud-ouest, au milieu du cercle de montagnes bleuâtres que l'on aperçoit de la ville, la Birse laisse derrière elle les gorges sauvages du Jura et débouche tout d'un coup dans la riante plaine où coule le Rhin. Les forteresses seigneuriales se pressaient autour de ce passage, traversé par la route qui conduisait dans la région des lacs de la Suisse occidentale et dans la Bourgogne. Leurs débris couronnent tous les sommets [4]. Au-dessus de la rive gauche de la Birse, sur une arête de rocs taillés à pic, les hautes murailles du vaste château de Pfeffingen sont encore debout. Ce nid de vautours était la demeure préférée des Thierstein. De là ils plongeaient dans la vallée, et rien de ce qui passait sur la route n'échappait à leurs regards. Une grande partie de leurs possessions était groupée dans le

1. Zeglingen, Gempen, Maisprach, Bubendorf, Rickenbach, fiefs de l'évêché de Bâle (T., III, 163, v. 1320). Châteaux de Dornach, fief autrichien (Boos, 382, 1360) et de Kienberg (434, 1378). Rünenberg, Rothenfluh, fiefs de l'évêché (487, 1392). Balsthal, Mümliswil et autres fiefs de l'église de Bâle dans la vallée de l'Aar (T. IV, 110, 1367; Boos, 437, 1380). Péage à Frick (T., IV, p. 395, n. 2, 1379). Fiefs de l'évêché à Bienne, Vigneules, Lignières (T., IV, 270, 1392).

2. Mariage de Simon de Thierstein avec Vérène de Nidau (T., IV, p. 747, 1377, 17 mars). Otton de Thierstein s'intitulait comte de Frobourg (Boos, 594, 1416); T., V, 65 (1419).

3. Les Ramstein pour Bubendorf (T., III, 163, v. 1320, p. 279). Les Bechbourg pour les anciens domaines des Frobourg-Nidau (IV. 192, 1382) .Les Falkenstein pour le landgraviat de Sisgau (Boos, 607, 1418).

4. Fürstenstein, Tschäpperli, Unter-Klus, Ober-Klus, Mönchsberg, Bärenfels, Angenstein, Dornach, Reichenstein.

voisinage immédiat de leur forteresse [1]. Dès le commencement du xive siècle, Walraf, petit-fils de Rodolphe III, possédait le domaine d'Esch, l'hommage de plus de soixante chevaliers et vassaux, et pour moitié le château d'Angenstein, sur la rive droite, un peu au-dessous de Pfeffingen, dans une situation également forte, qui achevait de fermer l'entrée de la vallée [2]. D'autres terres étaient situées à l'ouest dans le voisinage de Lucelle et dans le nord du Salsgau [3]. La famille s'étendit plus loin encore en plein pays welche. Elle convoita sans succès la belle seigneurie d'Asuel dans l'Elsgau, mais elle réussit à prendre position tout près de la frontière du comté de Bourgogne par l'acquisition de la forteresse de Milandre et de la gagerie de Florimont [4]. Un moment même, elle dépassa cette limite lorsque Walraf le Jeune devint pour quelques biens le suzerain de Thiébaud de Neuchâtel [5].

Selon l'usage, les Thierstein commencèrent leur fortune par l'exploitation de l'Eglise, le plus riche de tous les propriétaires et le moins apte à défendre son bien. Dès leurs origines, ils avaient amassé des dîmes et tous les autres droits lucratifs que les laïques savaient se ménager aux dépens de l'Eglise. Ils acquirent des droits de patronage, et surtout des droits d'avouerie. Ils fondèrent des églises pour se réserver ces droits sur elles [6]. Ils avaient, non loin de leur château

---

1. T., II, 36 (1235); Boos, 116 (1275), 288 (1330); *Fontes rerum bernensium*, VI, 210 (1335).

2. Le tout en fief de l'église de Bâle (T., III, 163, v. 1320). Rudolf Wackernagel, *Schloss Angenstein* (Bâle). — Dans la même région, jusqu'à 1318, le quart du mont de Honberg et le quart d'une pêcherie sur le Birsig, également en fief de l'évêché (158). Pêcheries dans la Birse et droits de justice à Nunningen (IV, 181, 1377). Domaine à Therwil (Boos, 377, 1359; 427, 1374; 486, 1392; 549, 1406).

3. Alleu à Roggenbourg et Kiffis (T., II, 24. 1207; 51, 1253; IV, 327, 1358) Pêche dans la Lucelle (IV, 181, 1377).

4. Mariage de Vérène fille de Walraf de Thierstein le Vieux avec Jean Ulric d'Asuel (T., IV, 216, 1385 et p. 896, essai sur la généalogie de la famille d'Asuel; V. 30, 1402: 34, 1404; 53, 1412: 55, 1413: p. 871, 1480, 17 déc.). Pour Milandre, tenu en fief par Jean de Thierstein et cédé par lui en 1444 à Conrad de Burnkirch, v. T., V., p. 766 (1429), p. 796 (1444).

5. Par son mariage avec Adélaïde de Bade, fille de Jeanne de Montbéliard il avait acquis la seigneurie du Châtelot, les fiefs de Cusance, Belmont, Chamterin, Montjoie, etc., dont il se défit le 4 avril 1369 (T., IV, p. 716).

6. 1° Thierstein-Farnsbourg. Avouerie à Maisprach (Boos, 127, 1277). Patro-

de Thierstein, l'une de ces vallées désertes et enfoncées que
les religieux cherchaient pour y passer leurs jours dans la
solitude. Ils y appelèrent des moines du couvent des Ermites.
Ils y construisirent le monastère de Beinweil[1]. Les religieux
de saint Benoît défrichèrent la vallée. Des paysans s'établirent sous les murs du couvent. Un hameau se forma. Le
tout fut pour le plus grand bien des Thierstein qui avaient pris
la précaution de retenir dans l'acte de fondation l'avouerie sur
la nouvelle abbaye. Tout ce que faisaient ces rudes seigneurs
servait à leur fortune, et leurs fondations pieuses elles-
mêmes étaient de fructueuses opérations.

Au XIIIe siècle, les avoueries, cette plaie dont souffrait la
chrétienté tout entière, étaient en pleine décadence[2]. Par
leurs exactions, les avoués avaient à peu près tari la source
de leurs profits et attiré sur eux les foudres ecclésiastiques et
les condamnations séculières. Les Thierstein se tournèrent
vers d'autres gains. Ils recherchèrent les fiefs et les offices.
Ils avaient toujours été les fidèles de l'église de Bâle. Ils
reçurent d'elle les châteaux de Pfeffingen et de Farnsbourg,
la plupart de leurs domaines et de leurs autres châteaux, les
landgraviats de Sisgau et de Buchsgau, et l'office de comte
palatin, apanage de la branche des Pfeffingen, qui conférait
à son titulaire le pouvoir de connaître de tous les procès de
fiefs[3]. Ils eurent en même temps d'autres suzerains. Vers

---

nage à Wintersingen (238, 1313), à Wittnau (T., III, p. 699, 1316, 16 janv.). Patronage et dîmes laïques à Heiteren (IV, 175, 1376), à Matzendorf et à Mümliswil (V, 65, 1419). Patronage et avouerie sur le monastère de Schœnthal (Boos,
594, 1416). — 2° Thierstein-Pfeffingen. Patronage à Roggenbourg et à Movelier. Avouerie sur l'alleu de Roggenbourg et de Kiffis(T., II, 24, 1207). Dîmes à
Mettenberg (*UB. Basel*, I, 78, 1208). Avouerie de Metzerlen (T., I, 302, 1213).
Patronage à Pfeffingen (T., III, 163, v. 1320) et à Therwil (Boos, 377, 1359).

1. *Rappoltstein. UB.*, I, anmerkungen und excurse zu n. 20.

2. 1185. Universitas ecclesiarum advocatorum insolentia laborat et fere
succumbit (*Codex traditionum Corbeiensium.* Leipzig et Wolfenbüttel, 1752,
p. 726).

3. Rodolphe III, Walraf (T., III, 163, v. 1320, et la note). Rodolphe IV (IV, p. 652,
1351, 15 nov.) Jean (*Rappoltstein. UB.*, III, 1043 (1438), p. 496; P. J., 33 (1451, 29
juin). Oswald (Boos, 948, 1483). — Les trois frères Walraf, Bernard et Jean
tinrent en commun les fiefs masculins attachés à l'office de grand échanson
qui appartenait aux barons d'Usenberg (T., IV. 237, v. 1388).

la fin du XIVe siècle, la branche cadette fut un moment vassale des comtes de Montbéliard[1]. Mais, après les évêques de Bâle, ce furent les ducs d'Autriche qui firent la fortune de la famille. Bernard fut longtemps l'homme de confiance et le conseiller de Léopold. Jean devint bailli de Ferrette, grand bailli de la Haute-Alsace, gouverneur d'Ensisheim, et les ducs le chargèrent, en outre, de nombreuses missions [2].

Le vassal ou l'officier ne devait que ses services. La possession du fief ou de l'office ne l'obligeait à aucune avance de fonds. Elle le mettait, au contraire, à même de se constituer une fortune par la capitalisation de ses revenus. Lorsque les comtes de Thierstein eurent épargné suffisamment, l'argent qu'ils avaient accumulé leur permit d'exploiter les embarras de leurs suzerains. Pendant la deuxième moitié du XIVe siècle, ils ne cessèrent de se porter cautions pour les évêques [3]. Cela ne leur rapportait rien. Mais ces services gratuits les désignaient aux préférences de leurs maîtres, lorsque ceux-ci émettaient des rentes ou engageaient quelque bien [4].

---

1. Pour la forteresse de Bélieu et la garde de l'hôpital de Valentigney (T., IV, p. 800, 1388, 24 mars). Les Thierstein-Pfeffingen furent vassaux de l'abbaye de Reichenau pour des biens à Therwil (Boos, 377, 1359).

2. Mission donnée par Léopold d'Autriche à Bernard auprès des Strasbourgeois en 1396 (*Rappoltstein. UB.*, II, 480, 492, 522, 525, 556, 566). Jugement arbitral de Léopold entre Bâle et Brisach. Bernard de Thierstein est le premier des assesseurs de Léopold (*UB. Basel*, V, 231, 1397). — Jean était châtelain de Ferrette en 1425. Grand bailli en Alsace depuis le mois d'août 1427, il ne l'était plus en 1429 (*Rappoltstein. UB.*, III, 563, 428. *Basl. Chron*, IV, p. 437, n. 2. 5). Le grand bailli recevait une solde de 700 livres steblers et 500 poules. Il avait aussi des pêcheries (*Rappoltstein. UB.*, III, 718, 1432). Capitaine d'Ensisheim (Mossmann, *Cartulaire de Mulhouse*, II, 690, 1445; *Rappoltstein. UB.*, IV, 284, 1449; *UB. Basel*, VII, 276, 1450; 303, 1451) Conseiller d'Albert d'Autriche (65, 1446). — Négociations relatives au château et à la seigneurie d'Hohenack (*Rappoltstein. UB.*, III, 1043, 1438, p. 496). — Paix entre l'Autriche et Berne, Bâle et Soleure, Jean de Thierstein est l'un des médiateurs (*UB. Basel*, VII, 28, 1443). — Convention monétaire entre l'Autriche et les villes de Fribourg en Brisgau, Colmar et Brisach (276, 1450). — V. pour d'autres négociations 303, 307 (1451), 337 (1452), 429 (1454).

3. Walraf et surtout Simon de Thierstein pour l'évêque Jean de Vienne (T., IV, p. 712, 1368, 13 juil.; p. 727, 1372, 5 oct.; p. 731, 1373, 28 mars) — Walraf pour l'évêque Imier de Ramstein (p. 779, 1384, 19 mars : p. 784, 1385, 15 sept ; p. 789, 1386, 18 mai; p. 790, 1386, 27 juin; p. 811, 1390, 28 janv.).

4. Dès 1305, rachat par l'évêque Pierre d'Aspelt d'un domaine engagé à Ulric de Thierstein (T., III, p. 685). Catherine de Thierstein achète des rentes

Ils tinrent la même conduite auprès des ducs d'Autriche. Ils se trouvèrent ainsi, vers la fin du xive siècle, possesseurs de plusieurs beaux territoires dans l'évêché et dans la Haute-Alsace.

Dans leur manière de gouverner leurs intérêts, les Thierstein ressemblent à ces capitalistes prudents qui dispersent leurs placements. Ils surent varier, en les adaptant au temps et au milieu dans lesquels ils vivaient, les moyens d'accroître leur patrimoine. Ils eurent des biens dans plusieurs Etats féodaux, un pied dans tous les camps. Ils mutiplièrent leurs points d'appui. A chaque génération, un Thierstein entrait dans l'Eglise et devenait chanoine de Bâle ou de Strasbourg. Vassaux, conseillers, officiers des évêques de Bâle, vivant dans l'intimité des ducs d'Autriche, ils n'avaient point non plus négligé la noblesse et les puissantes bourgeoisies de la contrée. Il y avait dans les bourgeoisies des citoyens dispensés d'habiter la ville, à la condition d'y posséder un hôtel sur lequel leur droit de cité était assis et qui répondait de leur fidélité. C'étaient les « bourgeois forains » ou les « combourgeois » [1]. Au temps où le patriciat gouvernait encore Bâle, les Thierstein s'y firent recevoir bourgeois forains. Ils conservèrent longtemps ce titre sous le gouvernement de la plèbe, en dépit de toutes les guerres entre les nobles et les bourgeois. Cela ne les empêcha point d'agrandir l'influence prépondérante qu'ils exerçaient de temps immémorial sur la noblesse de la région. Dans la première moitié du xve siècle, les sociétés ou chambres de gentilshommes se répandirent partout en Allemagne. La grande confrérie de

à l'évêque Jean Senn de Munsingen (IV, 74, 1361 ; p, 666, 1356).— Sous l'évêque Jean de Vienne, rente vendue à Walraf le Vieux (p. 709, 1367), Le même est engagiste de Laufon (146, 1373). Simon reçoit en gage Olten, Liestal, Hombourg et Waldenbourg (P. 746, 1377; 29 janv.; p. 764, v 1381). Hypothèque donnée à Walraf le Vieux sur la monnaie à Brisach (184, 1378). Constitution au profit du même d'une rente sur les contributions des hommes de l'évêque à Delémont. et mise en gage de dîmes épiscopales (193, 1382). — Sous l'évêque Imier de Ramstein, engagement à Walraf le Vieux de Movelier, Pleigne, Bourrignon et Roggenbourg, et constitution d'une rente sur les impôts et tailles de la ville et de la vallée de Delémont. (P. 806, 1389, 15 janv.).

1. *Ussburgere.*

Saint-Guillaume et de Saint-Georges comptait ses adhérents par milliers dans la Souabe et dans la vallée du Rhin. Il existait en outre des sociétés locales, telles que la chambre de la Mouche à Bâle et la société des nobles du Sundgau, fondée à Altkirch peu après la bataille de Saint-Jacques. A leur origine peut-être, plusieurs d'entre elles n'étaient que des réunions de plaisirs et de fêtes. Peu à peu, en fortifiant la fraternité qui unissait naturellement les gentilshommes, en leur donnant l'occasion de parler ensemble de leurs affaires communes, elles s'étaient transformées en ligues politiques contre tous les ennemis de la noblesse. Elles pouvaient être opposées au suzerain. Mais leurs adversaires tout désignés étaient les grandes bourgeoisies et les ligues des villes[1]. Les Thierstein ne pensèrent pas que les serments prêtés à leurs concitoyens, et la confiance que les villes leur avaient témoignée en mainte circonstance, fussent un obstacle à leur entrée dans ces coalitions. Jean de Thierstein était capitaine de la ligue des villes en Alsace et Brisgau[2]. Il fut capitaine de la société de Saint-Guillaume et de Saint-Georges, et président de la société d'Altkirch. Il pratiquait entre les villes et les nobles cette politique de bascule qu'il reprochait un jour à Bâle, ville impériale ou ville épiscopale suivant les circonstances et suivant ses intérêts du moment[3].

Tout concourait pour faire des Thierstein une famille très considérable, la première peut-être des nombreuses races nobles qui avoisinaient la ville de Bâle, leur fortune, leurs

1. Pour la société de Saint-Guillaume et Saint-Georges, *Rappoltstein. UB.*, III, 908 (1436), et Nitzsch, *Geschichte des deutschen Volkes*, III, p. 296. Pour la société d'Altkirch, *Basl. Chron.*, IV, p. 199, n. 3; p. 202, n. 7. Elle fut fondée après le 12 décembre 1445. L'attaque dirigée par une ville contre le château de l'un des affiliés intéressait la société tout entière. Par force ou par ruse, elle essayait de sauver la forteresse. En 1446, les Bâlois réclamaient la reddition de Pfeffingen qu'ils attaquaient pour la seconde fois. Le châtelain Jean de Montreux, demanda à en référer à la société des nobles d'Altkirch. Les Bâlois rentrèrent chez eux. Pierre de Morimont écrivit pour refuser de rendre la place (*Basl. Chron.*, IV, p. 272, n. 8).

2. *Rappoltstein. UB.*, III, 333 (Avant 1425).

3. Heusler, pp. 320, 327, 397, 399.

nombreux châteaux sur les sommets du Jura et dans le Sundgau, leur clientèle d'hommes d'armes, de varlets et de vassaux, leurs alliances, leurs fonctions. Ils avaient l'autorité morale et l'habitude des affaires diplomatiques. Bernard et Jean furent appelés à prendre part à une multitude de négociations dans la vallée du Rhin. Ils avaient la force matérielle. La bourgeoisie de Bâle, si redoutable aux nobles autrichiens, recula plus d'une fois devant eux. Pendant le xvᵉ siècle, elle dirigea quatre expéditions contre Pfeffingen. Une seule réussit, et ce fut par surprise. Toutes furent regardées comme de grandes entreprises et des campagnes méritoires. On les prépara soigneusement, et nombre de soldats y gagnèrent le droit de bourgeoisie [1].

La puissance des Thierstein était un danger pour les ducs d'Autriche. Trop d'exemples montraient que la force du vassal était la ruine du suzerain. Le caractère des comtes était un autre péril. Au xivᵉ et au xvᵉ siècle, le modèle proposé aux gentilshommes n'avait pas cessé d'être le chevalier tel que les siècles précédents en avaient fixé le type : l'homme loyal, ennemi du mensonge et de la dissimulation, fidèle à sa parole et à ses devoirs féodaux, libéral et désintéressé, courtois pour tous, petits et grands, défenseur de l'Eglise, soutien des faibles, terrible aux méchants, habile à tous les exercices de la guerre, brave et méprisant la mort. Mais au xivᵉ siècle déjà, cette noble conception était en bien des points exagérée et faussée. Les romans d'aventures s'inspiraient des idées nouvelles que l'on se faisait de la chevalerie, et, à leur tour, les propageaient d'un bout à l'autre de l'Europe. Les esprits les plus pondérés n'échappaient point au charme de ces merveilleuses histoires. Les autres essayaient de mettre en pratique ces fantaisies. Ils couraient les aventures et se faisaient une vie où les beaux exploits se mêlaient à de ridicules extravagances.

Dans l'esprit chevaleresque, on dirait que les Thierstein s'approprièrent surtout les traits de la décadence. Si l'on

1. Chronikalien der Rathsbücher *(Basl. Chron.,* IV, p. 23 et n. 6).

peut parler d'un code de la chevalerie, ils méconnurent plus d'une fois ses préceptes. L'esprit de la chevalerie n'avait pas tué en eux le génie matériel et positif de l'Allemand. On vient de voir l'habileté avec laquelle ils conduisirent leur fortune. Leur cupidité ne connaissait d'autre loi que leur propre avantage. Elle ne respectait aucune faiblesse. Il semble qu'ils n'aient vu dans les hommes de leurs domaines qu'une matière à faire valoir. Ils eurent des serfs et des mainmortables après que le servage et la mainmorte eurent disparu dans les seigneuries voisines [1]. A la guerre, ils rançonnaient les paysans de leurs ennemis et les marchands. Bien qu'ils aient toujours vécu de l'Eglise et qu'ils lui aient fait quelques donations, ils la maltraitaient lorsqu'elle contrariait leur intérêt, ou lorsque ses biens devenaient l'objet de leurs convoitises [2]. Plusieurs d'entre eux furent des avoués jaloux et oppresseurs. Jean faisait arrêter l'abbé de Beinweil, coupable d'être devenu bourgeois forain de Bâle, et le laissait traîner de prison en prison pendant plus d'un an jusqu'au traité de Colmar [3]. Il était le digne descendant de ces Thierstein qui, deux siècles auparavant, ruinaient méchamment l'abbaye, et ne reculaient que devant l'intervention collective de l'évêque de Bâle, du duc de Zehringen, de l'empereur et du pape [4]. Vassaux et bourgeois rebelles, ils ne balan-

---

1. Réclamation de Jean de Thierstein au sujet de ses serfs (cygen lüte) reçus bourgeois de Bâle (*UB. Basel*, VII, 143, 1447, 30 oct., p. 225, art. 6). Traité entre Walraf et Bâle au sujet des successions des gens du comte à lui échues par droit de mainmorte (zu vall), au préjudice d'héritiers bourgeois ou habitants de Bâle (V, 264, 1399).

2. Donation de Rodolphe Ier à l'abbaye de Frienisberg (T., I, 293, 1208). Rodolphe, fils d'Ulric, fonde un autel en l'honneur de Notre-Dame dans l'église de Pfeffingen (III, 177, 1322). Donations de Simon à la commanderie de l'ordre teutonique de Beuggen, et d'Otton au couvent de Schœnthal (Boos, 238, 1313 ; 594, 1416).

3. L'abbé de Beinweil resta en prison depuis le 3 mai 1445 jusqu'au 9 juin 1446. Il fut conduit à Ferrette, puis à Delle (*Basl. Chron.*, IV, p. 275).

4. Règlement des droits de Rodolphe Ier et de son fils Rodolphe II par Berthold, duc de Zehringen. L'acte est notifié par l'évêque Lutold de Rœteln. Entre autres choses, on défendait au comte de réclamer de l'abbaye le gîte à Noël, à Pâque et à la Pentecôte, à moins d'avoir été invité par l'abbé et par les frères. Il lui était interdit, quand il venait au couvent en d'autres temps, d'exiger méchamment (maliciose) quoique ce fût des religieux. Il devait rece-

çaient pas à prendre les armes contre leurs suzerains et contre la ville à laquelle ils avaient juré fidélité. Lorsque Rodolphe, comte de Neuchâtel sur le lac, périt victime des compagnies d'Enguerrand de Coucy, Simon de Thierstein, son beau-frère, s'empara du fief de Nidau que le défunt tenait de l'église de Bâle. Il refusa l'hommage à Jean de Vienne et lui déclara la guerre. Avec une troupe d'Allemands, il battit les Welches de l'évêque. Fait prisonnier par surprise, mais délivré grâce aux bons offices de son second maître, Léopold d'Autriche, il refusait le paiement de ses créances, afin de garder les domaines de l'évêché qui lui avaient été engagés [1]. Il laissait là un exemple que Bernard et Jean devaient suivre à l'égard de l'Autriche elle-même.

Quelle empreinte le type de la chevalerie avait-il donc laissée sur ces nobles ? Ils étaient chevaliers par leur courtoisie envers les gens de leur monde, par leur passion pour les exercices. Ils étaient maîtres dans l'art des tournois. Walraf le Jeune et Bourcard Munch montèrent un jour à cheval, armés de pied en cap, l'escalier de la chambre à la Mouche qui fut plus tard le conclave de Félix V. Ils joûtèrent dans la salle avec une adresse incomparable devant une assemblée de gentilshommes et de dames accourus à ce spectacle nouveau [2]. Une autre fois, c'était don Juan de Merlo, un écuyer errant, une sorte de don Quichotte, qui venait à Bâle. Il parcourait le monde, cherchant les aventures, et ne voulait être armé

voir avec gratitude ce qui, du reste, ne lui était donné qu'à titre gracieux. Les comtes ne devaient plus aller à travers les domaines du couvent, en requérant le gîte ou d'autres prestations. L'abbé nommerait lui-même les maires des domaines, et le comte n'aurait que le tiers des profits judiciaires (T., I, 3o1, 1212). Confirmation par Henri VII, roi des Romains (II, 3o, 1226) et par le pape Grégoire IX (I, 342, 1228).

1. V. pour cette guerre : *UB. Basel*, IV, 377 (1374); Justinger, *Berner Chronik* (T., IV. 169, 1376); 170 (1376, 2 septembre); 174 (10 décembre); 183 (1378); *UB. Basel*, IV, 443 (1379, 26 fév.); T., IV, p. 395, n. 2 (31 mai); p. 416, n. 1; p. 771 (1381); *UB. Basel*, V, 139 (1390).

2. Armati, equis insidentes, gradus in domo dicta *zer Mucken* ascenderunt, et in stuba, ob spectaculi memoriam, impositis hastis equisque calcaribus adactis, alter alterum sua hasta impetiit (*Grössere Basler Annalen, Basl. Chron.*, V, p. 35).

chevalier qu'après une victoire. Mais sa réputation guerrière
faisait reculer les plus habiles. Henri de Ramstein releva
son défi à la noblesse bâloise. Jean de Thierstein était l'un
des juges du camp, et l'honneur de donner l'accolade à
l'étranger victorieux lui fut réservé par un choix qui le dési-
gnait lui-même comme le plus expert et le plus valeureux
des nombreux seigneurs présents à cette fête [1].

Les Thierstein se montraient encore chevaliers dans leur
amour pour les nobles faits d'armes. Ils étaient les compa-
triotes de cet Henri Munch, tué à Crécy, aux côtés de Jean
de Bohême, parmi les chevaliers qui lièrent leurs chevaux à
celui du vieux roi aveugle pour le guider dans la mêlée [2].
Deux ans après le tournoi de la chambre de Bâle, Walraf
le Jeune trouvait une mort également héroïque dans le mas-
sacre de la noblesse autrichienne, à Sempach. Il se faisait
tuer auprès de Léopold le Preux « pour obéir, dit le Nécro-
loge, aux ordres de son seigneur » [3]. Son fils Jean passa sa
vie presque entière à guerroyer. Aux jours de sa jeunesse,
entre deux guerres alsaciennes, il prenait le temps d'affron-
ter la mort à la sanglante bataille d'Othey dans les Pays-Bas [4].

1. Don Quichotte, voulant prouver la vérité des histoires de la chevalerie
errante, cite les exploits en effet authentiques de ce Portugais. Y se comba-
tio .. en la ciudad de *Basilea*, con mosen *Enrique* de *Romestan* (Cervantès,
Don Quichotte, I, 49). Uszgeritten durch manige land umbe aventúr, und
konnde dheinen finden, der sich mit im slahen wolte (Chronikalien der Rathsbücher, *Basl. Chron.*, IV, p. 40) V. pp. 155-159 (1428) les conditions du combat
arrêtées par le conseil et la proclamation qui fut faite au marché aux grains.

2. Froissart l'appelle *le Moyne de Basele*. Ceciderunt inter alios *Johannes*,
rex *Bohemiæ* qui cœcus erat... *Henricus Monachi* de *Basilea* (Chronicon
Alberti Argentinensis (T., III, p. 838). Boos, *Le Monne de Basele* (*Indi-
cateur d'histoire suisse*, nouvelle série, XX, 1889). Pour MM. Siméon Luce
(*Chroniques de Jean Froissart*, III, Paris, 1872, p. LIV, n. 3), et Kervin de Let-
tenhove (*Chroniques de Froissart*, Bruxelles, V, 1868, pp. 475, s. ; XX, 1875,
p. 272), le Moyne de Basele serait un certain Alain, de Bazeille près Sedan.
C'est contredire Froissart, qui fait mourir le Moyne à Crécy, et négliger le
texte de la Chronique d'Albert de Strasbourg.

3. Dise all ritter und knecht um gehorsamkeit ires lieben heren umkomen
sind (Nécrologue d'Uster, T., IV, 224, 1386, 9 juil.).

4. 1406-1407. Guerre avec Léopold d'Autriche et Catherine de Bourgogne. —
1408. Bataille d'Othey (*Basl. Chron.*, IV, pp. 380, 419, 430). — 1409-1411. Guerre
avec Bâle (V. pp 94, 95, 138). — 1424-1425. Guerre avec Thiébaud de Neuchâtel. — 1428. Campagne contre Jean-Louis de Thullière, sire de Montjoie (IV,
p. 437 ; T., V. p. 778). — 1444-1446. Guerre avec Bâle.

Tous ces nobles se lançaient avec la même ardeur dans les combats les plus lointains, qu'il s'agît de l'une de ces tardives et malheureuses croisades, telles que la campagne de Nicopolis, ou de l'une de ces luttes immenses, comme la guerre de Cent Ans, qui ébranlaient la moitié de l'Europe [1]. La bravoure, la belle témérité, était la meilleure part du patrimoine moral de ces familles.

Pour juger les Thierstein, on ne saurait non plus les isoler du monde dans lequel ils vécurent et qu'ils combattirent. Il faut se les figurer au milieu de ces dures populations de l'Alsace et de la Suisse, bourgeois altiers, sensibles à l'outrage, prompts à la riposte et à la révolte, têtes de fer, aussi insensibles à la crainte et à la pitié que les nobles ; oligarchies plébéiennes des grandes villes, soupçonneuses, cultivant la délation, tyranniques et froidement cruelles ; bourgeoisies opulentes de marchands menant la guerre commercialement, visant aux rançons des prisonniers ennemis, opposant à de riches chevaliers des mercenaires sans valeur pécuniaire et spéculant sur la différence entre les rançons qu'elles recevraient et celles qu'elles pourraient avoir à payer pour leurs propres soldats [2]. Il faut considérer enfin que les Thierstein ne furent ni meilleurs ni pires que la plupart des nobles de leur pays, les Ramstein, les Falkenstein, les Morimont, les Munch et bien des engagistes autrichiens [3]. Il est certain que plusieurs engagistes songèrent,

---

1. Le neveu de Henri Munch, Burckart, périt dans la croisade de Nicopolis avec Mathis et Gœtzman Munch, Jean et Henmann de Ramstein (Röteler Chronik, *Basl. Chron.*, V, p. 128).

2. Lettre de Bâle à Zurich après l'expédition contre Clémont. 25 juin 1425. Les Bâlois ont fait des prisonniers die aber swerer ze scheczende sint denne die unsern (*Missiven*, III, 170).

3. V. par exemple une lettre de Marguerite, duchesse de Bavière, à Catherine de Bourgogne pour se plaindre de l'arrestation de son écuyer et de huit de ses serviteurs par Burckart Munch. « A leur retour ont estet prins entre *Bazele* et *Strasbourch* sur le *Rin* de vn appellé sire *Brocart le Moinne*, cheualier de *Bazele*, et de leurs complices et ont estet menés en vn chastel dudit sire *Brocart*. » La duchesse ne s'explique pas cette violence. Il est vrai que du temps de la guerre entre sa fille la duchesse de Glocestre, comtesse de Hainaut, Hollande et Zélande, et son frère, des vins furent pris en Hollande. « Mais à ma pryere les marchans en furent récompensés. » Du reste elle n'a pas été la

comme eux, à intervertir leur titre, à transformer leurs gageries en de véritables alleux. Les Thierstein avaient besoin de beaucoup d'argent pour réaliser leur idéal de vie chevaleresque. Ils puisaient dans leurs traditions de famille et trouvaient dans leur propre cœur, dans la conscience de leur force, ces sentiments de la plus farouche indépendance qui étaient alors le véritable esprit féodal des nobles de cette partie de l'Allemagne. Ces dispositions inspirèrent les conditions auxquelles ils réduisirent l'Autriche dans le contrat de gagerie, et déterminèrent le parti qu'ils tirèrent de ce contrat.

1° *Le contrat de gagerie* [1].

Le contrat de gagerie, tel que les ducs d'Autriche l'appliquèrent à leurs domaines d'Alsace, était une invention des praticiens du moyen âge, assemblage d'éléments romains et d'éléments féodaux. Le seigneur gagiste ne devenait pas propriétaire de la seigneurie. Le gage ne revêtait plus, comme dans le haut moyen âge, la forme de la vente avec pacte de rachat. Par conséquent, le créancier ne pouvait pas donner la seigneurie en gage à son propre créancier pour la sûreté d'une dette qu'il avait lui-même contractée [2]. Il acquérait seulement, avec une hypothèque, la faculté de retenir la terre et celle d'en jouir de la même manière que le propriétaire, jusqu'au paiement de ce qui lui était dû [3]. Il s'intitulait sei-

---

cause de cette guerre et elle n'a dans les pays de Hollande et Zélande autre chose que son douaire. Arch. de la Côte-d'Or, B, 11942. 1425, 12 mars. Orig.. Pap..

1. Contractus pignoratitius. Gagière. Phant. Phantschafft.

2. P. J., 53 (1521, 10 mai).

3. En ce qui concerne l'hypothèque plusieurs textes rappellent cet effet du gage. Exemple : ville dominii de *Rinvelle* communitati *Basiliensi* pignorate fuerunt et ypothecate (Quittance donnée à Charles le Téméraire par la ville de Bâle le 30 avril 1470. Arch. de la Côte-d'Or, B, 1050). Cpr. pour la seigneurie gagerie d'Isenheim : Et est assauoir que ledit *Ysenhein* en partie est hypothéqué avec *Beffort* et *Rossemont,* par mannière que l'on ne peult racheter l'ung sans l'autre (*Cartulaire des seigneuries gageries,* fol. 27, r°). — Gagière était synonyme d'hypothèque.

gneur de Florimont. Il percevait les revenus, à l'exception de ceux que les ducs s'étaient expressément réservés. Mais le plus souvent le gage était conclu « sans retenue des fruits ». Ils étaient abandonnés au créancier en une seule fois et pour le tout, à forfait[1]. Le seigneur gagiste avait droit au serment d'obéissance et de fidélité des sujets et des officiers du bailliage[2]. Il pouvait donner aux habitants des chartes de franchises, en ce sens qu'il lui était loisible de renoncer en leur faveur, pendant la durée de l'engagement, à l'exercice des droits compris dans son gage[3]. Il nommait et déposait le châtelain, le prévôt, les maires et les autres officiers de la seigneurie. D'autre part, le seigneur gagiste devait maintenir les libertés et les bonnes coutumes des habitants[4]. Il ne devait point se servir de la gagerie contre le débiteur. Il lui promettait de ne point y recevoir ses ennemis. Ces châteaux d'Alsace, surmenés par les guerres continuelles, étaient toujours près de tomber en ruines. Il s'obligeait à veiller à la conservation du château. Mais il n'était tenu qu'aux réparations d'entretien[5]. Les grosses réparations demeuraient à la charge des ducs. Si le créancier consentait à les faire, le duc nommait des commissaires pour examiner l'état de la place, juger de la nécessité et de l'importance des travaux. Sur le rapport de ses envoyés, il fixait la somme que l'engagiste serait autorisé à employer, et contractait par écrit l'obligation de lui en tenir compte[6].

Dans l'acte qui vient d'être analysé, on aura reconnu un contrat emprunté au droit romain qui avait fait recevoir, dès cette époque, en Allemagne, sa théorie des obligations[7]. Seul le milieu était changé. C'était la société seigneuriale et féodale, et les jurisconsultes de Rome se fussent peut-être

<hr>

1. P. J., 1 (1368, 27 avril) 1°; 4 (1399, 19 août) 2°; 11 (1421, 16 avril) 2°.
2. P. J., 11 (1421, 16 avril) 4°.
3. P. J., 32 (1447, 14 nov.).
4. P. J., 11 (1421, 16 avril) 5°.
5. T., IV, 223 (1386), p. 471.
6. P. J., 39 (1457, 26 juin), II, p. 94, n. 2.
7. Seuffert, *zur Geschichte der obligatorischen verträge* (Nördlingen, 1881).

étonnés et de quelques mots nouveaux et surtout de certaines conséquences que l'on faisait produire aux principes qu'ils avaient posés. La convention que les ducs passaient avec leurs créanciers, c'est bien au fond le gage compliqué d'un pacte d'antichrèse.

Mais la terre, objet du gage, était une terre noble. C'était une seigneurie, un fief de l'évêché de Bâle. Les maîtres de cette seigneurie se nommaient les ducs et les archiducs d'Autriche. Un noble ne pouvait engager son fief tout uniment, comme le roturier engageait sa censive. Il y avait en Allemagne des coutumes auxquelles les seigneurs pauvres, depuis les plus hauts jusqu'aux plus petits, devaient se conformer lorsqu'ils mettaient leurs terres en gage. Ces coutumes de la noblesse d'Allemagne, ainsi les appelait-on, effaçaient ce que le nantissement avait de vil[1]. Elles lui donnaient des dehors honnêtes et même un certain lustre. Elles l'élevaient au niveau des gens qualifiés. Ils pouvaient en user sans s'abaisser. Depuis plusieurs siècles, ils avaient coutume de demander au contrat de fief, cette convention aux multiples applications, un voile pour couvrir leurs humiliations. La gêne pécuniaire est ordinairement le secret de cette opération si usitée jusqu'au XIVe siècle, par laquelle le propriétaire d'un alleu le cédait à un riche seigneur pour le reprendre en fief[2]. Rien n'est plus vraisemblable qu'un secours en argent accordé par le nouveau suzerain à son vassal, bien qu'il n'en soit jamais question dans l'acte écrit. Au XIVe siècle, les nobles ne mettaient plus le même soin à déguiser leur pauvreté. Ils ne craignaient pas d'employer le contrat de gage. Mais ils communiquaient au gage la nature et les

---

1. Charles le Bel, roi de France, promet, dans le cas où il serait élu roi des Romains, une somme de 3o.ooo marcs à Léopold d'Autriche. Pour garantie de cette somme Léopold tiendra en gage certains territoires. Quousque nobis semel per regem Romanorum integre fuerit exoluta, nos tenebimus pro pignore, secundum consuetudinem et usum nobilium *Allemannie*, villas, civitates... (*UB. Basel*, IV, 54).

2. V. par exemple un acte passé à Florimont en 1297 (Thommen, I, 14o). Bourcard et Berthold Vitztum de Bâle, chevaliers, abandonnent au comte Thiébaud de Ferrette le château de Rheineck, dans le Leimenthal et la montagne de Horn, et reprennent ces biens en fief.

clauses du contrat de fief. Tandis que dans la combinaison précédente le prêteur devenait le suzerain, désormais c'était le créancier qui se transformait en un vassal. Il recevait la terre en fief de son débiteur. Il avait sa place marquée dans la hiérarchie féodale, au dernier rang, après les simples chevaliers[1]. Car, après tout, c'était un service d'argent qu'il rendait, le moins noble de tous les services. Il faisait foi et hommage à son débiteur[2]. Il lui devait l'obéissance même à laquelle le feudataire était tenu envers le seigneur[3]. Il promettait de poursuivre son bien, d'éviter son dommage, autant qu'il le pourrait, avec fidélité et loyauté, comme un vassal y était obligé[4]. Lorsque la concession de fief portait sur un château, le vassal s'obligeait à ouvrir les portes au suzerain, à toute réquisition, en cas de nécessité[5]. De même Albert et Léopold d'Autriche faisaient promettre à Jean de Wahlbach que le château et la ville seraient toujours un lieu ouvert pour eux et pour leurs officiers. Jean de Thierstein donnait la même promesse à Anne de Brunswick[6]. Il n'était pas jusqu'à la restriction mise à cette obligation dans les contrats de fief qui ne se retrouvât dans les lettres de gage. L'engagiste, ainsi que le vassal, n'était tenu de livrer le

---

1. P., J., 50 (1511, 4 fév.), 3°.

2. P., J., 45 (1469, 9 mai), II, p. 106.

3. Il devait être gehorsam und gewertig (P. J., 4, 1399, 19 août, 3°). Cpr. les deux concessions de fiefs du 13 sept. 1401 et du 29 juin 1451 (P. J., 7, 33). Frédéric de Hatstatt promet gehorsam sein als lehenleütt iren lehenherren thun sollen. Thiébaud de Thierstein promet d'être fidèle (getrúwe und hold), attentif aux commandements de son suzerain, et obéissant (zu sinen mannetagen gewertig und gehorsam).

4. T., V, 116 (1438), p. 369.

5. 1350. Jeanne de Jour, veuve de Hartmann de Massevaux, chevalier, déclare tenir le château de Milandre en fief de l'église de Bâle. In necessitatibus dicte ecclesie *Basiliensis*,... quotiens per ipsum dominum episcopum... fuerit requisita,... ipsa domina *Johanna*... ex tunc presentare et tradere memoratum castrum *Milant* ipsi domino episcopo tenebitur... possidendum per... episcopum, quamdiu illa lis seu gwerra durabit (T. III, 388, p. 641). — 1351. Ouch sollen alle schlosz und stett, die von der kilchen lehen sind, dem byschoff offen syn, doch nit fürer dann in der kilchen sachen und noeten, ouch ane costen und entgeltnüss der manen oder dienstmanen (Constitution féodale de l'évêché de Bâle, T., IV, 3, p. 9).

6. P. J., 1 (1368, 27 avril, 4°); 11 (1421, 16 avril, 8°).

château qu'à la condition de n'y point mettre du sien et de n'en point souffrir un notable dommage[1]. Enfin, si la convention avait été simplement un contrat de gage, le créancier, en cédant sa créance, aurait transporté la seigneurie au cessionnaire sans le consentement du débiteur. Ce consentement n'était point nécessaire pour la validité de la cession de la créance. Il en eût été de même pour la transmission du gage, conséquence et accessoire de cette cession. Au contraire, on voit toujours les ducs accepter la cession du gage, comme si leur volonté était indispensable. Léopold et Albert approuvèrent la vente faite par Jean de Wahlbach à la marquise Adélaïde de Bade. Albert consentit à l'acquisition du gage par Marc de la Pierre[2]. C'est que le seigneur gagiste était un vassal. Or, le nouveau vassal devait reprendre le fief des mains de son suzerain.

Il faut découvrir maintenant les nombreux périls, redoutables pour les ducs d'Autriche, que renfermait cette machine juridique. Le noble qui donnait une terre en fief prenait en quelque sorte sur son superflu. Parmi les domaines d'un seigneur, il y en avait toujours une partie destinée, souvent de toute ancienneté, à être tenue par des vassaux. Le propriétaire ne faisait pas état des revenus de cette fraction de son patrimoine. Il avait renoncé une fois pour toutes à en jouir lui-même. Il vivait sans elle. Au contraire le domaine qu'il mettait en gage était pris sur son nécessaire. Par cela même qu'il était réduit à entamer sa réserve domaniale, il se voyait obligé de subir les exigences léonines auxquelles, de tout temps, un bailleur de fonds soumit un emprunteur aux abois. Presque toujours la valeur de la seigneurie engagée était bien supérieure au montant de la somme prêtée. Quant au pacte d'antichrèse, il n'était pas seulement usuraire au sens que le moyen âge donnait à ce terme, parce qu'il procurait au prêteur sous une forme

1. P. J., 11 (1421, 16 avril, 8).

2. P. J., 4 (1399, 19 août, 1); 38 (1457, 22 mars). On appelait *gunstbrieff* l'acte d'approbation.

déguisée des intérêts qu'il lui était interdit de stipuler ouvertement. Il était également usuraire au sens actuel du mot, parce que ces intérêts dépassaient toute mesure. L'iniquité du contrat se manifestait encore si le créancier, afin d'augmenter le revenu de sa gagerie, réalisait des améliorations, par exemple, s'il creusait ou achetait des étangs. D'après les principes du droit, l'indemnité à laquelle il pouvait prétendre ne devait pas excéder la plus-value résultant de l'amélioration. En pratique il en était autrement. Marc de la Pierre, suivant, à ce qu'il semble, la coutume des engagistes, stipulait que le montant intégral de la dépense lui serait remboursé[1]. Toutes ces conditions avaient pour effet d'empirer la situation financière du débiteur. Elles contribuaient à le mettre dans l'impuissance de subvenir aux charges qui lui incombaient, et en particulier à l'empêcher de faire sur le domaine engagé les impenses nécessaires ou simplement utiles. Il en résultait aussi que le débiteur, se rendant compte de l'écart considérable entre la valeur réelle du gage et la somme pour laquelle il l'avait abandonné, entre les revenus du gage et les intérêts que le prêteur aurait pu raisonnablement tirer de cette somme, priait son créancier de faire lui-même ces impenses ou sollicitait de lui des avances. Mais, dans les deux cas, les sommes fournies par le créancier venaient s'ajouter à la dette principale. Cette surcharge finissait par accabler le débiteur et le précipiter vers sa ruine.

Il ne suffisait pas à l'engagiste d'obtenir de son débiteur des profits exagérés. Le créancier s'efforçait de retarder aussi longtemps que possible le moment où il lui faudrait recevoir le paiement de sa créance, et rendre ce gage qui constituait un placement si avantageux. C'était le plus souvent en vain que le débiteur, prévoyant sa mauvaise volonté, le choisissait parmi ses fidèles ou ses fonctionnaires, lui faisait promettre de ne point s'opposer à la perception de la taille qui pourrait être levée dans la seigneurie en vue du rachat, et d'ac-

---

1. P. J., 42 (1462 19 fév.); 47 (1469). 39 ; 60 (1530, 25 août).

cepter le paiement avec soumission et sans y contredire[1].
D'autres clauses dictées par le créancier déjouaient toutes
les précautions et donnaient satisfaction à ses convoitises.
Jean de Thierstein stipulait que le remboursement ne
pourrait avoir lieu qu'à Bâle ou dans un château à trois
milles à la ronde, le tout à son gré[2]. Si plusieurs gages
avaient été donnés au même créancier, ils ne pouvaient être
rachetés isolément. La somme principale, dont le gage garan-
tissait la créance, devait être rendue en une seule fois. Le
paiement n'en pouvait être divisé. Les sommes mises en
réparations et en améliorations, les avances nouvelles devenaient un accessoire de l'obligation principale, inséparable
de cette créance. Elles ne pouvaient être payées à part. L'engagiste avait le droit de retenir la seigneurie en totalité jusqu'au remboursement intégral de toutes les sommes, principal et accessoires[3]. Cette multitude d'entraves assurait au
créancier la possession indéfinie du bien de son débiteur.

L'autorité des ducs dans la terre engagée n'était pas moins
compromise. Le contrat de gagerie leur était bien plus nuisible que le contrat ordinaire de fief. Il ne présentait pas,
comme celui-ci, l'unique inconvénient de relâcher le lien
qui rattachait le maître à la terre et à ses sujets, de le priver,
en lui ôtant la justice seigneuriale, du pouvoir de gouverner,
et de ne lui laisser qu'un droit presque exclusivement hono-
rifique marqué par des étiquettes et par la cérémonie de
l'hommage. Il plaçait le créancier gagiste dans une situation à peu près inexpugnable. Le simple vassal qui man-
quait à ses devoirs perdait son fief. Quand le vassal était
un engagiste, la confiscation du fief devait toujours être
accompagnée d'un remboursement. Faute de pouvoir s'acquitter, le suzerain était désarmé.

Une clause exaltait au-dessus de tout ce que l'on peut ima-

---

1. P. J., 1 (1368, 27 avril, 2', 7'); 4 (1399, 19 août, 3'); 6 (1400, 31 déc.); 11 (1421,
16 avril, 11').

2. P. J., 11 (1421, 16 avril, 10').

3. P. J., 36 (1454, 21 sept.); 39 (1457, 26 juin); 42 (1462, 19 fév.); 43 (1469, 17 fév.).

giner l'indépendance de l'engagiste. Jean de Thierstein avait prévu qu'il pourrait être troublé dans sa possession par les ennemis de l'Autriche. Il avait exigé du duc Frédéric la promesse de l'indemniser de tout dommage. Si l'indemnité ne lui était pas payée, pour quelque motif que ce fût, il s'était réservé le droit de s'attaquer aux pays et aux gens de la Maison d'Autriche, de les molester de toute manière jusqu'au moment où il aurait obtenu satisfaction [1]. Vit-on jamais un contrat de droit privé renfermer une disposition aussi exorbitante ? Seul l'esprit féodal, persistant en plein xve siècle dans son insolence et sa brutalité premières, explique comment une lettre de gage pouvait proclamer le droit d'un créancier de se faire justice à lui-même par la guerre privée.

Puisque la gagerie était un fief, il s'ensuivait encore que, pour être engagiste, il fallait avoir la capacité féodale. Jean de Wahlbach n'était qu'un bourgeois de Bâle. Mais cette capacité était l'un des priviléges que les empereurs avaient accordés aux citoyens de la ville épiscopale [2]. Au demeurant, la seigneurie ne fit que passer dans les mains de ce bourgeois. Dès la fin du xive siècle, les ducs voulaient de la noblesse, et de la meilleure, pour tenir leurs gageries. Ce raffinement leur coûta cher, car il donna à la seigneurie pour maîtres les Thierstein.

2° *Florimont sous les Thierstein.*

Le premier souci des nouveaux seigneurs fut de s'entourer d'hommes qui leur ressemblaient et qu'ils destinèrent à être les exécuteurs dociles de leurs volontés. De l'époque des Thiertein date une série de châtelains aussi agités, aussi violents que leurs maîtres ; Renaud, le bâtard de Thierstein, dont les folles chevauchées et les pillages en pays bourguignon

1. P. J., ii (1421, 16 avril, 13·).
2. *UB. Basel,* I, iii, (1227); II, 432 (1274), 144 (1298).

excitaient encore, plus de trente ans après, les plaintes de
Philippe le Bon ; et Jean-Henri de Spechbach qui valut à son
maître, par sa participation à la bataille de Saint-Jacques,
le cartel de la ville de Bâle. Avec de tels hommes, on est
loin du pacifique, bon et pieux chevalier Renaud de Delle.
En même temps, les titulaires du fief castral se voyaient
déchargés du soin de défendre le château. Leur fief n'était
plus qu'une sinécure. Une garnison nouvelle dans la main
du seigneur prenait leur place. Des aventuriers de tous pays.
épaves des invasions des compagnies et des Armagnacs, en
fournissaient les éléments. Ivrognes, voraces et grossiers,
ils avaient bien d'autres défauts [1]. Dressés à surveiller sans
relâche les chemins, soit de quelque embuscade, soit du
haut du donjon, pour arrêter tout ce qui serait de bonne
prise, compagnons ordinaires des courses de leurs maîtres,
ils semaient 'eur route de pillages, d'incendies et de meurtres.
La renommée les accusait d'être bons à tout faire. Au temps
de Bernard de Thierstein, Bâle les dénonçait au grand bailli
du landgraviat pour crime de fausse monnaie [2]. Le comte
n'essayait point d'une justification. Il menaçait la ville de sa
colère et de celle de ses amis, la forçait à rétracter sa plainte,
et, devant ses excuses, renonçait, pour lui et ses fidèles, à
venger cette grave atteinte à son honneur [3]. Ainsi armés,
les Thierstein ne devaient ménager personne, mais leurs
suzerains allaient être les premières victimes de leurs violences.

1. Sur les dépenses de bouche de la garnison de Florimont, v. P. J., 22
(1425, 14 avril-1426, 15 juin); 47 (1469), II, p. 113, n. 1.

2. Als by etwas zites verloffen ein knecht gevangen was ze *Basel* von vals-
ches silbers wegen, der geseit solt han das in unser veste ze *Blümenberg* das
selbe silber von ettlichen ünsern knechten gemachet solt sin worden (*UB.
Basel*, V, 164, 1391, 5 août).

3. An ünser ere groesselich gegangen. Au siècle précédent Fribourg en
Uechtland avait éprouvé que s'attaquer aux Thierstein était chose périlleuse.
Le comte Otton revenait d'un tournoi qui avait eu lieu à Berne. Les gens de
Fribourg lui prirent des chevaux, des harnais, des vêtements, et emmenèrent
en captivité plusieurs de sés varlets (Knechte. *Fontes rerum bernensium* VI,
568, 1340). Les représailles du comte forcèrent la bourgeoisie à lui payer une
indemnité (582, 1341).

I

Dès le commencement du xve siècle, ils se prenaient de querelle avec Léopold le Superbe et Catherine de Bourgogne. La fille de Philippe le Hardi, se fondant sur la charte de 1387, qui mettait Florimont au nombre des seigneuries affectées à sa rente dotale, avait-elle usé du droit de rachat prévu dans cet acte [1] ? Bernard refusait-il de recevoir son dû pour conserver le gage, ou parce qu'il ne trouvait point suffisante la somme qui lui était offerte? ou bien le différend avait-il surgi à l'occasion de l'abandon du droit d'angal à la bourgeoisie de Florimont? Catherine avait agi d'elle-même, sans prendre l'avis de ses conseillers [2]. Il y avait là, en effet, un acte qui outrepassait les pouvoirs réservés à l'Autriche dans la seigneurie. Par le contrat de gage Bernard avait acquis en masse les droits seigneuriaux, et, depuis, à deux reprises, en faisant renouveler ses titres et en revendiquant certains droits comme une dépendance naturelle du gage, il avait montré à ses suzerains la sollicitude ombrageuse avec laquelle il veillait sur son fief [3].

Bernard, soutenu par son frère Jean, se rendit coupable envers ses maîtres de certains torts dont les textes ne nous font pas connaître la nature. Il refusa la réparation, alléguant sans doute qu'il était dans son droit [4]. Il encourait la commise. Leopold et Catherine emportèrent, par une de ces surprises qui étaient à peu près toute la tactique de ce temps, Florimont, et Delle qu'il tenait également en gage [5]. Aussi-

---

1. P. J., 3, les conventions matrimoniales de Léopold le Superbe et de Catherine de Bourgogne, II, p. 17.

2 Domina ducissa per se (P. J., 8 1404, 26 fév.).

3. P., J., 4 (1399, 19 août); 6 (1400, 31 déc.).

4 *UB. Basel*, V, 353 (1407, 24 janv.).

5. [*Bernhart* von *Tierstein*] bekriegete *Lütpollen* von *Oesterrich* und sin wip, die hertzogin, die im hattent genomen die vesti *Bluomberg* und *Dattenriet* (Röteler Chronik, *Basl. Chron.*, V. p. 135).

tôt les deux Thierstein partirent en guerre contre leurs suzerains. Les courses en pays autrichien, les pillages, les incendies commencèrent, et, par une erreur que l'aveuglement de la colère et l'ardeur de la vengeance expliquent mal, atteignirent des bourgeois et des sujets de Bâle. La ville, menacée depuis longtemps dans son commerce et dans ses libertés par l'Autriche, vivait alors avec sa dangereuse voisine sur le pied d'une amitié plus apparente que réelle[1]. Mais elle avait autrefois offensé gravement le comte Bernard, et elle venait d'établir chez elle le régime plébéien. Elle répondit à cette agression en instituant la commission des IX, composée en majorité d'hommes des tribus, qu'elle chargea de préparer la guerre[2]. Peu après, les Thierstein conclurent une trêve avec Léopold, qui, de son côté, avait hâte de partir pour l'Autriche.

Au mois de juin 1406, soit que l'armistice eût pris fin, soit que les Thierstein n'eussent attendu que le départ de leur suzerain pour rompre les trêves, les hostilités recommencèrent. Maximin de Ribeaupierre, que Léopold, déjà sur la route de Vienne, avait nommé grand bailli de la Haute-Alsace, renforça hâtivement les garnisons du Sundgau[3]. Les chevaliers investis de fiefs castraux accoururent avec leurs

1. Le 17 février 1405, Bâle et Strasbourg concluaient un traité d'alliance pour la défense de leurs libertés municipales. Le même jour, elles se promettaient de ne se point allier avec l'Autriche aussi longtemps que durerait ce traité (*UB. Basel*, V, 331, 332). Les rapports corrects de Bâle et de l'Autriche remontaient à la bataille de Sempach. (Heusler, p. 297).

2. Als wir und die únsern jetzent und ze disen ziten wider recht, glimpf, bescheidenheit und mit unrechtem gewalt umbgezogen, ze kumber kosten und schaden an lib und an guot mit nome und gefengnisse bracht werdent (*UB. Basel*, V, 346, 1400, 20 mars). — Les Thierstein ne sont pas nommés, mais on ne voit pas de quel autre côté ces agressions auraient pu venir. La commission des IX était formée du maître-bourgeois, du maître général des tribus, d'un chevalier, de deux bourgeois, de deux conseillers et de deux maîtres des tribus (Heusler, p. 385).

3. Le 27 mai 1406, Léopold d'Autriche et Catherine de Bourgogne dataient de Fribourg-en-Brisgau l'acte qui nommait Maximin de Ribeaupierre leur bailli en Alsace. Deux jours après Catherine était à Neustadt dans la Forêt-Noire, et le 31 mai Léopold se trouvait à Gültlingen dans le Wurtemberg (*Rappoltstein. UB.*, II, 713 a, 714, 715). Le séjour de Léopold en Autriche commença le mois suivant (*Basl. Chron.*, IV, p. 23, n. 5).

varlets pour occuper les forteresses[1]. Cela n'arrêta pas les Thierstein. Ils répandirent de nouveau leurs bandes dans le pays, et recommencèrent leurs dévastations. Bâle seule allait en avoir raison.

Oubliant toujours qu'ils n'étaient pas en guerre avec la grande ville, les Thierstein avaient accumulé contre eux les motifs de plainte les plus sérieux : dommages aux gens et au territoire de la bourgeoisie; enlèvement de deux pauvres serviteurs de la duchesse dans la banlieue; retraits de fiefs contre ceux de leurs vassaux qui avaient le droit de cité; atteintes graves au commerce de Bâle [2]. Ce crime surtout était impardonnable. Au commencement du mois de décembre 1406, le conseil de Bâle, averti que Bernard et Jean de Thierstein se trouvaient réunis avec leurs gens à Pfeffingen, résolut une surprise contre le château [3]. Toutes les forces de la ville se présentèrent brusquement sous les murs de la forteresse. L'armée se montait à plus de deux mille hommes, dont un grand nombre servaient pour obtenir le droit de bourgeoisie [4]. Elle était commandée par le chevalier Arnold

1. Les hostilités étaient déjà rouvertes le 24 juin. On trouve à cette date dans un compte de Conrad Martin de Zofingue une dépense de 34 sous 6 deniers faite à Altkirch par le grand bailli Maximin de Ribeaupierre pour le damoiseau Thierry de la Wittenmule. Or, d'après un autre document, cette dépense eut lieu dans la guerre du comte Bernard de Thierstein. in grafe *Bernharts* von *Tyerslein* krieg (*Rappoltstein. UB.*, II, 761, 1408, p. 578; III, 6, 1409, p. 5. 1. 40). Autre compte de Conrad Martin relatif aux déplacements du grand bailli Maximin de Ribeaupierre, commençant à la Pentecôte (30 mai) 1406. Sous la date du 21 juillet on lit ce qui suit : Item sin gesellen hant zů *Phirt* verzert 19 lib. 14 s., item vnd 21 vierdenzal habern, als er sine gesellen gen *Phirt* sant von *Altkirch* zu lantwer, als graff *Bernhartz* frid vs waz gangen (*Rappoltstein. UB*, II, 760, p. 575).

2. Land und lúte umb uns gelegen schedigetent, in dem si zwene knehte in unser banmile viengent, die der hertzogin worent, und uns damitte kouffe und merkt nidergeleit hattent (Chronikalien der rathsbücher, *Basl. Chron.*, IV, p. 23). Pour le retrait des fiefs, v. *UB. Basel*, V, 349 (1406, nov. 6), p.362, l.2.

3. Erat in castro *Bernardus*, comes de *Tierstein*, et *Johannes* de *Tierstein*, comes, cum ceteris suis adjutoribus (Grössere Basler Annalen, *Basl. Chron.*, V, p. 39). — L'expédition partit de Bâle le vendredi 5 novembre 1406, commença le siége le même jour et rentra dans la nuit du dimanche 7. — Pour le traité entre les comtes et les Bâlois v. *UB. Basel*, V, 349 (1406, 6 nov.).

4. Le nombre des bourgeois sous les armes était fixé officiellement à dix-huit cents (*Basl. Chron.*, IV, p. 185, n. 6). Il fallait ajouter un nombre variable de cavaliers du patriciat, de mercenaires et de volontaires.

de Berenfels, maître-bourgeois, et par les conseillers. Malgré
la supériorité écrasante du nombre, les magistrats ne de-
mandaient sans doute qu'à ne point tenter l'assaut. Ils prièrent un voisin des Thierstein, qui était en même temps lié
avec Bâle par un traité de neutralité bienveillante, Thuring
de Ramstein, seigneur de Zwingen et de Gilgenberg, d'ouvrir des négociations [1].

Le traité par lequel Bâle vengeait sa querelle et, du même
coup, préparait le rétablissement de la paix entre l'Autriche
et les Thierstein, fut signé le lendemain au château de Pfeffingen, encore entouré par l'armée de la bourgeoisie. Dans
l'intérêt de son commerce, Bâle fixait les limites d'un territoire situé entre elle et les gageries revendiquées par les
Thierstein. Bien que ce territoire fût tout entier pays autrichien, elle faisait promettre aux comtes d'en respecter la
neutralité. Ils s'engageaient à ne plus entraver la circulation
des voyageurs, et spécialement des marchands, dans les limites indiquées. Ils n'auraient que le droit de brûler les villes
et les châteaux, c'est-à-dire les forteresses, ainsi que les villages occupés par les hommes d'armes de Madame d'Autriche [2]. Ils donnaient pouvoir au conseil de ville de conclure
une trêve avec la duchesse jusqu'à Noël, et de préparer un
traité de paix définitif. Ils consentaient à perdre les gageries. Mais ils exigeaient une somme excessive. Ils se refu-
saient à transiger à moins de 7,000 florins [3]. La mission de l'armée bâloise était terminée. La nuit suivante, les troupes ren-
traient à Bâle. Cinq cent soixante-quatre volontaires rapportaient de cette campagne de trois jours le titre de citoyens [4].

Dans les derniers jours du mois de décembre, il y eut à
Bâle une grande assemblée où se rencontrèrent avec Bernard de Thierstein tous les baillis et les conseillers de la ré-

1. Ce traité avait été conclu pour cinq ans le 17 mars 1405 (*UB. Basel*, V,
333).

2. Dasselbe dorffe moegend wir, ob wir wellende, brennen oder schedigen,
die wile sy allda in soelicher wise ze lantwere ligende *(UB. Basel*, V, p. 360).
3. Doch also, das die richtung geschehe nicht under sybenthusend güldinen
(Ibid.).
4. *Basl. Chron*, IV, p. 23.

gence d'Ensisheim [1]. Le 24 janvier 1407, le maître bourgeois
et le conseil de la ville arrêtaient définitivement les termes
du traité de paix et le faisaient accepter par les parties. Catherine de Bourgogne conservait Florimont et Delle. Les
comtes obtenaient l'indemnité qu'ils avaient demandée. Mais
la duchesse, gênée encore plus que de coutume par les dépenses et les ravages de la guerre, exprimait le désir que le paiement fût divisé en plusieurs termes. Les Thierstein y consentaient, à la condition que le conseil de Bâle garderait les lettres de gage jusqu'au paiement intégral de la créance et ne
les remettrait à la duchesse qu'au moment où elle recevrait la
dernière quittance. Enfin, Bernard, toujours fier et toujours
indomptable, recevait en quelque sorte des excuses de son
ancienne suzeraine. Il protestait solennellement, dans le
traité, que c'était injustement qu'elle lui avait ôté ses forteresses, et déclarait que pour lui il n'avait jamais rien eu à
se reprocher envers elle [2].

II

En 1421, lorsque Anne de Brunswick remit Florimont en
gage à Jean de Thierstein, ce ne fut qu'avec de vives appré-
hensions [3]. Elle s'entoura de nombreux conseillers, comme

---

1. Item nach winacht kam der lantvogt vnd alle vögte vnd rette gen *Basel*,
als man tage do leistet mit graf *Bernhardt* : wart verzert III lib… (Compte de
Conrad Martin de Zofingue, *Rappoltstein. UB.*, II, 760, p. 576).

2. 1407, 24 janv. Traité entre Catherine de Bourgogne et Bernard de Thierstein von des innemendes wegen der geschlossen und vestinen *Bluomenberg*
und *Tattenriet* mit iren zuogehoerungen, so die selbe únser frouw von *Oesterrich* zů irem gewalt gezogen und genommen hat von sach und getat wegen,
der sy graff *Bernharten* gezigen und geschuldiget hat, dere aber er meynet
unschuldig und im daran gewalt und ungnaedeklich von ir geschehen sin
(*UB. Basel*, V, 353). — D'après le traité, le premier terme de l'indemnité était
de trois mille florins, et le paiement devait en être fait à la Saint-Martin
(11 novembre) 1407. Mais le 20 avril, par un nouvel accord avec Bernard de
Thierstein, Léopold et Catherine réduisaient ce terme à mille florins et en
repoussaient l'échéance jusqu'au 25 mars 1408 (*Rappoltstein. UB.*, III, 1189).

3. Depuis le mois d'août 1419 elle gouvernait l'Alsace pour son mari retenu
en Tyrol et en Autriche (*Basl. Chron.*, V, p. 178).

s'il se fût agi d'un parti désespéré[1]. Le souvenir de la guerre de 1406 était à coup sûr présent à son esprit, et l'horizon se faisait bien sombre du côté de la Bourgogne. La duchesse se doutait que l'aventureux et terrible chevalier qui allait être son vassal demanderait à sa forteresse un rude service. Elle éprouvait ces sentiments d'anxieuse sollicitude qui faisaient accourir l'évêque de Bâle, Frédéric ze Rhein, chaque fois que les Bâlois attaquaient Pfeffingen, et ne lui laissaient de répit que lorsqu'il avait, par sa médiation, soustrait la forteresse à la destruction[2]. Il fallait que la pauvre princesse ne sût où trouver quatorze cents florins, pour abandonner à ce prix et à un tel homme son beau château et sa bonne seigneurie.

Il ne lui parut pas suffisant de se réserver, selon la coutume, la faculté d'occuper le château en tout temps et pour toutes les fins qu'elle se proposerait[3]. Son attention surexcitée apercevait, par le détail, tous les dangers qui pouvaient fondre sur lui, et cherchait à l'en préserver par une surabondance inusitée de clauses. L'année précédente, Renaud, le bâtard de Thierstein, s'était joint aux gens de Rodolphe de Ramstein pour dévaster la terre du seigneur de Villersexel[4]. Jean de Thierstein avait pris fait et cause pour son parent. Anne de Brunswick réclama sa promesse de ne point entrer en possession du château et de la ville aussi longtemps que durerait sa guerre avec le seigneur de Villersexel[5].

Le différend de l'évêque Hartmann Munch et du comte de Neuchâtel, au sujet des gageries, était une autre cause d'inquiétudes. Quelques mois auparavant, l'évêque avait consigné la somme garantie par les gages et signifié inutilement à Thiébaud d'avoir à la retirer[6]. Hartmann Munch se laissait

1. P. J., 11 (1421, 16 avril), 17°.

2. Dans les deux attaques de 1445 et de 1446 (*Basl. Chron.*, IV, p. 272. n. 7, p. 279, n. 4).

3. P. J., 11 (1421, 16 avril), 8°.

4. P. J., 37 (1454, nov.), 10°, 11°, 18°.

5. P. J., 11 (1421, 16 avril), 6°.

6. La consignation avait eu lieu à Bâle, au mois de septembre 1420 (*Basl. Chron.*, IV, p. 35).

gouverner par son neveu, l'archidiacre Jean Thuring Munch, et par un vassal, l'écuyer Jean de Flaxlanden. Tous deux voulaient la guerre et cherchaient à leur maître un successeur capable de la mener à bonne fin [1]. Avec un dévouement louable à son église, le vieil évêque était prêt à se désister au profit du candidat que ses conseillers désigneraient. Dans la guerre qui suivrait probablement de près l'élection du nouvel évêque, Jean de Thierstein serait appelé à tenir une place en rapport avec sa réputation d'habile homme, ses qualités militaires et sa situation de grand officier et de grand vassal de l'évêché. Anne de Brunswick ne pouvait ignorer ce qui se préparait. Le contrat de gage porte la trace de ses préoccupations. Sans nommer aucun lieu, ni aucune personne, il visait, à mots couverts, une guerre éventuelle du côté de la Bourgogne, guerre à laquelle un ami de Jean ou le comte lui-même seraient mêlés. Il défendait à Jean de se servir du château pour les hostilités et même d'y entrer avant d'avoir sommé le duc d'Autriche de retirer son gage. Le comte devait attendre pendant trois semaines la réponse de son suzerain. C'était seulement à l'expiration de ce délai qu'il lui était permis d'employer le château pour les nécessités de la guerre [2].

Les événements devaient justifier les craintes d'Anne de Brunswick et prouver en même temps l'inutilité de ces précautions. Si Jean de Thierstein ne se fût installé dans le château qu'après la fin de sa querelle avec le seigneur de Villersexel, il eût pris patience presque jusqu'à sa mort, car, en 1454, Humbert se faisait inscrire, pour la vieille affaire de Renaud le châtelain, parmi les nobles du bailliage d'Amont victimes des sujets d'Allemagne [3]. Tout au moins ce différend n'eut aucune conséquence fâcheuse pour la forteresse de Florimont. Il en fut autrement de la guerre de

---

1. *Basl. Chron.*, V, p. 354. — Sur Jean de Flaxlanden, v. *Basl. Chron.*, V, p. 353, n. 9 et T., V, p. 785 (1439, v. le 28 fév.) et p. 795 (1443, 11 juin).

2. P. J., 11 (1421, 16 avril), 7°.

3. P. J., 39 (1454, nov.), 18°, 21°.

Thiébaud de Neuchâtel et de l'évêque Jean de Fleckenstein.

Cette guerre est un modèle de l'art militaire à cette époque et dans ces contrées. On faisait à travers le pays ennemi de rapides chevauchées. Le plus souvent ces expéditions n'avaient d'autre objet que de saccager la campagne, afin de détruire les ressources des adversaires. Mais il arrivait aussi que l'on traversât de part en part un vaste territoire pour attaquer à l'improviste quelque forteresse très éloignée, qui était presque aussitôt prise d'assaut et le plus souvent incendiée. Thiébaud de Neuchâtel excellait dans cette manière de conduire la guerre. Jean de Thierstein avait sans doute la réputation de ne point lui être inférieur, puisque l'évêque le choisit pour en faire le capitaine de l'église[1].

Au mois d'octobre 1424, douze cents cavaliers se dispersaient inaperçus à travers les défilés et les grandes forêts du Jura. Les cinq forteresses par lesquelles le comte bourguignon se maintenait dans l'évêché, Roche d'Or, Saint-Ursanne, Muriaux, Chauvelier et Pleujouse, attaquées à l'improviste, étaient enlevées en même temps[2]. Thiébaud de Neuchâtel, confondu par ce désastre, sollicita une trêve qui lui fut accordée[3].

L'hiver se passa en négociations[4]. Mais on comptait peu sur le retour de la paix, car Thiébaud ne voulait point entendre raison. Des deux côtés on se préparait à de nou-

---

1. Capitaneus ecclesiæ (Die chroniken Heinrichs von Beinheim, *Basl. Chron.*, V, p. 356). Heusler, p. 345.

2. Congregavit xiic equites et una nocte obtinuit arcem *Goldenfels*, oppidum *S. Ursicini, Spiegelberg* cum *Monte Falconis, Pluhusen*, cum omni territorio (N. Gerung, Epitome episcoporum Basiliensium, T., V, 75). Triduo rehabuit et devicit dicta castra (Chron. v. Beinheim, *Basl. Chron.*, V, p. 356).

3. Lettres de Jean de Montjoie dans Bloesch, *Geschichte der stadt Biel* (Bienne, 1855) I, p. 201.

4. Des négociations entamées par Thierry Peyer de Boppart n'aboutirent pas. Jean de Fribourg et Humbert de Villersexel proposèrent l'ouverture de conférences à Saint-Hippolyte ou à Vars en Franche-Comté. Cette proposition n'eut pas de suite. A son tour, l'évêque mit en avant un projet de réunion à Porrentruy ou à Montbéliard. L'assemblée fut convoquée à Porrentruy le 12 mars. Les délibérations furent conduites par Jean Erard Bock de Stauffenberg et Etienne de Chatelvouhay (*Missiven*, III, 99, 6 fév.; 100, 14 fév.; 95, 20 fév.: 114, 10 mars).

velles hostilités. Le comte de Neuchâtel rassemblait une armée de plus de cinq mille cavaliers, Picards, Bourguignons et Anglais [1]. Il mettait en état de défense ses forteresses, Héricourt, Saint-Hippolyte sur le Doubs et Clémont, place très forte, à la cime d'un mont isolé, sur la rive droite de cette rivière. Jean de Fleckenstein se procurait des ressources financières pour approvisionner et défendre les châteaux de l'Elsgau repris à Thiébaud. Il empruntait six mille florins d'or à Bâle, et donnait en gage le sceau de l'évêché [2]. Bâle mettait sur pied son armée. Les tribus lui fournissaient ses arbalétriers, la haute chambre ou le patriciat sa cavalerie. Elle traitait aussi avec des mercenaires et avec des chefs de petites bandes, qui louaient à tant par jour leurs services et ceux de leurs compagnons. Chacun d'eux amenait de quatre à six lances, la lance étant elle-même de trois à cinq chevaux [3]. Catherine de Bourgogne invitée par Bâle, au nom de la ligue, à garnir ses châteaux d'hommes, d'artillerie et de munitions, faisait venir à Belfort des gentilshommes, qu'elle entretenait dans les hôtelleries de la ville [4]. Jean de Thierstein, sans se préoccuper en aucune manière de son suzerain et des clauses du contrat de gage, ouvrait à l'évêque et aux Bâlois les portes de sa forteresse de Florimont, que les alliés estimaient à haut prix [5]. Bâle y plaçait un capitaine et prélevait sur ses bandes de mercenaires quinze cavaliers et

1. Derselbe von *Nüwenburg* in disz land mit einer grossen macht ob vᵐ pferden von *Bickarten*, *Burgundern* und *Engelschen* die yecz by einander sind und sich teglichs sterckent, zichen welle (Lettre de Bâle aux villes alliées et au grand bailli, 10 mars. *Missiven*, III. 114).

2. Saint-Ursanne, Roche d'Or, Pleujouse (T., V, p. 756, 1425).

3. P. J , 15 (1425, 23 fév.-1426, 18 janv.); 16 (1425, fév. — 1426). — Des contrats de ce genre furent encore conclus dans la suite. Lettre de Wolmar de Kuenhein à Bâle pour lui offrir ses services dans la guerre contre Thiébaud de Neuchâtel, avec quatre ou six lances (glefen) au gré de la ville, ye die glev mit drigen oder vier oder fünf pferden, 1425, 23 juil. Lettre de Brun de Lupffen à Bâle, 25 juil. (*Briefe*, III, 75, 77).

4. Das der obgenant unser frowen slosse mit gezug, costen, luten und andern sachen dazuo notdurftig besorget sind (Lettre de Bâle aux baillis et officiers de Catherine de Bourgogne, 1425, 13 janv. *Missiven*. III, 46). P. J., 14 (1424-1425), II, 3°.

5. Habuit etiam magnam assistentiam nobilium patriæ et maxime *Joannis*, comitis de *Thierstein*, cum arce sua *Blueinberg*. (N. Gerung, Epitome episcoporum Basiliensium, T., V, 75, p. 262).

cinq fantassins pour renforcer la garnison. Elle faisait compléter la défense du château par des levées de terre et par des palissades [1]. Elle prenait pied dans cette place autrichienne, comme si celle-ci n'avait eu d'autre maître que Jean de Thierstein, et désormais elle ne cessait de s'y conduire comme elle l'aurait fait dans l'une de ses forteresses. Les comptes de Bâle pendant les années 1425 et 1426 le prouvent. On y trouve des dépenses de toute sorte faites pour Florimont : journées de maçons, de charpentiers et de serruriers, verroux et serrures aux portes de la ville, charrois, achats d'armes, flèches, piques, arbalètes, boulets de pierre pour bombardes, et balles de pierre pour arbalètes. On y voit figurer la solde des mercenaires, les indemnités allouées aux cavaliers pour l'entretien de leur cheval, les pourboires aux compagnons mercenaires, le coût de tous les objets nécessaires à l'entretien de la garnison, vaisselle de bois et ustensiles, vivres tels que seigle, épeautre, farine d'avoine, pain, viande de porc et vin, expédiés chaque semaine de Bâle, et jusqu'aux sommes payées pour les soldats à l'hôtelier de Florimont [2]. On peut observer par le menu comment on s'y prenait alors pour défendre une forteresse, et ce que coûtait la défense.

Le 18 mars, la trêve finit. Thiébaud, avec neuf cents cavaliers, entrait dans le territoire autrichien, près de Grandvillars, laissait à sa gauche Florimont, où l'on se préparait à repousser son attaque, et remontait la vallée de l'Allaine en ravageant le pays. Arrivé devant la forteresse de Pleujouse, qui fermait l'accès du val de Delémont, il se détournait brusquement vers le nord, et se jetait dans le comté de Ferrette. Il y brûlait plusieurs villages. Passant à l'est de de Florimont, il courait, à travers la terre de Catherine de Bourgogne, jusqu'auprès de Belfort, qu'il évitait également, et rentrait chez lui [3].

1. V. la liste des mercenaires. P. J., 15 (1425, 23 fév.). — Bollwerck. Leczinen (P.J., 17, 1425, 5 mars).

2. P. J., 22 (1425. 14 avril. 1426, 15 juin) ; 16 (1425, fév.-1426).

3. (P. J., 20 (1425, 18 mars) ; 21 (19 mars). — Lettre de Bâle à Berne, 24 mars

Cette hardie chevauchée fut suivie de plusieurs autres de plus en plus menaçantes. Dans les derniers jours du mois de mai, Thiébaud, à la tête de cinq cents cavaliers, paraissait subitement aux portes mêmes de Bâle, brûlait le village de Hésingue et s'esquivait. Les Allemands lancés à sa poursuite atteignaient Clémont et commençaient le siége du château et de la petite ville bâtie dans la première enceinte.

Cependant Jean de Thierstein, presque isolé à Florimont, et comme perdu dans cette forteresse avancée, au milieu des bandes sans cesse en mouvement de Thiébaud, ne cessait de réclamer des renforts. Bâle lui avait envoyé de la cavalerie et des arbalétriers dès la reprise des hostilités. L'évêque avait donné quelques troupes qu'il avait retirées peu après. Le comte, cédant à sa violence ordinaire, menaçait de se réconcilier avec le Bourguignon. Les Bâlois, qui redoutaient tout de lui, suppliaient l'évêque d'écouter sa demande[1]. Finalement, un peu avant la Pentecôte, quelques artisans des tribus allaient augmenter la garnison de la petite ville. Mais c'étaient de mauvais soldats. Ils désertèrent leur poste, se dispersèrent et revinrent à la ville où on les jeta en prison[2]. Une seconde troupe partie presque en même temps que l'expédition contre Clémont fut dirigée sur Florimont. Composée de mercenaires et de gens des tribus, elle était pire que la première. A peine arrivée, elle traitait indignement des bourgeois et des femmes. C'était plus que ne pouvait

(*Missiven*, III, 127). Darauf ist graf *Theobald* letzten dienstag (20 mars) mit 900 pferden die die unsern so die gesehen hand, eygentlichen überslagen habent, für *Grandwiler* harin uncz gen *Blützhusen* gezogen und hattent willen in das tal *Telsperg* ze ziehende und daz ze beschedigende. Hier vendredi (23 mars) est arrivée une lettre de Delémont annonçant que les Welches seraient en grand nombre près de Belfort et de Grandvillars. Ils attendent des renforts : graff *Hans* von *Montagú*, des obgenanten graff *Dieboltz* vetter, et der von *Warse* mit 800 pferden, das würdent zesammen xvij c pferde. Chronikalien der rathsbücher (*Basl. Chron.*, IV, p. 36, n. 7).

1. P. J., 23 (1425, 28 avril).

2. Als nun die *Burgunder* auff den bischoff vnd seine helffer ohne vnderlass streiffeten, schickten die *Bassler* hurtz vor Pfingsten grave *Hansen* von *Thierstein* etliche soldaten gehn *Bluomberg* zur landtwehre, die wurden vnhellig, das sie zerlieffen, vnd es in ihrer widerkunfft in gfangenschafft buossen muossten (Wurstisen, p. 245). P. J., 22 (1425, 14 avril — 1426, 15 juin).

souffrir cette population. Elle détestait l'occupation allemande et venait de témoigner son antipathie en refusant d'aider les gens de Bâle dans les travaux prescrits pour le château.

Il y avait, parmi les capitaines de Thiébaud, un de ces aventuriers de petite noblesse qui vivaient de la guerre. C'était un damoiseau de Huningue, formé à la même école que Jean de Thierstein, et plus habile que lui dans l'art de prendre les places par une attaque soudaine. On le prévint secrètement. Pendant la nuit, un noble de Hagenbach, probablement Antoine, l'un des gentilshommes de la place de Belfort à la solde de Catherine et père du célèbre grand bailli, fit entrer Louis Mayer dans Florimont. Plusieurs hommes de la garnison furent tués, d'autres faits prisonniers. Presque tous perdirent leur argent, leurs bagages et leurs chevaux. Les habitants apprirent en même temps ce qu'il en coûte de recourir à l'appui de l'ennemi. Les excès qui avaient soulevé les bourgeois contre les soldats de Bâle furent renouvelés par les bandits du comte de Neuchâtel. La ville fut pillée et brûlée. L'incendie fut si violent qu'il entama profondément et sur de grandes longueurs l'enceinte du château[1]. Tout cela n'avait demandé qu'un instant.

A peine un courrier à cheval eut-il apporté la nouvelle à

1. Darauff ward nachmale ein anzal kriegsleute gehn *Bluomberg* abgefertiget, welche daselbst mit etlicher burgern, weybern vnd töchtern muotwille trieben, das die statt in einer nacht verrahten, geplundert, der besatzungsknechten etlich erschlagen und gefangen wurden (Wurstisen, p. 245). *Blumberg* wurd von den *Burgundischen* schnapphanen ouch überrumplet, eingenommen und besetzet, allwo mit weibspersonen. jung und alt, zimlich muthwillig gehandlet wardt *(Annales der Baarfüsseren zu Thann, I, p. 522)*. Des [*Diepolt* von *Nuwenburg*] helffer was *Ludwig Meyer* der gewan das stetlin *Bluomenberg ;* wart geplundert und verbrant, wider groff *Hans* von *Thierstein* der des bischofshelfer was (Anonymus bei Appenwiler, *Basl. Chron.*, IV, p.435). Sur Louis Mayer, v. *Rappoltstein. UB.*, III, 1017 (1438), et Anonymus bei Appenwiler (p. 437). — En 1428, Jean de Thierstein, alors grand bailli de Haute-Alsace, ne put s'emparer du château de Montjoie, bien qu'il disposât de toutes les forces du landgraviat. L'année suivante, Louis Mayer chevaucha vers le château avec une petite compagnie, l'escalada, pilla ce qui s'y trouvait et le brûla jusqu'au sol. — V. enfin sur la prise de Florimont : P. J., 16 (1425, fév.-1426); 22 (1425, 14-avril-1426, 5 juin). Heusler, p. 345, et Clerc, *Essai sur l'histoire de la Franche-Comté* (Besançon, 1870), II, p. 401.

Bâle que la ville fit partir trois cents hommes. Mais les Bourguignons n'attendaient jamais. On se vengea sur Hagenbach par un procédé assez en honneur dans les guerres de ce temps-là. On vida l'un de ses étangs [1]. Quelques jours après, la ville de Clémont était prise et brûlée. Les Bâlois se retiraient sans avoir pu s'emparer du château [2]. Ce succès partiel était un médiocre dédommagement. Florimont, dans un état lamentable, à peu près hors d'usage, perdait aux yeux des alliés la plus grande partie de sa valeur. Ce n'était plus une position avantageuse. C'était la forteresse d'un prince étranger. Il n'y avait pas lieu de faire pour elle les sacrifices d'hommes et d'argent qu'ils n'auraient pas refusés à l'une de leurs propres places. Sans plus s'inquiéter de l'intérêt du suzerain qu'ils ne l'avaient fait quelques mois auparavant,

1. Darauff man von neuwem dreyhundert mann dahin sendet, und dem von *Hagenbach*, welcher den feinden zuo solcher that geholffen, ein weier aussliesse (Wurstisen, ibid.). — Il n'y a rien de surprenant a voir un gentilhomme alsacien, de Hagenbach, aider les Bourguignons. La conduite de Louis Mayer montre que le comte de Neuchâtel était d'intelligence avec certains nobles allemands. Bâle se défiait d'Antoine de Hattstatt, cousin du comte de Neuchâtel. On disait que Thiébaud tenait 3oo cavaliers en garnison dans son château. (Lettres de Bâle à Strasbourg et à André Ospernell et à d'autres bourgeois à la foire de Francfort, du 2 avril. *Missiven*, III, 13o. 131). A la fin du mois d'octobre, Henri Keppely d'Eglingen se déclarait du parti de Thiébaud, et envoyait son cartel à l'évêque. (*Briefe*, III, 110). — Sur Antoine de Hagenbach v. *Basl. Chron.*, V, p. 4o9.

2. Sur les expéditions de Hésingue et de Clémont (v Chronikalien) der raths-bücher (*Basl. Chron.*, IV, p. 36), et la lettre de Bâle à Strasbourg du 13 juin (*Missiven*, III, 166) : das uf zinstag nehste vergangen unser vigende früge, als der tag ufgangen was, mit 111 c pherden ein dorff genant *Hesingen* eine halbe mile von unser statt gelegen den ze *Rine* zügehörende verbrant hand, also ylten wir inen nach mit unserm reisigen gezüge und ein teile füszknechten unez gen *Altkirch*. Beduhte die unsern, die den vigenden nachylten, das unser vigent ein hütt gestossen hetten und inen nit stark gnüg werent noch sy erylen möchten, und tatten uns bottschaft, das wir mit unser paner und der ganczen macht inen nachzichen soltent wider *Ellekurt*. Das tatten ouch wir snelleklich mit lüczel koste und cleinem gezüge, denne wir nit eigenlich wustent, was ir meynunge was. Als nu unser herste bede ze rosse und ze füsse zesammenstiessen, da wurden wir mit einander ze rate, in des von *Nüwenburg* lande für ein slosse ze ziehende, heisset *Clemont*, also haben wir das stettelin *Clemont* gestürmet und daz gancz verbrant. Wir haben ouch zü der veste geschossen, und hettent die gern gearbeittet und ouch gestürmt, da gieng uns ab an gezüge, bühsen, pulver, stein und ouch koste, wand wir uns daruff nach handelung der sache nit gericht hattent. Also zugen wir vom velde, züges und koste halb, durch des obgenanten von *Nüwenburg* land, und haben dem ix doerffer gebrant, und sint also mit genossen har wider heymkomen.

lorsqu'ils l'avaient occupée, ils rappelèrent presques toutes leurs troupes. Bâle n'y maintenait que dix cavaliers, dix arbalétriers et dix maçons ou charpentiers, ce qui, joint au contingent de l'évêque et du comte, lui paraissait une garde bien suffisante. Peut-être pour donner satisfaction à Jean de Thierstein, elle accordait certaines réparations, les plus urgentes et les plus sommaires, et la construction d'un mur à l'ouest, du côté du cimetière[1]. Elle laissait le château ouvert à tous les vents, et si impropre à un séjour d'hiver, qu'aux premières approches de l'automne, elle disputait avec le comte à qui des deux en retirerait le plus tôt ses soldats[2].

Au milieu d'alarmes incessantes et d'incursions qui de temps à autre dévastaient quelque territoire de la seigneurie, la guerre se prolongeait indéfiniment, causant de cruelles souffrances[3]. Thiébaud menait la campagne avec une férocité

1. P. J., 24 (1425, 27 mai).

2. P. J., 25 (1425, 1ᵉʳ sept.).

3. Le 18 juin, Arnold de Ratperg, bailli d'Altkirch, écrit à Bâle daz der von *Zschalon*, der von *Warsee* und der von *Nüwenburg* ein grosz und mechtig sammung haben und das land meinent understän ze schedigen, und meinent *Beffort* und *Tattenriet* ze beligern. La perte des châteaux de Belfort et de Delle serait pour le pays un grand malheur que Bâle doit chercher à conjurer (*Missiven*, II, 270). Vers le 6 juillet, nouvelle alarme. Averti que les ennemis approchent, Jean de Thierstein envoie une reconnaissance. Il apprend que tout se réduit à une course de quatre-vingts cavaliers qui, après avoir brûlé une maison à Froidefontaine, se sont retirés (*Briefe*, III, 70, 6 juil.). A partir du 7 juillet il n'est bruit, pendant quelque temps, que d'une grande attaque des Bourguignons, qui met les alliés en émoi. On s'attend à voir arriver l'ennemi par le Sundgau, sous la conduite du prince de Châlon. Les Welches seraient au nombre de trois mille cavaliers. La nouvelle est confirmée par une dépêche du maître des échevins de Strasbourg (Lettres de Fribourg en Brisgau à Berne et à Soleure, 7 juillet, *Briefe*, II, 377, 378 ; — de Jean Lumbart, *ammeister* de Strasbourg, 13 juillet, *Briefe*, III, 73 ; *Missiven*, III, 261). Le 15 juillet le prince de Châlon est battu devant Delle, et se retire dans la direction de Montbéliard après avoir subi des pertes sérieuses (Lettre de Jean Bernard d'Asuel, Delle, 16 juillet, *Briefe*, III, 384). — Uf montag vergangen unsers herren von *Basel* und unser diener an unser vigende des von *Nüwenburg* helffere komen sint vor eym slosse genannt *Tattenriet* in *Welschen Lande* gelegen, und hand die unsern ob drissigen des von *Nüwenburg* helffern nidergeleit und gefangen und dazů xlv hengest, harnesch und habe genommen, under den sint xiij edel gewesen wolhabende, die andern sint ouch ein teil erber. (Lettre de Bâle aux ambassadeurs de la ligue de Souabe à Ulm, 19 juillet, *Missiven*, III, 228). — Dans les premiers jours du mois d'août on recommence à parler d'une incursion des Welches, qui serait dirigée contre Bâle à travers l'Alsace. Il y aurait 3.000 cavaliers et 1.000 fan-

qui surprenait ces pays habitués au spectacle de la douleur et de la mort [1]. Sûr de toucher son ennemi à un point sensible, il enlevait les prêtres et les enfermait dans les prisons de ses châteaux [2]. Les paysans subissaient le même sort après avoir vu leurs maisons pillées et incendiées, et leurs troupeaux enlevés. Une attaque des Welches ruinait et dépeuplait le village de Grosne [3]. On soumettait les victimes de ces sauvages expéditions aux tortures les plus raffinées pour les obliger à payer rançon [4]. Les soldats pris à Florimont, séparés les uns des autres, jetés dans des cachots, mis aux ceps, se mouraient de faim et de mauvais traitements [5]. Les maîtres ressentaient le contre-coup des maux de la guerre. Catherine de Bourgogne, privée d'une partie de ses revenus domaniaux, était contrainte de payer par acomptes les dépenses d'hôtellerie de ses conseillers présents l'hiver précédent aux conférences de la ligue à Bâle. L'hôtesse de la Nef, impatientée de ces délais, obligeait la duchesse à envoyer deux de ses gens tenir ôtage dans son hôtel [6]. Frédéric à la Bourse

tassins campés autour de Lure. La nouvelle de ce projet parvient jusqu'aux oreilles du comte palatin Louis et des députés des villes alliées assemblés à Spire, qui préviennent Bâle par l'intermédiaire du maître des échevins de Strasbourg. Les préparatifs des villes paraissent avoir paralysé les desseins de Thiébaud, et vers la fin du mois Bâle médite de prendre à son tour l'offensive (Lettres de Bâle à Bienne, la Neuveville, l'évêque, Delémont, Saint-Ursanne et Liestal, 6 août, *Missiven*, III, 261, 262. Lettre de Brisach, 10 août, *Briefe*, III, 79. Lettres de Bâle au bailli de Waldenbourg, 11 août, à Brisach, Strasbourg, Schlettstadt, Colmar, Fribourg, Mulhouse, etc., 12 août, *Missiven*, III, 267. 231, 232 ; à Fribourg et à Brisach pour les prévenir que l'on va faire une chevauchée contre Thiébaud, 18 août, *Missiven*, III, 241).

1. Lettre de Bâle au comte Jean de Thierstein, à Thierry de Ratsamhausen et Jean de Flaxlanden, au sujet des prisonniers faits à Brutbach par les Welches (*Missiven*, III, 171, 23 avril).

2. P. J., 23 (1425, 28 avril).

3. Lettre de Jean de Thierstein à Bâle, du 8 septembre. Die von *Elicort* sint als uff gester zů vesperzit gen *Grün* gerant und do als daz, daz sie fůnden hand, genomen hand, und vil gefangen mit in hinweck gefuert hand, und hand von den gnoden Gots mir nymand gefangen (*Briefe*, III, 99).

4. Par exemple les prisonniers de Brutbach. Noch vil groesser marter tuegent sy inen ouch an, umb daz si sich scheczent, das doch nit krieges recht ist (*Missiven*, III, 171).

5. P. J., 26 (1425, 20 oct.).

6. P. J., 14 (1424-1425), I, 1°, 5°. Il s'agit probablement de conférences qui eurent lieu à Bâle le 18 février 1425 entre l'évêque, Jean Erard Bock, et les représentants de la ville (Lettre de convocation à Jean Erard Bock, du 16

vide, inquiet du sort de ses domaines d'Alsace, et chagrin de la ruine de son château de Florimont, prévoyant que le comte de Thierstein ne manquerait point de lui faire supporter les frais des réparations sous forme de nouvelles avances, adressait à Bâle une lettre pressante. Il priait la ville de renoncer au concours de ses sujets du Sundgau, afin d'écarter du pays le danger de la guerre[1]. Ecrite quelques mois plus tôt cette lettre aurait été, sans doute, inutile. Elle n'eût pas été ridicule.

Au mois de septembre 1425, Catherine de Bourgogne obtenait l'ouverture de conférences en vue de la paix. Les négociations duraient depuis cinq semaines et les gens de la duchesse amusaient, paraît-il, les Allemands, lorsqu'un coup terrible frappé par Jean de Thierstein hâta la fin des hostilités. Une troupe de bourgeois de Bâle et de Bienne attaqua Héricourt à l'improviste. La ville et le château furent pris successivement et, selon l'usage, livrés aux flammes. Le comte aurait voulu conserver le château. C'eût été pour lui et pour son suzerain une compensation de la perte de Florimont. Les Bâlois exigèrent qu'il fût rasé[2].

février, *Missiven*, III, 63). Le compte de Burquelin Pommeaul d'Or note le déficit des tailles et du banvin dans quelques villages. V. aussi l'enquête de Jean de Thierstein sur les dommages soufferts par les gens de la châtellenie de Ferrette pendant cette guerre (Abbé Vautrey, *Notices historiques sur les villes et les villages du Jura Bernois*, I, Porrentruy, 1863, p. 366. T., V, p. 556, 1425, 30 octobre). L'enquête relève l'incendie de dix-sept maisons à Pfettrouse, d'une maison au Largin, le vol d'un cheval et le bris de meubles à Courtavon, etc... La date à laquelle les dommages furent commis n'est pas indiquée, excepté pour l'incendie de deux maisons à Pfettrouse, arrivé le carême passé lorsque le seigneur de Neuchâtel y fut avec ses gens, et de la maison au Largin, les jours de Saint-Jean-Baptiste (24 juin) et de Sainte-Marguerite (20 juillet).
1. *Briefe*, III, 68.

2. Und wir by fünfthalb wuchen umbegezogen von dem selben lantvogt und *Hug Bryat*, dem cantzeler, mit geverden. (Chronikalien der rathsbücher, *Basl., Chron.*, IV, p. 38) — Héricourt fut pris le 11 novembre. Sur cette expédition v. lettre du maire et des conseillers de Bienne à Jean de Flaxlanden datée de la Toussaint. Ils ont bien reçu l'invitation de l'évêque de se trouver avec la milice de la ville à Cornol le 3 novembre. Mais avec la meilleure volonté on ne pourra être au rendez-vous que le 4. Le meilleur chemin est celui de Glovelier. Prière de tenir les chemins ouverts et de veiller aux approvisionnements (*Briefe*, III, 113). Chronikalien der rathsbücher (*Basl. Chron.*, IV, p. 38). Anonymus bei Appenwiler (p. 435). Röteler Chronik (V, p. 185). Libenter tenuisset castrum, sed civitas *Basiliensis* fecit demoliri (Chron. II· v.

L'issue de la guerre, heureuse pour l'évêque et ses alliés, ne réjouit pas également Frédéric à la Bourse vide. Une seule chose put lui être agréable, la pensée que ses domaines d'Alsace ne seraient plus ravagés. Mais, par l'outrecuidance et l'insubordination de son vassal, il avait perdu l'une de ses meilleures forteresses.

III

La terrible invasion des Armagnacs en 1444 fut un coup de foudre. Elle frappait un pays à peu près pacifié, et qui commençait à oublier les ravages des Ecorcheurs de l'an 1439. Le Dauphin qui conduisait ce « peuple étranger », ainsi que l'appellent les chroniqueurs allemands, se présentait comme l'allié de l'Autriche, l'ennemi de la plèbe des villes et des campagnes, et le soutien de la noblesse. Aussi vit-il accourir à lui toute la féodalité voisine de Bâle et les engagistes autrichiens. Pierre de Morimont qui tenait Ferrette, Henri de Ramstein qui possédait la gagerie d'Altkirch, envoyèrent leur cartel à Bâle [1]. Jean de Thierstein, dans ses fonctions de protecteur du concile, avait peut-être éprouvé l'influence apaisante que cette assemblée répandait autour d'elle [2]. Mais il était gouverneur autrichien à Ensisheim, et l'âge n'avait pas éteint la haine qu'il portait à la plèbe. Il fut l'un des premiers à se joindre au prince français, et ce fut un étonnement chez les confédérés de ne le point voir à Saint-Jacques, où l'on reconnut son beau-frère, Jean de Wineck, et son châtelain de Florimont, Jean-Henri de Spechbach. On apprit bientôt qu'il n'était pas resté étranger aux événements. Le canon qui avait décidé du sort de la bataille venait, disait-

Beinheim, V, p. 356). — Après un armistice conclu le 11 mars et prolongé le 10 avril 1426, la paix fut faite le 7 mai (*Basl. Chron.*, IV, p. 39, n. 10; V, p. 356, n. 8).

1. *Basl. Chron.*, IV, p. 174; p. 275, n. 11.

2. 1439, déc. *Johannes* de *Tierstein*, comes et protector concilii (Die Chronik Erhards von Appenwiler, *Basl. Chron.*, IV, p. 250).

on, de Pfeffingen[1]. Le soir de la bataille, Jean avait fourni
des vivres aux Écorcheurs et aux gens du pays qui chevau-
chaient avec eux Il les avait reçus dans son château[1]. Le
lendemain, les Écorcheurs avaient tenu devant la porte de
Pfeffingen marché ouvert d'armes et de harnais pris à Saint-
Jacques. Le comte n'avait point empêché ses gens d'acheter
les dépouilles des confédérés. Thiébaud, bâtard de Thierstein,
avait eu deux cuirasses à un bas prix inimaginable[2].

Après Saint-Jacques, la guerre se prolongea jusqu'en 1449.
Mais un accord conclu à Colmar au mois de juin 1446 pro-
cura au pays, pendant plus de deux ans, le bienfait d'une
suspension d'armes. Pendant toute leur durée, les hostilités
furent combinées de manière à terrifier et à ruiner l'adversaire. On opérait par des coups de main sur les forteresses
de l'ennemi[3]. Chaque expédition était accompagnée de
pillages et d'incendies, qui faisaient en quelques heures un
désert du domaine le plus florissant. On ne laissait rien
que l'on pût emporter, on pêchait les étangs, on brûlait les
maisons et tout ce qu'il fallait abandonner. On ne gardait
point de prisonniers : les ennemis pris, de part et d'autre,
les armes à la main, étaient décapités, pendus ou noyés.
Des bourreaux suivaient les troupes. Ils n'avaient pas
moins d'occupations que les soldats. Tout cela était conduit avec méthode. On eût dit que ces expéditions étaient
conformes à un programme arrêté d'avance, tant elles
se ressemblaient[4]. L'Autriche et la noblesse prenaient en

1 Den es was grof *Hansen* swoger der *Wineger*, und ouch sin fogt *Spechbach* iemerdar by den Schineren, und ouch gesin an der schlacht zuo *Sant
Jockob*, und seit man das die buchs, dovon die Eignosen gewunen wurden,
das die ab *Pfefingen* keme (Hans Brüglingers Chronik im Zunftbuche der Brod-
becken, *Basl. Chron.*, IV, p. 184). Wurstisen, p. ccclxxxix.

2. Als graff *Hans* von *Tierstein* den schindern und den lantzlüten, die mit
den schindern rittend, essen und trincken gabe (*UB. Basel*, 81, 1446. sept. 27.
p. 122).

3 Und schluogent die schinder ein merckt uff vor dem slosz zuo *Pfeffingen*,
und da selbs koufte *Diepolt* von *Tierstein* der basthart zwey panezer von den
schindern, die an der *Birs* beliben warend, umb ein summ geltz, was klein,
die er yetzund nit wol in denckig syge (p. 125).

4 Chronik Erhards von Appenwiler (*Basl. Chron.*, IV, pp. 254-302, 1444-
1449).

même temps les moyens les plus violents pour nuire à Bâle dans son commerce et dans ses approvisionnements. Jean de Thierstein, en qualité de capitaine d'Ensisheim et de président de la société d'Altkirch, défendait le commerce des grains avec la ville, sous peine de mort[1]. Les marchands étaient arrêtés, dépouillés, emmenés dans les châteaux, obligés de payer rançon. On ne laissait passer que ceux qui s'étaient munis d'un sauf-conduit autrichien.

Depuis la bataille de Saint-Jacques jusqu'à la trêve de Colmar, Jean fut le but principal des attaques de Bâle. Le 11 avril 1445, la ville ouvrait les hostilités en expulsant du conseil tous les nobles. Elle les tenait pour suspects d'être disposés à entretenir des intelligences avec les gentilshommes autrichiens. Cette première mesure atteignait déjà le comte de Thierstein. Il avait dans le conseil des parents et des amis. Mais huit jours à peine s'écoulaient, et la ville lui envoyait un défi motivé. « Certainement, disait le cartel, c'était le comte lui-même qui avait dicté à son beau-frère et à son bailli leurs complaisances pour la race étrangère. La réception qu'il avait faite aux ennemis de la ville après la bataille ne laissait pas de doute sur ses sentiments[2]. »

Cette provocation fut suivie d'une expédition si prompte contre le château de Pfeffingen que Jean, alors à Ensisheim

---

1. 1445, 20 juin. Lettre du maître et du conseil de Mulhouse à la ville de Colmar. Le comte Jean de Thierstein, au nom de la seigneurie d'Autriche (von der herschaft wegen), et les chevaliers en leur nom (die ritterschaft vmb vns, von ir selbs wegen), ont défendu à leurs ressortissants de fournir du blé aux villes impériales liguées contre les écorcheurs. (Mossmann, *Cartulaire de Mulhouse*, II, 648, p. 157). — 1446, 24 septembre. Enquête sur les obstacles à la circulation dans le territoire autrichien. Le 13 septembre 1446, Jean Richard, le charretier, de Bâle, est à Montbéliard où il vient de conduire du fer. Il reprend la route de Bâle et arrive à Grandvillars où il achète du blé. Au moment où il va le charger, des compagnons de Grosne, venus du marché de Belfort, l'avertissent que la veille, on a publié la défense de conduire à Bâle des denrées quelconques, blé, poules et œufs, et que celui que l'on trouvera transportant des marchandises de ce genre perdra corps et biens. Des compagnons appostés sur le chemin ont reçu l'ordre d'empêcher ce transport. « Si nous voulions gagner de l'argent, ajoutent-ils, nous n'aurions qu'à vous conduire nous-mêmes à Ensisheim auprès du duc » (*UB. Basel*, VII, 75).

2. P. J., 31 (1445, 19 avril).

pour reprendre possession de la ville après le départ des
Armagnacs, n'avait peut-être pas encore reçu le cartel. La
comtesse habitait seule Pfeffingen avec ses fils et son neveu
Frédéric, fils de Bernard de Thierstein. A demi rassurés par
l'absence du comte, les bourgeois s'avancèrent pendant la
nuit. Aux premières lueurs du jour, les habitants de Pfeffingen
aperçurent au pied du château quinze cents soldats avec la
grande bannière et une forte artillerie. Toute résistance était
impossible. Les gens de la comtesse s'enfuirent. Un noble,
le seul qui fut encore en grâce auprès de la ville, Rodolphe
de Ramstein, avait suivi les bourgeois pour les empêcher de
faire trop de mal. Tremblant pour les jeunes de Thierstein,
qui bravaient les Bâlois en armes et leur criaient : « mort aux
bourgeois », il les emmena, ainsi que leur mère, dans son château de Zwingen[1]. Les bourgeois pillèrent Pfeffingen. Ils
emportèrent les terriers et les registres fonciers[2]. Le lendemain, les confédérés de Soleure s'emparaient du château
même de Thierstein. En deux jours, Jean perdait tout son
bien dans le pays[3]. Il ne lui restait plus d'autre forteresse que
Florimont, trop éloigné de Bâle pour être emporté par
une surprise. Traqué par les Bâlois, qui faillirent une fois
le prendre au siége même de la société des nobles du
Sundgau, le comte s'y réfugia avec les siens[4].

Cependant les bourgeois mettaient une sorte de fureur à
le réduire à la pauvreté. Ils détruisaient ses pêcheries de la
Birse, s'emparaient de sa justice à Esch et avec ses hommes
se faisaient des concitoyens[5]. Du fond de son château de Florimont ou de sa résidence d'Ensisheim. Jean leur répondit
en priant Pierre de Morimont d'arrêter et de mettre au cachot

<hr>

1. Chronik Erhards von Appenwiler (*Basl. Chron.*, IV, p. 277). Die Chroniken
Heinrichs von Beinheim (*Basl. Chron.*, V, p. 371).

2. Sin register und urberbuecher (*UB. Basel*, VII, 143, 1447, 30 octobre, p. 252,
l. 35).

3. Also ward er entsetzt sines guots und besitzung in dem land (*Basl. Chron.*,
p. 371).

4. *Basl. Chron.*, IV, p. 273 (1446, 22 avril), graff *Hans* entran kum.

5. *UB. Basel*, VII, 143 (1447, 30 octobre), p. 225, articles 6, 7 ; p. 226, art. 9.

la plus notable recrue de la bourgeoisie, l'abbé de Beinweil. Ce coup direct exaspéra les Bâlois. Le 21 juillet 1445, le conseil des Deux cents, formé du conseil de ville et des députés des tribus, prononçait la déchéance du droit de cité contre tous les nobles qui avaient aidé par leurs paroles ou par leurs actions à la campagne du Dauphin, les déclarait incapables d'avoir une résidence dans la ville, et leur interdisait d'y faire un séjour de quelque durée et ailleurs qu'à l'hôtellerie[1]. Dans la longue liste des proscrits, Jean pouvait lire son nom, ceux de Thiébaud, le bâtard de Thierstein, de Henri de Spechbach et de Pierre de Morimont. Ses parents, ses officiers, ses amis, ses confrères de la société d'Altkirch étaient tous frappés. Son hôtel à Bâle, mis sous sequestre, était, quelques jours après, pillé par les confédérés de Berne et de Soleure, sans que la ville paraisse avoir rien fait pour le protéger[2].

L'année 1446 rendit l'avantage à Jean de Thierstein. Pierre de Morimont, suivi d'une petite troupe d'Armagnacs, escaladait, par une sombre nuit d'hiver, le château de Pfeffingen. Il trouvait le châtelain et ses hommes endormis dans leurs chambres. On leur fit grâce. Les femmes et les enfants furent jetés à la porte du château, et les hommes conduits, les mains enchaînées, dans les cachots des tours[3]. Deux attaques désespérées de la ville contre Pfeffingen restèrent inutiles, mais quelques hommes du comte faits prisonniers payèrent de leur tête la déconvenue des bourgeois[4].

Quelques mois plus tard, la diète de Colmar s'ouvrait sous la présidence de l'évêque Frédéric ze Rhein[5]. Bâle pré-

---

1. Mit râte und getat dazue geholffen (*UB. Basel*, VII, 48, 1445, 21 juil., p. 62, l. 3). Noch burger ze *Basel* niemer werden, dehein huszeblich wonung zue deheinem sinde by zit irs lebens in der statd *Basel* nit haben noch gewinnen soellent in deheinen weg; und wenn ir deheiner in unser statd wird riten oder kommen, sollen si in offenen wirtzhüseren ligen (Ibid , l. 12).

2. *UB. Basel*, VII, p. 224, l. 18. Die Chronik Henmann Offenburgs (*Basl. Chron.*, V, p. 288, l. 4).

3. Chronik Erhards von Appenwiler (*Basl. Chron.*, IV, p. 278).

4. *Basl. Chron.*, IV, p. 272.

5. *UB. Basel*, VII, 65 (1446, 31 juill.).

parait la liste de ses griefs contre la maison d'Autriche, en vue du jugement arbitral qui devait, suivant un usage ordinaire de l'époque, mettre fin à la guerre. Le conseil faisait ouvrir par l'official une série d'enquêtes sur les actes d'hostilité de l'Autriche et de ses adhérents. Ces enquêtes durèrent trois mois, et vingt-trois procès-verbaux nous en ont conservé les résultats. Onze étaient relatifs aux difficultés de toute sorte que la circulation avait subies dans le territoire autrichien[1]. Onze autres portaient sur les événements de la guerre, en particulier sur les circonstances de la bataille de Saint-Jacques. Ils avaient pour but de déterminer la conduite de la noblesse, et surtout de Jean de Thierstein, à l'égard des Ecorcheurs[2]. Une enquête montrait enfin comment le comte, retiré dans son château de Florimont, pratiquait la guerre aux marchands[3].

A la lecture de ce procès-verbal on éprouve d'abord un sentiment de surprise et d'incrédulité. Comment la ville a-t-elle osé provoquer une déposition sur des faits d'une telle invraisemblablance à la charge d'un personnage aussi important que l'était alors Jean de Thierstein, capitaine d'Ensisheim, comte palatin de l'évêché, ancien protecteur du concile, et désigné en première ligne par le duc Albert d'Autriche pour prendre part à la conférence de Colmar ? Mais le comte était connu de vieille date pour ne point dédaigner les profits permis ou défendus de la guerre. On l'avait vu en 1425, dans le temps même où, pressé dans Florimont, il demandait des renforts, profiter d'une courte accalmie pour courir la terre du seigneur de Vars, encore neutre à cette époque, mais son ennemi personnel. Il revenait avec un butin de 600 écus, sans parler des prisonniers. Bâle, accusée d'avoir prêté ses mercenaires de Florimont pour cette expédition,

---

1. *UB. Basel,* VII, 64 (1446, 28, 30 juill.) : 66 (1er août) : 75, 76 (24 sept.) : 82 (27 sept.), pillage commis sur des marchands : 83, 84 (même jour) : 85 (28 sept.) : 87 (3 oct.) : 89 (4 oct.) ; 97 (19 oct.).

2. *UB. Basel,* VII, 70 (27 août) : 71 (30 août) : 77 (24 sept. : 14 oct.) : 78, 79 (26 sept.) : 80, 81 (27 sept.) : 90 (4 oct.) : 94, 95 (18, 20 oct.) : 96 (19 oct.).

3. *UB. Basel,* VII, 91 (1446, 8 oct.).

avait rejeté sur le comte et sur ses auxiliaires habituels la responsabilité de ce méfait[1]. Peu après, Jean de Thierstein abusait de son titre de capitaine de l'église pour obliger des mercenaires au service de Bâle, qui faisaient la guerre en enfants perdus dans la terre de Thiébaud, à lui livrer leurs prisonniers. Il ne cédait qu'en se réservant un captif, le plus riche sans doute, car la ville, lésée dans son droit sur la rançon, lui écrivait une lettre énergique[2]. Ces précédents expliquent l'accueil fait par les magistrats de Bâle et par l'official au récit qui va suivre.

Le déposant était un bourgeois de Bâle, Jean Wunderlich, hôtelier de la Nef[3]. A l'époque, dit-il, où le noble et bien né

1 . Lettre de Bâle à Antoine de Vars (Warse) du 1ᵉʳ juin 1425 (*Missiven*, III, 216). Bâle a reçu la lettre par laquelle il se plaignait quomodo et qualiter generosus dominus *Johannes*, comes de *Tierstein*, cum adjutorio servitorum seu stipendiariorum nostrorum in oppido *Florimont* existencium,... homines et... subjectos in quadam villa dampnificaverint, captivaverint, sibique res suas se ad summam sexingentorum scutorum extendentes receperint. Antoine de Vars déclarait n'être mêlé en rien à la guerre de l'évêque et de Thiébaud. Il demandait la mise en liberté des captifs et la restitution de ce qui avait été pris. Les magistrats ont écrit à ce sujet au comte Jean de Thierstein. Celui-ci a répondu qu'il a fait des prisonniers et enlevé du butin avec l'aide de sés propres gens et sans le concours des Bâlois, occasione litis jamdudum inter vos et ipsum inchoate et suborte. P. J., 37 (1454, nov.), 19°.

2. Lettre de Bâle à Jean de Thierstein au sujet des prisonniers faits par Bischoff le varlet (knecht) de Thoman Schutzen, et par ses compagnons. Bâle est étonnée de la manière d'agir du comte. Il s'agit de mercenaires au service de l'évêque et de la ville. Un pareil procédé est de nature à rebuter les soldats, qui seraient disposés à suivre l'exemple de Bischoff. Le comte est prié de rendre le prisonnier (*Missiven*, III, 221, 9 juill.).

3. L'aventure de Wunderlich paraît être antérieure à la guerre des Armagnacs. Le pouvoir de conduire les voyageurs fut donné à Wunderlich autrefois (vor zyten) par Maximin de Ribeaupierre, agissant en qualité de grand bailli d'Autriche en Alsace. Wunderlich est appelé à déposer sur ce qui lui arriva alors (da) en s'acquittant de sa mission (p. 166, l. 8 et 10). A la suite de l'acte de brigandage du comte, l'hôtelier bâlois porta sa plainte à Conrad alors (da) trésorier à Ensisheim (p. 167, l. 31). Maximin de Ribeaupierre fut deux fois grand bailli de Haute-Alsace : 1° depuis le 27 mai 1406 jusqu'au 6 janvier 1408. Il trouva à peu près certainement Conrad Martin dans les fonctions de trésorier (hubmeister) d'Ensisheim, et Conrad les occupait encore après la destitution de Maximin (*Rappoltstein. UB.*, II, 713 a, 743, 715 et p. 616). Mais, à cette époque, c'était Bernard qui était seigneur de Florimont, et Bernard avait été dépossédé avant la nomination de Maximin ; 2° le sire de Ribeaupierre fut investi de nouveau de l'office de grand bailli le 9 avril 1432. Il cessa d'occuper ses fonctions entre le 4 juillet et le 5 septembre 1437. (III, 718, 966, 980, 981, 1084). Or, dans d'autres enquêtes de 1446, il est question d'un Conrad trésorier à Ensisheim environ deux ans après l'ouverture du

seigneur Maximin de Ribeaupierre, son gracieux seigneur,
était bailli du pays de l'illustre seigneurie d'Autriche, il lui
remit, ainsi qu'à un bourgeois de Montbéliard, nommé Zschan
Philippe, des lettres de sauf-conduit. Il leur donnait ainsi le
pouvoir de conduire librement, à pied et à cheval, de jour et
de nuit, à travers les pays de la seigneúrie d'Autriche, toutes
les personnes qui leur demanderaient de voyager avec eux.
Un jour, les deux compagnons se trouvaient dans une hôtellerie de Montbéliard, lorsque quatre hommes honorables
arrivèrent à cheval. Voyant Wunderlich porteur de la petite
boîte en argent aux armes des Habsbourg, dans laquelle on
renfermait les lettres de sauf-conduit, ils le prièrent de les
accompagner jusqu'à Bâle[1]. Le témoin n'y consentit qu'à
regret, car il fallait passer par Florimont. Il se souvenait de
certains propos menaçants pour lui et pour le bourgeois de
Montbéliard. Celui-ci fut même tellement effrayé qu'il remit sa
lettre à Wunderlich, renonçant à en faire usage[2]. Le témoin
partit avec quelques autres bourgeois de Bâle, emmenant les
quatre voyageurs. A une demi-lieue de Florimont, ils virent
courir à leur rencontre les serviteurs du comte de Thierstein, nobles et non nobles[3]. En un instant, les étrangers

concile de Bâle (als das concilium ze *Basel* ufferstuend, darnach wol ueber
zwey jare, *UB. Basel*, VII, 84, p. 133, l. 4; 89, p. 134, l. 31). En 1437, Peterman de Morimont devenait trésorier, en même temps que Guillaume de Hochberg rempla-
çait Maximin de Ribeaupierre (*Basl. Chron*, IV, p. 47). Ce serait donc pendant
les années 1432 à 1437 que se placerait l'histoire de Wunderlich. Mais pour être
en 1446 l'objet d'une enquête, il fallait que ce fait eût encore cette année là un
intérêt d'actualité. Si le comte de Thierstein avait osé commettre de pareilles
violences pendant le concile, alors que les autorités ecclésiastiques et séculières imposaient une sorte de trève de Dieu, on peut tenir pour certain qu'il
les renouvela dans cette guerre des Armagnacs où les adversaires accumulè-
rent tant d'atrocités.

1. Da kaement vier erberman ze rosz zuo im zuo *Mümpelgart* in der her-
berg und begertend, das er sy fry geleiten woelte bys gen *Basel*, als er da
zemal ein silberin büchsen mit der herrschafft wappen als ein geleitsman an
im trug (p. 166).

2. Das diser zúg nit gar gern taette, von ettlicher tröwe worten wegen, die
im vormals und ouch dem erber man von *Mümppelgart* beschechen waerent,
der ouch disem zúgen sinen geleitz brieff übergab.

3. Und fuort die bys uff ein halb mil gegen *Blümenberg*. Da kaement usz
Bluomenberg sines herren graff *Hansen* von *Tierstein* diener gerent, edel und
vnedel (p. 167).

furent saisis, liés étroitement et entraînés au château [1]. Le
témoin ne voulut pas les abandonner. Il rejoignit le cortège
et obtint d'être introduit auprès du comte. Il lui fit observer
que c'était sous la sauvegarde de sa gracieuse seigneurie
d'Autriche et avec la permission de son seigneur le grand
bailli qu'il conduisait les voyageurs arrêtés. Il lui montra
son sauf-conduit [2]. Le comte Jean se répandit en paroles
menaçantes et courroucées. Enfin, après cinq heures d'attente,
voyant que ses captifs étaient de pauvres gens : « Si ces
hommes étaient à ma convenance, dit-il, ce n'est pas ton
sauf-conduit qui me déciderait à les relâcher » [3]. Pendant ce
temps les gens du château menaçaient le témoin : « Si tu ne
cesses pas tes voyages, lui disaient-ils, tu finiras par recevoir
un mauvais coup » [4]. On laissa donc les voyageurs continuer
leur route. Mais l'un d'eux avait une épée française qui resta
au château [5]. Arrivé à Bâle, le témoin se présenta devant les
conseillers de ville, demandant ce qu'il devrait faire à l'avenir
dans un cas pareil, ajoutant qu'il n'oserait plus se charger
d'accompagner quelqu'un sans leur avis. Les seigneurs du
conseil lui répondirent : « Accompagnez ou n'accompagnez
pas, à votre guise. Mais, si vous escortez quelqu'un, et qu'il
vous en arrive du mal, nous ne bougerons pas » [6]. Lorsqu'il
vit que les conseillers ne voulaient pas le soutenir, il prit sa
lettre de sauvegarde et celle de Zschan Philippe et chevaucha

1. Und viengent die vier mann..., und bundent die und fuortend sy uff das
slosz gen *Bluomenberg*.

2. Seite im, wie er die selben lúte in siner gnedigen herrschafft von *Oesterrich* geleit hette genomen und enpfangen nach enphelnússe sines herren des
lantvogts, und zoegt im sinen geleitz brieff.

3. Da sprach graff *Hans* nach vile troewe und zornigen worten, und sy da
wol uff fünff stund gewesen warent und sach, das sy arm lút warent, da sprach
er zem letzten : « Ich schetze, werent die lúte min fuog gesin (wand sy hat-
tend nút und warent blút arm) ich hett sy durch dins geleitz willen nit ledig
gelässen ».

4. Da selbs troeweten im die gesellen im schlosz und sprachent zuo im : « Du
erwindest nit dins ritens, bis das dir der tagen eins din hut vol geslagen
wirt ».

5 Doch so verloere einer under inen ein welsch swert.

6. Er moechte lút geleiten oder ungeleit lässen, gieng aber inn liden an, des
weltend sy muossig gän.

jusqu'à Ensisheim pour se plaindre à son seigneur le grand bailli. Ne le trouvant pas, il s'adressa à Conrad, qui était alors trésorier. Ici finit la déposition.

Le récit que l'on vient de lire fait connaître par un exemple les scènes qui se passèrent probablement plus d'une fois dans le château de Florimont. Cette guerre de brigands, où se montrait, en outre une fois de plus, le dédain de l'engagiste pour les ordres du suzerain, est le couronnement de la longue carrière du vieux comte. Jean de Thierstein ne semble pas avoir pris part aux hostilités qui suivirent la trêve de Colmar. Cinq ans après la conclusion de la paix, il mourait[1]. Quelques années plus tard, ses deux fils, ruinés par les folies de la vie chevaleresque et par leur procès avec la ville de Bâle, vendaient à Marc de la Pierre la seigneurie et le château tombant en ruines. Le nouvel engagiste employait les premières années de sa possession à remettre son domaine en bon état et à rebâtir le château aux frais du suzerain.

Pendant que les Thierstein passaient leur vie à combattre tantôt leurs seigneurs, tantôt les Bourguignons, tantôt les confédérés suisses, leurs sujets de Florimont souffraient « des dommages mortels ». Tout se réunissait pour les accabler : l'incendie de 1425, les réparations incessantes à la forteresse toujours maintenue en état de soutenir un siège, les garnisons, les passages de troupes, l'exploitation domaniale forcée pour subvenir aux frais de la guerre, la ruine de leurs marchés si fréquentés au XIVe siècle. Tous, nobles et marchands, fuyaient la forteresse redoutée.

Ces malheureux habitants ne devaient point attendre de secours de leurs maîtres. Les uns, les Thierstein, pouvaient quelque chose, mais ils ne voulaient pas. Ce que le comte Jean fit pour eux tient tout entier dans la charte de 1447. Encore faut-il considérer les circonstances de cet acte et en peser les mots. Retiré de la guerre, obligé de renoncer à ses pilleries, Jean de Thierstein perdait un revenu qu'aucun autre ne venait remplacer. Ses fautes le privaient

---

1. Le 27 avril 1455 (*Basl. Chron*, V, p. 432, n. 5).

des profits que le commerce lui donnait autrefois. Les péages ne rendaient plus rien [1]. Il essaya sur les marchands de l'appât ordinaire. Il leur promit l'exemption des droits de circulation. Mais on sent, dans cet acte, l'indifférence et l'égoïsme du seigneur engagiste. Le comte ne figurait pas en nom dans le privilége. Il déléguait à ses hommes d'affaires le soin de réparer le mal qu'il avait fait. Il limitait à quatre ans la durée de l'exemption, conservait ses droits sur les foires, dissimulait sous l'apparence d'une faveur une spéculation dont il devait être le premier à tirer de l'avantage [2].

Les anciens maîtres de la seigneurie, les ducs d'Autriche, étaient pleins de bonne volonté. Les priviléges, tels que le droit de libre émigration, qu'ils avaient accordés avant les engagements, la situation prospère et l'agrandissement de la ville à cette époque, tous ces bienfaits déjà lointains faisaient tourner les yeux vers eux. Les révoltes des Suisses avaient éclairé les Habsbourg sur le danger d'abuser de l'exploitation. En tête de l'urbaire de 1303, toujours en vigueur pour la perception des redevances, on lisait cette recommandation aussi ancienne que le rôle lui-même : « Quand les gens sont appauvris, il faut leur ménager les charges » [3]. Mais les ducs, eux-mêmes appauvris, avaient les mains liées. C'étaient leurs propres créanciers qui tenaient leurs domaines. La guerre déchaînée par l'acte bienveillant de Catherine de Bourgogne leur avait appris que toute tentative en faveur

---

1. V. ce qui est dit d'une autre gagerie, Landser, dans le *Cartulaire des seigneuries gageries* : Et, par les declarations par ci deuant bailliées par ledit messire *Thuring* et autres prouffiz survenans, peult monter ledit *Lannser* à la somme par communes années de mille florins d'or ou liures, et, se le païs est tenu en seurté que charrioz menans marchandises peulent seurement aler et venir, pour ce que ledit *Lannser* a certains piaiges, il vauldroit mieulx par années que lesdis mil florins d'or (Fol. 40, r°).

2. P. J., 32 (1447, 14 nov.).

3. Man sol wissen daz *Rud.* der vogt von *Einsisheim* des jors do man zalte von Gots gebúrte mccc jar darnach in dem dritten jar do dise geschrift geschriben wart, mocht vffen lút vnd gút, wand die lút verdorben sint, nicht mer ze stúr legen, als mir meister *Burkart* von *Frik*, des Romschen kunges schriber, wol kunt ist in allem sinem ampt, denne als vorstat (Fol. 14, v°).

de leurs anciens sujets serait repoussée comme un empiétement par leurs susceptibles vassaux. Leur intervention, pour être admise, ne pouvait se produire qu'à l'instant où l'engagiste avait besoin d'eux, c'est-à-dire lorsqu'il leur demandait l'investiture de son fief.

En 1421, dans l'acte qui mettait Jean de Thierstein en possession de la seigneurie, Anne de Brunswick lui fit promettre de laisser les habitants jouir de leurs libertés et de leurs coutumes, de ne pas augmenter leurs charges, tailles, services, censes et rentes, de s'en tenir à ce que la seigneurie d'Autriche leur demandait auparavant [1]. C'était là une obligation qui résultait des principes mêmes du contrat. La connaissance que la duchesse avait du caractère de son nouveau vassal, sa sollicitude pour des sujets dont sa pauvreté la contraignait à se séparer, expliquent seules cette clause superflue.

En 1454, la grande vieillesse du comte de Thierstein rendit ses deux fils maîtres effectifs de la seigneurie [2]. C'était l'année des négociations pour la paix entre l'Autriche et la Bourgogne. Des deux côtés on travaillait à réparer les ruines de la guerre. Albert d'Autriche profita de ce changement de seigneur pour glisser un privilége qui était un acte de bienfaisance. Il exemptait les habitants de plusieurs prestations dues aux Thierstein en leur qualité d'ayants-cause de la Maison d'Autriche, le droit d'affouage, les tailles, la corvée pour le transport du vin au château. Le privilége devait durer aussi longtemps que la possession des comtes. Le duc se proposait, il le disait lui-même, de donner aux habitants le moyen de se relever et de reprendre la culture qui leur procurait le pain quotidien [3]. Il n'accusait personne

---

1. P.J., 11 (1421, 16 avril), 5°.

2. Cette situation fut reconnue officiellement par l'acte qui mettait à leur nom la créance de 1.500 florins de Jean de Thierstein sur Albert d'Autriche. Mais elle existait déjà antérieurement, car le 10 août de la même année le duc Albert disait que Florimont était engagé aux Thierstein. Il ne disait pas à Jean de Thierstein (P. J., 35, 36).

3. Die buw täglicher narung (P. J., 35, 1454, 10 août).

de la détresse des gens de la seigneurie. Il ne laissait pas
entendre que le mal venàit.des maîtres que l'Autriche leur
avait donnés. Il attribuait à la guerre cette situation désas-
treuse. C'était elle qui avait réduit à peu près à rien les
hommes et les terres. Mais le duc ne se servait plus des
expressions d'affectueux respect dont ses prédécesseurs et
lui-même avaient coutume d'honorer le vieux comte de
Thierstein [1].

Lorsque les fils de Jean vendirent le gage, Albert
saisit encore cette occasion de s'intéresser à la seigneurie.
Il dispensa les habitants, et tous ceux qui viendraient s'établir dans le bailliage, de toutes les charges de la souveraineté
pendant six années. Le ton de ce privilége est bien différent du
langage que le duc tenait trois ans auparavant. Albert avait
appris par son grand bailli en Alsace, et par son maréchal,
dans quel état déplorable était la terre de Florimont. « Elle
avait « eu, sous les Thierstein, de lourdes années. Tout était au
plus bas, le château, la ville, les terres, le peuple. » Il
recommandait à son bailli et à quiconque tiendrait la seigneurie, en gage ou autrement, de la gouverner avec modé-
ration et bonté, de manière à permettre de relever la ville,
de reconstruire les maisons et de restaurer l'agriculture [2].
L'acte tout entier était donc un blâme pour les Thierstein.
Le vrai maître exprimait enfin librement ce qu'il avait depuis
longtemps sur le cœur. C'est une chose étrange que ces précautions oratoires auxquelles des princes aussi grands que les
ducs d'Autriche se trouvaient assujettis. Mais ce qui est encore plus remarquable, c'est la coïncidence des dates entre les
mutations des engagistes et les interventions des ducs dans
l'intérêt de leurs anciens sujets. Elle montre à quel point
l'administration des créanciers de l'Autriche était in-
quiète, exclusive, intolérante. Tout était profondément

---

1. Vnserm lieben ohem (P. J., 11 (1421, 16 avril, 1°).

2. P. J., 40 (1457, 22 sept.). Albert approuvait l'achat fait par Marc de la
Pierre le 22 mars. Le 26 juin, il donnait à l'acheteur la permission d'employer
onze cents florins à de grosses réparations au château (P. J., 38, 39).

féodal dans la gagerie : le contrat lui-même, la classe dans laquelle l'engagiste était choisi, l'esprit qu'il apportait à l'exécution des conventions. La gagerie était vraiment le triomphe de la féodalité.

CONCLUSION

On vient de voir comment les gageries affaiblirent le pouvoir de l'Autriche dans la Haute-Alsace et constituèrent l'indépendance de ces seigneurs qui pensaient avoir deux titres pour ne pas obéir, celui de vassal et celui de créancier. Au moment du traité de Saint-Omer, les engagistes étaient les véritables maîtres dans le landgraviat et dans le Sundgau. Ils dépendaient nominalement de l'Autriche ; mais en fait c'était d'eux que l'Autriche relevait. Les mauvaises finances des Habsbourg avaient renversé les situations. Le seigneur gagiste ne trahissait point la cause de son suzerain pour une cause étrangère. Il le servait loyalement contre le duc de Bourgogne et contre les Suisses. Mais il plaçait ses intérêts au-dessus du devoir d'obéissance. Il se conduisait en maître dans sa gagerie. Il la traitait comme il eût fait de son alleu, d'autant plus à son aise, plus rétif et plus insolent qu'il savait son suzerain hors d'état de le payer. Il n'hésitait pas à se mettre en révolte ouverte. Le droit à la rébellion et à la guerre contre le débiteur n'était-il pas, au moins pour un cas, inscrit dans le contrat ? Même quand il s'avisait d'être soumis, il apportait au service de son seigneur sa brutalité et sa sauvagerie coutumières, en sorte que les effets de sa fidélité n'étaient guère moins désastreux que ceux de son insubordination. Jean de Thierstein, dans la guerre des Armagnacs, fit-il moins de tort à son chef féodal que son frère Bernard dans la révolte de 1406 ?

La terre engagée était, à tous égards, perdue pour son ancien maître. Sous les exigences du créancier, capitaliste et spéculateur, le domaine dépérissait, en même temps que s'accroissait démesurément la dette du suzerain[1]. Il arrivait un moment où Sigismond, succombant sous le poids de ses obligations, se trouvant en présence de possessions épuisées, dévastées, annihilées, renonçait à rembourser son créancier et songeait même à mettre en gage l'ombre de droit qu'il avait conservée sur l'ombre de son domaine. Ces pays d'Alsace lui apparaissaient comme sacrifiés par ses prédécesseurs à leurs embarras d'argent, et destinés à combler les vides de leur trésor. Alors il commençait à prêter l'oreille aux suggestions et aux flatteries de Charles le Téméraire, et il accueillait le duc de Bourgogne comme un sauveur. Les gageries partielles avaient préparé l'esprit des ducs d'Autriche à la perte de l'Alsace, détaché sans regret les habitants de maîtres qu'ils avaient à peine connus, émietté, pour ainsi dire, cette partie de la frontière autrichienne au profit de la Bourgogne. Le traité de Saint-Omer terminait une évolution déjà séculaire.

Lorsque les engagistes apprirent la cession que Sigismond venait de faire de leur pays, ils durent se demander quelles conséquences aurait pour eux ce changement de souverain. Plusieurs acceptèrent avec satisfaction l'idée d'appartenir au Téméraire. Pour cette chevalerie énergique et remuante, le fougueux et violent duc de Bourgogne était le maître idéal. Préférant sa dureté farouche à la molle facilité de Sigismond, « ils aimaient mieux, dit le chroniqueur, faire œuvre de chevaliers sous les ordres du Bourguignon que vivre béatement sous l'Empire[2] ». Oswald de Thierstein, soldat au service de Charles le Téméraire, est une

---

1. Presque toutes les gageries, Delle, Florimont, Belfort, Rosemont, Isenheim, etc., étaient chargées de dettes accessoires ayant cette origine. V. le *Cartulaire des seigneuries gageries*.

2. Volentes pocius militare sub *Burgundo* et durum sustinere dominum, ut nobiles nomine dicantur, quam subesse imperio, ut bene beateque vivant (J. Knebel Diarium, *Basl. Chron.*, II, p. 112). Non libenter subsunt illustri domino nostro *Sigismundo* (p. 201). Volentes pocius esse sub rigore *Burgundi*, quam in tranquillitate sub imperio vivere (p. 204).

preuve de ces étonnantes préférences[1]. S'ils avaient connu les dispositions du prince welche, leur confiance aurait aussitôt fait place à l'inquiétude.

Charles n'avait conclu le traité de Saint-Omer qu'avec le dessein de supprimer le plus tôt possible ces gageries auxquelles il devait l'acquisition de l'Alsace. Il lui était facile de voir que sa nouvelle province ne serait bien à lui que le jour où il en aurait exclu le dernier engagiste allemand. Il trouvait en Alsace ce qui, depuis des siècles peut-être, avait disparu de son duché, des vassaux intraitables et dangereux, des chefs de bandes vivant de leurs pillages, dans leurs repaires au sommet des montagnes, une féodalité pleine de mépris pour son suzerain. Sans doute, le duc pensait que cette féodalité serait encore plus nuisible pour sa domination qu'elle ne l'avait été pour l'autorité de l'Autriche. La haine des Welches et des Allemands, entretenue par les longues querelles de la noblesse bourguignonne et de la noblesse autrichienne, ne pouvait qu'envenimer les rapports entre suzerain et engagistes, irriter encore l'esprit de rébellion de ces vassaux déjà si difficiles à mener.

Le droit de racheter les gageries résultait implicitement, au profit de la Bourgogne, du traité de Saint-Omer. En cédant à Charles des domaines engagés antérieurement à ce traité, il était évident que Sigismond lui transmettait le seul droit qui lui restât, avec les régales, celui de les reprendre en désintéressant ses créanciers. Mais cela ne suffisait pas au duc de Bourgogne. Il voulait prévenir les résistances que les engagistes pouvaient opposer au rachat. Il lui fallait un titre indiscutable devant lequel ils seraient obligés de s'incliner. Il voulut que par un second acte, daté de Saint-Omer, et du même jour que le traité, Sigismond lui conférât expressément le droit de rachat et se portât fort pour les seigneurs gagistes en promettant de procurer leur consentement[2].

---

1. *Oswaldus* comes de *Tierstein*, soldatus et stipendiatus domini *Karoli* ducis *Burgundie* (J. Knebel Diarium, *Basl. Chron.*, II, p. 21).

2. P. J., 45 (1469, 9 mai).

Muni de ce pouvoir, Charles s'adressa aux engagistes eux-mêmes. Il ne se contenta pas de leur demander l'hommage en sa qualité de nouveau suzerain[1]. Il se fit remettre par chacun d'eux la promesse écrite et scellée de lui livrer leurs gageries dès qu'ils en seraient requis, moyennant le remboursement de toutes les sommes qu'ils avaient avancées sur le gage[2]. Puis il s'occupa de préparer le rachat. Il fallait d'abord se rendre un compte exact du montant des créances qui devaient être remboursées à chaque engagiste. Il n'était pas inutile de rapprocher de ces sommes le produit de chacune des seigneuries engagées. De cette manière, le duc déterminerait en connaissance de cause l'ordre suivant lequel les rachats seraient opérés. Ce fut pour établir ce plan général que l'on rédigea le cartulaire des seigneuries-gageries et que l'on réunit dans un autre cahier la copie des lettres de gage de Brisac[3].

Ensuite, Charles et son homme de confiance, le grand bailli Pierre de Hagenbach, s'occupèrent avec beaucoup d'activité et de prévoyance de choisir les gageries par lesquelles on commencerait le rachat et de réunir les fonds nécessaires pour effectuer les remboursements. Trois places, Brisac, Rheinfelden et Thann étaient nécessaires à Charles pour tenir l'Alsace[4]. Brisac était engagée à la bour-

1. Guillaume sire de Ribeaupierre, attendu que Sigismond, duc d'Autriche, a donné en gage au duc de Bourgogne le landgraviat d'Alsace et le comté de Ferrette, promet de faire hommage au duc de Bourgogne à première réquisition. Mittwoch necht nach Sandt Vlrichs des heyligen byschoffs tage (5 juillet) anno Domini ivc sexagesimo nono. Orig.. Pap.. Scellé d'un sceau plaqué en papier. Arch. de la Côte-d'Or, B, 11885.

2. P. J., 46 (1469, 7 juil.); 49 (1470-1472).

3. Charles ne s'était obligé à payer le prix qu'après l'exécution de la promesse que Sigismond lui avait faite de lui remettre les lettres de gage. V. un troisième acte au nom de Charles portant la même date que le traité de Saint-Omer. (*Fontes rerum austriacarum*, diplom. et acta, II, pp. 229.s.) — Lettres de la gagerie de Brisac de 1406 à 1460. Copies. Cahier. Pap. xve siècle. Arch. de la Côte-d'Or, B, 1047. — V. aussi un dossier de seize pièces originales, parch. et pap., avec ce titre : Pièces concernant Brisac cédée au duc Charles de Bourgogne par le duc d'Autriche. xve siècle.

4. Nerlinger, *Pierre de Hagenbach et la domination bourguignonne en Alsace* (*Annales de l'Est*, 1889), pp. 245, 523,s ..

geoisie même de la ville, Rheinfelden à Bâle, et Thann à une famille du patriciat bâlois, les Reich de Reichenstein. Dès 1470, les Reich recevaient leur paiement[1]. L'affaire du rachat de Rheinfelden, menée vivement, était terminée en 1472[2]. Celle de Brisac vint ensuite. Vers la fin de l'année 1473, Charles invitait la chambre des comptes de Dijon à lui procurer, par un emprunt ou autrement, la somme nécessaire[3]. Entre temps, Hagenbach s'emparait de Landser, sans indemnité, après la mort de Thuring de Hallwil. On aurait pu, semble-t-il, prévoir qu'au bout de peu d'années il n'y aurait plus de gageries.

Ce fut alors que les engagistes, déçus dans leurs espérances, se retournèrent du côté de l'Autriche. Brisac, menacée de perdre avec sa gagerie, son indépendance en matière judiciaire, administrative et de police, fut l'auteur principal de la mort de Hagenbach. Si les nobles engagistes n'eurent qu'une faible part dans cet événement, le sentiment des dangers communs les rapprocha de leurs ennemis héréditaires, les villes et les Suisses, qui occupèrent la première place. Après l'exécution de Hagenbach, le pays revint, comme de lui-même, sous le gouvernement des Habsbourg. Les seigneurs alsaciens retrouvèrent avec bonheur ces maîtres si faibles. Trois ans après, la mort de Charles le Téméraire achevait de rassurer les engagistes. Le premier prince capétien qui ait régné en Alsace disparaissait, et pendant près de deux siècles encore, jusqu'au traité de Westphalie, la vallée du Rhin échappait à l'expansion française.

---

1. Quittance donnée par Henri Reich de Reichenstein à Guilbert de Rupple, argentier de Charles le Téméraire, de 6.580 florins, pour le reste et complément du prix de rachat du château et du domaine de Thann et des mairies de Troubach, Sultzbach, Balschwilr, Burnhoupten et Reyningen, dépendant de Thann, engagés par Albert d'Autriche et Sigismond. (1470, 19 juin). Orig.. Parch. Etait scellé sur double queue. Arch. de la Côte-d'Or, B, 1050.

2. Trois quittances données par Bâle. Orig.. Parch.. Scellées sur double queue du sceau secret en cire verte de la ville de Bâle. Arch. de la Côte-d'Or, B, 1050.

3. Lettre du 23 novembre 1473. Orig.. Pap.. Arch. de la Côte-d'Or, B, 1051.

DEUXIÈME PARTIE

PIÈCES JUSTIFICATIVES

PIÈCES JUSTIFICATIVES

I

Les frères Albert et Léopold, ducs d'Autriche, engagent à Jean de Wahlbach, bourgeois de Bâle, pour cinq mille florins, le château, la ville et le bailliage de Florimont, tels que les possédait Marguerite, marquise de Bade [1].

Vienne, 1368, 27 avril.

1º Wir *Albrecht* und *Lùpolt* gebruedere, von Gottes gna_ den, hertzogen ze *Oesterrich*, ze *Steyr*, ze *Kernden* und ze *Krain*, graffen ze *Tyrol*, etc., tŭnd kunt offenlich mit disem brieffe allen den die in ansehent oder hoerent lesen daz wir unserm getruwen lieben *Johansen* von *Waltpach*, burger ze *Basel*, gelten soellen und schuldig sient fůnff thusing guldin, gŭtter und swerer, der gewichte von *Florentze*, die er uns an unser oehein, der graffen von *Kyburg*, geltschuld und an die schaden so dar uff gegangen sint bereit geluhen hat, die uns och *Heintzman* von *Massmúnster* wolte uff den nachgeschribenen satz gelùhen haben, un d die er nut moch ussbringen, davon haben wir, mit wolbedachtem mŭtte nach rate unsers rates die dazemal by uns warent, und mi

---

1. Archives de l'Etat de Bâle-Ville, Adelsarchiv, nº 315. Copie de 1408.

rechter wissen, durch unser grossen notdurft willen, und ze understand wachssenden schaden, dem egenanten *Johansen* von *Waltpach*, burger ze *Basel*, und sinen erben unser burg, statt und ampt ze *Blumenberg*, mit lüten, guettern, gerichten, nützen, gülten und andern zügehoerungen, als die unser liebe müme frouwe *Margerethe*, selig marggreffin ze *Baden*, hat inne gehept und genossen, und sunderlich mit der zügabe so ir uss dem ampt ze *Tattenried* darzů benempt und ussgescheiden was, versetzet und versetzent zů einem rechten, werenden phande, für die vorgenanten fünff thusent guldin, also daz si die dafür in phandes wise inne haben und niessen soellent, one abslag der nütze, also lang untz wir oder unser erben die von in loesen mit der obgenanten summen guldinen oder mit golde, mit silber oder mit phenningen, als nach gewonlichen louffe und gemeinem wechsel in der statt ze *Basel* darumb gebüret, ane geverde. — 2° Und sollent ouch sy uns der losung statt tůn und gehorsam sin, ane widerrede und verziehen, wenne wir oder unsere erben, die selber oder mit unsern gewissen botten oder brieffen, an si vorderent. — 3° Ouch soellent si die vorgenanten burg, statt und ampt, lüte, gerichte und guettere inne haben unwuestlich und unzergänglich mit soelichen nützen und vellen die wir da recht haben, ane geverde. — 4° Si soellent ouch uns und unsern erben und allen unsern houptlüten, phlegern, amptlüten und dienern die vorgenante burg und statt offen haben, uns und die unsern dar in und daruss ze lassende, und ouch dar inne ze enthaltende, zů allen unsern notdurften und sachen, wider allermengelich, niemanden ussgenomen, als offte uns des not geschicht, und wir oder unser houbtlüte oder amptlüte, alle oder dehein, das an si vordern, doch one iren merklichen schaden. — 5° Wir habent ouch uns und unsern erben ussgenomen und vorbehept alle geistlich und weltlich lehen die in der vorgenanten herschafft von uns ruerent, das ist kilchensætze und gottsgaben, alle manlehen und burglehen die man von uns sunderlich emphahen sol, als offt die ledig werdent, one geverde. — 6° Es soellent ouch in dem obgenanten satze alle unser diener, burger und lûte dienen zŭ allen unsern reisen, herferten und zogen und lantweren, und kost darumb tragen nach irem vermugen, als ander unser lute die unser ledig sint. — 7° Der vorgenanten von *Waltpach* und sin erben soellent uns ouch statt tŭn und nút wider sin ob wir zŭ der losung des egenanten satzes von den burgern und lúten die dar in gehoerent, ein stûre nemen und haben woltent, sunderst soellent uns darzŭ geraten und geholffen sin getrúwlich und fürderlich, ane alle geverde. — 8° Und dar über ze urkúnde und sicherheit heissen wir unser ingesigele henken an disen brieff, der geben ist ze *Wiene* an phintztag vor sant Philippus und Jacobs tag der heiligen zwelffbotten nach Crists gebúrte dritzehen hundert jar, dar nach in dem acht und sechtzigosten jare [1].

II

Les frères Albert et Léopold, ducs d'Autriche, assignent sur le gage de Florimont la somme de quatre-vingt-un florins que feu leur frère, le duc Rodolphe, devait à Jean de Wahlbach, bourgeois de Bâle.

Neustadt, 1368, 5 mai [2].

Wir *Albrecht* und *Lúpolt* gebruedere, von Gottes gnaden, hertzogen ze *Oesterrich*, ze *Steyr*, ze *Kernden* und ze *Krain*, graffen ze *Tyrol*, etc., veriehent und tŭnd kunt umb die einen und achtzig guldin die unser lieber brüder hertzog

---

1. Cette lettre de gage fut suivie la même année d'une autre par laquelle les ducs assignaient encore deux cents florins à Jean de Wahlbach sur la forteresse de Florimont, moyennant la promesse de celui-ci d'y employer trois cents florins à des travaux de bâtiment. 1368. Pfandbrief von hertzog *Albrechten* und hertzog *Leupolden* gebrüedern : Auf *Johann* von *Walpach*, burger zu *Basel*, umb die vest *Blumenberg* ; dem werden noch IIc guldin darauf geschlagen. Dargegen soll er IIIc daran verpawen (Thomen, 768).

2. Archives de l'Etat de Bâle-Ville. Adelsarchiv, no 315. Copie de 1408.

Rudolff selig unserm getruwen *Iohannsen* von *Waltpach*
burger ze *Basel* zů phantlos schuff, da der selbe von *Walt-*
pach nu nehste ze *Viene* lag, und die cuentzlin camerer by
sant Michel ze *Viene* solt von *Lútolten* von *Stadegg* selig
diewil lantmarschalich in *Oesterrich* enphangen haben und
des nút geschach, das wir dem obgenanten von *Waltpach*
und sinen erben die vorgenanten guldin geschlagen habent
und slahen ouch uff den satze ze *Blůmenberge*, also daz si
die daruff habent in aller der wise alz si vormals ander gelt
daruff habent. Mit urkund diss brieffs geben ze *der Nuwens-*
tatt an fritag vor Pancracy nach Crists gebürte dritzchen-
hundert und darnach in dem acht und sechtzigosten jare.

III

*Documents et note concernant le traité de mariage de
Léopold IV le Superbe, duc d'Autriche, et de Catherine
de Bourgogne (1378-1413).*

I

**Analyses sommaires d'une série de pièces formant un manuscrit
intitulé : Copies de plusieurs lettres du mariage de madame d'*Austeriche*
(1378-1407) [1].**

[Fol. j, recto]. — Cy après s'ensuiuent les copies des lettres
faites sur le traittié et pour le fait du mariage de madame
Katherine de *Bourgoingne*, duchesse d'*Austeriche*, femme
de Messire *Leupol*, duc d'*Austeriche*, qui fut filz de feu Monseigneur *Leupol*, jadis duc d'*Austeriche*, desquelles copies
collacion a esté faite aux originaulx qui sont ou tresor de
monseigneur le duc de *Bourgoingne* à Dijon, le iiij[e] jour de

---

1. Archives de la Côte-d'Or, B. 295, Original. Cahier de parchemin de vingt-
cinq feuillets. — Toutes les pièces dont on trouvera les analyses en note sous
ce document, sont des originaux sur parchemin scellés sur double queue.
Elles font également partie de l'article B, 295. Les analyses sont contempo-
raines des actes au dos desquelles elles sont écrites.

may l'an cccc et vnze par moy *Jehan Bonost*, conseiller et maistre des comptes de mon dit seigneur de *Bourgoingne* et par [1].

j. — Comment le dit feu duc *Leupol* approuue et promet tenir et faire acomplir par *Leupol* son filz tout le contenu es lettres des ambasseurs et procureurs de lui et de feu monseigneur le duc *Philippe* de *Bourgoingne* sur le traittié qui par iceulz procureurs fut fait du mariage que deuoit estre fait du dit *Leupol* le jeune et de *Marguerite*, première fille du dit feu monseigneur de *Bourgoingne* par la manière declarée es lettres des diz procureurs encorporees es lettres dont la teneur s'ensuit. [Innsbruck (*Insprucka*), 1378, 22 septembre.]

[Fol. iij, verso] ij. — Comment le dit feu duc *Leupol*, à la requeste a lui faicte de par le dit feu monseigneur le duc *Philippe* de *Bourgoingne* fait eschange et recoipt *Katherine* de *Bourgoingne*, seconde fille du dit monseigneur le duc *Philippe* de *Bourgoingne*, pour estre femme du dit *Leupol* le jeune, en lieu de la dite *Marguerite*, selon les traittié, paccions, conuenances et manières contenues ès lettres du traittié de la dite *Marguerite*, senz y riens innouer, excepté des termes du paiement des c^m frans du mariage d'icelle *Katherine*, desquelz c^m frans il doit auoir promptement xx^m frans et le demorant paier à certains termes et pour lesquelz c^m frans le dit duc d'*Austeriche* li doit assigner x^m frans de rente pour son dot à tousiours et xv^m frans de rente pour son douaire par la manière declarée és lettres dont la teneur s'ensuit. [Rheinfelden (*Rinueldie*), 1385, 20 janvier.] [2].

[Fol. iiij, recto] iij. — Comment, après le trespassement du dit feu duc *Leopol*, le duc *Albert*, son frère, aiant le gouuernement de ses nepueux, d'une part, et le dit feu monseigneur le duc *Philippe* de *Bourgoingne*, d'autre part, font certaines conuenances sur le faict du dit mariage, en faisant narracion des choses qui y auoient esté faites au viuant du dit feu duc

---

1. Le nom a été laissé en blanc,

2. De domicella *Katherina* subrogata loci *Margarete* anno. mccc octuage simo.

Leupol, qui d'icellui mariage auoit receu xx^m frans et en auoit baillé ses lettres et ad ce obligé sa terre de *Haulteclique* et du demorant qui restoit a paier de c^m frans font accord des termes, et de la manière de l'assignacion du dott de x^m frans de rente à tousiours et du douaire qui deuoit estre de xv^m frans, et ilz le moderent et ramenent a x^m frans de rente, et que le dit duc *Albert* fera confirmer le dit traittié par ses nepueux, et le dit mariage pourra estre acompli, etc., et autre chose contenu plus aplain ès lettres dont la teneur s'ensuit. [Abbaye de Luxeuil (In abbacia de *Luxovio*), 1387, 6 septembre.]

[Fol. v, verso] iiij. — Comment *Leupol*, duc d'*Austeriche*, consent, approuue et confirme ce que par feu le duc *Leupol*, son père, et le dit *Albert*, son oncle, auoit esté fait sur le traittié de mariage de lui et de la dite madame *Katherine* de *Bourgoingne* et sur la reception des xx^m frans receuz par son dit feu père, ensemble l'obligacion qu'il auoit pour ce faite de sa seignorie de *Altkilch*, et promet tenir et accomplir, etc., comme contiennent plus aplain ses dites lettres desquelles la teneur s'ensuit. [In *Jauleyo* prope *Diuionem*, 1387, 14 septembre.]

[Fol. vj, r°] v. — Comment le duc *Albert*, tant en son nom comme ayant le gouuernement de ses nepueux, et *Leupol*, son nepueu, duc d'*Austeriche*, mari de ma dite dame *Kathe-rine*, assignent à icelle madame *Katherine* xx^m frans de rente c'est assavoir x^m frans pour elle et ses hoirs à tousjours pour son dott, et x^m frans à sa vie pour son douaire, ou cas que douaire y aura lieu, etc., sur les seignories et terres décla-rées és lettres cy après escriptes, et pour les dessus dites dix, et aussi par monseigneur le duc *Philippe* de *Bourgoingne* est donnée puissance à certains leurs commis dedens nom-mez, d'en faire la prisie et de raimbre et racheter certaines dettes et obligacions dont les dites terres sont chargées, et de paier les deniers des dites charges et en prendre quittance des créditeurs, en deduccion de ce qui estoit et seroit deu des c^m frans du dit mariage de madame, et autres choses conte-nues ès lettres dont la teneur s'ensuit. [Dijon (*Diuioni*), 1387, 17 septembre.]

[Fol. vij, v°] vj. — Comment *Wuillame*, duc d'*Austeriche*, consent, aggree et promet tenir toutes les choses et par la manière qu'elles sont traittées sur le fait du dit mariage de *Leupol*, son frère, duc d'*Austeriche* et de madame *Katherine* de *Bourgoingne*. [Vienne *(Wienne)*, 1388, juin.]

[Fol. viij, r°] vij. — Cy après s'ensuit la copie d'un role où sont escriptes les parties et la déclaracion des lieux, terres, seignories, rentes et reuenus sur lesquelles madame *Katherine*, duchesse d'*Austeriche*, est assignée de ij^m frans de rente perpetuelle, pour elle et ses hoirs, et ij^m frans pour son douaire à sa vie, ou cas que douaire y auroit lieu, et en la fin du dit role sont annexées les lettres du duc *Leupol*, son mary, qui sont cy apres copiées.

[Fol. ix, v°] viij. — Cy après s'ensuit la copie des lettres du duc *Leupol* annexées parmi le role où sont escriptes les parties dessus dictes, qui a aggreable ce que par les ambasseurs et procureurs qui ont fait la prisée des terres et les rachas des obligacions dessus déclarées, a esté fait, et promet tenir et acomplir tout le contenu és traittiez du mariage, et confesse les dites rentes estre en la valeur déclarée ou dit role et estre defraines et deschargées de toutes obligacions. [Gractz (In villa de *Grayaco)*, 1392, 3 mai] [1].

[Fol. x, v°] ix. — Comment le duc *Fredric*, frère de *Leupol*, duc d'*Austeriche*, consent [et] promet tenir tout ce qui a esté fait tant par feu le duc *Leopol*, son père, et *Albert*, son oncle, comme par le dit *Leopol* son frère, sur le traittié de mariage d'icellui *Leopol* et de madame *Katherine* de *Bourgoigne*, sa femme, et les assignacions qui li ont esté faictes de son dott et de son douaire, tout selon le contenu des lettres sur ce faictes qu'il veult estre en force et vertu, comme il est plus aplain déclaré ès lettres du dit *Fredric* desquelles

---

1. Le mss. omet l'acte suivant : Vidimus de certains ambassadeurs et barons du duc d'*Osteriche* qui promettent procurer estre fait et acompli dedans la Saint Remi (13 janvier) le mariage et traittié de *Léopold*, duc d'*Austerriche* et de *Katherine* de *Bourgoingne*, selon ce qu'il a esté traitté par les lettres faites sur ledit traittié. Dijon, 1392, 5 mai. Fragments du sceau de la cour du duc de Bourgogne.

— 10 —

la teneur s'ensuit. [Feldkirch *(Velckilchen)* 1405, 8 mai] [1].

[Fol. xj, r°] x. — Comment le duc *Leopol d'Austeriche* pour xl[m] frans qu'il confesse auoir receuz sur la somme de c[m] frans pour le mariage de madame *Katherine* de *Bourgoigne*, sa femme, c'est assauoir xx[m] frans que reçupt feu le duc *Leupol*, son père, de feu monseigneur le duc *Philippe* de *Bourgoigne* et xx[m] frans qu'il a receuz de monseigneur *Jehan*, duc de *Bourgoigne*, il assiet et assigne à la dite madame *Katherine* pour elle et ses hoirs perpetuellement iiij[m] frans de rente pour son dot sur les seignories, terres et revenus et par la manière déclarée ès lettres dont la teneur s'ensuit. [Schaffouse *(Scafusa)*, 1406, 6 avril] [2].

[Fol. xij, v°] xj. — Comment *Leupol*, duc d'*Austeriche*, qui confesse avoir receuz xl[m] frans sur et en deduction de c[m] frans pour le mariage de madame *Katherine* de *Bourgoigne*, sa femme, assiet et assigne à ma dite dame iiij[m] frans de rente pour les tenir à sa vie pour son douaire ou cas quil trespasseroit auant elle sur les seignories, terres et revenus declarés es lettres dont la teneur s'ensuit. [Ensisheim *(Enseszhem)*, 1406, 6 avril].

[Fol. xiij, v°] xij. — Comment le dit duc *Leupol* confesse avoir receuz de monseigneur *Jehan*, duc de *Bourgoigne*, par la main de *Jehan Chousat*, son conseiller et trésorier, xx[m] frans en oultre xx[m] frans que le duc *Leupol*, son père, reçupt a son viuant, qui font xl[m] frans, sur et en deduction de c[m] frans, pour le mariage de madame *Katherine* de *Bourgoigne*, [Ensisheim, 1406, 8 avril.] [3].

[Fol. xiij, r°] xiij. — Comment madame *Katherine* de *Bourgoigne*, duchesse d'*Austeriche*, narrans et recitant que par monseigneur d'*Austeriche*, son mari, li ont esté assignées

1. Lettres de ratifficacion du duc *Frederic* de toutes les assignacions faictes par ses frères à Madame *Katherine* de *Bourgoingne*, duchesse d'*Osterriche*.

2. Lettres que ma dame d'*Osterriche* et les siens doivent tenir les assignaulz jusques à la restitucion de c[m] frans, senz rien rabatre des fruis. Sceau rond en cire rouge avec collet de cire jaune. Légende : + *Leopoldus* Dei gracia dux *Austrie*.

3. Lettres de recepte de xx[m] frans que le duc d'*Osterriche* a receu par la main du *Chousat*.

iiij^m frans de rente perpetuelle pour son dot, et iiij^m frans de rente à sa vie pour son douaire, ou cas que douaire y aura lieu, etc. sur les terres et reuenus declarés en ses lettres cy après escriptes, pour cause des xl^m frans et par la manière dont ès deux lettres darrainierement dessus transcriptes est faicte mencion, se tient pour contente de la dite assignacion et certiffie les dites lettres estre ad ce suffisantes, etc. [Ensisheim *(Enseszhem)*, 1406, 8 avril][1].

[Fol. xiv, v°] xiiij. — Comment le duc *Leupol* d'*Austeriche* confesse auoir receues certainnes autres lettres par lesquelles feu le duc *Leupol*, son père, auoit confessé avoir receu xx^m frans du mariage de ma dite dame *Katherine*, pour lesquelz xx^m frans et pour autres xx^m frans, quant receuz les auroit, qui seroient xl^m frans, il promettoit asseoir et assigner à la dite madame iiij^m frans de rente, laquelle rente le dit *Leupol* a assignée, et pour ce li ont esté rendues les dictes lettres de feu son dit père, etc. [Schaffouse, 1406, 13 avril][2].

[Fol. xv, r°] xv. — Comment le duc *Leupol* donne puissance à certains ses commissaires nommez en ses lettres cy après escriptes de prendre et accepter la possession de vj^m liures de terre à rachat assises et assignées à madame *Katherine* de *Bourgoigne*, sa femme, ès duchié et conté de *Bourgoigne*, pour et en lieu de lx^m frans qui li restoient à paier de c^m frans pour son mariage, et faire autre chose desd[3] contenues, et mesmement il donne puissance à *Corrard Martin*, son trésorier, de receuoir[4] en bailler quittance, etc. [Tuetlingen, 1406, 31 mai][5].

---

1. Comment ma dame d'*Ousterriche* se tient contente de l'assignacion à elle faite par monseigneur d'*Ousteriche* de iiij^m liures de rente sur les terres et forteresses ceans declairées qu'il li deuoit assigner par le traictié de son mariage, etc., pour douaire, etc., et aussi d'autres iiij^m liures de rente à elle assignées pour son dot.

2. Lettres du duc *Leupol* qui confesse avoir eu les lettres de l'assignation d'*Arteclite*, que son père auoit fait pour xx^m frans qu'il auoit receu de monseigneur le duc *Philippe* auant le mariage de ma dame *Katherine*.

3. Lacune dans le mss.

4. V. note 3.

5. Le duc *Leopol* donne puissance à *Conraut*, son trésorier, de receuoir, ou nom de lui et de ma dame sa femme, vj^m frans de rente annuelle pour lx^m frans de son dot et de faire quictance, etc.

[Fol. xvj r°] xvj. — Comment madame *Katherine* de *Bourgoigne*, duchesse d'*Austeriche*, donne la semblable puissance à ses commissaires et par la manière que ès lettres de monseigneur d'*Austeriche* darrainierement dessus transcriptes est faite mencion, et selon ce qu'il est contenu ès lettres de ma dite dame dont la teneur s'ensuit. [Tuclingen, 1406, 31 mai][1].

[Fol. xvj. v°] xvij. — Cy après s'ensuit la copie des lettres de monseigneur le duc d'*Austeriche*, par lesquelles il assiet et assigne à madame *Katherine* de *Bourgoigne*, sa femme, six mil frans de rente sur les seignories, chastelz et revenus de *Vsemberg*, *Kuzemberg* et *Kentz*[*ingen* et les] appartenances d'iceilz, pour l'acomplissement de x^m frans de rente qu'il lui deuoit assigner p[ar son traittié de] mariage pour les tenir et posséder durant la vie d'elle pour son douaire sell[2] etc. [Vienne, 1406, 28 novembre][3].

[Fol. xviij. r°] xviij. — Comment madame *Katherine* de *Bourgoigne, duchesse d'Austeriche*, a aggreable l'assignacion de vj^m frans pour son douaire, dont ès lettres de monseigneur d'*Austeriche*, son mary, darrainierement dessus transcriptes est faite mencion, et comme plus aplain est escript ès lettres de ma dite dame dont la teneur s'ensuit. [Vienne, 1406, 28 novembre][4].

[Fol. xviij, v°] xix.. — Une procuracion de monseigneur

---

1. Lettres comment madame d'*Ousteriche* enuoie trois ses ambasseurs ceans nommez pour pranre et accepter l'assignacion de vj^m tournois de rente à elle assignée par monseigneur pour lx^m frans restans à paier de son mariaige. Fragment du collet du sceau en cire jaune.

2. Lacune du mss.

3. Lettres faisans mencion de la recepcion de xl^m frans et aussi de l'assignacion de vj^m liures de rente faite par monseigneur de *Bourgoingne* pour lx^m frans qui restoient à paier de c^m frans promis en mariage, et aussi de vj^m frans assignés à madame d'*Ousteriche* pour son douhaire qui restoient à assigner, etc..

4. Lettres comment madame d'*Ousteriche* se tient aggreable de l'assignacion à elle faite par monseigneur d'*Ousteriche* de vj^m liures de terre sur les villes, terres et forteresses ceans declairées qu'il li deuoit assigner par le traittié de son mariaige, etc., auec $iiij^m$ liures ja par lui assignées sur autre terre ceans declairée pour son douaire. Sceau de Catherine de Bourgogne en cire rouge entouré d'un collet jaune.

d'*Austeriche* par laquelle il donne puissance à *Corrard Martin* de *Zoringen*[1], son trésorier, de recevoir les diz vj^m frans chascun an assignés à ma dicte dame d'*Austeriche* ès duchié et conté de *Bourgoigne*, comme plus aplain est contenu ès lettres dont la teneur s'ensuit. [Vienne, 1406, 1er décembre][2].

[xx]. — La semblable procuracion faite par madame la duchesse d'*Austeriche* pour recevoir les diz vj^m frans de rente dont ès lettres darrainierement transcriptes est faite mencion par la manière qui s'ensuit[3].

(Fol. xx, r°) xxj. — Cy après s'ensuit la copie des lettres de monseigneur de *Bourgoigne*[4], où sont encorporées celles des gens des ses comptes, lesquelles il conferme et approuue, sur l'assignacion et assiete de six mille liures tournois de rente baillées et assignées à madame la duchesse *d'Austeriche*, sa suer, à rachat de lx^m frans à vne foiz ou à pluseurs, et pour et en lieu d'iceulz lx^m frans qui restoient à paier de c^m frans pour le mariage d'elle, lesquelles vj^m liures tournois de rente li sont assignez prendre et auoir chascun an, c'est assauoir ij^m frans sur les deux foires chaude et froide de *Chalon*, à chacune mil frans. Item, sur la recepte de la saulnerie de *Salins* ij^m frans. Item sur la recepte de la trésorerie de *Dole* mil frans. Item sur la recepte de la trésorerie de *Vesoul* v^c frans et sur la recepte de *Faucoigny* v^c frans, et tout par les mains des trésoriers et receueurs des diz lieux aux termes et par la manière declarez ès lettres dont la teneur s'ensuit. [Gand (In villa nostra de *Gandauo*), 1407, 10 juin].

---

1. Corriger : *Zouingen.*

2. Le duc *Leupout* donne puissance à *Conraut*, son trésorier, de receuoir la reuenue de vj^m frans sur les foires de *Chalon*, les trésors de *Dole*, de *Vesoul* et *Faucognys* pour lx^m frans restans de la somme totale de c^m frans de dôt de ma dame d'*Osteriche*.

3. Cette pièce subsiste également en original.

4. Jean-Sans-Peur.

II

Les conventions matrimoniales de Léopold le Superbe et de Catherine de Bourgogne.

Léopold le Superbe, fils de Léopold le Preux, devait épouser Marguerite, fille de Philippe le Hardi, duc de Bourgogne, née en octobre 1374, et mariée le 12 avril 1385 à Guillaume, fils aîné du duc de Bavière. En 1378, le contrat de mariage entre Léopold et Marguerite fut approuvé par Léopold le Preux. Cette même année, Catherine de Bourgogne venait au monde. Elle fut substituée à sa sœur aînée en 1385. Les conventions matrimoniales qui avaient été arrêtées pour Marguerite furent maintenues pour Catherine, sauf quelques points où elles furent modifiées en 1385 et en 1387. Le mariage de Léopold IV et de Catherine eut lieu en 1393. Il faut voir en quoi consistaient ces conventions, et comment elles furent exécutées par les parties.

Aucune clause spéciale du traité de mariage ne déterminait le régime matrimonial. La classification officielle des régimes, et par suite la nécessité de choisir formellement entre eux ne se conçoit que sous une législation éclectique qui a recueilli des institutions de provenance diverse pour les mettre à la disposition des parties. Pendant des siècles, la coutume fixa un régime et les contrats de mariage se turent sur ce point. Léopold et Catherine étaient communs en biens. La communauté comprenait, outre les acquêts que les époux réaliseraient pendant leur union, les meubles qu'ils possédaient au moment de la célébration du mariage [1]. Toutefois, Catherine de Bourgogne se réservait en propre ses joyaux. Un inventaire en avait été dressé pour en permettre la reprise [2].

---

1. Pour les meubles de Léopold d'Autriche v. P. J. (1454, novembre), 3°.
2. Cet inventaire est aux Arch. de la Côte-d'Or, B, 295.

Catherine de Bourgogne recevait en dot un capital de cent mille francs, dont le paiement était divisé en plusieurs termes. Elle ne conservait de droits sur la succession de ses parents que s'ils laissaient des filles. Dans ce cas seulement elle pouvait prendre sa part de leur héritage, conformément à la coutume, à charge de rapporter sa dot[1].

En retour de cette dot, Léopold constituait à Catherine deux rentes annuelles : 1° Une rente de 10.000 francs. Cette rente était perpétuelle et héréditaire, c'est-à-dire qu'elle devait être servie à Catherine et, après elle, à ses héritiers, aussi longtemps que le capital dotal n'aurait pas été restitué ; 2° Une rente de 15.000 fr., qui fut réduite, dès 1387, à 10.000 francs. Cette seconde rente était viagère : elle cessait à la mort de Catherine. Elle formait le douaire conventionnel de la duchesse, sans préjudice du droit qui appartenait à Catherine de prélever sur la succession de son mari le douaire coutumier ou *morgengabe*[2]. Le duc d'Autriche était tenu de deux obligations. Il devait les exécuter au fur et à mesure des versements qui lui seraient faits sur le capital dotal. Il devait hypothéquer des domaines pour garantir le remboursement des deniers dotaux. Il devait constituer la rente dotale et la rente du douaire au prorata du montant des sommes qui lui étaient payées, à raison de 1.000 fr. de rente de chaque espèce pour chaque 10.000 fr. de capital[3]. Les deux rentes devaient être assignées sur des domaines que Léopold proposerait au duc de Bourgogne. Ces terres devaient être

---

1. Si vero tempore obitus dictorum dominorum ducis et ducisse *Burgondie* sint liberi eorumdem feminini sexus tantummodo tunc prefata domicella *Margareta* ad successionem eorumdem admittetur, si voluerit, secundum consuetudines, vsus et obseruantias patriarum, predicta centum milia francorum in communi reportando (Fol. 2, vᵒ).

2. Concordauimusque (Léopold le Preux) et dictis ambassiatoribus dicti domini ducis *Burgundie*, nomine quo supra, promisimus et cum ipsis conuenimus quod predicta domicella seu eius heredes ad bona eiusdem domini ducis *Leupoldi junioris* (Léopold le Superbe) admittatur, iuxta patriarum consuetudines siue vsus et obseruancias, premissis non obstantibus (c'est-à-dire le douaire conventionnel. Fol. 3, rᵒ). En marge une main dessinée indiquant ce passage et ces mots d'une écriture de la même époque : Nota du morgengabe.

3. Pro ratis solucionis dicte dotis (Ensisheim, 1406, 6 avril).

situées dans le comté de Ferrette[1]. Si leur valeur n'était point suffisante, le duc d'Autriche pouvait offrir des terres situées en deçà du Rhin. Ce n'était que dans le cas d'insuffisance des possessions de la rive gauche que la Maison d'Autriche était autorisée à proposer des domaines transrhénans. Mais tous les domaines situés hors du comté de Ferrette devaient être choisis parmi les plus voisins du pays de Bourgogne[2]. Les ducs de Bourgogne et d'Autriche devaient commettre chacun deux personnes compétentes pour estimer les domaines. Il était convenu qu'une fois les opérations préliminaires accomplies, les domaines sur lesquels la rente dotale était établie seraient remis aux deux époux ou à l'un d'entre eux. La duchesse entrait par conséquent de suite en possession des terres assignées. Ordre était donné aux vassaux et sujets de lui faire hommage et serment de fidélité. Elle nommait les capitaines et les autres officiers, et ceux-ci devaient lui répondre des fruits et revenus. Au contraire, pour les terres grevées de la rente constituée en douaire, l'entrée en jouissance était retardée jusqu'à la mort de Léopold.

Le contrat de mariage reçut un commencement d'exécution plusieurs années avant le mariage. En 1385 ou 1386, un acompte de 20,000 francs avait été payé à Léopold-le-Preux par Philippe-le-Hardi. Le père de Léopold IV avait hypothéqué la seigneurie d'Altkirch pour cette somme. Après la mort de Léopold III, les tuteurs de Léopold-le-Superbe prirent des mesures pour préparer l'assignation des deux rentes de 10,000 fr. dont le cinquième devait être immédiatement constitué, à raison de ce premier versement. Ils assirent la rente stipulée en douaire sur le château et la ville de Thann[3]. Quant à la rente dotale, l'assignation en eut lieu sur les châ-

---

1. In comitatu *Ferretarum*.

2. Alioquin quod superfuerit in et super eiusdem dominii ducis *Austrie* aliis terris et possessionibus proximioribus patrie *Burgundie* citra fluvium *Reni* existentibus (Fol. 2, rᵒ). Pour les domaines transrhénans : propinquiores (Fol. 3, rᵒ).

3. Super castro et opido de *Tanne* (Dijon, 1387, 17 septembre, Fol. 7, vᵒ).

teaux et les villes de Héricourt et de Belfort, le château de
Rosemont, les villes de Massevaux et de Bergheim, les châteaux et les villes de Florimont, de Delle, d'Altkirch, d'Ensisheim, le château de Landser, celui d'Ortenberg avec la
vallée d'Albrechtsthal, et la ville de Rougemont [1].

Plusieurs de ces domaines, Florimont par exemple, étaient
alors engagés et grevés d'hypothèque. Les commissaires institués pour la prisée des domaines recevaient en même temps
le mandat de procéder au paiement des créances à la sûreté
desquelles ces terres étaient affectées. Les sommes payées
aux créanciers valaient emploi de la dot. Ou bien les commissaires n'exécutèrent pas cette partie de leur mandat, ou
bien ils furent arrêtés dans l'accomplissement de leur mission par le défaut d'argent, car les engagistes paraissent être
demeurés en possession des seigneuries qu'ils détenaient.

Les choses restèrent en l'état jusqu'en 1406. Cette année-là
fut remplie par de nombreuses négociations. La Cour de
Bourgogne, qui n'avait encore donné que 20,000 francs fit,
au commencement du mois d'avril, un paiement d'une
somme égale au premier versement. Catherine se trouvait
donc désormais créancière de deux rentes de 4,000 francs
chacune. Les assignations furent remaniées et, semble-t-il,
réduites par deux actes du 6 avril. Pour le douaire, Catherine reçut le domaine et la ville d'Endingen. La rente dotale
fut constituée sur les châteaux et les villes d'Altkirch et de
Belfort, avec les villages de l'Assise, de Danjoutin, d'Offemont, de Chèvremont, de Brusagurt, le château de Rosemont, la ville de Massevaux et le château de Landser [2]. Puis
successivement, dans les jours qui suivirent, Léopold don-

1. Super castro et opido de *Elicurt,* castro et opido de *Bedefort,* castro de
Rosenuels, opido de *Masmenster,* opido de *Bergheim,* castro et opido de *Fer-
retis,* castro et opido de *Bluomenberg,* castro et opido de *Dela,* castro et opido
de *Altkilch,* castro et opido de *Ensishein,* castro de *Lendeser,* castro de *Ortenberg* cum valle *Albrechtstal* et opido de *Rotenberg* (Fol. 7, v°).

2. Super castro et opido de *Altikilch,* castro et opido de *Bellifort,* cum villis
de *Easchisen,* de *Anschotin,* de *Offernans,* de *Geissemperg,* de *Brusagurt,* castro de *Roseomonte,* opido *Vallis Masonis,* castro de *Lanndser* (Schaffouse,
1406, 6 avril, B, 295).

nait quittance à son beau-frère, Jean-sans-Peur, dans le même acte il renouvelait la quittance du premier versement, Catherine de Bourgogne acceptait les nouvelles assignations ; enfin, l'hypothèque constituée par Léopold-le-Preux sur Altkirch était annulée et la cédule hypothécaire remise à Léopold-le-Superbe.

Jean-sans-Peur devait encore à sa sœur la plus grande partie de la dot, 60,000 francs. Il fut convenu que le capital ne serait pas exigé, mais que Jean-sans-Peur fournirait une rente de 6.000 francs. Dès le 31 mai, Léopold donnait pouvoir à son trésorier d'Ensisheim, Conrad Martin de Zofingue, de recevoir les arrérages de cette rente. Mais il restait deux choses à faire. Jean-sans-Peur devait indiquer la manière dont cette rente serait servie, autrement dit les recettes de ses domaines sus lesquelles la rente serait assise. De son côté Léopold devait faire l'assignation des 12,000 francs de rente qu'il était d'ores et déjà tenu de constituer à sa femme pour le reliquat de la dot. Il est probable que les assignations précédemment faites étaient surabondantes, puisque les nouvelles assignations, acceptées par Catherine de Bourgogne le 28 novembre seulement, ne portaient que sur trois domaines, Ysemberg, Kuremberg et Kentzingen, et ne se rapportaient qu'au douaire[1]. En même temps, Jean-sans-Peur s'était acquitté de l'obligation qui lui incombait, car, dès le 1er décembre, Léopold adressait à son trésorier Conrad le mandat de percevoir la rente sur les recettes suivantes : 2,000 livres sur les foires de Châlon, 2,000 livres sur la saunerie de Salins, 2,000 livres sur les recettes des trésors de Dole, Vesoul et Faucogney[2].

---

1. Super dominio, castro et opido nostro *Ysenberg, Kuremberg* ac *Kentzingen*, pro complemento dotalicii sui (Vienne, 1406, 28 nov).

2. Deux autres actes (B, 296), l'un postérieur de quelques jours seulement à la mort de Léopold, l'autre de 1413, semblent montrer que Jean-sans-Peur ne remplit pas régulièrement ses obligations, et qu'il finit par les réduire : 1° Quittance de ma dame d'*Osterriche* de iiij^m francs qu'elle a receu au mois de juing mcccc et xj. Ensisheim, 1411, 25 juin. Original. Parchemin. Etait scellé sur double queue du sceau de Catherine de Bourgogne ; fragments du sceau. — Ces 4,000 francs venaient d'être payés à Catherine par son frère con-

IV

Le duc Léopold d'Autriche confirme et renouvelle au comte Bernard de Thierstein les lettres portant engagement de la seigneurie de Florimont pour la somme de cinq mille quatre cents quatre-vingt-un florins, transmises à celui-ci par sa mère Adélaïde, marquise de Bade et dame de Belfort, qui avait acheté le gage de feu Jean de Wahlbach, bourgeois de Bâle.

Thann, 1399, 19 août [1].

1° Wir *Lúpolt*, von Gottes gnaden, hertzog ze *Oesterrich*, ze *Steir*, ze *Kernden* und ze *Krain*, graff ze *Tyrol*, túnd kund das fúr uns kam der edel unser lieber öhein graff *Bernhart* von *Thierstein* und zöuget uns einen satzbrieff von unserm lieben vatter hertzog *Lúpolten* und unserm lieben vetter hertzog *Albrechten* seligen gedechtnússe, da mitte unser veste *Blŭmenberg*, mit aller ir zŭgehörung, wilent *Johansen* von *Waltpach* burger ze *Basel* versetzet was umb fúnff thusing guldin, und aber den selben satz die edel unser liebe mŭme *Adelheit*, marggreffin ze *Baden* und frouw ze *Befurt* des vorgenanten graff *Bernhartz* mŭter, umb die ege-

---

formément « à une cédule devisée naguère entre elle et sa belle-sœur la duchesse de *Bourgogne* ». Celle-ci, est-il dit dans la quittance, avait mandat de son mari au sujet : 1° D'une somme de 6,00) francs promise en dot à la duchesse d'Autriche par feu son père ; 2° de l'assignal fait pour cette somme de 6,000 livres tournois de rente annuelle, et 3° des arrérages de cette rente qui n'ont pas été payés. La quittance se rapporte donc à un paiement d'arrérages échus de la rente substituée en 1406 au reliquat du capital de la dot. — 2° Récépissé des lettres du nouvel assignal que monseigneur le duc a fait à ma dame d'*Osteriche, à Gray*. Ensisheim, 1413, 2 octobre. Orig . Parch.. Etait scellé sur une double queue encore appendue à l'acte, du sceau de Catherine de Bourgogne. Catherine reconnaissait que le duc de Bourgogne, son frère, lui avait assigné une rente viagère de 5.6)0 francs sur le château et la ville de Gray. — Il ne faut pas perdre de vue que Catherine n'ayant pas eu d'enfant de son mariage avec Léopold, à sa mort sa dot devait faire retour au duc de Bourgogne son unique héritier. Par conséquent la rente de 6.000 francs devait s'éteindre à ce moment.

1. Arch. de l'Etat de Bâle-Ville. Adelsarchiv. n° 315. Copie de 1408.

nanten fünff thusing guldin, mit der vorgenanten unsers
vatters und vetters willen und gunst, an sich erlediget und
erlöset hett, und die selben gunstbrieffe die ir von in darúber warent gegeben von handen kommen und verloren
werent, alz er uns ze erkennende gab, und darnach zwen
briefe von den vorgenanten unserm vatter und vettern umb
vierhundert guldin, und och von den selben einen brieff
umb einen und achtzig guldin, dasselbe gelt in alles uff die
obgenante phantschafft wart geslagen und bringet die summe
der egenanten brieffen fünff thusing vierhundert und ein und
achtzig guldin, nach der selben briefen lut und sage, so er von
in darumb hat, und batt das wir im dieselben briefe über die
vorgenanten pfantschafft gerüchen ze bestetende und ze ernú-
werende. — 2° Das haben wir getan und habent dem vorgenanten unserm öheim die selben phantschafft bestätiget und
ernúweret, bestetigent und ernuwerent wissentlich mit dem
brieffe was wir in ze recht daran bestætigen sollent oder
mögent, also das er und sin erben die egenante phantschafft
Blumenberg mit ir zügehörung in satz wise von uns, unsern brudern und erben inne haben und niessen söllen, ane
abschlag der nútze, fur die obgenanten fünff thusing vier hundert und einen und achtzig guldin, alz lang untz das wir die
von ime, umb die obgenanten summe geltes, ledigen und erlö-
sen. — 3° Si söllent uns ouch mit der obgenanten vestin gehorsam und gewertig sin, und ouch der losung statt tün, nach
der briefen lut und sag, so sy darumb habent, one geverde.
— 4° Mit urkunde dis brieffs geben ze *Thanne* am zinstag nach
Unser Frouwen tag Assumpcionis nach Cristi gebúrte drit
zehenhundert jare und darnach in dem nún und núntzigos-
ten jare.

V.

*Le duc Léopold d'Autriche vide un différend entre la ville
de Florimont et les villages relevant de la ville.*

Thann, 1400, 13 août [1].

Burgermeister und rat zu *Blumberg*.

Wir *Leupold*, von Gottes genaden, hertzog ze *Oesterrich*,
ze *Steir*, ze *Kernten* unnd ze *Krain*, graf zu *Tirol*, etc., thundt
kund, als stöss gewesen sind zwüschen der stat *Blumberg*,
eins teils, und den dörffern unnd dem lanndt die gen *Blumberg* gehörend, am anndern teyl, von des prennholtz farndes
wegen uss die fest gen *Blumberg*, und ouch von cossten
wegen brief zetragende in demselben ambt, zu denselben
sachen und stössen, wir unnsern lieben getrewen *Fridrichen*
von *Hadstat*, unsern lannduogt, und annder unnser rete mitsambt in, geschicklht hanndt, die zebesehende zeuerhören,
und, von unnsern wegen, zwüschen inen usszetragen, die
ouch das also gethan und für unns pracht haben, und noch
dem als sy das erfunden und für unns prachten unnd euch
noch gelegenhait der sachen. maynent und wellendt wir das
der egenannt stat an dem egenannt cossten prennholtz
zefuerende und brief zetragen, geben sollen, ieglichs iars,
newn phund phening stebler, davon emphelhen wir und
gepietten euch den burgern zu *Blumberg* in der stat, daz sy
daz vorgenannt gelt, ein yeglichs iar, also an dem vorgeschriben costen prennholtz zefurend und brief zetragen uss-
richtendt und gebend, wann das also gänntzlich unnser
maynung ist. Mit urkund dits briefs, geben ze *Thann* an
freitag nach sannd Laurencien tag nach Cristi geburdt in
dem viertzehenhundertisten iare.

Dominus dux per consiliarios [2].

1. Arch. provinciales d'Innsbruck. Cod. 41, fol. 694
2. Diser hieobgeschriben brief at kain sigl.

VI

Léopold, duc d'Autriche, sur la prière du comte Bernard de Thierstein, engagiste de la seigneurie de Florimont, réunit à cette gagerie les revenus de l'eschief, tailles. redevances en grains. en cire et en poules.

1400 (n. st.), 31 décembre.

1° Wir *Lúpolt*, von Gottes gnaden, hertzog ze *Oesterrich*, ze *Steir*, ze *Kernden* und ze *Krain*, graffe ze *Tyrol*, etc., tŭn kunt, als unser herschafft *Bluomenberg* des edeln unsers lieben öheimes graff *Bernhartz* von *Thierstein* phand von uns ist, also kam fúr uns der selbe graff *Bernhart* und gab uns ze erkennend wie die eschife, mit aller zŭgehörunge, in das selbe sin pfand *Bluomenberg* gehöret, und das wir aber die inne hetten, und batt das wir im die zuo dem egenanten sinem phande liessent volgen. — 2° Nu haben wir desselben unsers öheims graff *Bernhartes* flissige bette und ouch die kuntschafft, so er darumb fúr uns brachte, angeschen, und haben im die nútze der vorgenanten eschife, es sien stúren, geträid, wachs oder huenre, ussgenommen der uberstúre gewaltsam der lúte und velle und benne, die wir uns vorbehept habent, in das egenant sin phand *Bluomenberg* gegeben, und gebent och wissentlich in sölicher masse das er und sin erben die selben nútz fúrbass, mit sampt der egenanten unser herschafft *Bluomenberg*, in phandes wise, inhaben, innemen und niessen söllen, alz lang uncz wir die mit der summe geltes, dar umb si im, nach siner brieffen sage, die er darumb von uns hatt, versetzet ist, lösen und erlidigent. — 3° Der selben losung si uns statt tŭn söllent, wenne wir des begerent. — 4° Davon emphelnen wir unserm ampt-

<hr>

1. Archives de l'Etat de Bâle-Ville. Adelsarchiv, n° 315. Copie de 1408.

man ze *Tattenried*, wer der ye ze den ziten ist, daz er dem
egenanten graff *Bernharten*, unserm öheim und sinen erben
die nútze der vorgenanten eschife[1], also ierlich reiche und
volgen lasse, alle die wile und si unser egenanten herschafft
Bluomenberg von uns in phandes wise innehabent.— 5° Das
ist gentzlich unser meynung. — 6° Mit urkunde dis brieffs
geben ze *Ensissheim* an frytag nach dem Heiligen Win-
nachtage nach Crists gebúrte in dem viertzehenhundertisten
und ein jare.

VII

*Léopold, duc d'Autriche, donne à Frédéric de Hatstat, son
grand bailli en Alsace et Sundgau, les fiefs et les biens
que possédait Jean Thiébaud de Delle, à l'exception du
bodenwein à Florimont, qu'il se réserve.*

Innsbruck, 1401, 13 septembre [2].

Wir *Lupoltt*, von Gottes genaden hertzog zue *Osterreich*,
zú *Stiern*, zú *Kernden*, zú *Krain*, graff zú *Tiroll* tun kunth
das wir unserm lieben getreuwen *Friderichen* von *Hattstatt*,
unserm landtvogt in *Elsas*, im *Suntgaw* und *Breissgaw*,
von sondern gnaden gelihen haben alle die guttere und lehen
so von *Hansen Tieboltten* von *Tattenriedt* uns ledig worden
sintt und die er gelossen hatt, aussgenomen des boden wein
zú *Blummenberg*, den wir uns vorbehalten haben, und
leihent auch wissentlich was wir imbe zú recht daran lihen
sollen oder mügen, also das er und sein erben, die fürbasser von uns, unsern brüdern unnd erben, in lehens
weiss inhaben und niessen sollen, als lehens unnd

<hr>

1. Eschié. Eschief. Eschivium. Escheuta. L'*eschief* était une redevance en
nature ou en argent, chevage, taille, cens, convenue par acte d'abonnement
ou d'affranchissement entre le seigneur et ses sujets.

2. Arch. de l'Etat de Bâle-Ville. Adelsarchiv, H3ᵃ, nᵒ 10. Copie du xvıᵉ siècle.

landes recht ist, das sy uns auch da von thún und gehorsam
sein als lehenleütt iren lehenherren billich thún sollen und
gebunden sind, on geverde. Mitt urkundt dis brieffs geben
zú *Insprugg* am zinstag vor des Heiligen Creutzs tag Exalta-
tionis nach Christus gepurtt in dem vierzehenhundersten
und dem ersten jare.

VIII

Catherine de Bourgogne, duchesse d'Autriche, abandonne à la ville de Florimont le droit d'angal.

Ensisheim, 1404, 26 février [1].

Wir *Katherina* von *Burgunden*, von Gottes genaden,
herzogin zu *Osterrich*, ze *Steir*, ze *Kernnten* und ze *Crain*,
grafin ze *Tirol*, etc., thun kundt, das wir angesehen unnd
betracht haben notturfftig buw und gebresten, die unnser
stat *Blumberg* anligend, und von ernnstlicher fleissiger
bet wegen unnser armen burger daselbs und euch von
sonndern genaden, haben wir in gegeben und geben auch
inen wissenlich mit dem brief, unser ungelt, so wir in der
egenannten stat *Blumberg* und in den dorffern die darzu
gehorend, haben sollendt und unns daselbs gefallendt, in
aller der massen als das bisher gehebt hand, doch also, das
sy dasselb ungelt an die egenannten stat legent und damit
notturfftig buw und gebresten, es sig an muren oder an
anndern redlichen dingen derselben stat, verkomen und
thun sollent, unz an unnsers lieben herren und gemahels
und unnser widerrueffen. Urkunde diz briefs, geben ze
Ensisheim an zinstag nach dem sontag Reminiscere, anno
Domini, etc., quadringentesimo quarto. Domina ducissa
per se.

1. Archives provinciales d'Innsbruck, Cod. 41, fol. 694.

IX

*Catherine de Bourgogne affranchit de la mainmorte
ses sujets d'Etueffont et de Vézelois.*

1412, 1ᵉʳ mai [1].

Doné par copie translatée dou tiaux en roman. Nous,
Katherine de *Bourgoinne*, par la graice de Deu duchesse
d'*Osterriche*, de *Steir*, de *Kernden* et de *Krain*, contesse de
Tirol, etc., faiçons sauoir que par deuant nous viendrent
nous fiables subiecs les gens des deux mairiez de *Estiofon* et
de *Vesalat*, lesquelles sunt apartenant à nostre seignerie de
Rosemont, et nous proposerent come il estoient poures gens
et tres fort chargiez de labeur et dure pene, tellement que il
et leur anfans ne se poient bonement cheuir, de quoy par
auenture nous reuenuez decy en auant et biens pourroient
deuenir à niant et húetez, et nous supplirent humblement,
come pour Deu, nous vuillessiens iceu regarder et lour de la
piere de prencasse faire grace especiale que nous lour lais-
sioiens juis l'eschoite de leurs biens qu'est estey iusques icy,
est asauoir que, quant vng trespassoit, adonques encontenant
nous estoit eschoit nommement la meliour beste après la
premiere que il auoit laissier, pour ceu que il decy en auant
nous puissient tant meulx contenter et toutes aultres obeis-
sances de quelles il nous sunt atenus, acomplir, en qui auons
nous regarder et auiser iceste leur prière, desir et necessité,
et pour ceu nous leur faiçons saichement iceste graice, que
lour ne lur hoirs et apartenans, ou temp auenir, ne soient
pas plúx atenúz de paier icelle eschoite. Et pour ceu dauont
estre de nous et nous officieurs et vng eschcún aultrez demo-
rer entierement sans leur enpagier, sans fraude, car nous

---

1. Arch. de la Côte-d'Or, B, 1047. Pap.. Copie du xvᵉ siècle non scellée.

iccu voulons et est nostre entancion très faicte. Par tesmoi-
gnaige de ceste lettre donée à *Ensesheinn* le juefdy jour de la
saint Philippe et saint Jacques, apostres, ou moy de may
l'an courrant de la Natiuité Jhesu Crist xiiijᵉ et douze
ans.

X

Lettres de Frédéric, duc d'Autriche, à Catherine de Bour-
gogne, tendant à la restitution des forteresses que la
duchesse retient en vertu de son traité de mariage.
Copies translatées de thiox en françois des darraines let-
tres tramises à Madame d'Austeriche *depart le duc*
Fridrich d'Austeriche.

Ensisheim, 1414, 24 novembre — 6 décembre [1].

I. — Haute princesse et chiere suer. Nous enuoions ver toy
nous amez et feaulx *Fridrich* de *Hatstat, Jehan* de *Wolkens-*
tein, mastre d'ostel de notre amée moulier, et *Wernhier*
Hadmanstorffer, nous consilliers proprement informez de à
toy rappourter et entreparler à ta plasence, d'aucunes chouses depart nous, et prions ta dilection par especiale diligence
en ce que iceulx te rapourteront et parleront de part nous,
que en ce leur croies entièrement comme à nous mesmes.
Donné à *Engueshein* le lundi deuant la Saint Andreus
(24 novembre), anno etc. ccccᵒ xiiijᵐᵒ.

Fridrich par la grace de Dieu duc *d'Austeriche*, etc.
A haute princesse notre chière suer dame *Katherine* de
Bourgoingne, duchesse d'*Austeriche*, etc.

II. — Haute princesse et chiere suer. Comme nous auons
ier eu nous consilliers deley toy requerir d'aucunes necessi-
tez de nous et de nous fourteresces, lesqueles tu tiens en
manière dez biens de mariage, selonc teles lettres comme

---

1. Arch. de la Côte-d'Or, B, 296. Copie de l'époque. Pap..

nous d'une part et d'autre auons sur ce donné, sur quoy tu nous as respondu que tu veulx mander tez consilliers et auoir conseil au quel jour tu puisses venir ver nous et tenir à nous journées amiables, or nous estent tant de grosses besoingnes d'entre mains à cause de Nostre Saint Père le Pape, Monseigneur le Roy des Romains et du Concile, de quoy nous auons continuel mandement et ne pouons à la longue attandre teles journées, pour ce prions ta dilection par especial diligence, que dez demain en octt jours, ce est le vendredy après la sainte Barbara (7 décembre), tu viengnes icy ver nous au lieu d'*Engueshein*, et pour toutes chouses tiengnes à nous journées amiables, et amainnes auec toy tez amis et consilliers desquelx tu cuides mieulx valoir en telx chouses, ce voulons nous aussi faire, et lors nous amiablement entreparler de toutes chouses, et aussi de toutes chouses faire une fin finable, et de tout ce que tu ou nous debuerons par droit et par rason mieulx valoir ou nous tenir, que ainsi demourest de là en auant. Especialment prions ta dilection, que tu veulles outroier à nous et à nostre moulier d'estre celi termine icy à *Engueshein* dedens le chastel, en despendant nostre argent, et nous y voulons chessier et estre joieux et attandre ta dilection. Et quand lors te plara de cy venir, nous te voulons volunticrs disceder et traire aual en l'ostel du *Hadmanstorffer*. Tout ce que en ce te soit en auis ou en courage, ce nous laisse tantost par cest message sauoir par escript. Donné à *Engueshein* la vigile de la Saint Andreus (29 novembre) anno Domini, etc., cccc° xiiij^m^.

Se[1] ta dilection a en aduis que tu nous veulles celi temps outroier ou chastel, ce rescrip à ceulx que tu y as laissié et recommande ledit chastel, que ainsi nous y laissent entrer, et aussi le nous faces ains sauoir que selonc ce nous sachiens à ordonner.

Fridrich par la grace de Dieu duc d'*Austeriche*, etc. A haute princesse notre chière suer, dame *Katherine* de *Bourgoigne*, duchesse d'*Austeriche*, etc.

---

1. [En marge :] Vne cedule en icelle lettre.

III. — Haute princesse et chière suer, si comme ores tu nous a escript, ce auons nous bien entendu. Or nous ont prié ceulx de *Basle* que nous leur auons outroier de parler en ceste chouse, desquelx nous attandons la responce, et selonc ce que icelle en soy mesme sera faiçonée, ce voulons laisser savoir notre entencion. Donné à *Engueshein* au jour de Saint Nicolas (6 décembre), anno, etc., xiiij^mo.

Fridrich par la grace de Dieu duc d'*Austeriche*, etc. A haute princesse notre chière suer, dame *Katherine* de *Bourgoingne*, duchesse d'*Austeriche*, etc.

IV. — Haute princesse dame *Katherine* de *Bourgoingne*. Nous *Fridrich* par la grace de Dieu duc d'*Austeriche*, de *Stire*, de *Karinthe* et de *Corniole*, conte de *Tyrol*, etc., te lassons sauoir, ainsi comme tu n'as pas tenues ansois trespassées, si comme il est venu en nostre notice, les lettres que nous auons de toy à cause de nous fourteresces, lesquelles tu tiengs de nous pour l'auoir de ton mariage, par quoy lesdites nous fourteresces pourrient venir en estranges mains, pour ce voulons nous tendre apres nous dites fourteresces et pencer d'icelles ramener à nous mains, pour quoy elles ne nous soient estraingies. Et de ce voulons aussi auoir sauue nostre honnour ver toy, tous tez aidans et les tiens par tesmoing de ces lettres. Donné a *Engueshein* au jour de la Saint Nicolas. Anno Domini, etc., quadringentesimo quarto decimo.

XI

Lettre comme Pluomberg fust engaigie es mains du conte de Thierstein pour la somme de quatorze cens florins d'or.

Ensisheim. 1421, 16 avril[1].

1° Wir, *Anna von Brunswick*, von Gots gnaden, hertzogin ze *Oesterrich*, ze *Steyr*, ze *Kernden* vnd zuo *Krain*,

---

1. *Cartulaire des seigneuries gageries*, fol. 78, r°.

grefin ze *Tyrol*, etc., tun kunt aller menglichem vnd bekennen offenlich mit disem gegenwürtigen brieff, daz wir, mit zitlicher vorbetrachtung, nach rate vnser rete, vnd besunder von solichs gewalts wegen, den wir haben von dem hochgeborn fürsten vnserm lieben herren vnd gemaheln hertzog *Fridrichen*, hertzogen zuo *Osterrich*, etc., des wir im ein vidimus gegeben haben, vnd ouch an statt vnd innamen desselben vnsers herren vnd ge [1] mahels, siner bruder, vetter vnd erben, dem edeln vnserm lieben ohem graff *Hansen* von *Tierstein* vnd sinen erben ingegeben vnd verschriben haben, ingeben vnd verschriben, in eins rechten werenden phandes wise, wissentlich in dem namen als vorstat, mit krafft ditz gegenwürtigen brieffs, die veste, das ambt vnd die statt *Blumberg*, in *Basler* bystum gelegen, mit allen vnd yeglichen iren lüten, gerichten, herlikeiten, wildbennen, dörffern, tzwingen, bennen, stüren, nützen, zinsen, büssen vnd bessrungen, gütern, ackern, matten, holtzen, welden, wassern, wasserünsen, vnd mit namen mit allen andern iren zügehörden, genempts vnd vngenempts, nichts vssgenommen, wie die herrschafft von *Osterrich* dasselb sloss vnd ambt, mit allen vorgeschriben vnd gemeldten stücken, von alter loblicher gewonheit inngehebt, harbracht vnd genossen haben, für vierzehenhundert Rinischer gulden güter, an gold genger vnd geber, derselben summa gulden er vns fünff hundert berait vssgericht vnd gegeben hatt, das übrig wir im von redlicher schulden zerung vnd andern kosten wegen, als sich das mercklicher, wissenthaffter vnd kuntlicher rechnung vor vns vnd vnsern reten erfunden hatt, schuldig bliben syen, des wir vns erkennen darumb. — 2° So sol der vorgenant. vnser ohem graff *Hanns* von *Tierstein* vnd sine erben, die egenante veste *Blümberg*, die statt vnd das ambt daselbs, mit allen den lüten, nützen vnd andern stücken, zügehörden, als die dauor geschriben vnd begriffen sint, in phandes wise, ane abslag der nütz, rüwelich innhaben, besetzen vnd entsetzen, nützen vnd niessen, nach irer notdurfft vnd geual-

<hr>

1. Fol. 78, v°.

len, vngehindert vnd vngeret von dem vorgenanten vnserm
lieben herren vnd gemahel, sinen brueder, vetter[1] vnd erben
vnser, vnd aller menglichs, von iren wegen, ane geuerde. —
3° Wir gereden vnd besprechen auch mit disem brieff für
den yetzgenanten vnsern herren vnd gemahel, sine brüder,
vetter vnd erben, den obgenanten graff *Hansen* von *Tierstein* vnd sine erben by der egenanten pfantschafft, mit allen
vorgeschribenen stücken vnd zügehœrden, nichtz vssgenommen, getruwlich lassen zŭ beliben, vnd inen daran
dheynerley intrag, noch irrung, schaden oder bekúmbrung
zetŭn, noch solichs schaffen oder gestatten getan werden in
dhein weg, sunder in vnd sine erben daby gnedicligh zuo
hanthaben, vnd zuo schirmen, vnd in allen stücken vnd artickeln in disem gegenwúrtigen brieff geschriben vnd begriffen, des egenanten graff *Hannsen* von *Tierstein* vnd siner
erben getrúwer vorstand, wer vnd versprecher zŭ sinde,
gegen aller menglichem, vnd an allen den enden da sy des
notdúrfftig werden. — 4° Und sollen ouch daruff alle amplúte
vnd vndertanen daselbs, wer die ie zŭ zyten sind, im vnd
sinen erben alles das tŭn, vndertenig, pflichtig vnd verbunden sin, des sy der herschafft von *Osterrich*, bis har von
recht harkommen vnd gewonheit verbunden gewesen sind,
so lang vntz vff den tag daz das vorgenant sloss, statt vnd
ambt von inen, vmb die vorgeschriben summe vierzehenhundert gulden, mit den versessen geuallen vnd vsstande-
nen nützen, stúren vnd gúlten, die inen denn zŭmal, als man
die losung tŭn wil, versessen, geuallen wéren, vnd vsstún-
den, gelediget vnd geloset werden. — 5° Doch so sol der
vorgenant graff *Hanns* von *Tierstein* vnd sine erben, die
selben lúte alle by iren fryheiten, rechten gewonheiten,
harkommen, vnd by iren ierlichen stúren, diensten, zinsen,
gúlten, nützen vnd vellen, als[2] sy die herrschafft von *Osterrich* bishar ze reichen vnd ze geben pflichtig gewesen sint,
lassen beliben, vnd sy darúber nicht drengen, ane geuerde.

1. Fol. 79, r°.
2. Fol. 79, v°.

— 6° Ouch, von des kriegs wegen den er hatt mit... dem von *Wyler*, den sol er, noch sine erben, fúrbasser in das sloss, burg vnd statt *Blumberg*, darus noch darin, als lang der hinfúr weret, nicht triben. — 7° Were aber ob in, oder sine erben, oder dehein ir frúnd andrer krieg vnd sachen gen *Burgunden* ankemen, vnd die sy vss demselben sloss oder darin triben, vnd sich also damit behelffen wolten, so sol graff *Hanns* von *Tierstein*, oder sine erben, den egenanten vnsern herren und gemahel, oder sin erben, ob er abgangen were, ermanen die losung, von desselben slosses wegen, ze tŭn, vnd, ob die losung, nach derselben vordrung vnd manung, in den nechsten dryen monaten nicht geschehe, so mugen sy vss demselben sloss dannenthin all ir sachen vnd krieg triben, vnd sich darus vnd darin zuo allen iren nöten vnd geschefften behelffen, nach ir notdurfft, vnd das iren frúnden ouch gúnnen vnd gestatten, ob inen das geuallet. — 8° Ouch sol das vorgenant sloss, burg vnd statt *Blŭmberg* der herrschafft von *Osterrich* vnd vnser offen huss sin zŭ allen iren nöten vnd geschefften, wider allermenglichen, doch ane der egenante graff *Hannsen* vnd siner erben mercklichen schaden. — 9° So haben wir ouch der egenanten herschafft von *Osterrich* vnd vns, von iren wegen, harinn vorbehalten all landschatzungen vnd lantreisen, daz die lúte daselbs die pflichtig syen ze tŭn, als anderer der herrschafft von *Osterrich* lúte vnd vndertane [1] in dem land zŭ *Suntgaw* vnd zŭ *Elsass*, vnd dawider sollen der egenant vnser ohem von *Tierstein*, sin erben, noch nyeman anders, von iren wegen, gar nichtz fúrziehen, noch ze wort haben, ane geuerde. — 10° Wann ouch die herrschafft von *Osterrich*, oder wir, oder anderer die, von iren wegen, iren gewalt haben, das vorgenant sloss vnd ambt *Blŭmberg* lösen wellen, so sollen vnd wellen wir im oder sinen erben die vorgenanten vierzehendundert gulden gúter, an gold genger vnd geber, antwurten gen *Basel* in die statt oder drye milen wegs darumb, in welichs sloss sy wellen, zŭ iren handen vnd gewalt, doch

---

1. Fol. 80, r°.

daz sy der versessen vnd vsstanden nützen, gülten, vnd zinsen vorab bezalt vnd vssgericht syen, oder dafür ein billich
benügen, beschehen, ane geuerd. — 11° Und söliche losung
sollen die herrschafft von *Osterrich*, wir oder der der des
von inen gewalt hatt, im, oder sinen erben, einen monat
vorhin verkünden vnd zu wissen tuon, sœlicher losung sy
ouch alltzyt gehorsam vnd bereyt sin sollen, vnd kein ander
sach, noch schuld, darinn nit zů wort haben, vnd auch
damit inen übergeben vnd widerantwurten alle die brieff,
so wir oder vnser gemahel darüber, von der egenanten pfan-
dschafft vegen, geben hetten, one geuerd. — 12° Wer aber
daz sy des egenanten slosses, des ambts, der lüte und nützen daselbs, gantz oder zemteil entwert wurden, von der
herrschafft von *Osterrich* wegen, darürend, vnd sich das
küntlich befunde, es were mit rechten oder mit kriegen,
wie sich das fügen oder machen würde, so sol im, oder
sinen erben, vnser herr vnd gemahel, oder des erben, sœlich
gebresten oder gült, souil als in angewunnen oder entwert
würde, in der mass als vorstat, belegen, vsswisen vnd vn [1]
claghafft machen an sœlichen enden da sy des gewiss vnd
wolhaben syent, vnd das sol beschehen in dryen monaten
den nechsten so das an den egenanten vnsern herren vnd
gemahel, oder sine erben, von dem obgenanten graff *Hannsen* von *Tierstein*, oder des erben, geuordert wirt, mit botten
oder mit briefen. — 13° Beschehe aber das nit, so sol vnd
mag der vorgenant vnser ohem graff *Hanns* von *Tierstein*,
sin erben, vnd wer inen des helffen wil, mit fryem vrlob,
den egenanten vnsern lieben herren vnd gemahel, oder sine
erben, an allen vnd yeglichen iren landen vnd lüten angrif-
fen, bekümbern vnd nöten, wie inen das füget, so uil vnd als
lang vntz vff den tag daz inen sœlich gebrest, oder angewunnen, vnd entwert gült widerkert, vssgewiset vnd belegt werden, nach ir notdurfft, damit sy vnclaghafft gemacht werden, one geuerd. — 14° Und wann wir, die obgenante *Anna*
von *Brunswik*, aller vnd yeglicher vorgeschribenem stücken

---

1. Fol. 80, v°.

vnd artickeln, in dem nammen als vorstat, mit rechter wissen bedachtlich ingegangen sint, darumb so gereden vnd
versprechen wir, mit disem brieff, by vnsern fúrstlichen
wirden, disen brieff vnd was daran geschriben stat getrúwlich, war, vest vnd stet ze halten, vnd dawider nit ze tŭn,
noch schaffen getan, in dheinen weg, alle intrag, súnd
geuerd harrinn vssgescheiden vnd abgetan. — 15° Mit vrkúnd
ditz brieffs versigelt mit vnserm anhangenden insigel. —
16° Geben zu *Ensisheim* an mittwochen vor dem suntag
als man in der Heiligen Kilchen singet Cantate, nach Cristi
geburt viertzehenhundert jar, vnd darnach in dem ein vnd
zwentzigisten iar. — 17° Domina ducissa per se. Presentibus comite *Wilhelmo de Tettnang*, magistro curie; *H. Gess-
ler*, magistro curie; *H. Randegger*, *Burkardo Múnch*,
Volker et singulis consulibus [1].

<h1 style="text-align:center">XII</h1>

*Conrad, comte de Fribourg, seigneur de Neuchâtel sur le
Lac, contracte avec Catherine de Bourgogne une alliance
offensive contre les ducs d'Autriche.*

1422, 7 octobre [2].

Je *Conrat*, conte de *Fribourg* et seigneur de *Neufchastel
oultre Jou*, faiz sauoir à tous que comme très haulte, très puissant et excellant princesse ma dame *Katherine* de *Bourgoingne*, duchesse d'*Osteriche* et contesse de *Ferrates*, etc., aÿt fait
aucunes aliances auec moy sur le fait de la restitution des pays
des *Ferrates* et d'*Ausay* et aussi pour la restitucion et paye-
ment des censes et droit à moy appartenans sur le dit pays,

---

1. Collationata est per nos copia cum littera originali sigillata et concordat.
Attestor ego *Jo. Saltzman*, notarius curie *Basiliensis*, manu propria. [Signé
avec paraphe:] *Jo. Saltzmann.*

2. Arch. de la Côte-d'Or, B, 1047. Orig.. Pap.. Restes d'un cachet rond en cire
rouge plaqué au bas de l'acte.

comme plus aplain est déclairié ès lettres que j'ay sur ce ;
et mesmement que ma dite très redoubtée dame m'a promis
de faire ouuerture à moy et à mes gens de ses chasteaulx et
forteresses de *Beaufort* et de *Rosemont* pour faire guerre aux
ducs d'*Osteriche* et aux diz pays et jusques afin de la restitucion des diz droiz et querelles de ma dite très redoubtée
dame et des miens, je promez à ma dite dame de faire ouuerture à elle et à ses gens pareillement en toutes mes forteresses en ce nécessaires, sanz preiudice des habitans d'icelles,
et de faire la guerre jusques à ce que la dite restitucion soit
entierement faite, sanz en prendre aucunes treues ou traictié
avec les diz ducs d'*Osteriche*, les diz pays ne autres, se n'est
par le consentement et voulcnté de ma dite très redoubtée
dame. Et sera aduisié et ordonné le fait et manière de la dite
guerre par les conseils de mon très redoubté seigneur monseigneur le duc de *Bourgoingne*, de cellui de ma dite dame
et du mien, comme elle se deura faire au plus seurement que
faire se pourra, et parmy ce notre dit cousin et ses complices
ne mefferont aus diz pays le dit terme durant. En promectant
pour moy et pour les miens de tenir et acomplir toutes les
choses dessus dites sanz fraude, sans barat et sanz nul mal
angien. Tesmoing mon seel cy mis le vij[e] jour d'octobre l'an
mil cccc vingt et deux [1].

---

1. L'analyse suivante tirée d'un inventaire du xviie siècle (arch. de la Côte-
d'Or, B, 12064) montre que l'on se préparait dans le comté de Bourgogne à
une guerre immédiate : Mandement d'*Estienne Armenier*, conseiller, adressé à
tous les capitaines et justiciers par lequel il ordonne de pourvoir à la seu-
reté, garde des chasteaux et villes, et contient menasses de punir comme
rebelles ceux qui seroient desobeissans, et ordonnances d'emprisonner ceux
qui refuseroient faire guet et garde, en datte du xxiiij de septembre 1422 et
cotées 14 (fol. 105, v°).

XIII

*Le maître-bourgeois et le conseil de la ville de Bâle écrivent
aux ambassadeurs du duc de Bourgogne à Montbéliard
pour s'excuser de ne pouvoir ni leur assurer l'accès de
Bâle à travers la terre de Catherine de Bourgogne, ni
envoyer des ambassadeurs à Montbéliard pour prendre
part à une conférence.*

1423, 9 octobre [1].

Strennuis et nobilibus viris dominis *Jacobo* de *Villers,
Gwidoni* d'*Amoinge,* militibus, nec non eximie peritie [2] viro
magistro *Guidoni Galinario,* consiliariis et ambasiatoribus
illustris principis domini nostri ducis *Burgundie,* etc.,
domini nostri graciosi, etc.. [3] — Nobiles, strennui et periti
domini, debita recommandacione cum serviciorum [4] nostrorum promptitudine, premissas litteras vestras nobis per vos
die hesterna presentatas recepimus et in eis contenta intel-
leximus, et quia inter cetera scribitis quod aliquos de offi-
ciariis nostris ad vestras reverencias transmittere in villam
Montisbelligardi velimus, ex eo quod iter ad nos tutum non
habeatis, ut eos possitis exponere ea que illustris princeps
dominus noster graciosus dux *Burgundie* vestris reveren-
ciis comiserat nobis exponenda, noverint igitur vestre reve-
rentie quod patria hec inter civitatem nostram et dictam
villam *Montisbelligardi* situata, breui tempore lapso, ad
manus et potestatem illustris principis domine *Katherine*
de *Burgundia* ducisse *Austrie,* ducisse nostre graciose, de-
venit, cui scribere, si placeat, poteritis pro saluo conductu
intrandi nostram civitatem pro eisdem negociis expediendis,
nam de presenti ambasiatores nostros in villam *Montisbelligardi* ad vos aliis arduis negotiis prepediti destinare non
possumus. Et si necessitas requirit et vestre intencionis
existit, tunc nos aliquos ex nostris armatos dicte domine

---

1. Archives de la Côte-d'Or, B, 11933. Original. Papier.
2. Mss.·. perite.
3. Ce qui précède est écrit au revers.
4. Mss.·. servicorum.

nostre ducis[se] [1] *Burgundie* familiaribus, ob amorem et complacentiam domini nostri *Burgundie* ducis, adiungere, pro maiore certitudine, volumus, pro tanto quod, Deo annuente, ad nos tutum et securum habebitis accessum et vice versa in villam pretactam. Altissimus vestras conservare dignetur reuerencias cum honoris incremento. Datum sabbato viiij[a] die mensis octobris, anno, etc., cccc° xx° tertio.

Johannes Rich de *Richenstein*, miles, magister ciuium et consules civitatis *Basiliensis*.

XIV

Extraits des comptes des receveurs des domaines de Catherine de Bourgogne en Alsace relatifs à la guerre de Thiebaud de Neuchâtel et de l'évêque de Bâle.

1424-1425.

I. — Compte de Burquelin Pommeaul d'or, receveur de Ferrette.

1° [Fol. 3, v°]. — A l'ostesse de la Nef à *Basle* en deduction de plus grant somme pour despens faiz en son hostel par les gens du conseil de madicte dame, elle estant derrenierement en *Alemaigne*, lequel argent lui a esté paié par l'ordonnance de madicte dame par quittance, etc. cy rendue xl. l. Balois.

2° En deffaulz de tailles de deux villaiges nommez *Cumlz* et *Larges* qui sont au seigneur de *Louemberg* et à messire *Jehan de Morimont*, desquelles tailles ledit receueur fait recepte auec les autres tailles cy deuant en sa recepte, lesquelz seigneurs ont baillié autre terre au duc d'*Austerriche* en ce lieu japieça, desquelles terres ne reuient aucun proffit ou temps de ce compte pour cause des guerres, etc.. Pour ce xxiiij liures Balois.

3° En deffaulz du banvin desdiz ij villaiges pour la cause contenue en l'article precedent.

---

1. Mss. ⸪ ducis.

4° **En deffauls** du banvin de *Busincourt* que a esté ars pour la guerre de monseigneur de *Neufchastel* xx s. Balois.

5° [Fol. 4, r°]. — A lui pour certains despens que lui et l'ammat dudit lieu [de *Ferrettes*] ont fait à *Basle*, en tenant hostaige jusques à ce que les xl liures cy deuant feussent payés à l'ostesse de la Nef. Et a certiffié le bailli de *Ferrettes* et gens du conseil de monseigneur d'*Austerriche* que l'on deuoit passer cette partie en la despense dudit receueur. Pour ce x liures Balois.

II. — Compte de Jean Guillaume de Chaux, receueur de Belfort.

1° [Fol. 26, v°]. — Audit *Jean Guillame* qu'il a payé pour les despens de messire *Henry Valee* et de messire *Hugues Briot* et leurs gens et cheuaulx, lesquelx madite dame auoit enuoyez à vne journée que monseigneur de *Neufchastel* et l'euesque de *Basle* auoyent ensamble, la somme de xij frans, à compter xxiiij sols baloiz pour vng franc, que font xiiij liures viij sols baloiz, comme appert par mandement de madicte dame scellé de son seel donné à *Gray* le xe jour de mars mil iiij c xx iiij[1] et quictance dudit messire *Hugues*. Pour ce xiiij liures viij sols baloiz.

2° [Fol. 27, v°]. — Audit *Jehan Guillame* qu'il a payé à messire *Hugues Briot* et *Jean Dabance*, chastellain de Gray, pour les despens d'eux, leurs varlez et cheuaulx, lesquelx madicte dame a enuoyez en ses pays d'*Alemaigne*, pour tenir vne journée à l'encontre de monseigneur de *Neufchastel*, où ilz ont vacqué enuiron huit jours, encore pour autres ses besougnes douze frans, vng franc compté pour xx iiij sols balois, et vng bichet auene comprins en missions d'auene cy après, comme appert par mandement de ma dicte dame scellé de son seel donné à *Gray* le xixe jour de may mil iiij c xx v, et quictance dudit messire *Hugues Briot*, pour ce, pour lesdis xij frans xiiij liures viij sols baloiz.

3° [Fol. 32, r°]. — Autres missions faictes par ledit *Jehan*

---

1. 10 mars 1425 (n. st).

Guillaume pour la guerre qu'estoit entre monseigneur de *Neufchastel* et ceulx de *Basle*, pour l'an que dessus, par l'ordonnance de *Jehan Herart*, bailly de madicte dame.

A payé ledit receueur, pour les despens de *Jehan* de *Monstereul, Bruquelin* de *Burnenquelique*, des deux filz de Monseigneur *Henry* de *Rodestorf*, *Anthoine* de *Hagembac*, *Bernert*, filz du chastellain d'*Engessey*, *Foulquet*, chastellain de *Maisonval*, et autres, que par pluseurs foiz ont demouré en garnison audit lieu de *Belfort*, pour plus grant seurté garder la dicte ville de *Beaufort* et le pays d'enuiron et de *Rosemont*, durant ladicte guerre, lesquelx despenses ilz ont fait aux hostelz de *Jacot Rossel*, preuost, *Guillot* et *Richiard Preuost*, freres, *Richiart le Maire*, *le bel hoste*, et autres dudit lieu, la somme de huit vins liures Balois, comme appert par vne fuille deiere de papier sur ce fait, scellé des seaulx de *Jacot Rossel*, preuost, et de *Huguenin Colin*, et seing manuel dudit *Huguenin Colin*, bourgeois de *Beaufort*, que certiffient les parties contenues en icelle fuille deiere de papier estre vrayes, icelle certifficacion donnée le xiij^e jour du mois de juing l'an mil cccc xxvj. Pour ce viij^xx liures balois.

XV

Listes et états de solde des mercenaires de Bâle qui tinrent garnison à Florimont pendant cette guerre.

1425, 23 février — 1426, 18 janvier [1].

Dise ligent ze *Blŭmenberg*
Item ze rosse xv :
Item *Thoman Schŭtze*, sin knecht.
Peter zem *Winde*, sin knecht.
Clewin Notisen.
Hertlin.
Herman.

1. Arch. de l'Etat de Bâle-Ville, St 91, n° 2, fol. 22.

Húgelin Spitz.
Josz Wartemberg.
Götz von *Than.*
Walther Kupphernagel.
Heinrich Zschëni.
Henman Schultheis.
Hanns Meiger herr *B.* ze *Rin* knccht.
Henman Offenburgs knecht.
    Zŭ fŭs v.
Rŭtsch Enderlin.
Hanns Bamnach.
Lienhart Kornman.
Andres Ottendorff.
Wonlichs swoger.

Item ŭf fritag Sant Mathis obend (1425, 23 février), ving ir sold an anno xxv.

Also wart *Toman Schútzen* 1 guldin.

Item hat aber xxv guldin durch *Walther Kupphernagel.*

Item hat *Altembach* geben *Notisen* xxv guldin uf zinstag noch Mittervasten (20 mars).

Item aber xxv guldin hat *Peter* zem *Winde* am Osterobend (7 avril), gab *Altembach* dar.

Item aber xxv guldin hat *Altenbach* geben *Walther Kupphernagel* nach Ostern in der nehsten wuchen (9-14 avril).

Summa daz denen worden ist cl guldin.

Also gebúrt den fúszknechten icgklichem von Sant Mathis obent (23 février) untz uf fritag nach Sant Gerien tag (27 avril), den selben tag drin beslossen, xj lb, iiij s.

Item und yegklich rosknecht oder einspenigen die selben zit xv lb. vj s. Also hat *Peter* zem *Winde* von dem obgeschriben guldin xviij guldin, bleip man schuldig x 1/2 lb, sinen knecht drin gerechnet. *Notisen* hat jx guldin, bleip man v lb, vj s.

Item *Hertlin* hat x guldin, bleip man iiij lb, iij s.

Item *Húgelin Spitz* hat viij guldin, bleip man schuldig vj lb, iiij s.

Item *Heinrich Zschëni* hat viij guldin, bleip man schuldig vj lb, iiij s.

Item *Iosz Wartemberg* hat iiij guldin, bleip man schuldig xj lb, viij s.

Item *Götz* von *Thann* hat jx guldin, bleip man schuldig v lb, j s.

Item *Walther Kuppfernagel* hat xij guldin, bleip man schuldig iij 1/2 lb, iij s.

Item *Hans Meiger* hat ij guldin ein wǔch, dem blipt schuldig xj s.

Henne Schultheis hat viij guldin, bleip man schuldig vj lb, iiij s.

Fǔszknecht :

Hanns Bamnach hat vj guldin, bleip man schuldig iiij lb, jx s.

Rǔtsch Enderlin hat vij guldin, bleip man schuldig iij lb, vij 1/2 s.

Item *Kornman* hat vij guldin, bleip man schuldig iij lb, vij 1/2 s.

Item *Ottendorf* hat vij guldin, bleip man schuldig iij lb, vij 1/2 s.

Item *Vögtlin* hat iij guldin, bleip man schuldig vij lb, xvj 1/2 s.

Also ist denen selben ze ross und ze fǔs worden aber lxxx lb, x s. durch *Altenbach* zǔ den cl guldin vormols geben, und sint damitte alle bezalt untz uf fritag nach Sant Gerien tag, denselben tag dorinn gerechnet anno xxv (27 avril).

So ist mit *Thoman Schützen* der zyt gantz nützit gerechnet, denn daz er hatt uff sinen sold xxxij guldin, die in die obgeschriben summe gezogen sint, wand den andern allen an irer summen so ire minder gebúrt hat.

Item von samstag nach Sant Georyentag (28 avril) untz uf samstag nach dem Phinstag (2 juin) sint v wuchen, geburt yegklichen ze ros viij 1/2 lb mit ritgelt und sold.

Iosz Wartemberg vij lb, ij s, mit ritgelt.

Hanns Vögtlin viij 1/2 lb, hat vor nút.

Hertlin iiij lb, v s., hat vor ij guldin von *Thoman* und ij lb uf dem richthus.

Götz von *Thann* iiij lb, vj d., hat vor iij guldin von *Thoman*.

Summa xxiij lb, xvij 1/2 s. usque samstag nach Pfingsten.

Fǔszknecht, yegklich v 1/2 lb, v 1/2 s.

Kornman v 1/2 lb, v 1/2 s.

Bamnach v 1/2 lb, v 1/2 s.

Enderlin Roupb v 1/2 lb, v 1/2 s.

Ottendorff iij 1/2 lb, vj d, hat vor ij guldin von *Thoman*.

Summa : xx lb, xvij s. usque sabbatum post Pentecosten (2 juin).

Item es ist gerechnet mit *Rúdi Bischof* selb sehste siner gesellen, und waz man denen schuldig von sonnentag nach

Michahelis (3o septembre) uncz uf sonnentag nach Otmari (18 novembre) exclus, xljx tage, und wart man inen schuldig lx lb, daran waz inen worden xiiij lb, noch denn blip man inen schuldig xlvj lb, der sint sy bezalt von *Ludmann Meltinger*, und vocht ir sold wider an sonnentag nach Othmari anno predicto (1425, 18 novembre).

Item aber gerechnet mit *Rûdi Bischof* selb vij siner gesellen xxviij tage von sonnentag nach Sant Otmarstag (18 novembre) untz uf samstag vor Sant Thomans thag inclus (15 décembre), und wart man inen ze samen schuldig xxx jx lb, iiij s., yegklicher v 1/2 lb, ij s., daran hand sy ij lb von *Meltinger*, remanent xxxvij lb, iiij s., und vocht ir sold wider an sonnentag vor Thome inclus (16 décembre).

Item aber *Rûdin Bischoff* x lb sabbato ante Hilarii (1426, 12 janvier).

Item aber gerechenet mit *Rûdin Bischoff* selb xxj siner gesellen, so ze leste ze *Blûmberg* gewesen sint vom sonnentag vor Sant Thomastag inclus (1425, 16 décembre) untz uf fritag nach Sant Anthonien tag (1426, 18 janvier), ouch inclus, als si dannen schieden, xxxiiij tag, in denen gebûrt ir yegklichem vij lb, iiij s., tŭt die summe ze samen cxlij lb, xvj s., und sint dar betzalt mit den nehsten vorgeschriben zehen pfunden, so *Rûdi Bischoff* vormals hatt, die abgezogen sint.

XVI

Extraits des comptes des Quatre Temps de la ville de Bâle touchant l'occupation de Florimont par les Bâlois durant la même guerre.

1425 février-1426 [1].

1425, tertia angaria.

Thoman Schûtzen und den andern gesellen, die gen *Blûmberg* geschicket sind, l guldin uf iren sold von lv lb, xvij s., iiij d.

1425, quarta angaria.

---

1. Arch. de l'Etat de Bâle-Ville, Fronfastenrechnungen.

Henman Zschan, dem metziger, vj lb usz umbc j 1/2 zentenern swinis fleisches, kam gen *Blŭmberg*.

Thoman Schútzen, *Peter zem Win* und *Walther Kuphernagel* und *Vincentzen* cxxvj guldin, als sy das under allen malen von *Altembach* gen *Blŭmberg* genommen hand, von cxl iiij lb, xviij s. antiquorum. — Aber den obgenanten gen *Blŭmberg* lxxx iij 1/2 lb antiquorum.

1425, prima angaria.

Xxvij lb, j s. umbe xxij vernzal habern gen *Blŭmberg*. — *Vlrich* von *Buhs* x lb uf uszgeben ze *Blŭmberg*. — Xl lb, j s. hand die gesellen und soldener ze *Blŭmberg* verzert.

1425, secunda angaria.

Wonlich und sine gesellen verzert under zwurent, als si geritten warent gen *Brisach, Brunstat, Núwenberg* und zwurent gen *Blŭmberg* xlvj lb. — L lb verzarten die xxx schútzen von den zúnften und lx iiij reysiger cins rittes ze *Blŭmberg*.

1426, quarta angaria.

Xij lb geben *Claus Murer*, gehorten den soldenern gen *Blŭmenberg*. — Den soldenern, so ze *Blŭmenberg* lagent, lxxxx viij lb, viij s. — *Walther Kuphernagel* und *Hans Bamnach* cxlj lb soldes, als si ze *Blŭmenberg* gefangen wurden. — *Thoman Schútzen* xliij lb, xij s., ein teil von sins verlustes wegen ze *Blŭmberg*, der im noch usstŭnd, und ein teil von ergangenes soldes und rittgeltes wegen, wile er ze *Blŭmberg* lag, und die zwey pfert, die er ze *Blŭmberg* verlor. Daran hat er xxix guldin vor einem jare, stond stille, und ouch die xxv guldin, die er ze *Blŭmberg* verlor, die der reten warent, statt ouch stille, untz hienach das unser herren darinne ze rate werdent, was ze tŭnde sye.

1426, prima angaria.

Ios Wartemberg xlj lb, ij 1/2 s. von verlustes wegen ze *Blŭmenberg*.

XVII

Lettre du maître-bourgeois de Bâle au grand bailli Jean Erard Bock de Stauffenberg, au sujet du refus que les gens dépendant de Florimont ont fait d'aider les Bâlois dans les travaux de mise en défense du château.

1425, 5 mars.

Basel an *Hans Erhart Bock* von *Stauffenberg*, landvogt. Unser willig dienst vor. Lieber *Hans Erhart*, als ein fride gemacht ist zwúschen unserm gnedigen herren von *Basel* und dem edelen herren graff *Diebolden* von *Núwemburg*, hand uns unser, die ze *Blŭmberg* ligent, fúrbracht, das sich die erbern lúte, so gen *Blŭmberg* gehörent, uf denselben friden laistent und unsern dienern fúrbasser nie nit helffen wellent, bollwerck, leczinen und anders, so denne notdurftig ist, ze machende, derselben bollwercken doch vormals vj gemacht sind. Und wand nieman weis, wie sich die sache uff dem frúntlichen tag schicken wirt zŭ einer richtung oder zŭ eym kriege, harumbe so bitten wir dich flissetlich mit ernste, das du dem vogt von *Blŭmberg* schriben und ine ernstlich empfelhen wellest, mit den erbern lúten, so gon *Blŭmberg* gehörent, ze schaffende unsern dienern helffen ze werckende, das das slosse anders und bas versorget werde, denne wir verstanden, das noch beschehen sye, das beduncket uns ein grosse notdurft sin. Datum secunda post dominicam Reminiscere anno, etc, xxv°.

B. ze Rine.

1. Arch. de l'Etat de Bâle-Ville. *Missiven*, III, 113.

XVIII

*Bâle écrit à Jean de Thierstein qui lui avait demandé con-
seil sur ce qu'il faudrait faire si le grand bailli autrichien
le convoquait contre les Welches, pour l'engager à rester
au château de Florimont et pour lui recommander, s'il se
rend à cette convocation, de ne point emmener avec lui les
soldats bâlois qui tiennent garnison dans ce château.*

1425, 11 mars [1].

Basel an graf *Hans* von *Tierstein.*
Edeler wolgeborner herre, unser willig dienst alle zit vor.
Als ir uns geschriben und begert hand, úch ze rattende, wie
ir úch halten söllent, ob sache were, das úch der landvogt
manen wúrde, wider die *Walhen,* die in das lande kemen
wellent, und das ir kein wort darinne gewinnent von des
friden wegen etc., úwern brief und meynunge haben wir
verstanden, und wand ir des hochwirdigen in Gott vatters
unsers gnedigen herren von *Basel* helffer wider graff *Diebolden* von *Núwenburg* gewesen sind, und aber der fride
zwúschent beden partyen gestelt ist und noch weren sol untz
uf den sonnentag Letare (18 mars) ze Mittervasten schierest
kúnftig, harumbe so beduncket uns geraten sin, das ir by
dem slosse *Blůmberg* belibent und zů den sachen nútzit
tůgent, umbe das unserm gnedigen herren von *Basel* noch
úch nit zů geleit werden möge, das ir den friden gebrochen
haben. Wurde aber der lantvogt úch, von wegen unser gnedigen herrschaft von *Oesterrich* manen umb hilffe wider die
Walhen ze tůnde, sind ir denn derselben unser gnedigen
herrschaft útzit pflichtig oder verbunden ze tůnde, darinne
mögent ir úch halten, als ir getrúwent, úwer eren, nútze und
gůt sin, also das ir unser knecht und diener, die wir zu
Blůmberg ligen haben ime slosse behebent und die niergent
hin mit úch fürent noch riten lassent. Datum̄ dominica Oculi
anno etc. xxv°.

<hr>

1. **Arch. de l'Etat de Bâle-Ville.** *Missiven,* III, 116.

XIX

*Lettre du maître-bourgeois et des conseillers de Bâle à
Thomas Rittenstein, chef de la garnison bâloise à Florimont, pour lui recommander d'observer la neutralité si
les Welches faisaient une expédition dans le territoire
autrichien avant la fin des trêves et pour l'inviter à les
tenir au courant des rassemblements de l'ennemi.*

1425, 11 mars [1].

Basel an *Thoman Rútenstein.*

Wir *Burckart* ze *Rine*, ritter, burgermeister, und der rate
ze *Basel* embieten unserm lieben getrúwen *Thoman Rútenstein* unsern grüs und alles güt. Lieber *Thoman*, als du uns
geschriben hast, dich ze wissende lassen, wúrden die *Walhen*, von der gefangenen wegen ze *Thann*, in das lande ren-
nen, wie denn du und die gesellen, so, von unsern wegen,
ze *Blümberg* ligent, úch halten söllent, haben wir verstanden und lassent dich wissen, das der fride zwúschen unserm
gnedigen herren von *Basel* und graff *Diebolden* von *Núwenburg* untz uf den sunnentag ze Mittervasten (18 mars) schierest kúnftig weret, harumbe so ist unser meynunge, das du
und die andern unser diener in dem slosse *Blümberg* belibent und darusz nit koment und ouch nútzit in dem friden
understanden ze tünde, umbe das unserm obgenanten gnedig herren von *Basel* noch uns nit zúgeleit möge werden,
das wir den friden nit gehalten habent. Wúrde joch der
wolgeborn herr graff *Hanns* von dem lantvogt gemant umb
hilff, und er útzit da zü tün wölte, dennocht söllent ir ime
slosse bliben und úch der sache nútzit annëmen, es were
denn das wir úch fúrbasser útzit anders schribent und emp-
felhent ze tünde. Was ouch du fúrbasser von samnungen der
Walhen vernemest, so by tag so by nacht, wellest uns wissen lassen und tü in allen sachen din bestes, als wir ein be-
sonders wol getruw zü dir hand. Datum dominica Oculi
anno cccc° xxv°.

B. ze Rine.

1. Arch. de l'Etat de Bâle-Ville, *Missiven*, III, 117.

XX

Thomas Rittenstein écrit à Hugue zer Sunen et à Claus Murer de Bâle pour annoncer l'approche des Bourguignons.

Florimont, 1425, 16 mars [1].

Minen willigen dienst vor, lieben herren, alsz ir den *Hertlin* und *Zschan* von *Grün* von úch geschigkt hand, die hand ein hindrin gelon, der ist komen und het geseit, daz sy uf morn hie har in daz land rucken wellent und lutter fúr *Blŭmenberg* wellent, dornach wússent úch ze richtten. Geben ze *Blŭmenberg*, uf fritag vor Mitterfasten, anno, etc., ccccxxv jor.

Thoman Rittenstein.

Au revers : Den fúrsichtigen wisen júngker *Húg zer Sunen* und júngker *Claus Murer*, minen lieben herren.

XXI

Jean Bernard, seigneur d'Asuel, receveur de Delle, rend compte aux maître-bourgeois et conseil de Bâle des négociations qui ont eu lieu entre le comte de Neuchatel et Jean Ehrard Bock de Stauffenberg, grand bailli de Catherine de Bourgogne en Alsace, ainsi que de l'occupation de Pfettrouse par les Welches.

Delle, 1425, 19 mars [2].

Minen willigen dienst vor, fúrsichtigen und wissen, als ir mir verschriben han, wie daz *Hanns Erhart*, miner gnedigen frow von *Oesterich* lantvogt, in etzewaz rede und fúr-

---

1. Arch. de l'Etat de Bâle-Ville. *Briefbuch*, III (1425-1429) p. 21. Orig. Pap. Le cachet manque.

2. Arch. de l'Etat de Bâle-Ville. *Briefbuch*, III, p. 22. Orig. Pap. Le cachet manque.

worten kŭmen sy, von dez lantz wegen, mit dem von *Nú-wenbŭrg*, darumb ir nit eigenklich wissen, wie es darumb sy, und mir do schribent, daz ich úch do losse wissen, wie es darumb sy, do wissent, daz der lantvogt und ich mittenandern von den sachen geret hant und verston nit anders den gutz, und das er gern das besten teiten in disen sachen. Ouch als ir mir schribent von den *Walhen* wegen, do wissent, das die als yemacht zu *Feterhússen* ligent, als úch daz die knechten wol sagen künen. Also hant ouch ich und der lantvogt die unszer knechten mit den úwern geschiket, eigentlich zŭ erfaren, was ir gevertz sy und wo sú sich morn hŭskeren wellen, dazselbs úch úwer knechten wol sagen künen. Geben zŭ *Tattenriet*, uff mentag ze nacht noch der Mitterfasten, anno xxv°, etc.

Hanns Bernharten, herr ze *Hasemburg*, hoffemeister, etc.;

Au revers : Den fúrsichtigen und wissen burgermeister und ratt der statt *Basel* min besundern gŭten frúnden, etc.

XXII

Extraits des comptes hebdomadaires de la ville de Bâle relatifs à la même guerre.

1425, 14 avril-1426, 15 juin.

[Fol. 103]. — Sabbato post Pasce (14 avril) :
Nuncio in *Blumenberg* vj s..
[Fol. 105]. — Sabbato ante Philippi et Jacobi (28 avril) :
Nuncio in *Blumenberg* vj s, viij d..
[Fol. 109]. — Vigilia Penthecosten (26 mai) :
xxv lb, xv s., vij d. ist gen um brott gen *Blumenberg*. — xxv lb, iij 1/2 s. ist gen umb win und gen *Blumenberg* geschickett. — xx gulden dem reysigen volk so ietz under zwurent gen *Blumberg* geritten ist, zerung.
[Fol. 110]. — Sabbato post Penthecosten (2 juin) :
xviij s. umb schússeln und ander geschirre in die reise gen *Blumberg*. — Sagittis vij s. — Umb drú halbe fúder wins gen *Blumberg* xj lb, v s., viij d.— Ij s., x d. atz eins pferdes, der da seite, das *Blumenberg* gewunnen were. Vlb, v s., den reisigen gen *Blumberg* úber die x gulden, die inen der erren wuchen geben sint.

[Fol. 112]. — Sabbato post Corpus Christi (9 juin):

xxxv lb, iij d. geben umb xxv vernzal dinckeln und vij vernzal roggen hern *Mathisen* von *Solottern*, wart gemalen und gen *Blumberg* gefuert. — Dem trumpeter xiiij s. perequitans in *Blumberg* vij tag.

[Fol. 113]. — Sabbato post Viti et Modesti (16 juin):

x s. iij d. umb höltzin geschirre gen *Blumberg*.— Der zem *Wolff* iiij lb umbe iiij vernzal habern, kamend gen *Blumberg*. — Fúnff bŭben yegklichem fúnff tagwan, des ersten ze *Blumberg* xxx s.. — *Rudolff* zem *Luft* xix lb umb xix vernzal habern, kament gen *Blumberg*. — V lb xij s. umb 1/2 fŭder wins, gieng gen *Blumberg*, als die von *Friburg* und *Brisach* uszritten uf die vigende. — *Holder* dem fŭrman ij 1/2 lb gen *Blumberg* dem *Bischoff* von *Hiltzingen*. — Xviij s. kraften von eins pherdes wegen vj tag fúrgesetzet, als der zunften etlich des ersten gen *Blumberg* zugen. — Ij s., iiij d. habern ze messende, kam gen *Blumberg*.— *Henslin* zem *Hut* iij 1/2 lb, ij s. von fŭrung under zwurent gen *Blumberg* und gen *Clémont*. — Dem *Bischoff* von *Hiltzingen* und sinen gesellen uf iren solde vjclxvj gulden und l lb, xvj s., v d., davon sollen wir *Meltinger* c gulden.

[Fol. 116]. — Vigilia Johannis Baptistæ (23 juin):

Jx s. gesellen ze trinckgelt, ze *Blumberg* ze bachen.

[Fol. 118]. — *Heinrichen* von *Telsperg* x s. fur smidwerg zem thor ze *Blumberg*.

[Fol. 120]. — Sabbato Petri et Pauli (30 juin):

1/2 fŭder wins kam gen *Blumberg*, truncken unser gesellen, als sy harwider heim kament, und ij s. davon usze ziehende novorum. — Ij lb, v d. novorum verzerten die gesellen den ritt gen *Blumberg* ipsa die Petri et Pauli (29 juin). — Iiij lb, viij d. novorum umb 1/2 fŭder wins, wart kouft umb den zunftmeister, kam gen *Blumberg* den gesellen Petri et Pauli (29 juin). — *Heintz Seger* dem karrer iij tag, iiij phert gen *Blumberg* gefarn mit spise, xxxvj s. antiquorum. — Dem nidern *Ziegler* iij tag, iij phert, i lb. vij s. antiquorum fúrt spise gen *Blumberg*. — *Vlrich* von *Buhs* vj s. ritgeltz novorum uf den rit gen *Blumberg*. — Iij lb. antiquorum den husgenossen umb brott kam gen *Clémont* uf die vart gen *Blumberg*. — Nuncio in *Blumberg* vj s. viij d. novorum.

[Fol. 122]. — Sabbato post Vdalrici episcopi (7 juil.]:

So ist geben umbe brott, das gen *Blumberg* solt sin, unsern gesellen wart wendig, und i vasz mit brott gessen, das ander kam aber harwider, vj lb., vj s. über das usz eim teile erlöset ist. — *Veldinger* i lb uf sinen sold gen *Blumberg*.

[Fol. 124]. — Vigilia Margarete (19 juil.) :

Xiij s., iiij d. umb ein viertel eins rindes ze *Blumberg* gessen, als *Baltzar Rot* houptman was. — *Veldinger* aber iiij lb uf den lon ze *Blumberg* zuo den ij lb ime die erren wuchen geben, sollend abgeslagen werden an sinem lone.

[Fol. 126]. — Vigilia Magdelene (21 juil.) :

Umb brott den gesellen, so von den unsern rittent gen *Blumberg* vor Maria Magdelene (avant le 22 juillet), iiij lb, vj s. — Denselben jx som wins, xviij mos kostent jx lb, v s. — Denselben viij vernzal habern kostent vj 1/2 lb, ij s.. — Davon ze messende und ze tragende v s., iiij d.. — *Romern*, der die ceste und habern fürte mit xij pherden iiij tag, tuot vij lb, iiij s.. — Umb xlj spies gen *Blumberg* x lb, ij s.. — *Veldinger* und sinen gesellen uf iren lon gen *Blumberg*, iiij lb, hand nu x lb. — Nuncio in *Blumberg* vij s., iiij d.

[Fol. 128]. — Sabbato post Jacobi (28 juil.) :

Iij s. dem trumpeter umbe erger, gab er usz ze *Blumberg*, als die von *Friburg* da warent. — Aber geben *Veldinger* und sinen gesellen viij lb, viij s. und sind also betzalt xviij lb, viij s.. — *Peter Rönlin* v 1/2 lb, ij s., xviij tag ze *Blumberg* gewercket.

Walter karrer x lb, iiij s., ix tag vier ze *Blumberg* holtz gefürt. — *Hanns Eltperger* iij lb, j s., und ist bezalt l iij tag, als er ze *Blumberg* ist gelegen. — *Bamnachs* tochterman selb vierde uf iren sold gen *Blumberg* iiij guldin. — *Waltheins* und *Halbyses* kneht verzert und zwurent zem *Blumberg* x s.. — So hand die gesellen, so gen *Blumberg* rittent, als *Offenburg* den *Bischoff* von *Hilzingen* anderwers dingte, verzert xvij lb, jx s.. — *Offenburg* xxx lb perequitans ibidem. — Nuncio in *Blumberg* et pro stacione x s., viij d.. — *Heinrich Zscheanin* xxx guldin an sinen verlust ze *Blumberg*. — *Walther Kupfernagel* xx viij guldin an sinen verlust ze *Blumberg*. — So ist geben den viij einspenigen gesellen, so gen *Blumberg* rittent, als *Offenburg* den *Bischoff* anderwers dingte, von *Swabe* ij 1/2 lb an win per *Offenburg*, aber den selben gesellen xx iiij guldin durch *Waltenheim*.

[Fol. 131]. — Sabbato ante Laurentii (4 août) :

Hanns Fritag xxx s., als er ze *Blumberg* gelegen ist. — Xiij s. umb schússelen und ander geschirre, kam gen *Blumberg*. — Iij lb, j s. umb v^c xx schiltelin von *Scherrer*, kamment gen *Blumberg*. — Dem saltzmeister jx lb, iij 1/2 s., ij

d. umb saltz, das gen *Blumberg* komen ist. — *Vlrichen* von
Buhs ij lb gen *Blumberg*, als die gesellen durrittent uf cins-
tag post Johannis (26 juin). — Xxj guldin geben *Hannsen*
von *Bamnach* für sinen verlust ze *Blumberg*, und ist
betzalt. — Geben *Götzen* von *Thann* xiiij guldin, und ist
beczalt lv guldin sins verlustes ze *Blumberg*. — Geben
Húglin dem soldener xiiij guldin, und ist damitte sins verlustes ze *Blumberg* betzalt. — Geben *Rutzsch Enderlin* xij
guldin fur sinen verlust ze *Blumberg*.— Geben *Hanns Vögtlin* xxij guldin fur sinen verlust ze *Blumberg*. — Geben
Hertlin xx guldin fur sinen verlust ze *Blumberg*. — Geben
Ottendorff viij guldin fur sinen verlust ze *Blumberg*.— Geben
Thoman Schútzen xx guldin, aber x 1/2 guldin an sinen verlust ze *Blumberg*.— *Walther Kupfernagel* xv guldin an sinen
verlust ze *Blumberg*, und ist betzalt xliij guldin, das sin
verlustes was. — *Heinrich Zschenin* geben ij guldin und ist
betzalt xxxij guldin, des sin verluste was ze *Blumberg*. —
Xxx ij guldin, xiiij s. den zymberlúten und murern ze lone,
die ze *Blumberg*, und vor *Clémont* wercktent. — So ist ver-
lúhen *Burgunder*, dem wirt ze *Blumberg* xx guldin uf uszgeben und unsern gesellen coste ze bestellende.

[Fol. 136]. — Sabbato post Laurencii (11 août):
Umbe habern gen *Blumberg* v 1/2 lb, vj s., iij d. —Vij s.
ein leitfasz ze beslahende und umb zwey malen slos daran,
kam gen *Blumberg*. — Umb vj siten swinenfleisch, kament
gen *Blumberg*, sint unserm herren von *Basel* gerechenet v
lb, iiij s.. — Vj lb, vj s., iiij d. umb zwen kessel, kament gen
Blumberg. — Geben umb xxxv vernzal melwes, xxxvj lb,
xv s., iij d., davon sint unserm herren von *Basel* worden x
lb fur x guldin, sint im abgeslagen, kament gen *Blumberg*.

[Fol. 138]. — Sabbato post Assumptionem Marie Virginis
(18 août):
Den zimberlúten ze *Blumberg* uf iren lon x lb. — Ij lb, j
s. umb saltz gen *Blumberg*. — Xvij s., iiij d. umb bly, kam
gen *Blumberg*. — Xiiij gesellen so ze *Blumberg* ligent und
Vlrich von *Buhs* koste geben hatt, hand verzert in drye
wuchen xxviij lb, als *Vlrich* das verrechenet hatt.— Viij 1/2
lb hatt *Clevin Weidelich* noch uff uszgeben derselben umbe
kosten nu hynnanthin. — Ix s. umb einen sester müs und
umbe haber mel, kam gen *Blumberg*. — Fürung gen *Blumberg* mel, búhssen und anders ze fürende viij lb xij s.

[Fol. 142]. — Sabbato post Bartholomei (25 août):
Xlb geben *Vlrich* von *Buhs* uf uszgen den gesellen ze
Blumberg, so uf pherde gestymmet sint.

[Fol. 143]. — Sabbato ipsa die Verene (1er septembre) :
Boomer v lb uff zehen halbe fŭdrige vasz, sint gen *Blumberg* komen. — Den zymberlúten so ze *Blumberg* gelegen sint und gewercket hant, geben xv lb vj s, und sint betzalt ir vier ieglichem xxjx tag mit den x lb, und xvj s., so inen vormals worden warent. — *Wonlich* selb fúnftzig pherden verzert xxxiij s., als sy gen *Blumberg* rittend mit graff *Hansen* von *Tierstein*. — *Hans Ruebsam* selbander ze *Blumberg* ze ligende xj guldin fúr einen montz sold.

[Fol. 145]. — Vigilia Nativitatis Marie (7 septembre) :
Clewin Weidelich geben vj guldin uf uszgeben ze *Blumberg*. — *Kornman* selb achtest, fúr sinen verlust ze *Blumberg*, v lb, xiij s..

[Fol. 150]. — Sabbato post Mathei (22 septembre) :
Iiij s. umb stötzlin gen *Blumberg*. — Xl lb, iiij s., iiij d., hand verzert die gesellen ze *Blumberg*, als *Clewe Weidelich* daz verrechenet hatt. — *Heinrich Telsperg* ij lb soldes, als er ze *Blumberg* gelegen ist.

[Fol. 153]. — Sabbato ipsa die Michahelis (29 septembre) :
Wonlich und andern sinen gesellen zerung mit graff *Hansen* gen *Blumberg* ze ritende xxxij s.. — *Bomer* x lb, xij s., viij d. umb zwey halbe fŭder wins, kam eins gen *Sant Vrsicien*, daz ander gen *Blumenberg*. — *Veldinger* x s. von eins pferdes wegen, daz inen den plŭnder gen *Blumenberg* fŭrte. — Geben umb x vernzal habern gen *Blumberg* vij lb, iij s..

[Fol. 155]. — Sabbato post Michahelis (6 octobre) :
Umb brott gen *Blumenberg*, als die drissig gesellen von den zŭnften dargiengen iiij lb, ij s.. — Karrern kost gen *Blumenberg* ze fürende iiij lb, ij 1/2 s..—Xx lb *Clewin Weidelich* uf usz geben kost ze *Blumenberg* den soldnern. — Xiij s. umd saltz gen *Blumenberg*.— Vij soldenern gen *Blumenberg* geben vij lb uf iren sold, giengen einweg an fritag post Michahelis (5 octobre).

[Fol. 157]. — Sabbato ante Galli (13 octobre) :
Vij s., iiij d. zwen tagwan eim zimber kneht ze *Blumberg*. — Dem burgermeister j lb, iiij s. umb zwey halbe fŭdrige vasz, kamen gen *Blumberg*.

[Fol. 161]. — Sabbato ante Omnium Sanctorum (27 octobre) :
Nuntio x s. by nacht gen *Blumberg*.

[Fol. 168]. — Sabbato ante Katherine (24 novembre) :
Vj 1/2 s., umbe einen sester saltzes, kam gen *Blumberg*.

[Fol. 171]. — Sabbato post Martini (17 novembre) :
Nuntio in *Blumberg* vij s.. — Nuntio in *Blumberg* vj s,

viij d.. — *Wonlich* und sinen gesellen ze *Blumberg*, ze *Brunnstatt*, ze *Brisach*, ze *Núwenburg* verzert, ze *Hirtvelden* und des abhin verzert xxx lb.. — Aber *Wonlich* und sine gesellen zerung gen *Blumberg*, als sy uf graff *Hansen* tag hielten xvj lb..

[Fol. 180]. — Sabbato post Nicolai (8 décembre):
Thoman Schútz mit sinen gesellen den soldenern uf einer wart verzert ze *Blumberg*, und als er gen *Luders* reit, viij lb, xvij s., iij d..

[Fol. 184]. — Sabbato post Thome (22 décembre):
Nuntio in *Blumberg* viij s.. — Iterum nuntio in *Blumberg* vj s., viij d..

[Fol. 187].— Sabbato post Nativitatis Cristi (29 décembre):
Nuntio in *Blumberg*, *Hasemburg* und *Froberg* xj s..

[Fol. 191]. — Sabbato ante Hilarii (1426, 12 janvier):
Nuntio in *Blumberg* vij s., iiij d.. — Nuntio in *Blumberg* und *Maszmunster* iiij s..

[Fol. 193]. — Sabbato post Hilarii (19 janvier):
Iiij s. zwey slosse gen *Blumberg*.

[Fol. 198]. — Sabbato ante Valentini (9 février):
Xv s. umbe flische stund noch usz *Lienhart Weltin*, als die soldenere ze *Blumberg* lagent.

[Fol. 203]. — Sabbato ante Reminiscere (23 février):
Wartemberg j lb ipso und andern soldenern gen *Blumberg* iiij lb uf ir ritgelt.

[Fol. 207]. — Sabbato ante Letare (9 mars):
Thoman Schútzen geben iiij lb, als er und die gesellen gen *Blumberg* rittent. — Geben xij lb *Ios Wartemberg* und den andern sinen gesellen ouch, als si gen *Blumberg* rittent. — Vj s., viij d. eym botten von *Blumberg* bracht *Iöslins* pfert. — Nuntio vj s., viij d. in *Blumberg*.

[Fol. 215]. — Sabbato post Festum Pasce (6 avril):
Vj s. entlehent phert, pfil und armbrost gen *Blumenberg* ze fürende. — Geben *Hertlin* xxx lb, fürt er gen *Blumberg* den soldenern, als er sagen wirt, wem si worden sint. — Geben *Peter Friesleben* von den xij soldener wegen den schútzen, so ze *Blumberg* ligent xxviij lb, iiij s. zu den xxiiij phunden, so si sprechent, das inen worden sye von dem gelt, daz ye hin usz gefürt worden ist. — *Wind* ij lb per *Wonlich* ze *Blumenberg*.

[Fol. 217]. — Sabbato post Quasimodo geniti (13 avril):
Nuntio in *Blumberg* vij s., iiij d.. — Den zwölff gesellen, so ze fusz ze *Blumenberg* lagent xvj lb, iiij s., und sint betzalt untz uff die zyt, als si herheim komen sint, und sint

inen die xij lb abgezogen die inen von *Wonlich* worden
warent.

[Fol. 219]. — Sabbato ante Jubilate (20 avril):
Nuntio in *Blumberg*, vij s., iiij d..

[Fol. 225]. — Sabbato ante Exaudi (11 mai):
Nuntio in *Blumberg*, in *Burnendrut* xvj d..

[Fol. 227]. — Vigilia Penthecoste (18 mai):
Hans Bamnach lxxij lb ein jar vergangen soldes als er ze
Blumberg gefangen wart. — *Walter Kuphernagel* lxjx lb
zu dem guldin und ij lb so er vorgehept hatt ouch ein jare
vergangen soldes, als er ze *Blumberg* niderlag.

[Fol. 245]. — Sabbato post Barnabe apost. (15 juin):
Des den zúg von *Blumenberg* bracht hat, geben dem karrer v s. zerunge und ij s. von dem gezúge ze tragen.

XXIII

*Bâle prie l'évêque d'envoyer des renforts dans les places
fortes où elle a mis des garnisons, châteaux de l'évêché,
et forteresse de Florimont.*

1425, 28 avril [1].

Basel an Bischof.

Wand wir nach uzgendem friden, der zwúschent úwern
gnaden und dem edeln herren graff *Diebolt* von *Nüwenburg*
gestelt was, von úwer ernstlicher bette und anrüffung wegen
úch und úwer stifft, ze hilffe und ze troste, ein lantwere in
úwer stift slosse und ouch gen *Blŭmenberg* geleit hand mit
einer summe reysiger knechten und ouch schútzen, dasselbe
úwer gnad ouch geton und fúrgevert hat, daz ir zŭ andern
herren und úwern gŭten fründen, die úch vormals in den
sachen trostlich gewesen sind und úch hilff angeseit hettent,
meynde ze ritende und die an ze treffende, úch zŭ dem kriege
fúrer hilff ze tŭnde. Als nu die úwern etwas zites in den
slossen zŭ lantwere by den únsern gelegen sind nach dem
anslag desmols beschehen, ist úns fúrkommen, daz die usz
den slossen widerumb heimgeritten sient, das úns unbilli-

<hr>

1. Arch. de l'Etat de Bâle-Ville. *Missiven*, III, 209.

chen hat, denne der von *Nüwenburg* mit den sinen, so ze
lantwere ligent, den krieg states heftteklich tribet und werdent die unsern und ir armen lúte an libe und an gŭt swerli-
chen beschediget mit gefengnisse und nomen. Dazŭ ouch
arm priester in úwerem bistŭm allenthalben gefangen hin-
gefúrt und anders gehalten, denne kriegsrecht ist, als wir
das úwern amptlúten dem official, *Hans* von *Flachslanden*
und andern den úwern ouch geseit und fúrbracht hand. Par
conséquent prière instante à l'évêque d'envoyer rapidement
des renforts, denne úns hat der wolgeborn herre graff *Hanns*
von *Tierstein* luter geseit, werde im nit ander hilff zŭges-
choben, denne er noch habe, so welle er sich uszsünen, das
úns weder nútz noch gŭt bedunket sin. Und were úwern
gnaden und úns das unerlich, so wúrde ouch der widerteil
dadurch vast gesterket, davon groszer kumber und gebrest
úns beider sit uferston möchte. Sabbato post Georii, anno, etc.
cccc xxv.

XXIV

*Bourcard ze Rhein maître-bourgeois et le conseil de Bâle
rappellent à la ville la plus grande partie de la garnison
de Florimont et donnent des ordres pour l'approvisionne-
ment de la garnison et pour des réparations au château.*

1425, 27 mai [1].

Wir *Burckart ze Rine*, ritter, burgermeister, und der rate
embieten den bescheiden *Fridrich Fröweler* und *Martin
Seiler*, unsern houptlúten ze *Blumenberg*, unsern grŭs und
alles gŭt. Als wir uch uf gestern widerumbe geschriben und
geantwurtett gehept hand uf úwern brieff, den ir uns geschicket hattent, also lassen wir úch in einer geheym wissen,
das *Hanns* von *Flahslanden* uf hútte by uns gewesen ist,
und mit dem, in namen unsers gnedigen herren von *Basel*,
einen anslag geton hand, das wir bede der ze rosse und ouch
der fúszgengern, die wir daselbs hin mit úch geschickt ha-

1. Arch. de l'Etat de Bâle-Ville. *Briefbuch*, III, p. 49. Orig., pap.. Le cachet
manque.

bent, notdurftig werdent sin, harumbe so enpfelhen wir
úch und ist unser meynunge, das ir alle die, so wir ze rosse
und ze fühsse ze *Blŭmenberg* ligen habent, harheym schic-
kent und ir ouch mit inen koment, uszgenommen zehen ze
rosse, *Hannsen* von *Basel* sich selb zehend zymberlúten und
sust zehen schútzen fúszgenger, das werdent drissig ze sam-
men, mit denen und ouch mit den reysigen, so der obgenante unser gnediger herre von *Basel* und der wolgeborne
herre graff *Hanns* von *Tierstein* in dem slosse ligende habent, beduncket uns, das daz slosse nu ze male wol besorget
sye. Bedörffent ouch unser drissig, die da bliben sollent,
fúrer deheiner koste, so mögent sy uns embieten, welhes
morgens sy ir wegen und karren gen *Waltikofen* schicken
wellent, so wollent wir besorgen, das inen uf denselben
morgen by andern wegen und karren me koste geschicket
werde, dieselbe koste wellent ouch ir schaffen gen *Blŭmenberg* geleitett werden. So denn von des buwes wegen in dem
slosse *Blŭmenberg* ze tŭnde umbe die gantze zarge, die doch
wite und faste mit brande geschŏdiget ist, beduncket uns nit
nútze oder notdurftig sin, nu ze male an allen enden ze ringe
umbe ze tŭnde, denn wir merckent wol, als uns der schade
fúrbracht ist, das sölich buwe fur einen gewalte unverfeng-
klich werent, und ist unser meynunge, das ir *Hansen* von
Basel und sinen gesellen enpfelhent, nehste by dem kilchoff
har einen buwe ze machende in der wite und mit eym söli-
chen begriffe, als sy getrúwent das nútze und gŭt sin, und
sust an der zarge an etlichen enden, da sy beduncket das
aller notdurftigest sin. Uns beduncket ouch vaste notdurftig, unsern gezúge zŭ ze rústende, der noch gar ungerústet
ist, zŭ dem anslag, als *Hanns* von *Högenheim* und *Engel-
frid* uns das fúrbracht hand. Dis tŭnd dem wolgebornen
herren graff *Hannsen* ouch ze wissende, umbe das er wisse,
was wir wissent, sich darnach ze haltende. Datum hora
octava post meridiem die festi Penthecoste, anno etc. cccc°
xxv°.

Au revers : Den bescheidenen *Friderichen Fröweler* und
Martin Seyler unsern houptlúten ze *Blŭmenberg*.

V

*Bâle fait savoir à Jean de Thierstein qu'elle ne peut conser-
ver pendant l'hiver dans le château de Florimont la garnison qu'elle y entretenait.*

1425, 1er septembre [1].

Dem edeln wolgebornen herren graff *Hannsen* von *Thierstein.*

Edeler wolgeborner herre, unser willig dienst vor. Als
man nchst in rede gewesen ist von des slosses *Blŭmenberg*
wegen, und ir meindent under anderm, wolte man es úch
gonnen, so keament ir *Blŭmenberg* wol abe, daz ir des
muner in andere wege versichert wúrdent, also sind wir
úber die sachen gesessen und hand betrachtet, daz winter
zits in dem slosse *Blŭmenberg* ein solich volk, als untzhar
da gelegen ist, sich nit behaben noch gehalten moege, solten
sy nu nit da moegen bliben, als ouch daz an im selbs ist,
besorgen wir, daz denn daz slosz verlorn were. Harumbe
und wand unser gnediger herre von *Basel* und die sinen
solichs ouch betrachtet und iren willen dazue geben hand,
als úch denn wol wissend ist, wie ir des muner versichert
werden und des slosses abekommen moegen, so ist ouch
unser wille und gewalt uns ouch wol, daz ir den sachen also
nachgangen, úch versichern lassen und des slosses lieber
mit nutz denn mit schaden abekommen und darinn das
beste fúr handen nemmen, als ir gedenken mogent, verfeng-
lich sin. Datum sabbato ipsa die Verene anno etc. ccccxxv.

Hanns Rich von *Richenstein*, etc.

1. Arch. de l'Etat de Bâle-Ville. *Missiven*, III, 271.

XXVI

*Bâle informe l'évêque que, vu les mauvais traitements infli-
gés par les Bourguignons aux prisonniers allemands faits
à Courchavon et à Florimont, elle se propose d'user de
représailles sur les prisonniers welches.*

Bâle, 1425, 20 octobre [1].

Dem hochwirdigen in Gotte vatter und herren hern
Johannsen, bischoff ze *Basel*, unserm gnedigen herren.

Hochwirdiger in Gotte vatter und gnediger herre, úwern
gnaden sie unser willig dienst alle zyt bereit voran. Als in
dem dorffe ze *Vogtspurg* by *Burnendrut* gelegen etlich fúsz
volk unser soldener und dienere von den *Walhen* erslagen
und ouch etlich gefangen sint worden, ist uns fúrkomen, das
dieselben gefangenen fúszkneht ir ein teil in thúrn geleit,
und ouch etlich in stoeck geslagen syent vast herteklich und
anders, denn krieges recht ist, gehalten werdent, úber das
si doch fromm erber endelich knehte sind, rechte und
redelich mit iren offenen briefen widerseit hand, so ist ir
ouch ein teil, als uns fúrkommet, in der gefengnisse tode,
hertikeit und hungers halp, wiewol die gefangegen, so úwer
gnade hat und sich uf Sant Gallentag nehst vergangen [2] in
unser statt geantwúrtett hand, gar frúntlich und guetlich gehalten werdent und in offenen wirten húsern ligent, das
uns ze male swere und kúmberlich anlit. Nu hatt der edel
nerre graff *Hanns* von *Tierstein*, von derselben gefangenen
wegen, den houptlúten ze *Ellekurt* und ze *Blamont* ernstlich
geschriben und die gefangenen mit siner geschrifte redelich
erfordert und begert, inen zyl ze gebende, nach krieges
recht, das aber gantz nútzit hatt gemoegen versahen, als
úwer gnoden an desselben graff *Hansen* brieff, der wir úch
abgeschriften harinne verslossen sendent und ouch der
houptlúten brieffe ze *Ellekurt* und ze *Blamont*, die in welsch
geschriben und ze tútzsche uf das kúrtzest bracht sint, so

1. Arch. de l'Etat de Bâle-Ville. *Missiven*, III, 295.
2. 1425, 16 octobre.

verre wir das kenden, wol hoeren und verstan wirt. Ouch
haben sich die uwern und die unsern, so ze *Blŭmenberg*
gefangen wurdent, geantwúrtet und sind von einander
geteilt worden, und wissent noch nit wie es umb si stat, ob
si in stock und thúrm geleit sient. Und wand nu die erben
knechte in stoecken und thúrnen herteklitch gehalten werden und anders, denn krieges recht ist, als vorstatt, und
ouch nit wor ist, daz ir me gesichert sient worden, denne
sich geantwúrtet habent, harumbe so beduncket uns zytlich
und billich sin, das wir die gefangenen, die sich in unser
statt geantwúrtett hand, ouch in thúrne legen und die ins-
liessen soellent, und meynent es ouch ze tŭnde und getrúwent, das wir daz gegen aller menglichem mit eren wol ze
verantwúrttende habent und úwer gnade das ouch bedunke
billich sin und darin gehelle. Denne wir hoffen, wenne daz
beschehe, das den unsern ouch zyl geben werde und nit so
berlich ratlose halp, als ir ein teil úbel wunde sind, verder-
bent, so werdent ouch wir und alle unsere helffere dester
williger in allen sachen ze dienende. Dis verkunden wir
úwern gnaden, umb daz die wisse, was unser meynung
halte. Datum sabato post Galli, anno etc., xxv.

Hanns Riche.

XXVII

Jean, comte de Thierstein, sur la demande de Jean, abbé de
Bellellay, déclare après enquête, en qualité de seigneur
de Florimont et de protecteur de l'abbaye, que certains
biens de celle-ci sis au Puix sont francs et ne doivent
à titre de dîme que le vingtième des fruits.

1431, 29 janvier [1].

Je *Jean*, comte de *Tierstein*, seigneur de *Florimont*, con-
nois et fais savoir à tous par cette lettre, qu'est comparu

1. Traduction française de l'original allemand dans le Mémoire premier
pour les maire, maître-bourgeois, jurés et habitans de la communauté de la
petite ville ou bourg de Florimont par lequel l'on examine l'ancienneté de
cette seigneurie, pp. 10-12. — Cpr. Feltin, p. 20.

pardevant moy vénérable sieur *Jean*, abbé de *Bellelay*, et m'a représenté que luy et sa maison ayant des héritages au ban du *Puis*, iceux sont francs et d'ancienneté qu'ils ne doivent donner d'autre dixme que de vingt, une, et que, dans cette franchise, il s'y commet de l'abus et de l'erreur, par ceux qui recueillent annuellement la dixme dans ledit ban, de quoy ceux qui payent les cens et qui ont accepté les héritages imbus de ladite franchise, se plaignent amèrement, et m'a le sus-dit abbé, comme seigneur temporel du lieu et protecteur, requis, de par Dieu, et pour cause de droit, luy être secourable à l'égard de ceux du *Puis*, pour que lui et sa maison jouissent, comme d'ancienneté, de cette franchise. Ainsi, après un moeür examen, ayant fait appeler quelques particuliers du *Puis, Suarce, Florimont* et autres circonvoisins, nommés *Perrin*, abbé dudit *Florimont, Tschan Denu* du *Puis, Tschangoly* du *Puis, Pittizschan* de *Beurnevesein, Perrin Durgo* de *Florimont, Tschan Nia* de *Suarce, Henry Nia*, son frère, que j'estimois être de ce les mieux connoisseurs, et ausquels j'ay fais rapport de la plainte et remontrance, qui m'avoit été portée par le sus-dit abbé, comme le tout est cy devant, les ayant requis par serment, qu'ils m'ont presté, comm'à leur seigneur, de me déclarer ce qu'ils en pouvoient savoir et connoître, ils ont tous, et chacun en particulier, dit et déclaré, en conséquence du serment qu'ils avoient juré, ne savoir et n'avoir entendu autre chose de leur devanciers ; si non que les héritages, qui appartenoient à la maison de *Bellelay*, étoient francs d'ancienneté, qu'ils ne donnent d'autre dixme que de vingt, une ; de manière, que, sur cette déclaration, ledit abbé m'a requis, de la part de sa maison et de la sienne, de luy en vouloir donner un témoignage sous mon sceau, ce que je, comte *Jean*, ay ainsi fait, sans préjudice de mes droits et de mes héritiers. Et en foy de quoy j'ai mis mon sceau, pendant à la présente lettre, donnée le premier lundy après la conversion de Saint Paul, l'an que l'on compte quatorze cent trente un après la naissance de Jésus Christ [1].

Note sur les biens d'église dans la seigneurie de Florimont.

1° *Delle*. La grande cour colongère, dont plusieurs dépendances se trouvaient dans la seigneurie, appartenait encore dans le xiii° siècle à l'abbaye de Murbach. Le domaine avait été donné à l'abbaye par Eberhard, petit-fils d'Eticon, duc d'Alsace. Viellard, *Documents et mémoire pour servir à l'étude du territoire de Belfort* (Besançon, 1884), 14 (728), 31 (913), 357 (1231), 370 (1235), 392 (1245) = T., I, 387. Gatrio, *Die Abtei Murbach in Elsass* (Strasbourg). — 2° *Boron*. Le prieuré de Froidefontaine possédait, au xii° siècle, l'église avec ses hommes et ses terres (T., I, 149, 1105). — 3° *Courcelle*. Le prieuré de Lanthenans était propriétaire de deux manses au xii° siècle (T., I, 197, 1147; 237, 1177). L'abbaye de Lucelle y avait acheté de Jean et Henri de Gléresse le tiers de la dîme des fruits en 1294. (T., III, p. 676). L'abbaye de Bellelay avait également des dîmes à la même époque (ibid.), et une terre en 1311 (p. 691). — 4° *Courtelevant*. Une terre appartenait à l'abbaye de Bellelay (p. 688, 1308), et l'abbaye de Valdieu y avait sans doute au xv° siècle, peut-être même avant, le fief porté dans la reconnaissance renouvelée en 1569. (Extrait du dénombrement et reconnoissance des biens fonds dépendant du fief du prioré de Valdieu, situé dans les finages de Courtelevent. (1714. Arch. de Florimont, FF, 2). — 5° *Florimont*. Vers la fin du xiii° siècle, le couvent bâlois de Clingenthal était titulaire de redevances sur certaines personnes. (Staatsarch. Basel, Clingenthal, Acten 5, zinsverzeichnisse, n° 2826, orig., parch.). So han wir von den von *Blumenberch* ii sch., vij iii 1/2 lb. d. geltes, vij ii kappen, hie von sol man alle iar zu irme iargecite ieklicher swester vi d. geben, vnn waz da vber wirt, de sol man den swestern viberisch des tages geben vmbe win vnn vmbe eger. — Les religieux de Bellelay avaient acquis en 1344 la maison de Vernier, fils Besançon (T., III, p. 821). Le prieuré de Froidefontaine entretenait, au xiv° siècle, dans la ville, un procureur, ce qui ne peut s'expliquer que par l'importance de ses biens dans le finage de Florimont ou dans la seigneurie (p. 787-788, 1340, 8 février). Des rentes foncières sur les communaux de Florimont appartenaient au chapitre de Saint-Mainbœuf de Montbéliard, au xv° siècle. Mais le premier titre que je connaisse est de 1479. Lettre pour les vénérables doyen et chapitre de l'église collégiale Saint-Mainbœuf de *Montbéliard*, de cinq livres estevenants censaulx pour le capital de cent livres estevenants sur les bourgeois, commun et habitants de Florimont (Arch. du Doubs, G, Saint-Mainbœuf). — 6° *Le Puix*. L'abbaye de Belchamp, le prieuré de Saint-Morand d'Altkirch, et les Augustins d'Hagenbach, possédaient, au xiii° siècle, des terres que l'abbaye de Bellelay acquit successivement. (Belchamp, Viellard, 280, 1189, liste des possessions de l'abbaye; 311, 1206; 378, 1238, documents relatifs à l'acquisition par Bellelay. Saint-Morand et Hagenbach, Feltin, p. 21, s , 1290, 1313). — 7° *Pfettrouse*. Les abbayes de Saint-Ursanne et de Lucelle étaient possessionnées, la première au xii° siècle (T., I, 183, 1139), la seconde au xiii° et au xiv° (II, 552, 1299; III, p. 843, 1347). — 8° *Réchésy*. Il y avait une terre de Bellelay (p. 688, 1308). — 9° *Suarce*. L'abbaye de Massevaux avait un domaine à une époque très ancienne (T., I, 52; 823 = Viellard, 23). Le prieuré de Feldbach en possédait un au xiii° siècle (T., II, 533, 1144).

XXVIII

Philippe le Bon, duc de Bourgogne, ordonne la saisie des fiefs de Humbert de Villersexel pour refus obstiné de garder les trêves conclues avec les Allemands.

1431, 8 novembre [1].

Philippe, par la grace de Dieu, duc de *Bourgoingne*, de *Lothier*, de Brabant et de *Lembourg*, conte de *Flandres*, d'*Artois*, de *Bourgoingne*, palatin et de *Namur*, marquis du *Saint-Empire*, seigneur de *Salins* et de *Malines*, à notre bailly d'*Amont* en notre dit conté de *Bourgoingne*, ou à son lieutenant, salut. Nous avons entendu que, ja soit ce que nouvellement, à la requeste et poursuite de très réuérend père en Dieu le cardinal de *Saint-Ange*, présidant, et des prélatz et autres estans et assemblés présentement au Saint Concile de *Basle*, aient esté de part nous prinses et acordées avec aucuns capitaines des gens du duc d'*Austeriche* certaines abstinances de guerre entre noz païs de noz duchiez et conté de *Bourgoingne* et ceulx de la conté de *Ferrettes* et autres dudit duc d'*Austeriche* plus aplain contenues et déclarez ès lettres d'icelles abstinances depuis le premier jour de ce présent mois de nouembre jusques au jour de la feste Saint Thomas apostre prochainement venant qu'il est deuant Noël, desquelles abstinances nous avons fait bailler noz lettres patentes telles qui appartient, que par vous ont esté publiées ès lieux par ceulx et ainsy qu'il appartient et est acoustumé de faire en tel cas, et aussi en aient baillé leurs lettres patentes lesditz capitaines et gens dudit duc d'*Austeriche* pour leur costé en forme telle qui appartient [2], neant-

1. Arch. de la Côte-d'Or, B, 1047. Copie de l'époque. Cinq feuilles de papier collées ou cousues bout à bout formant un rouleau d'environ 1ᵐ80 de long.

2. Le Concile institua quatre commissions, *pro pace, pro fide, pro reformatione, pro communibus* (Nitzsch, *Geschichte des deutschen volkes*, III, p. 351). L'ouverture du Concile, fixée au 1ᵉʳ mars 1431, eut lieu en réalité le 23 juillet (*Basl. Chron.*, IV, p. 425, n. 1, p. 441, n. 7). Au mois d'octobre la Bourgogne envoyait encore des troupes sur la frontière d'Alsace (Arch. de la Côte-d'Or, B, 11803, montres d'armes). Ce sont les noms des hommes d'armes et de trait estans soubz *Philibert* de *Vauldrey*, escuier, gouuerneur de *Tonnerrois*, pour icculx par lui mener et conduire sur les frontières du païs de *Bourgoingne* à

moins messire *Humbert*, seigneur de *Villerssexel*, notre cosin, a mis ou veult et s'efforce de mectre gens d'armes et de trait en garnison en ses places qu'il a et tient sur les marches et frontières des païs de *Ferrettes*, pour fere guerre et pourter dommaige ès subgiez dudit duc d'*Austeriche*, contre lesdites abstinances publiées et fermées comme dit est, en disant qu'il ne les entretiendra point. Pour ce est-il que nous qui voulons et désirons lesdites abstinances estre entrete-

l'encontre des *Alemans*, aduersaires de monseigneur le duc, ou mois d'ottobre mil cccc trente et vng... Somme c hommes d'armes et c hommes de trait (Orig.. Parch.). Les trèves en faveur du Concile *(in favorem sacrosancti synodi)* étaient conclues à Bâle, le 17 du même mois, entre Jean de Thierstein, Jean de Knoringen, Frédéric Vinclr et Jean de Hornstein, capitaines des territoires de Ferrette, Sundgau, Alsace et Brisgau et les pays du duché et du comté de Bourgogne. Elles devaient durer jusqu'à la fête de Saint Thomas, apôtre, avant Noël (21 décembre). Arch. de la Côte-d'Or, B, 11933. Copie de l'époque sur papier non scellée renfermant avec le texte des trèves celui de la notification qui en fut faite pour exécution par le duc de Bourgogne le 24 octobre 1431. Le 8 mai de l'année suivante, Philippe le Bon notifiait les trèves de six ans qu'il venait de conclure avec Charles VII : *Philippus*, Dei gratia *Burgundie*... dux... Cum certo lapso tempore, inter *Carolum*, pro rege *Francie* se gerentem, adversarium nostrum suosque subditos... ex vna, ac nos, nostrosque subditos... ex altera partibus, certe treuge et abstinencie guerrarum facte... existant durature per sex annos continuos,... in quibus quidem treugis... consanguineus noster, dux *Fridericus Austrie*, eiusdem *Karoli* aduersarii nostri confederatus et querele sue aduersus nos formaliter adherens, ex parte eiusdem *Karoli*, sit comprehensus..., notum igitur facimus quod nos treugis .. predictis, respectu dicti *Austrie* ducis et suorum, pro nobis et nostris,... eundem ducem et omnes suos... in ipsis treugis... comprehensos... reputamus, ac etiam, in favorem sacrosancti generalis synodi in ciuitate *Basiliensi* presentaliter congregate, ex parte cuius.., sumus super hoc instantissime et per plures vices interpellati..., pro omnibus et singulis aliis causis, querelis et impeticionibus inter prefatum ducem *Austrie* et nos vsque in hodiernum diem motis, confitemur publice quod predicte... querele per tempus sex annorum supra descriptum... in consimilibus treugis persistere debeant... Insuper non volumus... ex vtraque parte, per nostras terras et dominia se contingentes et contingentia, consentire aut rapinas faciat seu inferat aliquo modo... Datum in oppido nostro *Diuionensi* viijᵃ mensis maii, anno Domini millesimo cccᵒ tricesimo secundo. Arch. de la Côte-d'Or, B, 11615. Copie de 1433. Pap.. Frédéric, duc d'Autriche, ratifiait à son tour les trèves à Innsbruck le 24 mai 1432. Quemadmodum nos christianissimi principis et domini *Karoli* regis *Francie* domini et soceri nostri carissimi contra illustrem principem *Philippum* ducem *Burgundie*, etc., coadiutores facti sumus, et quia inter prefatum dominum capitaneum nostrum ex vna ac predictum ducem *Burgundie* partibus ex altera treuge, pacta et abstinencie condicte, facte, conscripte et sigillate existunt durature per sex annos..., in quibus inter alia fit mencio quod nos cum nostris territoriis, dominiis et subiectis, in eisdem treugis et abstinenciis comprehensi et inclusi esse debeamus,... in easdem treugas, abtinencias consentimus et ex certa scientia, vigore presentium litterarum, easdem laudamus et approbamus.. Arch. de la Côte-d'Or, B, 11933. Orig.. Parch.. Etait scellé sur double queue. Au revers : Lettres d'abstinences à vj ans du duc d'*Osteriche*.

nues sens enfraindre, mesmement en faueur et contemplation
dudit saint concile et pour l'auancement d'icelluy, vous mandons, commandons et enjoingnons très expressément en
commectant, se mestier est, par ces présentes que, incontinent reçeues cesdites presentes, vous faictes commandement
exprès de part nous audit seigneur de *Villerssexel* et à tous
noz subgiez de par delà et autres qui appartient, que lesdites
abstinences ilz gardent et entretiennent et facent par leurs
gens garder et entretenir, en leur deffendant, sur peine de
forfaire envers nous corps et biens, qu'ilz ne les enfrain-
gnent, ne facent ou souffrent enfraindre en aucune manière,
et se aucunes choses y ont esté faites au contraire, que ilz les
reparent incontinent et sens délay, Et ou cas que trouuerés
que ledit seigneur de *Villersexel* ou autres de noz subgectz
et estans en notre seruice aient faict ou fait fere le contraire,
mectés incontinent et sens delay tous leurs biens et seigneuries qu'ilz ont et tiennent soubz nous en notre main réalment
et de fait et par dessoubz icelle les faites gouuerner aux frais
de la chose, par personnes souffisantes et notables qui en puis-
sent et saichent rendre bon compte et reliquat là et ainsi
qu'il appartient, sens en faire relaiche, delivrance, ne bailler
joyssance comme qu'il soit, se n'est par notre propre et exprès commandement et aduis par noz lettres patentes. Et
avec ce les corpables, délinquants et transgresseurs noz subgectz, de quelque estat qu'ilz soient, pugnissés et corrigés
selon l'exigence des cas, en procédant contre eulx et chacun
d'eulx, sens faire emport ou dissimulation, et tellement que
ce soit exemple aux autres. De ces choses et leurs circuns-
tances et leur deppens vous donnons plain pouoir et mandement especial. Mandons et commandons à tous noz justiciers, officiers et subgectz, et requerons tous autres que à
vous et à voz commis et députez ilz obéissent et entendent
diligemment, et à vous et à eulx donnent et prestent conseil,
confort, aide et assistence, se mestier en auez et les en reque-
rés. Donné en notre ville d'*Ostum* le viij^e jour de nouembre
l'an de grace mil cccc trente et ung. Ainsi signé : par Monseigneur le duc, à la relation du conseil. *T. Vousseau.*

1431, 19 novembre.

Guy, seigneur d'*Amanges*, conseiller et chambellan de
monseigneur le duc et conte de *Bourgoingne* et son bailly
d'*Amont* audit conté, au gouuerneur de la préuosté ou à son
lieutenant, salut. Par vertu et auctorité des lettres patentes

de mondit seigneur données à *Ostun* le viij[e] jour de ce présent mois, desquelles la coppie collationnée est cy attachée, pour entretenir et acomplir le contenu d'icelles, nous vous mandons et commectons, se mestier est, par ces présentes que vous vous transpourtez au lieu de *Saint Ypolite* et aux autres lieux et places estant en votre ditte préuosté appartenant à noble et puissant seigneur messire *Humbert*, seigneur de *Veller Sexel* et là faictes ou faictes faire commandement de part mondit seigneur et nous audit seigneur de *Vellers*, tant à sa personne, se finer en pouez, comme à ses gens et officiers audit lieu, et aussi generalment et par voix de cry, à tous autres, qu'ilz entretiennent les abstinences dont mencion est faite èsdites lettres, sens les enfraindre, sur les peines contenues en icelles, en publient lesdites lettres, et mectés ez lieux de votre dite preuosté accoustumez de fere crys et publications, et en oultre vous informez incontinent ces lettres vehues de tous ceulx qui depuis lesdites abstinences prinses qui commencèrent le premier jour de cedit present mois qui auront enfraincte icelles abstinences et qui auront fait ou pourté dommaige ou pays de *Ferretes* et d'*Auxois* nommez ès dites lettres, soit ledit seigneur de *Villers*, par lui, ses aidans et complices, et dez ses places ou autres, en mectant realment et de fait la main de mondit seigneur à toutes les terres et seignories d'icelluy seigneur de *Veller* estans en votre dite préuosté et autres qui vous appera par ladite information avoir rompues et enfrainctes lesdites abstinences, en les tenans et gouuernans en et soubz ladite main de mondit seigneur, ainsin et par la manière que mondit seigneur le mande fere par lesdites lettres, en adiournant ou faisant adiourner les courpables pardeuant nous ou notre lieutenant à comparoir personnelment au lieu de *Vesoul*, à certain jour et compectre, sens preiudice d'autre ressort, à peine de bannissement et confiscation de leurs biens, pour respondre sur ledit cas et autres choses que ledit procureur de mondit seigneur oudit bailliage leur vouldroit demander, proposer et requerir. Et au surplus executez le contenu des dites lettres selon leur forme et teneur, et ainsin que mondit seigneur le veult et mande fere. De ce fere vous donnons pouuoir, puissance, auctorité et mandement espécial. Mandons et commandons à tous les justiciers, sergens et subgès de mondit seigneur, prions tous aultres non subgès que à vous et à voz commis et deputez, en faisant les choses dessus dites, obéissent et entendent diligemment et vous donnent et prestent conseil, confort et aide et aussi prison et confort en tout, se mestier en auez et requis en sont, en certiffiant compectamment de votre exploit. Donné sous le seel aux causes de la court dudit bailliage cy mis en marge le xix⁰ jour de nouembre l'an mil cccc trente et ung. Ainsi signé : *J. Poinçot.*

1431, 22 novembre.

A noble homme et saige messire *Guy*, seigneur d'*Amanges*, chéualier, conseiller et chambellan de monseigneur le duc et conte de *Bourgoingne* et son bailly d'*Amont* ou dit conté, ou votre lieutenant général audit bailliage, *Gile* de *Vallenner*, gouuerneur de la prevosté de *Bame*, votre humble obéissant, honour, seruice, reuerance auec toute obéissance. Mon chier seigneur, plaise vous savoir que par vertu et auctorité de votre mandement atachiez à la copie des lettres patentes de mondit seigneur auxquelles ceste moye presente rescription est atachiez, je, le jeufdy xxij⁰ jour du mois de nouembre mil iiij⁰ trente et vng, me suis transpourtez à la porte de la ville de *Saint Ypolite* et ay requis l'entrée d'icelle au pourtier et garde d'ycelle. Et là sont venuz illec à moy hors de ladite porte vng moinne augustin soy disant et pourtant cappitaine et aient la charge audit *Saint Ypolite* pour noble et puissant seigneur messire *Humbert*, comte de la *Roiche*, seigneur de *Veller Saxel* et dudit *Saint Ypolite* et avec luy vng moinne, *Jehan* du *Cuigé*, lui disant auoir la charge audit *Saint Ypolite*, pour le seigneur de *Varambon* et pluseurs autres des gens d'église, bourgeois et habitans de ladite ville, auxquelx j'ay demandé et requis avoir ouuerture de ladite ville pour mectre à exccucion votre dit mandement que je leur ay dit et signiffié auoir de vous. Lesquelx m'ont respondu que, se je y voulois entrer, que je leur promesse que je n'y ferois aucun exploit, et je y entrerois, autrement non. Et pour ce que je n'ai peu auoir ladite ouuerture pour mectre à execucion votre dit mandement, combien que je leur ay fait commandement de le ainsi faire, je, par vertu de vosdites lettres, ay fait commandement audit seigneur de *Viller*, à la personne de sesdiz ofliciers, et aussi audit seigneur de *Varambon* qu'ils entretiennent et facent entretenir au regard d'eulx les abstinences dont mencion est faite en vos dites lettres, sens les anffraindre, sur les peines contenues en vos dites lettres de mondit seigneur et des votres, desquelles je leur ay fait lecture, et depuis leur en ay baillé copie. Et en oultre, pour ce que j'ai esté suffisamment informé que ledit seigneur de *Varambon* et autres aidans et complices dudit seigneur de *Veller*, et pour ly, en son nom et dès ses places, ont courru en armes ou pays d'*Alemagne* et marches de *Ferrettes* et d'*Auxais*, sur les subgiez de monseigneur d'*Aulteriche*, et depuis les abstinences, c'est assauoir le landemain de la feste de Toussaint, second jour de nouembre derrenement passé, et y ont prins pluseurs corps d'ommes et biens, et y fait pluseurs dommaiges, j'ay fait commandement ausdiz seigneurs, aux personnes que dessus, de réparer lesdiz dommaiges, sur les peinez contenues en vosdites lettres, et sur le reffuz je aux personnes des dessus nommez ay mis, en tant que faire l'ay peu, realment et de fait en la main de mondit seigneur toutes les terres et signories dudit seigneur de *Veller* qui tient et puet tenir soubz mondit seigneur en ladite preuosté de *Bame*, mesmement audit *Saint Ypolite*. Et en signe de main mise ay gettée vne vergette que je tenois par la barrière de ladite porte dudit *Saint Ypolite*, et desdites terres et signories, ay deffendu audit seigneur de *Veller*, à ses gens et officiers, et à tous autres tous explois et entremises, et auec ce ay adiourné ledit seigneur de *Veller* aux personnes que dessus, à comparoir personnellement, à peine de bannissement et confiscacion de ses biens, par deuant vous ou votre dit lieutenant, au lieu de *Vesoul*, sans preiudice d'autre ressort, au iiij^e jour de décembre prouchainement venant, pour rendre au procureur de mondit seigneur oudit bailliage, sur les choses dessusdites et autres que demander, proposer et requerir lui vouldra et proceder en oultre selon raison. Auquel mondit exploit par moy ainsi fait ledit augustin lui disant et pourtant gouuerneur et cappitaine audit lieu pour ledit seigneur de *Veller* s'est opposez, auquel j'ay fait respondre que mon mandement ne pourtoit point que le receusses à opposition. Et pour ce ledit augustin, ou nom que dessus, a protesté d'appeler de mondit exploit, et enuiron dix jour sunné à partir de ladite protestacion, vng moine, *Petrement* de *Lure*, clerc, procureur dudit seigneur de *Veller*, faisant foy de procuracion en a appellé, pour rembure de laquelle appellacion et pour doubte d'y actempter, n'ay plux auant procédé en l'exécucion de vos dites lettres. Et ce, mon chier seigneur, je vous certiffie en vérité. Donné soubz mes seel et sang manuel cy mis l'an et jours que dessus.

1431, 4 décembre.

Guy, seigneur d'*Amanges*, cheualier, conseiller et chambellan de monseigneur le duc et conte de *Bourgoingne* et son bailly d'*Amont* au dit conté, aux gouuerneurs des préuostées de *Vesoul* et *Bames* ou à leurs lieutenants et à chascun d'eulx salut. Comme par vertu et auctorité des lettres patentes de mondit seigneur, par lesquelles, entre les autres choses, estoit et est contenuz que noble et puissant seigneur messire *Humbert*, conte de *la Roiche* et seigneur de *Villersexel*, tant pour lui comme pour le seigneur de *Varambon* et les autres, ses adherens et complices, auoit dez ses places et terres qu'il tient soubz mondit seigneur, corruz et fait dommaige ès païs et terres des contés de *Ferretes* et d'*Auxoy*, y prins pluseurs prisonniers et fais pluseurs autres et innumérables dommaiges depuis les abstinances promises et accordées depart mondit seigneur et par ses lettres patentes entre ses païs de *Bourgoingne* et lesdiz païs et contés de *Ferretes* et d'*Auxay*, nous vous auons mandé, entre les autres choses, mectre en la main de mondit seigneur et notre toutes les terres et seignories de tous les subgicz de mondit seigneur en notre dit bailliage que vous trouuerés depuis lesdites abstinences qui commencèrent le premier jour du mois de nouembre derrenement passé, auoir couru et fait dommaige èsdiz lieux et païs de *Ferretes* et d'*Auxay*, et avoir enfrainctes icelles abstinances, et les controindre par cest moyen et par peine, mulctes et par toutes autres voyes de controincte dehues et raisonnables à rendre et restituer lesdiz dommaiges, en adiournant ou faisant adiourner les delinquans pardeuant nous ou notre lieutenant, à certain jour et lieu competant, à peine de bannissement et de confiscacion de leurs biens, comme plus aplain peut apparoir par lesdites lettres de mondit seigneur et des notres exécutoires d'icelles ; sur quoy, en acomplissant ce que mandé vous auyons, après ce que auez esté informé de ce que dit est, aiez, entre les autres choses, mis en la main de mondit seigneur toutes les terres et seignories dudit messire *Humbert* et lui fait commandement de mettre an deliure tous les prisonniers que par lui et les siens ont esté prinz esdiz païs de *Ferretes* et d'*Auxoy*, ensemble desdiz biens, et de cesser doiresenauant et pendant lesdites abstinances, de fere ou fere afere guerre et dommaige èsdiz païs de *Ferretes* et d'*Auxay*, à certaines et grosses peines par vous à lui indictes, et aiez adiourner ou fait adiourner ledit seigneur de *Viller* à certain jour à comparoir par deuant nous, au lieu de *Vesoul*, à peine de bannissement et de confiscacion de ses biens, dont de tout ce et de vos exploits ledit messire *Humbert* a appellé, et pour ce aiez différé, sens plus auant procéder, à mectre à exécucion lesdites lettres de mondit seigneur et notres, et y soit que depuis nous ayons receues les lettres des gens du conseil de mondit seigneur estans à *Dijon*, par lesquelles nous a esté mandé que de nouuel le Saint Concile est de présent à *Basle*, par le moyen duquel lesdites abstinances ont esté prinses et accordées par mondit seigneur, afin de non empescher icellui, ne les y venans et alans, leurs a requis fere controindre de part mondit seigneur ledit messire *Humbert* de déliurer et rendre lesdiz prisonniers et biens que par les siens, et dès ses lieux et places, ont esté prins, mesmement par ledit seigneur de *Varambon* èsdiz lieux de *Ferretes* et d'*Auxay*, et de fere satisfaction des feugs boutez tant en l'église comme ailleurs esdiz païs, et pour ceste cause ait enuoié de par deça ledit Saint Concile maistre *Nicolas Lami* pour receuoir ladite restitucion desdiz prisonniers et satisfaction desdiz feugz boutés et dommaige, à tout le moins pour en receuoir bonne et souffisante promesse et obligacion de le ainsi fere, lesdiz prisonniers, et premièrement et auant toute cuure, hors mis et déliurez, et lesdiz biens restituez, et que à fere ces choses nous controingnons ou faisons controindre ledit seigneur de *Viller*, en mectre à exécucion lesdites premières lettres de mondit seigneur par toutes voyes et manières de controinctes, et faisons controindre ledit seigneur de *Viller* par la prinse et main mise des biens dudit seigneur de *Viller* qu'ilz tient soubz mondit seigneur, sens en bailler main leuée ne joyssance, et nonobstant quelconque contradiction, opposicion ou appellacion faites ou à fere, sans préjudice d'icelles. Pourquoy nous, ces choses considérées et par vertu et auctorité desdites lettres de mondit seigneur et celles desdites gens du conseil, vous mandons et commectons par ces présentes que, nonobstant ladite appellacion et autres faictes ou à faire et sens préiudice d'icelles, vous mectés et exécutés lesdites lettres patentes de mondit seigneur selon leur forme et teneur, en controingnant ou faisant controindre ledit messire *Humbert* et ledit de *Varambon* à rendre et mectre à déliurance lesdiz prisonniers, et aussi à rendre et restituer lesdiz dommaiges, à tout le moins de bailler bonne et seure caution de rendre et restituer iceulx dommaiges, en lui faisant derechief commandement de part mondit seigneur et sur tant qu'il se peut meſſere en corps et biens enuers lui, et de incorir son indignacion per- pétuelle, que incontinent ainsi le face. De ce fere et les ap- partenances vous donnons plain pouoir, auctorité et man- dement espécial, mandons et commandons à tous subgiez de mondit seigneur que, en ce faisant, à vous et à vos commis et deputez obeissent et entendent diligemment, en certifi- ciant competamment de ce que fait en aurez. Donné sous le seel aux causes de la cour dudit bailliage ce iiij^e jour de dé- cembre l'an mil quatre cent trente et vng. — Ainsi signé : *J. Barressoz.*

1431, 8 décembre.

A noble homme et saige, messire *Guy*, seigneur d'*Aman- ges*, bailly d'*Amont* ou conté de *Bourgoingne*, *Claude Mo- restein*, licencié en lois, gouuerneur de la prevosté de *Vesoul*, honneur, service, reuerence ensemble vray obéis- sance. Mon très chier seigneur, plaise vous savoir que, par vertu et auctorité de voz lettres de congnoissance auxquelles ces présentes sont actachées et pour acomplir le contenu d'icelles, me suis aujourd'hui transpourté au lieu de *Viller- sexel*, à la personne de noble et puissant seigneur messire *Humbert*, conte de la *Roiche* et seigneur dudit *Viller*, auquel j'ay exposé le contenu de vos dites lettres et d'icelles lui ay fait vision et lecture, et lui ay requis de part mondit sei- gneur et vous et auec ce commander de entériner et acom- plir le contenu desdites lettres, sur les peines contenues plus aplain en icelles, lequel m'a respondu que maistre *Nycolas* dénommé en vos dites lettres auoit naguières esté par deuers lui et auoient eulx deux conuenus ensemble que icellui sei- gneur rendroit les prisonniers dont mencion est faite en vos dites lettres, et qu'il auoit baillé et prins seurté audit maistre *Nicolas* de rendre et restituer tous les biens et dommaiges qui par lui, le seigneur de *Varambon* et leurs aidans auoient esté prins et fais ès païs de *Ferretes* et d'*Auxay* depuis les abstinences dont en vos dites lettres est faite mencion, et qu'il auoit enuoié dez ledit jourd'hui au matin à *Saint-Ypo- lite* où estoient lesdiz prisonniers, en moy requerant que je ne procedasse plus auant à la main mise pour ladite cause en ses terres et seignories et qu'il estoit prest de faire deli- urance desdites prisons lesdiz prisonniers, se desja ne le seroient, et de fere tout ce qu'il y appartenoit, et m'a dit qu'il me monstreroit l'apointement par escript qu'il auoit auec ledit maistre *Nicolas*. Mais, pour ce que dudit appoinctement ledit seigneur n'a point fait foy et que ladite restitution ne se faisoit promptement, pour acomplir le contenu de vos dites lettres, j'ay mis ladite terre et seignorie dudit *Viller* et generalment tout ce que ledit seigneur a et tient soubz mondit seigneur en la main d'icelluy seigneur, et lui en ay deffendu et à tous autres exploix et entremises, duquel mon exploit ledit seigneur de *Viller* a protesté d'apeller. Et ce, mon très chier seigneur, je vous certiffie ainsi par moy auoir esté fait soubz mon seel cy mis le viij[e] jour du mois de decembre l'an mil quatre cent trente-et-vng.

XXIX

Lettres de l'euesque de Basle *d'abstinences à ij ans commencé à la Chandelour iiij[c] xxxj.*

Delémont, 1432, 13 avril [1].

Nous, *Jehan*, par la graice de Dieu auesque de *Baisle*, à tous ceulx que ces présentes lettres veuront, salut. Sauoir faiçons que, pour la doupte d'aulcuns des pays de nostre très redouptey signour, monsignour de *Bourgoingne*, lesquelz nous faiçoient guerre, nous hauons suppliez à nostre dit signour que ly playsece de relonguir les treues et abstinences prises par aulcuns des gens de nostre dit signour et nous, lequel, à nostre prière et requaste, et auxi pour l'onnour et reuerance de l'Eglise, ylz hait ycelle treue ou abstinence de guerre prolongiz. Et pour tant que nous appert que nostre dit signour s'est humilier enver nous, nous, en nom de nous, pour nous pays et subgez d'une part, à nostre dit signour, pour luy, ses pays et subgez d'autre, prolongons et relongons, prorogons et ralongons par ces présentes en estait, et selon lour fourme et tenour, du jour de la Chandelouse derrier passez, qu'elles expirèrent, jusquez à deux ans entiers prochan après ensugant, et, ledit terme durant, promectons,

---

1. Arch. de la Côte-d'Or, B, 11933. Orig., Parch., Scellé sur double queue d'un sceau rond en circ rouge. Légende : [Sigillum] *Johanni* [*s* de *Fleckenstein*] *Basilien* [*sis*] episcopi.

en foy de prelait, les guerder, et faire guerder, et entretenir,
de nostre leaul pohoir, per anxi que du costey de nostre dit
signour samblablement le faire. Se donnons en mandement
à nostre baillif que, rechehuez les paroilles et cestes de
nostre dit signour, et en effect et substance de la proroga-
cion, relongement et entretenement des dictes treues et
abstinences de guerre, yl faice ces présentes publie et signifier per cry publique, per touz les lieuz de nous bonnes villes
acostumez de fere notable cry et publicacion. Et mandons et
comandons à nostre dit baillif et à tous nous aultres justicier
et officier et subgez, prions et requerrons nous seruans,
aydans, amis, alayez et bien vaillans que, ladicte publica-
cions faicte, yl guerdont, abstinent et entretenont, et faiçont
guerder et entretenir et obseruer les dictes treues et abstinences de guerre de point en point, selon le contenus d'ycel-
les, le terme de nostre dite prorogacions durant, sur poyne
d'en estre punis nous dis subgetz et officiers, commant infrac-
tours de treues et abstinences, et que a caus appartient, senz
fere ne soffry fere, actempter ou ingnorer ce pendant aul-
cune chose au contraire, et, se fait estoit, le reparont ou faiçont à reparer, si tost que viendra à lour congnoissance, ou
que requis en saront à tout remectre à l'estatt premier et
deu, pourveu que du costel de nostre dit signour paraille-
ment se faice. En tesmoingnaige de ce nous hauons fait
mectre nostre scel en ces presentes. Donné en nostre ville
de *Deleymont*, le traizieme jour du moys d'auril, l'an de
graice mil quattre cens et trancte et deux selon le stile de
nostre aueschié.

XXX

Les ambassadeurs de Philippe le Bon, duc de Bourgogne, auprès du concile de Bâle adressent à leur maître la relation des conférences qu'ils ont eues les 15, 18, 20 et 22 septembre 1433, avec les ambassadeurs du duc d'Autriche, en vue de renouveler les trêves entre les deux duchés.

Bâle, 1433, septembre [1]

1° Il est vray que mardi et mecredi xv jour de ce présent mois de septembre furent requis aucuns des gens estans à present à *Basle* par le duc *Guillaume*, protecteur du concile, en son hostel et en sa presence, auecque le bailli de *Ferretes*, le seigneur de *Ribaupierre* et autres officiers du duc d'*Austeriche*, sur aucunes choses touchans le bien de mondit seigneur, de ses pays et subgez, et dudit duc d'*Austeriche*, et sembla estre expediant ausdictes gens de le ainsi faire, et furent ordonnez aucuns en nombre compettant, et fut ouuert du cousté dudit duc d'*Austeriche* que certaines abstinences auoyent esté prinses entre mondit seigneur et icellui duc leur maistre, et que pluseurs attemptaz auoient esté faiz et se faisoient journelment par les subgez de mondit seigneur, allegans la prinse d'aucuns habitans de *Beauffort* en ceste karesme derrenement passée, et d'autres subgez dudit duc. Item que journelment l'en espioit leurs forteresses et places, de nuyt et à heures souspectes, et pluseurs semblables matières.

2° Item par les gens de mondit seigneur fut respondu qu'il ne cuydoient point mondit seigneur ne ses gens auoir fait aucuns attemptaz, lesquelx, se faiz estoient, pensoyent qu'il n'en feust mie content, et que, quant au fait des dessusdits,

---

1. Archives de la Côte-d'Or, B, 11615. Orig. Pap.

autreffois en auoit esté respondu à mondit seigneur le duc par aucuns d'eux, selon les lettres de son chancellier à eulx enuoyées et aussi par messire *Thibault de Neufchastel*, que par ses lettres s'en estoit excusé deuers ledit duc *Guillaume*. Item quant aux aultres attemptaz, ilz n'en cuydoient riens, et n'estoient que sospeçons et ymaginacions.

3° Item adioustoient les gens de mon dit seigneur que certains prisonniers des pays de *Flandres* et *Brabant* prins et retenuz, par aucuns subgetz de mon dit seigneur d'*Austeriche* dedans les merces de ses pays et seignouries fussent renduz et restabliz, auecques tous leurs biens de grant prix et valeur, comme autreffois auoit esté declairé au dit duc *Guillame*, et sur ce excusoient leur dit maistre, disant qu'ilz auoyent esté prins sur le *Rin* qui est commun à tous seigneurs et bonnes villes d'*Alemaigne* et que à leur dit maistre n'en appartenoit riens plus que aux aultres.

4° Item depuis assemblèrent les dessus diz en l'ostel dessus dit, et lors fut par les gens du dit duc d'*Austeriche* ouverte plus aplain leur voulenté. C'est assavoir que leur dit maistre estoit très desirant d'avoir treues et icelles entretenir auecques mon dit seigneur, ou cas que de son cousté il vouldroit semblablement faire, et que de ce estoient certains, et, pour ce que les abstinences prinses entre mon dit seigneur et son dit aduersaire le Dauphin, lesquelles, comme il sembloit, estoient rompues, ilz leur sembloit que bien seroit icelles renoueler et asseurer aux temps que les premières, sens auoir regart en aucune manière a treues dessus dites touchant le Daulphin, mesmement que plusieurs pourroyent panser les dites abstinences estre rompues et nulles, là où celles du Dalphin n'auoient cours, et disoient que quant ad ce̅ il auoient de leur maistre toute puissance. A quoy fut par les gens de mon dit seigneur respondu qu'ilz lestoient venuz au concille, de par mon dit seigneur, pour les affaires touchans le dit concile, et que de ceste matière n'auoient aucune charge de mon dit seigneur. Disoient aussi que n'estoit besoing dudit renouuellement de trèues, attendu que mon dit seigneur, pour l'onneur du concille, estoit content d'entretenir icelles abstinences, ne n'auoyent sur ce en ceste matière sceu aucune variacion, et, se aucuns actemptaz auoient esté faiz, il pourroient estre repparez par les parties, et que de ceste matière n'oseroient parler plus auant senz auoir sur ce le bon plaisir de mon dit seigneur, et que valantiers ly en rescriproient, et alors fut requis par les dessus dites gens du dit d'*Austeriche* que deans xv jours après il en puisse auoir nouuelles.

5° Item depuis fut aduisé par monseigneur le duc que trop plus à l'onneur seroit des partiez que icelles feussent requises par le saint concile et lui de renouueller les dites abstinences que autrement, pourquoy le vendredi qui fut xviij[e] jour de ce mois, par le présidant du concille fut dit que grant inconueniant auandroit au dit concille, se paix et bonne abstinence n'estoient entretenue entre puissans princes les ducs de *Bourgoigne* et d'*Austeriche*, et pour ce requeroit consentement du concile de pouoir vacquer de son auctorité, auecques mon dit seigneur le duc protecteur, en ceste matière, et de en pouoir rescripre aux parties, et fut respondu placet.

6° Le dimanche xxe du dit mois, par vn cheualier de l'empereur, de par monseigneur le duc protecteur, fut apportée certaine cedule contenant certaine forme d'abstinence et renouuellement des anciennes, dont, auecques le present article, est encloux le double, requerans que sur ce voulsissent aduiser les dites gens de mon dit seigneur et en respondre le plus brief que fere pourront.

7° Pourquoy ce mardi xxij[e] jour de ce mois ont esté assemblez les gens de mon dit seigneur estans à *Basle*, et, après plusieurs langaiges, ont esté deduis selon la forme qui s'ensuit :

8° Premièrement que, pour entretenir les treuues dessus dites et afin que prinses ne soient faites durant le concille, que l'en actendroit l'en ait response de mon dit seigneur, [asseurant] [1] mon dit seigneur le duc protecteur et tous autres,

---

1. Le mot *autrement* bâtonné.

du bon propoux que mon dit seigneur a à gardez de son costé
les dites treuues, et que, se la chose prent delay, il n'y vueil-
lent prandre aucune ymaginacion, car de ceste matière
n'auoient oncques oy parler, ne n'en auoyent en riens aduer-
tir mon dit seigneur.

9° Item furent d'auis que l'en pratiqueroit deuers messei-
gneurs les cardinaulx delay d'escripre à mon dit seigneur,
jusques ad ce qu'il l'auroient nouuelles de luy.

10° Item que incontinent seroit rescript à mon dit seigneur
tout le demené, et seront enuoyées les copies des premières
abstinences, ensemble le double de ladite cedule, afin dessus
tout auoir son aduis et le signiffier à ses dites gens pour y
besougnier ou delayer, selon que bon lui semblera, etc.

11° Il semble à pluiseurs que la cause pourquoy les dessus
dites gens n'en poursuiuent diligemment le dit renouuellement est afin de entretenir leurs alliances auecques le adversaire de mon dit seigneur et que il demeurent par les dites
abstinences asseurez de mon dit seigneur, si seroit aduisé[1]
sur ce point.

12° Item, comme par monseigneur le chancellier eust esté
mandé aux ambasseurs de monseigneur estans à *Basle* de
offrir faire toute rayson d'un jeune enfant, filz d'un bourgoiz
de *Basle* et demourant en la ville de *Beaufort*, quand elle
fut prinse, pour illec aprendre à l'escole et romans, estant
presentement ès mains du seigneur d'*Autrey* et *Charles*
de *Roichefort*, ou chaistel d'*Autrey*, pour la deliurance
duquel ceulx dudit *Basle* ont fait et font journelment grant
instance, et que sur ce n'y ait esté mise aucune conclusion,
si semble aux diz ambasseurs que, pour honneur de mon seigneur, on le deuroit faire deliurer, et du surplus de la
matière le pourteur en aduertira mon dit seigneur.

1. Ce mot est raturé.

XXXI

*Bâle envoie à Jean de Thierstein son cartel de défi, à raison
des intelligences entretenues avec les Armagnacs par
Jean de Wineck, beau frère du comte, et Henri de Spechbach, bailli de Florimont.*

1445, 19 avril [1].

Den edeln wolgeborn herren graff *Hannsen* von *Thierstein*, herren ze *Pheffingen*, etc., lassen wir *Hans Rot*, ritter,
burgermeister, der rate, die burgere gemeinlich der stadt
Basel wissen, daz wir úwr und aller der úwern vyent sin
wellent, fúr uns und alle die unsern, umbe daz úwer swoger
Hanns Wienegker und *Hanns Heinrich* von *Spechtbach*,
úwer vogt zŭ *Blumenberg* des frömdes volkes, die uns und
den unsern an libe und an gŭt grossen mergklichen sweren
schaden getan und zŭgefüget hand, fürer gewesen sint, das
one úwer verschaffen und ordenung nit zŭgangen, als wol
mergklich ist, ir ouch etlich, so uns und den unsern an lib
und gŭt úbel getan hand, derselben zyt gespiset, getrencket
haben, etc. Und wellent unser ere gegen úch und den úwern,
fúr uns und alle die unsern, in craft dis briefes, bewart
haben, wie sich joch die sachen werden. Zu urkúnde dirre
abesagunge haben wir unser stette secrete ingesigel lassen
trúcken ze ende dirre geschrift in disen brief, der geben ist
an mentag vor sant Georientag des heiligen martirers, des
jars als man zalte von der geburte Christi viertzehen hundert viertzig und fúnf jare.

[Au revers:] Absag brieff, wie graff *Hannsen* von *Tierstein* ein vyntschafft geseit ist.

XXXII

Les gens du comte Jean de Thierstein accordent aux bour-
geois de Florimont le droit de rétablir : 1° un battoir sis
devant la ville, avec permission d'en jouir aussi longtemps
que le comte possèdera la seigneurie ; 2° le marché heb-
domadaire. Exemption du péage est accordée pendant
quatre ans à ceux qui fréquenteront ce marché. Le comte
se réserve les deux foires annuelles.

1447, 14 novembre [1].

1° Wir grafe *Hans von Tierstein* anwäldten, bekennent vns offentlich, mit disem brief, das wir den erbaren, unser besonderen und lieben, getreuen, dem burgermaister und dem rathe zu *Blumenberg* gegönt und erlaubt hant, also, das sy uff dem hofstatt, so vor *Blumenberg* gelegen, und daruff dem ein blüwel gewesen, die denn abgegangen ist, ein ander blüwel, in iren costen, daruff zu buwende und zemachende, ouch was nuzung, so von derselben blüwele, die wil wir dan die herrshafft *Blumberg* inhant, gefallent, das sy die auch, one intrag vnser oder vnsern innemen, nuzen, und zu solichen buwe haben, auch die blüwel damit in guten eren vnnd buwen halten sollent. — 2° Darzu auch, als by ziten ein wuchenmarckt zu *Blumenberg* gewesen, und der abgangen ist, haben wir betrachtet, und angesehen der selben statt *Blumenberg* verderblichen schaden, vnnd ine also vier jare, die nechsten nach datum dits brieffs, vmb willen das solcher wuchenmarckht widerumb dester ehe geuffet und vfbracht werde, gegönnet vnnd erlaubt, also das sy oder meniglich wer denn zu solichem wuchenmarckht ver toder

---

1. Arch. de Florimont, AA, 1. Copie authentique. Parch. Etait scellée sur double queue. Cachet en cire rouge du notaire J. Stetthamer.

kompt, mit dem seinen, zolle frey dar und dann triben, gen
vnnd füren söllent, vnnd mögent. — 3° Doch so haben wir
vns vnnd vnsern erben harinne selbes vorbehalten, die zwen
jarmarckt, so denn jerlichs daselbst seindt, was den zu denselben zweyen jarmackhten gefallet, das vns oder vnsern
erben das zugehören und werden soll, inmassen wir denn
das bisher gehapt, vnnd vns zugehört hant, ohne alle
geverde. — 4° Mit stäten warem urkhundt, so habent wir
vnser insigel gethan hencken an disen brieffe, der geben ist
vff zinstag nach sant Martinstag, in dem jar, da man zalt
nach Christi geburt, vierzechen hundert vierzig vnnd siben
jare [1].

XXXIII

*Thiébaud, bâtard de Thierstein, déclare tenir en fief du
comte Jean de Thierstein, certains biens sis à Florimont.*

1451, 29 juin [2].

1° Ich *Thiebolt* basthart von *Thierstein* bekennen mich
offenlich mit disen brieffe, als ich von dem edlen wolgebornen herren groff *Hansen von Thierstein*, pfallenzgraffe der
hohen stifft *Basel* und herren ze *Pfeffingen*, minem gnedigen und lieben herren, mir und minen lehens erben, zŭ
einem rechten manlehen, entpfangen habe dise nochgesch-
ribnen gúlte und güter, dar umb so han ich einen eyd gesch-

1. Collationata gegen seinen wahren permentin versigelten original, welches
Heinrichen Diebolln, in namen burger und raths zu *Blumberg* widerumben
zuegstelt werden, den 21ᵗᵉⁿ julij, anno lxvij. — Canzley *Ensisheim*. — [D'une
autre écriture :] Dass vorstehende copia, mit seinem bey der kaijserlin O O.
Stegts registratur, in einem uhralten confirmations : buech befindlichen wahren registrato, praevia facta diligenti collatione, in omnibus verbötenus
gleichlauthendt befunden werden, wirdet hiemit, von ambtswegen, craft
gegenwerthiger fertigung, attestiert. — *Yhnsprugg*, den 16ᵗᵉⁿ junij anno 1740.
Jos. Stetthamer, OO. Stegts registrator, et juratus notarius Caesareus publicus immatriculatus. — Manu propria. — [D'une troisième écriture :] Traduit
à *Colmar* ce 17ᵉ juillet 1740. [Signé avec paraphe :] *Brueder*.

2. Archives de l'Etat de Bâle-Ville. Adelsarchiv, n° 500. Tierstein, 79.

woren liplichen gegen Got und den heiligen, dem selben minem gnedigen herren groff *Hansen von Thierstein* und sinen
erben, von der selben lehen wegen, getrúwe und hold ze
sinde, zŭ sinen mannetagen gewertig und gehorsam, und
alles das ze tŭnde, das denne ein man sinem lehenherren,
von siner lehen wegen, pflichtig und schuldig ist, alles getrú-
welich und ungevorlich. 2º Und sint dis die gúlte, zinse und
gúter. 3º Des ersten fúnffczehen guldin geltes, und die ze wider-
kouffe stont mit dry hundert guldin houptgŭtes abzelösende
die im *Hans Heinrich* von *Spechtbach* järlichs vff sanct Mar-
·tis tag ze zinse git. 4º Item das halbe huf mit aller zŭgehörde
gelegen ze *Blumenberg* by dem thore. 5º Item ein schúren
vor der múly ze *Blŭmenberg*. 6º Item einen garten do selbs.
7º Item ein búnden vor der statt. 8º Item drye manwerck
matten und siben mútte korngeltz vff *Reinhartz* seligen
gŭt, järlichs uff sanct Martis tag zegebende. 9º Und des
alles ze warem urkunde, so hab ich *Thiebold* basthart von
Thierstein obgenant min eygen ingesigel gehencket an disen
brieff, der geben ist uff zinstag noch Sanct Johans tage ze
súnnegechten des jares do man zalte nach Cristi gebúrt vierhundert fúnffczig und ein jare.

XXXIV

*Articles préliminaires de paix concluds et arrestez par les
officiers des ducs de Bourgogne et d'Autriche entre leurs
pays réciproques.*

1454 (n. st.), 24 février [1].

[Fol. 1, rº] [Ces articles ont esté enuoyez par monseigneur
le mareschal le xxiiijᵉ jour de feurier m cccc liij.] [2].

Pour le bien, seurté et appaisement des païs et signories
de *Bourgoingne* et aussi des païs et signories de *Ferrattes*
et d'*Auxay*, appartenans à très hauls et puissant princes

1. Archives de la Côte-d'Or, B. 11933. Original. Cahier de papier de quatre
feuillets. Analyse sommaire du xvııᵉ siècle, au verso du quatrième feuillet.
Dom Plancher, *Histoire générale et particulière de Bourgogne*, IV, preuves,
CLXIV, p. ccxiij.

2. Ce qui est placé entre crochets est d'une autre écriture de la même
époque.

mes très redoubtez seigneurs *Phelippe*, duc et conte de *Bourgoingne*, et *Aubert*, duc d'*Osteriche*, ont esté aduisiés et pourpallées entre nobles et puissant seigneurs messire *Tiebault* de *Nuefchastel*, seigneur de *Blanmont*, mareschal de *Bourgoingne*, auec luy messire *Jehan*, seigneur de *Rup*, bailli d'*Amont* ou conté de *Bourgoingne*, *Phelippe* de *Courcelles*, seigneur de *Pollan*, bailli de *Dijon*, et autres du conseil de mondit seigneur de *Bourgoingne*, d'une part, et messire *Pierre*, seigneur de *Morimont*, bailli desdiz pays de *Ferratte* et d'*Auxay*, et auec luy noble seigneur de *Mostureul* et *Jehan Henry* de *Spape*, d'autre part, les choses qu'ilz s'ensuiguent.

1° Premièrement que lesdiz païs de *Bourgoingne*, de *Charolois* et *Masconnois*, de *Ferrattes* et d'*Auxay*, *Bristol*, la *Force Noire*, le conté de *Hohembergh* et le païs du *Rin* et les subgès d'icculx princes, tant nobles, marchans, comme autres, pourront seurement et sans en auoir autre seurté ou salconduit, communiquer, conuerser et marchander par tous lesdiz païs cy dessus desclairiés les vngs auec les autres, et y viure en bonne paix et amour ainsi que bons et loyalx voysins doiuent faire.

[v°] 2° Item, se aucuns desdis païs, de quelque estat qu'ilz soyent, veullent aucune chose querellez ou demandez l'vng à l'autre, soit pour debtes ou somes de deniers, ou pour courses, domages ou autres entrefetes que soyent de ce jour en arriers estées faictes les vngs ès autres ou que doires en auant se feront, ce que Dieu ne vuille, ilz seront tenuz de aller par deuers les gouuerneurs, mareschalx, bailliz ou autres que mesdessusdiz seigneurs les princes vouldront en leurs diz païs baillié la charge et commission, c'est assauoir des subgez de mondit seigneur de *Bourgoingne* deuers celluy que mondit seigneur ara ainsin ordonné, et les subgès de mondit seigneur d'*Osteriche* paroillement devers celluy [qui ara ordonné, et exposé la querelle et peticion qu'il vouldra faire, et prestement celuy][1] à cui sera faicte ladite exposicion rescripra à l'autre que ara la charge de l'autre païs qu'il assigne une journée au lieu de *Montbeliart*, à laquelle journée cinq personnes de tel estat qu'il verront estre affaire, selon les parties et la qualité de la cause, que par cculx que aront la charge seront deppputés, c'est assauoir pour la part du demandeur deux et pour la part du deffen-

---

1 Ce qui est entre crochets est de la même écriture que le texte, mais ajouté dans l'interligne.

deur trois, lesquelx aront puissances de congnoistre de
ladite cause ou querelle, eulx estans d'ung mesme accort
ou la plus grant partie [Fol. 2, r°] d'iceulx, pourveu que
en ladite plux grande partie en y ait tousiours vng ou
deux de chascunnes desdites parties, en sentenciez et deter-
minez tost que faire le pourront. Et seront tenus les parties de amener vng chascun ceulx que leurs seront depputés et alcuns despens jusques à la fin d'icelle cause, et
alors celle que ara tort sera tenus de rendre tors, despens
ainsin que par lesdiz depputés sera ordonné, et tenir le
de sentence et soffir icelle estre mise à exécution precise,
sans par quelconque voye ou remède pouoir aller au contraire.

3° Item, s'il aduenoit que aucun des subgès de l'ung desdiz
païs fut prins ou rué jus en l'autre païs, le prince d'icellui
païs et ses officiers seront tenus fere leur leal pouoir et
deuoir de faire reparer et restituer le dommage que aront
esté prins ou rué jus.

4° Item, s'il auenoit que aucuns estrangiers se voulsissent
trauailler ou entremectre de passer par l'ung [v°] desdiz païs
pour aller courre ou faire donmaige en l'autre païs, les officiers du prince du païs par où l'on vouroit ainsin passer et
les subgès dudit païs seront tenus de faire leur leal pouoir et
deuoir de empescher, destourber et arrester ceulx que ainsin
voulroyent courre et donmagiez, et s'il auoyent aucune
chose prins ou fait donmage, de le repenrre, et ce qu'il en
pourront repenrre, de le bailliez ès officiers du prince du
païs que seroit donmagié pour le rendre où il appartiendra.
En oultre, se aucuns des subgès du païs par où le passage
auroit ésté fait auoit esté present à faire lesdites courses ou
donmages, ou qu'il en fut coulpables, il en seroit pugnis et
corrigiés s'il auant qu'il deura soffire par raison.

5° Item les princes bailleront à ceulx qu'ilz vourront ordonner et bailler la charge de ce que dit est leurs lettres et
pouoir pour faire et conduire les choses dessusdites.

6° Item l'on n'entend en riens par cest present appointement a touchiez ou prejucidier ès causes [Fol. 3, r°] ou querelles que les dessusdiz princes ont ou puent auoir les vngs
auec les autres.

7° Item ses presentes memoires sont faictes soubz le bon
plaisir et correccion desdiz princes, et sera durez icellui
appointement jusques à ce que eulx ou l'ung d'eulx le reuo-
quera par ses lectres patentes.

8° Item seront tenus lesdiz baillis de *Ferrattes* et autres

conseillers de mondit seigneur d'*Osteriche* faire surceoir
messire *Jehan le Monne* de la poursuite qu'il fait à l'encontre
des marchans de *Basle*, pleges des marchans de *Bourgoingne*, jusques à ce que par mondit seigneur de *Bourgoingne*
soit congneu de la querelle dudit messire *Jehan* selon la
forme de sa submission.

XXXV

*Albert, archiduc d'Autriche, en considération des pertes
subies par la seigneurie de Florimont dans les guerres
passées, accorde aux habitants l'exemption des tailles, du
transport du vin au château et de la taxe d'affouage.*

Rotemburg, 1454, 10 août [1].

Burgermaister unnd rat zu *Blumberg*. Wir *Albrecht* von
Gottes genaden ertzhertzog zu *Osterrich*, zu *Steir*, zu *Kernndten*, und zu *Crain*, grafe zu *Tirol* etc. bekhennen, daz wir
bedencken die angriff und scheden die den erbern unnsern
getruwen lieben den bürgern und inwonnern gemeinigkli-
chen unnser stat *Blumberg* in den verganngen kriegen
swerlich zugetzogen sein, umb daz euch dieselb unnser stat
und herrschaft siderher an lut und guet vasst abgenomen
hat, darumb aber daz sy sich wider von tag zu tag gepessern
und allennthalben der anligenden gebrechen wennden mugen, ouch die buw täglicher narung und notdurft zu uffne-
men komen, so haben wir dieselben unnser burger und
inwonner gemainigklich zu *Blumberg* dardurch für alle
steurn, dartzu für alle fürung und mene des weins uff unnser
vesste zu *Blumberg*, so sy unns, und dissmals den von
Tierstain, von der phanndtschaft wegen, schuldig sein,
gefrigt und fryen wissenlich mit dem brief, also daz sy derselben stewr und weinfürung furpaser ganntz frig und ledig
und der nicht phlichtig sein sollen, dieweil sy den von
Tierstain versetzt sind, und dartzu hynnoch, ob sy von in
zu unnsern erben widerrueffen. Sunder thuen wir den cege-

---

1. Archives provinciales d'Innsbruck. Cod. 41, fol. 694.

nannten unnsern burgern unnd inwonern in der stat, ouch
allen anndern unnsern luten usserhalben in dem ambt dartzu
gehörend gesessen, daz sy des holtzgelts, so sy bissher haben
geben muessen, auch der fuer darumb daz aufgesetzt ist,
nun hinfür ouch ledig und darumb von unns und menigklich
unbekumret sein und beliben sollen, auch untz uff unnser
und unnser erben widerrueffen, ganntz on all geuerd. Mit
urkundt des briefs geben zu *Ratemburg* an sannd Laurentz-
entag nach Cristi geburdt viertzehenhundert und in vierund-
funftzigistsn iaren [1].

> Dominus archidux in consilio.

XXXVI

Lettre comme le duc Aubert *assigna aux contes de* Thierstein *derechiefz sur ledit* Plumberg *quinze cens florins d'or
auecque la somme deuant dite.*

Fribourg-en-Brisgau, 1454, 21 septembre [2].

Wir *Albrecht*, von Gotes gnaden ertzhertzog ze *Osterreich*, ze *Steir*, ze *Kernden* vnd ze *Krain*, graue ze *Tyrol*,
etc., bekennen für vns vnd vnser erben, daz wir dem edeln
vnserm lieben getrewen graf *Hannsen* von *Tierstain*, vnserm
räte, schuldig worden sein fünffzehen hundert guldein
reinisch, gut vnd gerecht an gold vnd wag, der wir in ditz-
mals nicht entrichten mugen, dauon, mit willen desselben
graf *Hannsen*, haben wir den edelen vnsern lieben getrewen
Oswalden vnd *Wilhalmenn*, grauen zů *Tierstain* gebrudern,
sinen sůnen, vnd iren erben, die egemeldten fünffzehenhun-
dert guldein auf vnser slosz vnd statt *Blumberg*, mit allen
irn zůgehörungen die dann der benant graf *Hanns* ettwe-
lang, von vnsern vordern vnd vns bizher, in phandweis
ynne hat, geslahen vnd slahen wissenlich mit dem brieff,
also daz diesselben sein sün, vnd ir erben, die obgenanten
fünfftzehenhundert guldein auf der egemelten vnseren
phandschafft haben vnd niessen süllen vnd mügen, in den

---

1. Diser hieuorgeschriben brief hat auch kain sigl nit.
2. *Cartulaire des seigneuries gageries*, fol. 81, r°.

rechten vnd in allermasse als dann der benant graf *Hanns*, ir vatter, die, nach laut siner satzbrief, von vnsern vordern, vor innhatt, mit solher beschaiden, wenn wir oder vnser erben die losung der gemelten vnsers slozz vnd statt, mit irn zŭgehörungen, eruordern, daz sy dann vns der nicht schuldig sein abzŭtreten, es seyen dann die vorgerŭrten zwey brŭder, vnd ir erben, der fünfftzehenhundert guldein, zŭ sambt der vordern haubtsumme, so graf *Hanns* darauff hat, nach sag der phandrief, gantz bezalt on abgangk, trewlich, vnd on geuerde. Mit urkund des brieffs geben zu *Freyburg im Briszgaw*, an Sant Matheus tag, des heiligen zwölffboten vnd ewangelisten, nach Cristi ge[1] burt vierzehenhundert vnd in dem vier vnd fünfftzigistem jaren.

Dominus archidux in consilio [2].

XXXVII

Mémoires et instructions de ce qui doit être demandé, proposé et discuté, de la part du duc et comte de Bourgogne, à l'encontre du duc d'Autriche, ses gens et officiers, à la journée qui se doit tenir à Montbéliard le 17 novembre 1454.

1454, novembre [1].

[Fol. 1, r°.] S'ensuiguent les choses qui se pourront demander, proposer et quereller de la partie de mon très redoubté et souuerain seigneur, mon seigneur le duc et conte de *Bourgoingne*, à l'encontre de monseigneur d'*Austeriche*, ses gens et officiers à la prouchaine journée qui se doit tenir à *Montbliart*, le xvij[e] jour du present mois de nouembre l'an mil iiij et liiij.

1. Fol. 81, v°.

2. Collationata est per nos cum littera originali sigillata, et concordat cum eadem. Attestor ego *Johannes Salzman*, notarius curie *Basileensis*, manu propria. *Jo. Saltzman* [Paraphe].

1 Arch. de la Côte-d'Or, B, 11933. Orig. Cahier de papier de six feuillets.

1° Premièrement il est vray que feue de bonne memoire dame *Katherine* de *Bourgoingne*, jaidis duchesse d'*Austeriche*, fut marite au duc *Luppo*, auquel par feu monseigneur le duc *Phelippe*, que Dieu pardoint, fut donné pour le mariage d'icelle dame *Katherine* la somme de cent mille francs en heritaige, pour elle et ses hoirs, et qui se deuoient assigner, ainsin que l'on les receuroit, c'est assauoir pour dix mille frans, mille frans de rente, et estoit douhée madite dame *Katherine* de xv^m liures de rente. Lequel assignal et douhaire se deuoit fere sur les terres dudit duc *Luppo*, plus prouchaines des païs de *Bourgoingne*, incontinent et assés tost après le dit mariaige solempnisé et acomply, comm'il appert plus aplain par lettres dudit traictié de mariaige faictes et passées ès années mil ccc cens lxx viij et m^ccc iiij^xx et v.

2° Item, et que depuis ledit mariaige acomply, madite feue dame fit certains acquestz ou conté de *Ferrette* montans à grans sommes de deniers.

3° Item, et que depuis mondit seigneur le duc *Luppo* est alé de vie à trespassement sans hoirs de son corps [1], et par ainsin à ma dite dame competoit la restitucion dudit argent à elle baillié en mariaige, et pour sesdiz acquests vng droit apelé *morguengabe* [2], auec tous les meubles dudit feu monseigneur le duc *Luppo*, qui estoient grans et notables, desquelles choses monseigneur le duc d'*Austeriche* detient indehuement contre raison.

[v°] 4° Item, et que depuis madite dame est alée de vie à trespassement, delaissie mondit seigneur le duc de *Bourgoingne* son héritier, seul et pour le tout.

5° Item, et que desdits biens aucune restitucion n'a esté faicte à feue madite dame, ne depuis à mondit seigneur son heritier, ja soit que feu mondit seigneur d'*Austeriche*, ma dame sa femme, leurs gens, gouuerneurs et officiers en aient

---

1 Léopold mourut le 3 juin 1411.

2 Au sujet de cette confusion entre les acquêts et le *morgengabe*, v. P. Viollet, *Histoire du Droit civil français* (Paris, 1893), p. 776.

esté souuentesfois et souffisamment sommés et requis, ja
soit ce aussi que pluseurs grandes ambaxades en aient esté
faictes depuis mondit seigneur et ait esté baillié ses matières
et querelles par escript et par délibération souuentesfois.

6° Par quoy de present mondit seigneur pourra requerir à
mondit seigneur d'*Austheriche* que lesdites choses et des
arraiges desdiz deniers de mariaige montans à grans sommes de deniers, paiement, restitucion et satisfacion, mesmement des joyaulx de madite feue dame, lui en soit faicte entièrement, et paroillement de tous les dommaiges, missions
et interestz que pour ceste cause feue madite dame et depuis
mondit seigneur en ont supporté et souffert en pluseurs et
diuerses manières.

7° Car, ja soit ce que mondit seigneur soit prince et souuerain en son pays dudit conté de *Bourgoingne* et a la seignorie et jurisdiction sur tous ses subgez et puissance de les
controindre à fere raison à toutes gens qui leur vouldront
aucune chose demander ou quereller, sans ce que par raison,
puisqu'il est prinse et souuerain, comme dit est, nul estran-
ger leur puisse ou doige fere ne inferer guerre ou voye de
faict quelconque, et [fol. 2, r°] se l'on fait le contraire, s'est
ou préiudice de mondit seigneur, et à lui appartient d'en
fere poursuite et aussi conreder sesdiz subgez de toutes op-
pressions et guerres que estrangers ne autres leur vouldroient faire.

8° Or est il vray que, ce nonobstant, l'euesque de *Basle*,
pluseurs ses gens, complices et adherens, dont monseigneur
le conte *Jehan* de *Thierstaing*, lors bailli de *Ferrettes*, et
autres dudit conté, hommes et subgez de mondit seigneur
d'*Austriche* sy ont fait guerre et de grans voyes de fait oudit conté de *Bourgoingne*, tant sur messire *Thiebault*, seigneur de *Neufchastel*, comme sur autres, à la force, aide et
consoit dudit pays de *Ferretes*, où lesdis euesque et ses aliés
et complices estoient receptés et y estoient en garnison
comme à *Delle* et autre part. Et toutesfois mondit seigneur,
par ses lettres, auoit escript et signiffié audit monseigneur
de *Basle* et à tous ses aidans et complices qu'il estoit prest

de tenir ledit messire *Thiebault* à jour et à droit, en tout ce que ledit monseigneur de *Basle* et autres lui vouldroient demander.

9° Pour le fait et occasion de laquelle guerre le pays de mondit seigneur et ses subgez sont esté moult dommaigiez, tant en feug boutés, muldres, pilleries, roberies comme autrement, et sur pluseurs à qui ledit euesque ne autres dudit conté de *Ferrettes* n'auoient querelle ne cause quelconque, comme sur messire *Thomas* de *Grantmont*, messire *Jaques Anthoinne*, les enffans de *Lugney* et sur pluseurs autres des subgez à l'encontre desquelx ils n'auoient question ne querelle, comme dit est. Et baillera l'en leurs pertes par declaracion, se mestier est.

[v°] 10° Item, et que le conte *Jehan* et *Rodef* de *Ramestaing*, au temps dudit debat dudit monseigneur l'euesque, coururent ou pays de mondit seigneur, sur le seigneur de *Villers Cessey*, et luy firent de très grans dommaiges sans cause et sans raison et sans en sommer ne requerir mondit seigneur, ne ses gens et officiers. Et depuis, par pluseurs fois, lesdiz conte *Jehan*, *Rodef* et autres dudit conté de *Ferretes* ont fait de très grans dommaiges oudit conté de *Bourgoingne* sur ledit seigneur de *Villers*, y bouter feugz, prins corps d'onmes, raisonner, tuer, multrir, pilliez et rouber et faitz meins autres malx irreparables.

11° Item, et que pis est, depuis les aliances sur ce faictes, ledit conte *Jehan*, tant par luy comme par ceulx de sa maison de *Delle* et aultres ses familiers, complices et aidans, tous subgez dudit conté de *Ferrettes* sont venuz courre oudit conté de *Bourgoingne* en la terre dudit *Villers* et là ont prins hommes, bestes et autres biens et fait de très grans dommaiges que seront bailliez par declaracion, se mestier est.

12° Item, et depuis et après ce que par feu messire *Anthoinne* de *Tholongeon*, jaidis mareschal de *Bourgoingne*, fut sur ce rescript audit conte *Jehan*, attendu que lesdites courses auoient esté faictes depuis lesdites aliances, ou pays de mondit seigneur, qu'il en fît et fît faire restitucion et satisfacion, comme raison vouloit de ce faire, il fut refusé, ains en perceuerant de mal en pis, les gens dudit *Jehan* firrent courre sur ledit seigneur de *Villers* oudit conté de *Bourgoingne*, tant en la [fol. 3, r°] terre d'*Aleuans* comme autre part. Et touteffois ledit seigneur de *Villers* cuidoit estre seur contre ledit conte et autres desdites marches de *Ferrettes*, à l'umbre desdites aliances, et de ce l'auoient les gens de mondit seigneur asseuré, et par ainsi à mondit seigneur appartient d'en faire querelle et en demander restitucion.

13° Item et a ledit conte *Jehan*, *Rodeff* et autres dudit conté de *Ferrettes* fait de très grans dommaiges, tues et multries, gens prins et enmenés ensemble leurs bestes et biens, en la *Franche Montaigne* dudit conté de *Bourgoingne* sur la dame de *Flaigey* et ses enffens, sur les seigneurs de *Ville* et autres subgez de mondit seigneur qui n'estoient point de guerre contre les dessusdiz, ne leur auoient de riens meffait et seront baillié les dommaiges par declaracion, se mestier est.

14° Item, et que messire *Broquart* le *Moinne* et ses enffens, hommes, vassaulx et subgez de monseigneur d'*Austeriche*, ont deffié mondit seigneur le duc sans cause et sans raison, et lui ont fais en son pays pluseurs dommaiges, prins corps d'ommes et biens à declairer, se mestier est. Et semble que monseigneur d'*Austeriche* deuroit contraindre les dessusdiz ses vassaulx à venir à raison et respondre aux choses dessusdites et les amender, car l'on set bien que là où furent receptés les gens de mondit seigneur prins par les dessusdiz fut en la puissance de mondit seigneur d'*Austeriche* et en son fied.

]v°] 15° Item, que ledit conte *Jehan* si a bailler ses velles et cheualx souuentesfois à pluseurs qui ont fait et voulu faire dommaiges oudit conté de *Bourgoingne*, comme à *Jehan Ramey*, subget dudit conté de *Ferrettes* qui vindrent prandre lez *Rougemont* ceulx qui aloient à *Constance*, à *Didier Malmen* qui vint tenir deuant *Vesoul* et autre part ou conté de *Bourgoingne*, pour cuider ruer jus les gens et officiers de mondit seigneur, le preuost de *Faulcoigney* et autres, comme à *Thiebault* d'*Auennes* et autres qui vindrent prandre à *Chingey* lez *Port-sur-Saone*, et à aultres, dont mondit seigneur et ses subgez sont esté moult iniuriez et dommaigiez, et dont ledit *Thiebault* et aussi feu *Thiebault Robelet* ont autreffois eu grace et remission de mondit seigneur.

16° Item, a mondit seigneur d'*Austeriche*, ses bailliz, gens et officiers dudit conté de *Ferrettes*, fait de très grans dommaiges ou pays de mondit seigneur de *Bourgoingne* dez ledit conté de *Ferrettes*, c'est assauoir messire *Jehan* de *Morimont* et pluseurs ses complices, subgez dudit conté, qui sont venuz à *Oricourt* sur feu messire *Jehan* de *Blanmont*, jaidis seigneur dudit lieu, et aussi au lieu d'*Aynans*, sur mondit seigneur, et y ont fait de très grans dommaiges tant sur les hommes dudit *Oricourt* comme de mondit seigneur, lesquelx dommaiges seront bailliez par declaracion, se besoing fait.

17° Item, les enffans dudit messire *Jehan* de *Morimont* sont venuz en pluseurs villes appartenans à messire *Anthoinne* de *Vergey*, oudit conté de *Bourgoingne*, et là ont fait de très grans dommaiges montans a plus de ix^m florins d'or.

[Fol. 4, r°]. — 18° Item, *Regnalt*, bastard de *Thierstaing*, lors chastellain de *Florimont*, acompaigné des gens de *Rodef*, coururent vne fois, c'est assauoir en l'an mil quatre cens et xx en la terre de *Vilers* et dez là courrurent à *Beueuges* sur messire *Henry* d'*Acolans*, oudit conté de *Bourgoingne*, et luy fit le dict grans dommaiges, sans auoir cause ne querelle quelconque[1].

19° Item, ledit conte *Jehan* en l'an iiij et vint et v vint corre la ville de *Vaignaure* ou conté de *Bourgoingne*, laquelle ville estoit à messire *Jaques Anthoinne*, homme et subget de mondit seigneur et y fit plusieurs dommaiges qui seront bailliez par declaration, se mestier est.

---

[1]. Jehan Renaud épousa Jehannette, fille de Perrin Jacquemard de Lanans, écuyer, et de Marguerite de Pierrefontaine. Celle-ci lui céda tous ses droits sur la succession de feu dame Symone de Vellerot, épouse de feu Henri d'Accolans, chevalier à la Ville-sous-le-Mont et à Valoreille (T. V, p. 753, 1423, 12 janvier). — Sur Henri d'Accolans, seigneur de Beveuges v. *Basl. Chron.*, II, p. 81, note.

20º Item que ledit *Rodef* de *Ramenestaing*, qui est homme,
vassaul et subget de monseigneur d'*Austeriche*, a fait de très
grans dommaiges en *Bourgoingne*, comme dit est, et mesmement sur messire *Gaulthier* de *Ruppes*, au lieu de *Soies*,
oudit conté de *Bourgoingne*, et sur pluseurs autres gentilz
hommes aians terre audit *Soyres*, et estoient auec ledit *Rodef*
vng grant nombre des subgez de *Ferrettes*, qui auoient deffié
pour ledit *Rodef* ledit messire *Gaulthier*, comme il apperit
par la deffiance, et seront bailliez les dommaiges [vº] par
declaracion, s'il plait à mondit seigneur et sondit conseil,
montanz et a valuez à plus de clx ixᵐ iij ᶜ frans, sans les
dommaiges fais sur mondit seigneur par *Vaisich* et ses consors.

21º S'ensuiguent les noms des nobles du baillage d'*Amont*
qui ont querelle contre Monseigneur d'*Austeriche* et qui ont
esté dommaigiez par les subgez d'*Alemaigne*.

Premièrement messire *Anthoinne* de *Vergey*. Messire
Humbert, seigneur de *Velers*. Ma dame de *Flaigey*. Messire
Robert de *Maligny*. Messire *Thomas* de *Grantmont*. Mes-
sire *Henry* d'*Acolans*. Messire *Jehan* de *Blanmont*. Messire
Gaulthier de *Ruppes*, Messire *Thiebault* de *Neufchastel*.
Le seigneur de *Ville*. Le prieur de *Marast*. Le prieur de
Lanthenans. L'abbé de *Lucroissant*. Les enffens de *Lugney*.
Jaquot de *Meneurs*. *Loys* de *Vellecheureul*. Damoiselle
Estienne de *Geuigney*. Les enffans de *Saint Aubin*. *Nicolas*
de *Buffignecourt*. Le seigneur de *Beluoir*. *Jehan* de *Pierre
Fontainne*. *Pierre* de *Buffignycourt*. *Guillaume* de *Boingne*.
Philibert de *Pointes*. *Jehan* d'*Abenne*.

[Fol. 5, rº]. — 22º S'ensuiguent les noms de ceulx du conté
de *Ferrettes* qui ont pourtei donmaiges ou conté de *Bourgoingne*.

Messire *Jehan*, conte de *Thierstain*, *Jehan Regnalt*, bastard de *Thierstain*, *Roudef* de *Ramestain*, *Henry Cappellet*
qui se tient à *Sarigney*. Messire *Brouquart* le *Moinne*. Ses
deux enffans. Messire *Jehan* de *Morimont*, ses deux enffans.
Jehan Ramey. *Brouquart* de *Brumelique*, *Conraul* de *Bomebrin*, *Henricuns* demourant à *Susse* qui a prins deux che-

ualx du seigneur de *Dampierre* à *Mernelize*, *Petremant* de *Morimont*, *Jehan de la Maison*, autrement du *Vaulsemberg*, qui fit à *Aidoy*, *Lugney* et à *Sores*, *Tournemerde*, *Hanns Roudef* de *Vaulsemberg*, *Henemant Woceh* de *Dele*, *Thomas* de *Hurelinguen*, *Hanns Henry Gande* de *Recguehain*, *Hanns Chasal*, *Honzelin* de *Vessember*, bastard, *Hanns Leeu*, *Hanns Vertemberg*, *Roudef Branzelin*, *Hanns Ramey* de *Sainte Sere*, *Rodin Bisoff*, *Hanzelin Fixar*, *Heinrich Sclamberg*, *Henry* de *Brabant*, [v°] *Hug Bronoust*, *Petre Gasset*, *Henry Bratherin*, *Guillame Henemant Guesier*, *Heneman Maillefert*, *Lorot Helart*, *Hannin* de *Seue*, *Hant Niquet*, *Henry* de *Dele*, *Henry Brancerez*, *Henry* de *Tugugne*, *Roudin*, *Brelin*.

[Fol. 6, r°]. — 23° Et au regart de l'ancienne et directe seignorie de mondit seigneur et des fiedz à lui appartenans à cause de sondit conté de *Bourgoingne* en la conté de *Ferrettes*, il est vray que le conte feu de bonne memoire messire *Thiebault*, cuens de *Ferrettes*, doit tenir en fied liege de mondit seigneur les fiedz de *la Begasse*, la vouherie de *Lure*, la cultine de *Vauselois*, de *Menours* et de *Vogemont* en *Alemaigne*, ensemble les appartenances et la moitié de *Saligney* et de *Seneberg* le chastel, comm' il apperit par lettres sainnes et entierres de l'an mil ij° cinquante et six et par autres lettres de l'an mil ij° nonante et deux.

24° Item le fied de *Rougemont* en l'*Auxois* et pluseurs autres qui se declaireront, quant mestier sera, desquelx fiedz et appartenances d'iceulx mondit seigneur pourra requerir auoir la joyssance et les hommaiges, telz qu'il appartient, sans pouoir alleguer prescripcion au contraire, car, comm' il est tout nottoire, les fiedz de l'Empire ne se peuillent vsurpez ne prescripre.

25° Et au regart du conte de *Loph* et du seigneur de *Richenense* qui naguères ont deffié mondit seigneur et ses subgez pour certaines sommes de deniers qu'ilz dient à eulx estre dehues à cause de feue madite dame d'*Austeriche*, il est vray que, se onques madite feue dame leur deust aucune chose pour seruice ne autrement, ilz en ont esté bien paiez et con-

tantés, comm' il se prouuera clercment, se mestier est. Et
neantmoins ledit conte de *Lophf*, à l'ombre de sesdites def-
fiances, a fait pluseurs malx et donmaiges sur mondit seigneur, de quoy l'en pourra demander et requerir à ladite
journée de *Montbliart* reparacion et restablissement.

[v°]. — Memoires et aduertissement pour monseigneur
touchans la journée de *Montbliart* contre monseigneur
d'*Austeriche* et pluseurs *Alemans*.

XXXVIII

Lettre de consentement par laquele le duc Aubert *a con-
sentu à messire* Marque de la Pierre *de rembre et racheter
hors des mains du conte de* Thierstein *la seigneurie de*
Plumberg, *en reseruant le rachet à lui et à ses hoirs, etc.*

Vienne, 1459, 22 mars [1].

Wir *Albrecht*, von Gotes gnaden, ertzhertzog ze *Osterreich*, ze *Steyer*, ze *Kernden* vnd ze *Krain*, graue ze *Tyrol*,
etc., bekennen daz wir vnserm getrewen, lieben *Marckhar-
ten* vom *Stain*, vnser sloss vnd stat *Blumberg*, mit allen iren
zügehörungen, von den edlen vnsern lieben getrewn *Oswal-
ten* vnd *Wilhalmen*, grauen ze *Tierstain*, zŭ sinen handen,
nach laut der satzbrieff von weylend vnsern vordern fürsten des hawss *Osterreich* vnd vns auszgangen, ze losen ver-
gönnet haben vnd gönnen wissenlich mit dem brief, doch
vns vnd vnsern erben an der widerlosung vnd andern vnsern
rechten daran vnuergriffen, on geuerde. Mit vrkúnd des
brieffs, mit vnsern anhangendem insigel. Geben ze *Wienn*,
an zinstag nach dem suntag Oculi in der vasten nach Cristi

1. *Cartulaire des seigneuries gageries*, fol. 78, r°.

geburt viertzehenhundert vnd in dem siben vnd fünfftzigs-
tem iaren [1].

XXXIX

Lettre par laquelle le duc Aubert *consentit audit messire*
Marque *d'emploier en maisonnement onze cens florins
d'or, lesquelz lui obligie sur ladite maison et seignorie.*

1457, 26 juin [2].

Wir, *Albrecht*, von Gots gnaden, ertzhertzog zŭ *Osterrich*,
zŭ *Steir*, zŭ *Kernden* vnd zŭ *Crain*, graue zŭ *Tyrol*, etc.,
bekennen, als wir vnserm getrewen, lieben *Marckchquar-
den* vom *Stein*, vnserm diener, vnser sloss vnd statt *Blumberg*, in phantsweis, vmb ain summe gelts verschriben, vnd
aber nachmals, durch vnser lieb, getrew *Dúringen* von *Hallwilr*, vnsern obristen hawbtman vnd marschalh, vnd *Petern*
von *Mörsperg*, vnsern lannduogt, die sohls, nach unserm
beuelhen, besehen vernomen haben, wie dasselb vnser sloss
merklich pawuellig vnd zergangen were, das wir dem
gemelten *Markquarden*, zŭ notdurff solhs paws, aylffhundert gulden reinisch auf die gemelten vnser sloss vnd statt
geslagen vnd zŭ pawen vergonnet haben wissentlich mit
dem brieff, also, wenne wir, vnser erben oder nachkom-
men, das benant sloss vnd statt von dem gemelten *Markquarden*, oder seinen erben, widerledigen vnd losen werden,
daz in dann dieselben aylffhundert gulden, so wir in also zŭ
pawen haben vergonnet, von vns in, sambt der hawtsumme,
so in vor von vns darauff verschriben ist, bezalt vnd aussge-
richt werdenn sol, doch so súllen sy vns solh ir ausgeben

---

1. Collationata est per nos copia cum littera originali, sigillata, etc., et concordat cum cadem. Attestor ego, *Johannes Saltzman*, notarius curie *Basileensis*, manu propria. *Jo. Saltzman* [Paraphe].

2. *Cartulaire des seigneuries gageries*, fol. 81, v°.

des pawshalb, mit redlicher rechnung alsdenn auch vnder[1]
richtung, tŭn vnd 'geben on geuerd. Mit vrkúnd des brieffs
mit vnserm anhangendem insigel, geben an suntag nach
Sant Johanns tag zŭ sunwenden, nach Crists geburt vierzehenhundert vnd im siben vnd fúnfftzigkistem jare.

Dominus archidux in consilio[2].

XL

*Albert, archiduc d'Autriche, considérant l'état lamentable
dans lequel la ville et la seigneurie de Florimont sont
tombées sous les Thierstein, accorde aux habitants, pen-
·dant six ans, l'exemption des droits de souveraineté, tels
que les tailles régionales et le service militaire d'expédition, et recommande de gouverner la seigneurie avec mo-
dération.*

Vienne, 1457, 22 septembre[3].

Burgermeister unnd rat zu *Blumberg*.

Wir *Albrecht*, von Gottes genaden, ertzhertzog ze *Osterreich*, ze *Steyr*, ze *Kerndten* unnd ze *Crain*, grafe zu *Tirol*,

1. Fol. 82, r°.

2. Collationata est per nos copia cum littera originali et sigillata, et concordat cum eadem. Attestor ego, *Johannes Saltzman*, notarius curie *Basiliensis*
manu mea propria. *Jo. Saltzman* [Paraphe].— Cpr. cette charte du 17 oct. 1458 :
Ich *Peter* von *Mörsperg*, ritter, etc., bekenne offenlich mit disem brieffe das
ich in der zyt vnd ich lanttvogt zŭ *Fryburg*, by minem genedigen herren von
Osterrich, etc., was, vnd her über von sinen genaden gon *Einszheim* riten wolte,
do kam der edel vnd strenge herre *Túring* von *Halcuilrr*, ritter, marschalgk,
etc., zŭ mir, vnd bat mich zŭ *Engelhart* von *Blümnegk*, gen *Brysach*, in das
schloss ze gende, vnd das zu besehen, dann er sinen genaden furbracht hatte
das er vast buvellig, vnd notdurfft wer ettwas daran ze verbüwen, vnd wer
im dann also, so solt vnd möchte ich im, von des obgemeldeten mins gnedigen herren wegen, vergönnen vnd entpfelhen daran bis an hundert guldin
zu verbuwen, das ich ouch also der zyt tett, nach dem ich besehen hatte
vnd mich ze mal nottürfftig bedunckte zesinde. Vnd des zŭ warem vrkunde
so habe ich min eigen ingesigel getrucket by ende diser geschrifft uff, der
geben ist vff zinstag nach Sant Gallen tag in dem jar als man zalt nach der
geburt Christi Vnsers Herren tusent vierhundert funffzig vnd acht jar, etc.
Arch. de la Côte-d'Or, B, 1047. Orig. Pap. Traces d'un cachet de cire verte.

3. Archives provinciales d'Innsbruck. Cod. 41, fol. 695.

etc., bekennen, für unns und unnser erben, nachdem und
wir, von unnserm lannduogt in *Elsass* etc., auch unnserem
marschalckh, gewislich unndterricht sein, daz unnser herrschaft *Blumberg*, an schloss, statt, lewt und guet, in den
undfridlich und schweren iaren, by den von *Tierstain*, allenn-
nthalben in gepew unnd sunst vasst abganngen sey, daz
nun zu widerbringung etwas gnad und behilff bedarff, haben
wir solchs bedacht und die burger und inwoner zu *Blumberg*
und die lut gemeinigklich ausserthalb in dem ambt, zu derselben unnser herrschafft gehörendt, die yetz synd oder sich
hinfúr dahin ziehen werden, fúr alle lanndtsteur, schatzung,
lanndtrayss unnd alle annder beswarnus gefreigt und freyen
wissenlich mit dem brief, von hynnen an uff sechs gantze
iar, nechst noch einannder volgend, unwiderruflich und
hinach uff unnser und unnser erben widerrueffen, die ouch
ein yeder unnser vogt doselbst, oder wer die yetzt und hinfúr in phanndtswys oder sonst innhat in der masse ouch
guetlich halten soll, damit die stat, ouch die hewser, dartzu
der veldpaw widerbracht werden und zu guetem wäsen
komen, das ist unnser ernnstlich meynung. Mit urkund des
brieffs mit unnserem anhanngenden insigel, geben zu *Wien*
an sannd Mauritzen tag, nach Cristi geburd viertzehenhundert und in dem siben und funfftzigisten iarn.

XLI

Lettre par laquelle le duc Aubert *confesse deuoir à messire*
Marque *mile florins d'or d'*Ongrie *lesquelx les assigne*
auecque les sommes deuant dites sur ledit Blumberg.

Enns, 1461, 9 octobre [1].

Wir *Albrecht*, von Gotes gnaden, ertzhertzog ze *Oster-*
reich, ze *Steyr*, ze *Kernden* vnd ze *Krain*, graue zů *Tyrol*,

1. *Cartulaire des seigneuries gageries*, fol. 82, r°.

etc., bekennen, fúr vns vnd vnser erben, daz vns vnser lieber getreur *Marquart* vom *Stain*, lantuogt zŭ *Múmpelgart*, zŭ vnsern mercklichen notdurfften, an baren gold berayt gelihen hatt tausent guldein vngrisch, gŭt vnd gerecht an gold, vnd swer gnug an wag, die wir im, zŭ der summe die im vormals auff vnserm slozz *Blumberg*, mit seiner zŭgehörung, so er in phandsweis von vns innhatt, verschriben ist, geslahen haben, vnd slahen wissenlich mit dem brieff, in der masse, wann wir, oder vnser erben, das gemeldt sloss von dem benannten *Marquarten* vom *Stain*, oder sein erben, wider ablösen wellen, daz wir in alsdann sölh tausent guldein, zusambt der haubtsumme obgemeldt, aussrichten vnd betzalen súllen, vnd wellen sy seyn vns auch[2] nit schuldig des benanten slozz abzetretten solang vntz wir sy sölher tausent guldein, mit sambt der haubtsumme, wie vorgemelt ist, entricht haben, alles treulich vnd vngeuerlich. Mit vrkund des brieffs mit vnserm anhangunden insigel, geben zu *Enns*, an vritag vor Sant Gallentag, nach Cristi geburde vierzehenhundert vnd in dem ains und sechtzigisten jaren.

Dominus archidux per seipsum[3].

2. Fol. 82, v^o.

3. Erichtag, c'est-à-dire mardi d'après le codex 41 d'Innsbruck, ce qui reporterait la date au 13 octobre.

Collationata est per nos copia cum littera originali sigillata et concordat, attestor ego, *Johannes Saltzman*, curie *Basiliensis* notarius manu propria. *Jo. Saltzman* [Paraphe].

XLII

Lettre par laquelle le duc Aubert *consentit à messire* Marque *de faire estans en ladite seignourie de* Plumberg, *et les fraiz que en ce il mectroit, ou s'aucuns il achetoit, en remectant ladite place ès mains de lui ou ses hoirs, sont tenuz de lui rembourser des diz fraiz et deniers, s'aucuns auoit deliuré.*

Lynntz, 1462, 19 février [1].

Wir, *Albrecht*, von Gottes gnaden, ertzhertzog ze *Oster-reich*, ze *Steyr*, ze *Kernnden* vnd ze *Krain*, graue ze *Tyrol*, etc., bekennen, fúr vns vnd vnser erben, daz wir vnserm getrewen, lieben *Marquartten* vom *Stain*, lantuogt zu *Múm-pelgarten*, vergönt vnd erlaubt haben, ain weyr in vnnser herschafft *Blumbergk*, die er in phanttveis von vns innhatt, ze pauen, vnd im dieselben summe, so er an dem weyr ver-paut, auch ob er ettlich weyr in derselben herschafft kauffen wúrde, zu der summe vnd phanndschilligenn, so im auff der bemelten vnser herschafft vnd slozz *Blumbergk* vor verschri-ben ist, geschlagen, wissentlich mit dem brief, in der masse, wann [2] wir, vnser erbenn, oder wem wir das vergönnen die bemelten herrschafft *Blumbergk* von im oder seinen erben lösen wellen, daz wir in dann dy gemelten summe, so er ver-paut, oder darumb er kaufft hiet, zusambt der haubtsumme, so er vor darauf hat, bezalen vnd ausrichten súllen, er vnd sein erben sein auch nit schúldig der bemelten herschafft und sloss *Blumbergk* abzutreten vntz sy der bemelten summe des paus vnd kaufs, mit sambt der haubtsumme, so er darauf, nach innhalt siner verschribungen, hat, ganntz entricht vnd bezalt seinn, on abgannck, treulich, vnd on geuerde. Mit

1. *Cartulaire des seigneuries gageries,* fol. 82, v°.
2. Fol. 83, r°.

vrkúnd des brieffs mit vnserm anhangenden innsigel, geben
zu *Lynntz*. an vritag nach sant Valentins tag, nach Cristi
geburde viertzhenhundert und in dem zwai und sechtzigis-
tem jaren.

Dominus archidux per se ipsum [1].

XLIII

Lettre par laquelle le duc Sigimund *confesse deuoir, oultre
toutes sommez deuant dites, audit messire* Marque, *huit
cens florins d'or lesquelx il a mis en ediffice de leans,
oultre lesdis onze cens florins.*

Thann, 1469, 17 février [1].

Wir, *Sigimund,* von Gotts gnaden, hertzog ze *Osterrich,*
ze *Steir,* ze *Kernnden,* vnd ze *Krain,* graue ze *Tyrol,* etc.,
bekennen, als vnser getrewer, lieber *Marx* vom *Stain,* vnser
ratte, vns, mit rechter vnd redlicher rechnung, furbracht
vnd zu [2] erkennen geben hatt, daz er an vnserm sloss *Blumberg* acht hundert reinisch güldin zŭ desselben vnsers sloss
notdurfft verbawen hab, vber die summe der aindlellhundert
gulden, so im der hochgeborn fürst, vnser lieber vetter
ertzhertzog *Albrecht* von *Osterrich,* loblicher gedechtnüss,
nach laut der brieue darumb aufgangennen, vormals darauf
geslagenn habe, daz wir im, mit rechter wissen, dieselben
acht hundert gulden reinisch auf das bemelt slozz zŭ *Blumberg,* mit seiner zŭgehörung, die er, in phannts weiss, von
vns ynnen hatt, zŭsambt der summe, so er vor vonn vnse-
renn vordern vnd vns, nach laut der phanntbrieue darumb

---

1. Collacionata est per nos copia cum littera originali sana, sigillata, et concordat cum eadem. Attestor ego *Johannes Saltzman*, notarius curie *Basiliensis,*
manu propria. *Jo. Saltzman* [Paraphe]. Erichtag (Cod. 41 d'Innsbruck), c'est-à-
dire le 16 février.

1. *Cartulaire des seigneuries gageries,* fol. 83, r°.
2. Fol. 83, v°.

vorhannden, geslagen haben, slahen im auch die darauf mit dem brieue, sölher mazz, daz er die benanten slozz, statt, herrschaft vnd ambt *Blumberg*, mit allem irem zůgehörn, für die bemelten acht hundert gulden reinisch, zusambt der summe, so er obgemellter mazz darauf hat, innenhaben, nútzen, niezzenn vnd brauchen sol vnd mag, nach inhalt vnd ausweysung der obgemelten brieff vormals vmb die summe ausgangen, es sol auch, umb die acht hundert guldin, mit der losung gehalten werdenn, als vmb die summe darumb er die bemelten stúckh vor ynnen gehabt hat, vnd doch ain summe an die ander nicht gelöst werden, sonder ain losung mit der andern zůgeen, alles getreulich vnd vngeuerlich. Mit vrkunt des briefs, geben zu *Thann*, an freytag vor dem sonntag Inuocauit in der vassten, nach Cristi geburde im vierzehenhundert vnd dem newn und sechtzigisten jare.

Dominus dux per se ipsum, in consilio [1].

XLIV

Sigismond, duc d'Autriche, donne en gage à Charles-le-Téméraire, duc de Bourgogne, pour la somme de cinquante mille florins, le landgraviat d'Autriche en Alsace, le comté de Ferrette, les quatre villes forestières et le château de Hauenstein avec le comté de la Forêt Noire.

Saint-Omer, 1469, 9 mai [1].

Sigismundus Dei gratia dux *Austrie, Styrie, Karinthie* et *Carniole*, comesque *Tirolis*, etc., notum facimus vniuersis tam presentibus quam futuris quod nos, attendentes indi-

1. Collacionata est presens copia cum littera originali et sigillata, et concordat cum eadem. Attestor ego, *Johannes Saltzman*, notarius curie *Basiliensis*, manu mea propria. *Jo. Saltzman* [Paraphe].

1. Arch. de la Côte-d'Or, B, 1049. Orig. Parch. Etait scellé sur une double queue encore appendue à l'acte. Zellweger, *Schweizerisches Museum* (1838), p. 119-123. *Fontes rerum Austriacarum, Diplomata et acta*, II, p. 223-229, d'après une copie de la chancellerie de Charles-le-Téméraire.

gentie et necessitati nostre in qua nunc constituti sumus, non commodius consultiusque prospicere et subuenire posse quam ut nonnulla ex patriis castris et opidis et dominiis nostris alicui fido principi, pro certis peccuniarum summis realiter pignori obligemus, nec cuipiam principi magis affectos nos ex corde nouerimus quam illustrissimo principi domino *Karolo*, duci *Burgundie* et *Brabantie*, etc., consanguineo nostro precarissimo, cuius predecessores *Burgundie* duces ducibus *Austrie*, predecessoribus nostris, et sanguinis necessitudine et speciali amicicie vinculo semper fuere connexi, vt eo magis antiquam hanc amiciciam inter easdem domus semper conseruemus maioremque rerum nostrarum vitemus iacturam et dispendium, considerantes insuper quod plures vrbes, castra et opida nobis de jure pertinere comitatui *Burgundie* satis vicina quibus, propter insolenciam et rebellionem *Switzerorum* et eorum adherentium, inimicorum nostrorum, neque nos, neque illi quibus a nobis impignorata sunt, potuimus, prout nec adhuc possumus, pacifice vti, quodque huiusmodi inimicorum nostrorum temerarii conatus per potentiam dicti consanguinei nostri facile comprimi et refrenari poterunt, ipsaque castra et opida nemini quam eidem consanguineo nostro accommodatius pignori obligari valerent, hiis rationibus moti, prehabitoque super hiis consilio, deliberacione matura, ante dicto domino *Karolo, Burgundie* duci, consanguineo nostro, suisque heredibus et successoribus, de nostra certa scientia, lanndgrauiatam *Elsatie* et comitatum *Pheretarum* vna cum castris, opidis, terris et dominiis infra scriptis, necnon omne jus, causam, actionem et querelam que in eisdem et ad ea nobis quouismodo competere et pertinere possunt, pro summa quinquaginta milium florenorum renensium, cessimus et transportauimus, cedimusque et transportamus, pro nobis heredibusque et successoribus nostris, per presentes, videlicet castrum et dominium *Ortemberg*, opidum *Berkcheim*, cum villagiis et pertinenciis, castrum et opidum *Ensisheim*, cum villagiis et pertinenciis, castrum *Ysennheim*, cum villagiis et pertinenciis, castrum *Lanndser* cum dominio et attinenciis, vna cum superioribus et inferioribus officiis, castrum, opidum et dominium *Pheretarum*, vna cum officiis ad hoc pertinentibus, castrum, opidum et dominium *Altkirch*, castrum, opidum et advocatiam de *Thann*, vna cum officiis ad ea pertinentibus, opidum *Sennheim*, cum villagio *Steinbach* et aliis pertinenciis, opidum *Masmúnster*, villagia, superiorem et inferiorem vallim, cum aliis attinenciis, opidum *Rotemberg*, cum loco in quo fuit castrum, una cum dominio et suis pertinenciis, castrum, opidum et dominium *Blumberg*, castrum, opidum et dominium *Beffort*, cum officiis et attinenciis, locum castri cum dominio et officiis de *Rosenuells*, castrum, opidum et dominium cum officiis et attinenciis *Thattenried*, locum et opidum in quo erat castrum *Rinuelden* nomine *Lapis*, cum dominiis et attinenciis citra et vltra *Renum*, opidum *Rinuelden*, opidum *Sekchingen*, cum attinenciis, opidum, castrum et dominium *Lauffemberg*, cum attinenciis, opidum *Waltshut* cum attinenciis, et castrum *Hawenstain* cum burgo et comitatu *Nemoris* eiusque attinenciis. Volentes et consencientes expresse quod prefatus consanguineus noster suique heredes et successores predicti, lanntgrauiatam *Elsacie* et comitatum *Pheretarum*, opida quoque et castra supradicta, vna cum castellaniis et bailliuatibus dominiisque et superioritate, homagiis, officiis, feudis, retrofeudis, juridictione, meroque et mixto imperio, ressorto et regalie iuribus, precariis, collacione beneficiorum, prediis, censibus, redditibus, prouentibus, ceterisque juribus, emolumentis et pertinenciis vniuersis, quocumque nomine quibus quoque rebus censeantur, nichil iuris in eisdem retinendo, teneant et possideant, eisque gaudeant et vtantur plenarie, integre, pacifice et quiete, eo modo quod fructus qui medio tempore percepti fuerint in sortem computari non debebunt. Prouiso tamen quod nos, heredes et successores nostri, *Austrie* duces, lanntgrauiatam *Elsacie* et comitatum *Pheretarum*, omniaque et singula castra et opida supranominata, pro predicta summa quinquaginta milium florenorum, vnacum expensis et sumptibus, pro sustentacione et reparacione necessaria aut vtili dictorum opidorum et castrorum, per dictum consanguineum nostrum et ipsius heredes prefatos factis. et pro aliis summis que per nos eis debite comperientur, redimere poterimus, de quibus quidem sumptibus et expensis prefatus consanguineus noster suique successores per assertionem suorum officiariorum aut juramentum ipsorum super hiis prestandum, sine alterius generis probatione, poterunt edocere. Et quos quidem sumptus vnacum dicta summa quinquaginta milium florenorum, necnon alias et singulas pecuniarum summas quas nos confitebimur debere dicto consanguineo nostro et de quibus per nostras litteras autenticas nostro sigillo sigillatas constare faciet, ac etiam summas quas ipse consanguineus noster et sui heredes soluerint pro redempcione pignorum, per nos et nostros predecessores. in et super dictis castris et dominiis constitutorum, et pro exoneracione reddituum et pensionum in et super dictis dominiis per nos et predecessores nostros assignatarum, predicto consanguineo nostro et suis heredibus, pro dictorum dominiorum, opidorum. castrorum et aliorum jurium per nos cessorum redempcione, simul et semel ac vna vice, nos prefative heredes et successores nostri, in ciuitate *Bisuntinensi* in bonis florenis, et talis bonitatis intrinsece et extrinsece, necnon illius ponderis cuius nunc in monetis electorum supra *Renum* cuduntur et fabricantur, realiter soluere tenebimur. Que quidem summe prenominate, ut securius ad dictam ciuitatem afferri possint, eas afferentibus prefatus consanguineus noster saluum conductum dare tenebitur, sub quo saluo conductu dicte summe per nostros, ad opus dicti domini *Karoli*, consanguinei nostri. in loco tuto consignari debebunt. Quo facto, prefatus dominus *Karolus*, consanguineus noster, suique heredes et successores lantgrauiatam *Elsacie*, comitatum *Pheretalum*, necnon omnia et singula opida et castra prenominata, vnacum pertinenciis vniuersis, nobis, heredibus et successoribus nostris plenarie reddere et restituere tenebuntur, omni fraude et dolo semotis. Promittentes bona fide, in verbo principis et sub obligacione nostrorum omnium et singulorum bonorum successorumque nostrorum, presentium et futurorum, omnia et singula premissa, in quantum partem nostram contingunt, fideliter exequi et adimplere et adimpleri facere, omnibus dolo et fraude semotis. Renunciantes omnibus et singulis exceptionibus et allegationibus tam juris quam facti quibuscumque, et maxime excepcioni non numerate pecunie, excepcionique sine causa vel ex non sufficienti causa, restitucioni in integrum, et presertim juri dicenti generalem renunciacionem non valere nisi precesserit specialis. Submittentes, quo ad premissorum omnium et singulorum adimpletionem, nos heredesque et successores nostros et bona nostra ac eorumdem successorum nostrorum cohertioni, compulsioni, et juridictioni sanctissimi domini nostri pape, camere apostolice et omnium aliarum curiarum et judicum ecclesiasticorum, necnon juridictioni et cohertioni aule imperialis, per quas omnes curias et quamlibet ipsarum volumus cogi et compelli, tam per censuras ecclesiasticas quam eciam per capcionem et apprehensionem bonorum et dominiorum nostrorum quorumcumque, tamquam pro re judicata, cognita et confessa. In quorum omnium et singulorum fidem et testimonium premissorum sigillum nostrum presentibus litteris duximus apponendum. Datum in *Sancto Audomaro*, nona die mensis maii, anno domini millesimo quadringentesimo sexagesimo nono.

Dominus dux per se ipsum in concilio [1].

---

1. A ce titre est attachée une étroite bande de papier portant ce qui suit: Par les lettres auxquelles ceste cedule est attachée ledit duc *Sigismond* cède et transporte à mon dit seigneur le duc de *Bourgoingne*, pour lui et ses hoirs, perpetuelment, lesdites seigneurie d'*Auxay* et conté de *Ferrates* pour I^m florins d'or à rachat perpetuelment, ensemble et tout à vne foiz, en remboursant mondit seigneur le duc desdiz I^m florins, ensemble les despens et reparacions, etc.

XLV

Sigismond, duc d'Autriche, donne à Charles, duc de Bourgogne, le pouvoir de retirer des mains de ses créanciers, moyennant remboursement, les gageries comprises dans le traité de Saint-Omer.

Saint-Omer, 1469, 9 mai [1].

Sigismundus, Dei gratia dux *Austrie, Stirie, Karinthie* et *Carniole*, comesque *Tirolis*, etc., uniuersis presentes litteras inspecturis salutem. Cum nos illustri principi domino et consanguineo nostro carissimo domino *Karolo*, duci *Burgundie* et *Brabantie*, etc., lanntgrauiatam nostram *Elsacie*, comitatum *Pheretarum*, vnacum castris et opidis infra nominatis, videlicet castrum et dominium *Ortemberg*, opidum *Berkcheim*, cum villagiis et pertinentiis, castrum et opidum *Ensisheim* cum villagiis et pertinentiis, castrum *Ysenheim* cum villagiis et pertinentiis, castrum *Lanndser* cum dominio et attinentiis, vnacum superioribus et inferioribus officiis, castrum, opidum et dominium *Pheretarum*, vnacum officiis ibi pertinentibus, castrum, opidum et dominium in *Altkirch*, castrum, opidum et dominium et aduocatiam de *Thann*, vnacum officiis ibi pertinentibus, opidum *Sennheim* cum villagio *Steinbach* et aliis pertinentiis, opidum *Masmúnster*, villagia, superiorem et inferiorem vallim cum aliis attinentiis, opidum *Rotemberg*, cum loco in quo fuit castrum, vna cum dominio et suis pertinentiis, castrum, opidum et dominium *Blumberg*, castrum, opidum et dominium *Beffort*, cum officiis et attinentiis, locum castri cum dominio et officiis de *Rosenuels*, castrum, opidum, dominium, cum officiis et attinentiis de *Tattenried*, locum et opidum in quo erat castrum *Rinuelden*, nomine *Lapis*, cum dominiis et

---

1. Arch. de la Côte-d'Or, B, 1049. Orig. Parch. Etait scellé sur double queue.

attinentiis citra et ultra *Renum*, opidum *Rinuelden*, opidum
Sekchingem, cum attinentiis, opidum, castrum et dominium
Lauffenberg, cum attinentiis, opidum *Waltshut*, cum attinentiis, et castrum *Hawenstain*, cum burgo et comitatu
Nemoris, cum attinentiis, vnacum castellariis, bailliuatibus
dominiisque et superioritate, officiis, homagiis, feodis, retro-
feodis, juridictione, meroque et mixto imperio, ressorto, et
regaliis juribus, precariis, collatione beneficiorum, prediis,
censibus, redditibus, prouentibus ceterisque iuribus, emolumentis et pertinentiis vniversis, quocumque nomine, qui-
busquoque rebus censeantur, nichil juris in eysdem retinendo, jure pignoraticio tradiderimus et impignorauerimus,
pro summa quinquaginta milium florenorum renensium,
iuxta tenorem et continentiam litterarum super huiusmodi
contractu pignoratitio confectarum, notum facimus quod nos,
desiderantes prefatum dominum *Karolum*, consanguineum
nostrum, lantgrauiatam, comitatum ac singula castra et
opida suprascripta pacifice assequi et possidere eisque plenarie uti, prout decet, consensimus et consentimus per presentes quod predictus dominus *Karolus*, consanguineus
noster, suique heredes et successores prefati, ea castra et
opida prenominata que nomine nostro a plerisque pignoraticio jure tenentur, ab illis qui ea tenent, restituendo eis
summam peccunie pro qua impignorata fuerint, quotiens-
cumque eidem consanguineo nostro heredibusque et successoribus suis placuerit, libere et absque omni contradictione,
redimere poterunt, denuncciantes bona fide quod summa
pro qua omnia dicta opida, seu castra redditusque et dominia impignorata sunt, summam centum et octoginta milium
florenorum renensium, omni fraude semota, non excedit,
de quibusquidem castris et opidis sic redemptis prefatus
consanguineus noster dux *Burgundie*, suique heredes et
successores predicti, eciam plenarie vtentur et gaudebunt.
Ad quorum castrorum et opidorum redemptionem ut ipse
consanguineus noster suique heredes et successores facilius
peruenire possint, eis promisimus promittimusque per
easdem presentes procurare cum effectu expressum illorum

consensum qui eadem castra et opida a nobis, ut prefertur, tenent impignorata, quo consentient redemptionem per dictum consanguineum nostrum et suos heredes et successores sic fieri posse. Nichilominus iniunximus et precepimus generoso dilectis et fidelibus nostris *Rudolpho*, marchioni de *Hochberg*, *Petro* de *Morsperg*, *Thuringo* de *Hallwilr*, *Ludouico* de *Masmúnster*, et *Marco* de *Lapide*, consiliariis nostris, hic penes nos presencialiter existentibus, ut ea ex castris et opidis supradictis que a nobis impignorata tenent, per dictum consanguineum nostrum, quotiens sibi placuerit, ex nunc redimi consenciant, recipiendo ab eo summam peccunie pro qua eadem castra et opida tenent impignorata, quodque eciam antedicti vassalli ea homagia et fidelitatis juramenta eidem consanguineo nostro ex nunc faciant et prestent que, ratione castrorum et opidorum prefatorum, ipsi facere et prestare tenentur. Castrum vero et opidum *Thann*, vnacum omnibus castris aliis et opidis supradictis quas in manibus nostris tenemus, promisimus et promittimus ex nunc in et ad manus dicti consanguinei nostri ponere, realemque et actualem possessionem eorundem sibi tradi facere, et eisdem castris et opidis, vnacum fructibus et redditibus vniuersis ad ea pertinentibus, deinceps pacifice vti et gaudere possit. Mandamus insuper opidanis, subditis et vassallis nostris et eorum cuilibet in solidum, prout ad eum spectauerit, ut dictum consanguineum nostrum aut suos ad hoc deputandos nomine suo, recipiant, et illi, tanquam domino eorum pignoraticio, juramentum fidelitatis et obediencie prestent; quos, cum id fecerint, nos a juramento nobis per ipsos prestito absolutos fore volumus, et absoluimus penitus per easdem presentes. Preterea sibi per nos pollicitum extitit quod litteras recognicionis omnium et singulorum predictorum quibus de summis pignoraticiis super eisdem castris et opidis constitutis liquide constabit, eidem domino *Karolo*, consanguineo nostro, infra diem primam septembris proximi, in quantum de hiis certa sciencia habere poterimus, sine fraude et dolo, destinabimus, quibus per eum visis, si premissa vera fore compererit, postquam eciam de reali possessione dictorum castrorum et dominiorum prefatum consanguineum nostrum assecurauerimus taliter quod inde merito debeat fore contentus, ipse, infra finem dicti mensis septembris, predictam quinquaginta milium florenorum summam in opido *Montis Beligardi*, ad manus illius cui hoc committemus ad opus nostrum, secure consignari faciet. Insuper prefatus consanguineus noster litteris suis eciam se obligabit quod dominia, comitatus, castra opidaque, necnon prelatos ceterosque ecclesiasticos, comites, barones, milites et nobiles, ac quoscumque alios incolas et prefatorum dominiorum, castrorum, opidorum ac locorum inhabitatores, cuiuscumque condicionis existant, in eorum antiquis iuribus, consuetudinibus, priuilegiis, litteris, et libertatibus per ipsos habitis eisque datis et concessis, quibuscumque usi sunt, conseruabit et manutenebit illesos, nec eis vltra hec maiora grauamina aut exactiones imponet, quoquomodo dolo et fraude prorsus semotis. In quorum omnium et singulorum fidem et testimonium premissorum sigillum nostrum presentibus litteris duximus apponendum. Datum in *Sancto Audomaro*, nona die mensis maii, anno Domini millesimo quadringentesimo sexagesimo nono.

Dominus dux per se ipsum in consilio [1].

Note sur les seigneuries gageries dont le rachat était autorisé par l'acte ci-dessus. — Il existe, à ma connaissance, deux listes de seigneuries gageries et de seigneurs gagistes, dressées à un peu plus d'un siècle d'intervalle. La première se trouve dans *UB. Basel*, IV (307, 1366), la seconde dans le *Cartulaire des seigneuries gageries*. Celle-ci fait connaître, en outre, le montant des créances dont chaque seigneurie était grevée, et la moyenne du revenu annuel de la seigneurie. Aucune des deux listes n'est complète. La première

[1]. A ce titre est attachée une étroite bande de papier où est écrit ce qui suit : Item les lettres ausquelles ceste cedule est attachée ledit duc *Sigismond* donne pouoir et puissance à mondit seigneur le duc de *Bourgoingne* de racheter toutes les places desdites seignories et conté que sont en gaigiere que n'excedent point la somme de ix×× florins et que les vassalx reprennent de mondit seigneur, etc.

indique plusieurs seigneuries qu'on ne retrouve plus dans la seconde. Voici quelques renseignements supplémentaires, fournis par ces listes et par d'autres documents transcrits dans le *Cartulaire des seigneuries gageries*, sur les gageries cédées au duc de Bourgogne.

1° *Bergheim*. Tenue à titre de gage en 1366 par les frères Henri, Frédéric et Cuontze de Hadstadt, en 1469 par le marquis de Bade (fol. 8, v°).

2° *Ensisheim*. Avait pour seigneur gagiste, en 1366, Jean de Walbach.

3° *Isenheim et Angeot*. La seigneurie d'Angeot fut engagée par Frédéric d'Autriche à Hans Volker de Sultzbach pour 1.500 florins. Inspruck, fritag vor der Heiligen Drierkunigtag, 1421 (3 janvier. *Cartul. des seign. gag.*, fol. 24, r°). En 1432, Frédéric engagea Isenheim au même Volker, qui était alors son *pfleger* à Belfort, pour 9.145 florins. Inspruck, an Sant Vits tag (15 juin, fol. 22, r°). En 1461, le duc Albert donne en gage à Pierre de Morimont tout ce qui lui était advenu de Ferry de Schowenberg pour la somme de 3.500 florins d'or, « lui consent pour edification de la maison » 1.000 florins d'or, et lui donne faculté de racheter ce que tient Hans Volker sur la dite place. Zell an Vndersee, an freytag nach dem Hayligen Phinstag (3 avril, fol. 91, v°). Au moment du traité de Saint-Omer, Pierre de Morimont tenait Isenheim et Angeot pour 11.665 florins d'or et 1.000 florins d'or ou ducats de Florence. Et avec ce Messire *Pierre de Morimont* a sur la dite seigneurie de *Ysenheim* trois mil et cinq cens florins d'or pour lesquels il tient rente sur la dite seignourie, et de les rendre baille son scelle, comme sera dit cy après (fol. 5, v°). Le revenu de la seigneurie était de 740 livres (fol. 26, v°).

4° *Landser*. En 1366, l'engagiste était Dietrich vom Huos. Engagée par Albert à Thuring de Hallwilr. Fribourg en Brisgau an Sant Valentins tag des heiligen martrers, 1454 (14 février, fol. 28, r°). Même engagiste en 1469. Somme : 14.000 florins d'or. Revenu : 1.000 florins d'or.

5° *Ferrette*. Seigneurs gagistes pour la forteresse : en 1366, Ulman de Ferrette, grand bailli d'Alsace ; en 1469, Henri de Ramstein. Engagiste de la seigneurie en 1469, Christophe de Rechberg (fol 6, r°). L'engagement lui avait été fait par Albert pour 5.000 florins d'or. Wienn, sambstag nach dem Heiligen Vffarttag (28 mai 1457, fol. 41, r°).

6° *Altkirch*. En 1366, Herman de Landenberg tenait le gage. Henri de Ramstein le reçut de Frédéric d'Autriche pour 9.500 florins d'or. Inspruck, fritag vor Sant Thomas tag des helgen swolffbotten 1437 (20 décembre, fol. 43, r°). Même engagiste en 1469 (fol. 6, v°).

7° *Thann*. Le château eut pour seigneur engagiste Jean de Walbach (1366 . En 1469, l'engagiste de Thann et de toutes ses dépendances était Henri Reich de Reichenstein (fol. 6, r°). Somme : 12.000 florins d'or. Revenu : 2.000 livres (fol. 67, r°).

8° *Cernay*. Jean de Walbach engagiste en 1366, le marquis de Rœteln en 1469 (fol. 7, r°). Somme : 7.500 florins d'or. Revenu : 320 livres.

9° *Massevaux*. Jean de Walbach en 1366, Louis de Massevaux en 1469 (fol. 7, r°). Lettres par lesquelles le duc *Sigemund* confesse deuoir à messire *Loys de Maisonvaulx* la somme de deux mille florins, lesquelx lui assigne sur *Maisoncaul*, auecque le gaige que tient deja dessus. *Balzen*, an dem Heiligen Auffart tag, 1468 (26 mai, fol. 71, r°). Somme en 1469 : 2.000 florins, plus 5.000 florins.

10° *Rougemont*. En 1366, Jean de Walbach, seigneur gagiste pour la terre, Frene, comtesse de Neuchâtel, femme du comte Jean de Habsbourg, engagiste pour la forteresse. En 1469, le seigneur de gage était le comte Rodolphe de Soultz (fol. 7, r°). « Pour le pris de deux mille cinq cens mars d'argent a pois de *Basle*, vault, au pris de sept florins d'or, dix sept mille et cinq cens florins d'or. » (fol. 76, v°). Revenu : 1.060 livres environ.

11° *Belfort*. Gagerie d'Adélaïde, marquise de Bade en 1366 ; de Pierre de Morimont au moment de l'annexion à la Bourgogne (fol. 8, rº). Comme *Beffort* pour la première fois fust engaigié à messire *Pierre de Morimont* pour le pris de neuf mille florins d'or. *Stain*, zinstag nach Aller Heiligen tag, 1450 (3 novembre, fol. 88, rº). Cet acte est d'Albert d'Autriche.

12º. *Rosemont.* 1366, Luzeman de Roterstorf. 1469, Pierre de Morimont. Comme la seigneurie de *Rosenfels* a estée engaigée audit messire *Pierre de Morimont* pour le pris de trois mille florins d'or. An Sanct Laurentzen tag, 1457 (10 août, fol. 89, rº). Somme des créances de Pierre de Morimont pour les trois seigneuries de Belfort, Rosemont et Isenheim « non compris les estangs et ce qu'il y aura mis, 30.800 florins d'or et 2.000 frans d'or qui peuvent valoir le tout 33 à 34.000 florins d'or ». Revenu : 22 à 23.000 livres, « sans les gages des officiers qu'il y fauldroit commettre » (fol. 107, rº).

13ª. *Delle.* Etait engagée en 1421 à Rodolphe de Ramstein *(Basl. Chron.*, IV, p. 32). Lettre d'engagement comme *Dele* a estée engaigié à messire *Pierre de Morimont* pour trois mille florins d'or. Zu der *Neuwenstat*, an Sanct Bartholomes tag des heiligen zwölffboten, 1443 (24 août). Les auteurs de l'engagement étaient Frédéric, roi des Romains, et Sigismond, tous deux ducs d'Autriche.

14ª. *Hauenstein.* Engagiste en 1469, Thierry de Rumlang (fol. 4, rª).

Il faut ajouter à cette liste la châtellenie d'Engesthein ou Hanguestein. Ni le traité de Saint-Omer, ni l'acte annexe relatif au rachat des gageries ne la nomment. Mais elle fut certainement comprise dans ce traité, car on ne comprendrait pas qu'elle eût une place dans le *Cartulaire des gageries.* Lettre comme la chastellenie d'*Engesthein* est engaigié ès mains de messire *Wernher Harmanstorffer* pour la somme de neuf cens et quatre vings dix florins d'or. Fribourg en Brisgau, sunntag vor Vnnser Frauwen tag, 1453 (2 septembre, fol. 17, rº). Auteur de l'engagement : Albert d'Autriche. Engagiste en 1469 : Bernard de Gilgenberg (fol. 5, rº). La somme de 990 florins n'avait pas été augmentée. Revenu : 55 livres (fol. 18, rº).

———

XLVI

Marc de la Pierre, seigneur engagiste de Florimont, promet de livrer à toute réquisition cette seigneurie à Charles le Téméraire, duc de Bourgogne, moyennant le remboursement des sommes avancées sur le gage.

Ensisheim, 1469, 7 juillet [1].

Ich *Marx* von *Steyn*, ritter, bekenn offenlich mit dem brieff, nachdem der durchluchtig hochgeboren furst vnd herre

---

[1] Arch. de la Côte-d'Or, B, 1049. Original. Etait scellé sur une double queue encore suspendue au parchemin. Le sceau manque. Au revers de la pièce, d'une écriture de la même époque : *Plumberg.*

herr *Sigmund*, hertzog zu *Osterrich*, etc., min gnediger
herre, ubergeben vnd verpfendet hat dem durchluchtigisten,
hochmechtigsten, fursten fursten vnd herren hern *Karlen*,
hertzogen zu *Burgundien*, zu *Brabant*, zu *Lemburg* vnd
Lutzelburg, etc., minen gnedigsten herren, die graffschaft *Pfirt*, die lantgraffschaft im *Ellsass*, mit sampt andern
slossen vnd herschafften, nach lut der pfandbriefen, in den
selben min gnediger herre hertzog *Sigmund* dem obgenanten minem gnedigsten herren von *Burgundien* gewilliget
vnd gegönnet hat alle vnd iegliche pfanntschafften in solich
verpfendten vnd vbergeben herschaft gehorende, zu losen,
des ime ouch von den pfantherren, on emich inrede vnd
hinderung darinn zu tunde, statt geton sol werden, mit
vswisung vnd bezalung des pfantschillings, nach vswisung
der briefen daruber gemacht, wann ich aber das sloss, statt
vnd ampt zu *Blumberg*, mit aller zugehorde in den des
obgemelten pfands vnd vbergabs briefen begriffen, verpfendet, vnd, nach lut der pfandbriefen, innhab, vnd aber mir,
in nachvolgen desselben mins gnedigen herren verschriben, von sinen gnaden gegönnet vnd verwilliget ist minem
gnedigisten herren von *Burgundien*, nach lut miner briefen,
der losung statt zu tund, hab ich gelopt vnd versprochen in
hand desselben vnnsers gnedigisten herren von *Burgundien*, glob vnd versprich ouch wissentlichen, fur mich vnd
min erben, in craft des briefs, dem gemelten minem gnedigisten herren von *Burgundi*, sinen erben vnd nachkomen,
wenn ich des erfordert, vnd, nach innhalt miner pfandtbrie-
fen, bezalt vnd vnclaghaft gemacht werde, im das gemelt
slozz, statt vnd ampt *Blumberg*, mit aller siner zugehorde,
nutzit vssgenomen noch vorbehalten, wie ich das, nach
erlutrung miner briefen, nyessen vnd gepruchen, dem selben minem gnedigisten herren von *Burgundien*, on verziehen vnd von stundan, das zu sinem gewalt, mit sampt den
pfandt brieffen vnd gewonlichen quittantzen, vbergeben vnd
zu sinen handen zu stellen, wie ich dann das minem gnedigen herren von *Osterrich*, etc., zu tunde schuldig vnd ver-
punden gewesen bin, vnd mir dann das zu minen handen

versetzt, verpfendet, ingegeben oder verschriben ist, darzu, so lannge vnd alle die wile solich pfantschaft von mir vnerlöst ist, dem selben minem gnedigisten herren von *Burgundien* vnd sinen erben obgenant, im, mit der offnung vnd anndern gerechtikeit, oder wem er das verschaffet, gehorsam vnd gewertig zu sinde, in aller der wiss vnd mass ich des minem gnedigen herren hertzog *Sigmunden*, etc., vnd dem huss *Osterrich*, vntz har verpflicht vnd schuldig gewesen bin, vnd mich des, in dheinen weg, gegen sinen gnaden vnd der erben vorgemelt nit widern noch weygern, alles getruwlich, erberlich vnd vngeuerlich. Des zu vrkund, so hab ich, *Marx* vom *Steyn*, ritter, min eigen insigel gehenngkt an disen brieff, der geben ist zu *Ennsishein*, uf fritag nach Sannt Vlrichstag, da man zalt nach Cristi gepurt vierzenhundert sechtzig vnd nun jare.

XLVII

Etat des tailles, des redevances et des rentes
appartenant à Florimont.

1469 [1].

Die stúren, gúlt vnd renndt gon *Blŭmenberg* gehörend.

1° Item, zŭ *Kurselle*, ze mertzen stúr, v lb stebler, vnd zŭ herbst ouch v lb, tŭt jerlich x lb.

2° Item, zu *Herbstorff*, zu mertz stúr iiij lb stebler, vnd zŭ herbststúr ouch iiij lb, tŭt jerlich viij lb.

3° Item, zŭ *Roschlis*, zŭ mertzenstur iij lb stebler, vnd zŭ herbststúr ouch iij lb, tŭt jerlich v [j] lb.

4° Item, zu *Granwiler*, zŭ mertzenstúr iiij s., vnd zŭ herbststúr ouch iiij s., tŭt jerlich   v iij s.

---

1 *Cartulaire des seigneuries gageries*, folio 85, r°.

5° Item, zŭ *Vetsch*, zŭ mertzenstúr, x v s., vnd zŭ herbststúr ouch x v s, tŭt jerlich   x x x s.

6ᵉ Item, zŭ *Boron*, zŭ mertzenstúr iij lb, vnd, zŭ herbststur, ouch iij lb, tŭt jerlich   vj lb.

7° Item, zŭ *Feures*, zŭ mertzenstúr ij lb, vnd zŭ herbststúr ouch ij, tŭt jerlich   iiij lb [1].

8° Item, zŭ *Jontzere*, zŭ mertzenstúr v s., vnd zŭ herbststúr ouch v s., tŭt jerlich   x s.

9° Item, die stúren in dem meigerthum zŭ *Swertz*, zŭ mertzenstúr x v lb, vnd zŭ herbststúr x x lb stebler, tŭt jerlich x x x v lb.

10° Item, die stúr im meigerthŭm zŭ *Gron*, zŭ mertzenstúr iiij lb, vnd zŭ herbststúr ouch iiij lb, tŭt jerlich   viij lb.

11° Tŭnt die gantzen stúren des jars lxx viij lb, viij s.

12° Item, im stettlin zŭ *Blŭmenberg*, gebent sy zŭ mertzen iv lb, vnd zŭ herbst ouch iv lb, tŭt jerlich viii lb.

13° Item, in dem gemeldten stettlin, leyt man ein fuder banwin vff die Wynacht, vnd vff die Pfingsten ouch ein fuder, tŭt jerlich xvj lb.

14° Item, in dem gemeldten stettlin, fúr die fúrung der berúrten zwey fŭder banwin iiij lb [2].

15° Item, der banwin zŭ *Swertz*, tŭt jerlich   vij lb.

16° Item, das holtzgelt vff dem land, tŭt jerlich   x x x lb.

17° Item, so gebent die dörffer vff dem land jerlich zŭ vogtrecht   viij lb.

18° Item, sy geben ouch alle jar einem pfister [3] vff dem sloss   x x x s.

19° Item, von etlichen gútern zŭ *Kurselle* vnd *Feures*, jerlich zŭ zinss ij lb, iiij s.

20° Item, von etlichen holtzern, wenn die ackert tragen, zŭ gemeynen jaren tŭnd vj lb.

21° Sú zinss vnd gúlt on die stúren tŭnt an einer summe jerlich lxxx iij lb, x iiij s. [4].

---

1. Folio 85, vᵒ.
2. Fol. 86, rᵒ.
3. *Pfister* est synonyme de *feinbäcker*.
4. Fol. 85, vᵒ.

22° Item die vff dem land sollent von yeglichem fŭder wins [1], so man vff dem sloss trinckt, für die fürung geben ij lb, hatt mir by zehen jaren har jerlich geton xx lb.

23° Item hohe vnd nidere gericht, zwing vnd bann, bŭss vnd besserungen, tŭnt zŭ gemeinen jaren, xx lb.

24° Item, von den matten, wenn man die verlihet, tŭnt zŭ gemeynen jaren, x x lb.

25° Item so würfft man, vsserthalb der stŭr, alle jore, einem schaffner sinen lon, tŭt ij lb.

26° Item, einem schriber vff dem sloss, sinen lon, ij lb.

27° Item einem meiger von *Swertz*, sinen lon, ij lb.

28° Item einem meiger zŭ *Kurssel*, sinen lon, x x x s.

29° Item einem meiger zŭ *Gron*, sinen lon, ij lb [2].

30° Item wachszinss in dem gantzen ampt, tŭnd jerlich xij lb.

31° Item húnerzinss, tunt jerlich ij ᶜ húner.

KORNGULT

32° Item die múlen zŭ *Blŭmenberg*, tŭt jerlich múlikorn, vj bitzschet.

33° Item die múlyn zŭ *Pfetterhusen*, tŭt jerlich dinckel viij bitzschet.

34° Item, von den gútern zŭ *Brunschwilr*, dinckel vnd habern, iiij bitzschet.

35° Item die gúter zŭ *Röschlis*, dinckel vnd habern, vij vierteil.

36° Item die gúter zŭ *Curselle*, dinckel vnd habern, vj vierteil [3].

37° Item, von ettlichen gütern zŭ *Feures*, zŭ gemeinen jaren, zehend haber, iiij bitzschet.

---

1. Le foudre valait huit *saum* ou vingt-quatre *ohmen*. L'ohm trente-deux mesures *(maass)*, c'est-à-dire environ cinquante litres (*Basler Chroniken*, V, p. 287, n. 11). Un foudre valait donc environ douze cents litres. On conduisait au château, chaque année, environ cent vingt hectolitres de vin.
2. Fol. 87, r°.
3. Fol. 87, v°.

38° Item wenn man die acker zŭ dem sloss gehörende verlihet, so hatt man dauon, zŭ gemeinen jaren, an dinckel
vnd haber, iiij bitzschet.

39° Ainsin se trouue que *Plumberg* est engaigie pour le
pris de quatre mil huit cens florins d'or et mille florins d'ar-
gen, qui peulent valoir enuiron troize cens trente trois florins d'or, qui seroit en somme enuiron six mille cent trente
deux florins d'or, et n'y comprent on riens pour les estans,
se aucunne chose il y a mis.

40° Et vault ladite gaigiere, par communes années, en argent enuiron ij c xx ij liures, ij solz.

41° En cire, douze liures, vaillant ij l., viij s.

42° En poillailles, deux cens vaillant x l.

42° En froment, auenes et blefz, enuiron vingt et six bichets, sept cartes, qui peulent valoir enuiron x x x iij l.

44° Ainsin, en somme, que peult valoir, par communes
années, ledit *Blumberg* enuiron ij ᶜ lxx l.

**Note sur les revenus de la seigneurie de Florimont d'après l'état de
Marc de la Pierre.**

1°. *Revenu total :* 272 livres, 2 sols (40°), 270 livres (44°).

2°. *Revenus divers contribuant à former le revenu total :*

I. *Droit d'avoué :* 8 livres (17°).

II. *Profits de la justice :* 20 livres (23°).

III. *Banalités :* A. Banvin. A Florimont, 2 foudres = 16 livres, transport des
2 foudres, 4 livres. Total : 20 livres (13°, 14°). A Suarce, 7 livres (15°). Total
général pour le banvin : 27 livres.

B. Moulins banaux. A Florimont, 6 bichets de froment à 48 sous le bichet
(P J., 48), en comptant la livre à 20 sols, 14 livres, 8 sols (32°). A Pfettrouse, 8 bichets d'épeautre. La valeur n'est pas indiquée dans le Pris des livres et valeur
des vins et grains (P. J., 48). En lui attribuant même valeur qu'au froment,
cela faisait 19 livres, 4 sols. Total pour les moulins : 33 livres, 12 sols. Total
pour toutes les banalités : 60 livres, 12 sols.

IV. *Rentes foncières :*

A. Dîme des biens de Faverois : 4 bichets d'avoine à 24 sous le bichet (37°) :
4 livres, 16 sols.

B. Baux des prairies (24°) : 20 livres. Baux des champs du château (38°) :
4 bichets épeautre et avoine, en comptant à bichets froment : 4 livres, 16 sols, et
2 bichets avoine : 2 livres, 8 sols. Total du produit des baux : 7 livres, 4 sols.

C. Affouage (16°) : 30 livres. Taxe de défrichements (20°) : 6 livres.

D. Cire (30°, 41°) : 2 livres, 8 sols.

E Cens en argent des biens de Courcelle et de Faverois (19º) : 2 livres, 4 sols.

F. Poules de cens, 200 à 1 sol la poule (31º, 42º) : 10 livres.

G. Rentes en grains des biens de Beurnevésain, Réchésy, Courcelle (34º-36º) 4 bichets, 13 quartes ou quarts de bichets, le tout épeautre et avoine : 13 livres, 1 sol. Total des redevances foncières : 95 livres, 13 sols.

V. *Autres redevances :* A. Gages des officiers payés par les habitants (25º-29º) : 9 livres, 10 sols. Redevances pour le château : gages du boulanger, 1 livre, 10 sols (18º) ; transport de deux foudres de vin par an : 2 livres (22º). Total des redevances pour le château : 3 livres, 10 sols. Tailles sur les villages (1º-10º) : Courcelle, 10 livres ; Courtelevant, 8 livres ; Réchésy, 6 livres ; Grandvillars, 8 sols ; Fesche, 1 livre, 10 sols ; Boron, 6 livres ; Faverois, 4 livres ; Joncherey, 10 sols ; Mairie de Suarce, 35 livres ; Mairie de Grosne, 8 livres. Total, suivant Marc de la Pierre (11º) : 78 livres, 8 sols. Ville de Florimont, 8 livres. Total général de la taille : 86 livres, 8 sols. Total des diverses redevances : 90 livres, 8 sols.

XLVIII

Le pris des liurez et valeur des vins et grains.

1469 [1].

1º Item le florin vault xx iij solz.

2º Item vault la liure vng franc [2], monnoie de *Bourgoingne*, car les douze groz vz vaillent vingt solz, qui font vne liure, et les douze deniers vaillent j sol.

3º Item vault j poullaille, par communes années, en argent, j sol [3].

4º Item vault le bichet de froment, par communes années, xlviij solz.

5º Item le bichet d'auene, par communes années, xx iiij solz.

6º Item la charge de vin en *Aussay*, qui contient huit cheualees, enuiron x liures.

7º Item la mesure de poix, orgez et samblables grayns, enuiron vj solz.

---

1. *Cartulaire des seigneuries gageries*, fol. 16, rº.
2. Le franc valait 24 sous bâlois (P. J., 14, II, 1º, 2º).
3. Cpr. le compte de Burquelin Pommeau d'Or : De la vendue de ixᶜ gelines durant ladicte année xlv liures baloiz.

8° Item la carte de froment, enuiron x ij solz.

9° Item la carte d'auene, enuiron vj solz.

10° Et font les six mesures vne carte.

11° Item vault le viertzal de blefz et le viertzel d'auene, l'ung portant l'autre, par années communes, enuiron x solz.

12° Item les douze mesures font vng viertzal.

13° Item la liure de cire, environ iiij solz.

14° Item la mesure de seelz, enuiron v solz.

•

XLIX

Cy après sont declairez et inuentoriez les instrumens et aultres tiltres qui sont au prouffit de mon très redoubté et souuerain seigneur monseigneur le duc et conte de Bourgoingne *touchant ses pays d'*Auxay *et de* Ferrette *par luy nagueres acquiz de monseigneur le duc* Sigismond *d'*Osteriche, *lesquelx instrumens et tiltres doiuent estre mis ou tresor de mon dit seigneur de la chambre de ses comptes à* Dijon.

1470-1472 (1).

[Fol. 1, r°]. Premièrement vng instrument escript en parchemin receu par *Besançon Philibert* d'*Ornans* et *Henry Hochlin* de *Choff*, ou diocese de *Constance*, notaires impériaulx, faisant mention de la possession prinse, pour et en nom de mon dit seigneur, de sa bonne ville de *Rinvelle* sur le *Rin* et aussi de l'obaissance, bonté, loiaulté et subgection promise et jurée par les habitans de la dite ville à mon dit seigneur, comme plus applain le contient le dit instrument, signé des saings auctentiques des diz notaires et au doz par

A ²

Item vng autre instrument receu comme dessus de la possession prinse, pour et en nom de mon dit seigneur, du

<hr>

(1) Arch. de la Côte-d'Or, B, 1049. Orig. Cahier de papier de quatre feuillets. Au revers, d'une écriture du xvᵉ siècle : Inventaire des lettres estans en ceste boîte touchant *Ferrates*.

2. 28 juin 1469. Cette date et les suivantes inscrites en marge sont d'une écriture de la fin du XVIIᵉ siècle ou du siècle suivant.

chastel nommé la *Pierre* de *Rinvelle* et de ses appartenances, signé des diz notaires et au doz par   B [1]

Item vng autre instrument receu par les devant diz notaires de la possession prinse, pour et en nom de mon dit seigneur, des habitans et hommes estans des appartenances du dit chastel de *Rinvelle* dont les anciens, assauoir ceulx des villaiges nommez ou dit instrument, ont fait obeissance et serement à mon dit seigneur de luy estre bons et loyaulx subgetz, sans aucune condicion, comm'il appert par le dit instrument cy rendu, signé au doz par   C [2]

[Fol. i, v°]. Item vng autre instrument receu par les meismes notaires de l'obeissance et serement de subgection que aucuns habitans d'autres villaiges estans des appartenances du dit chastel de *la Pierre* ont promis fere à mon dit seigneur, ou cas que les habitans de *Basle* seront ramboursez des deniers qu'ilz ont sur la dite seignoirie de la *Pierre*, aux termes sur ce prefix, selon que plus applain est declairé ou dit instrument, signé au doz par   D [3]

Item vne lettre en parchemin scellée du seel de *Basle* par laquelle les habitans d'illec promectent à mon dit seigneur de luy remectre la dite seignoirie du chastel de *la Pierre* et ses dites appartenances, toutes [fois] qu'ilz seront ramboursez de leurs deniers, selon la forme de leurs lettres qu'ilz ont sur ce, signées au doz par   E [4]

Item vng instrument receu par lesdiz notaires de la possession prinse, pour et en nom de mon dit seigneur, de sa ville de *Seclimguen* et de l'obaissance promise et jurée par les habitans de la dite ville, selon que plus applain le contient le dit instrument, signé desdiz notaires et au doz par

     e   F [5]

Item vng autre instrument, aussi receu comme dessus, de la possession prinse, pour mon dit seigneur, de sa ville de *Loffamberg*, et de l'obaissance à lui faite promise et jurée par les habitans d'illec, ainsi que le contient le dit instrument, signé desdiz notaires et au doz par   G [6]

---

1. 28 juin 1469.
2. 28 juin 1469.
3. 28 juin 1469.
4. 1469, vff zinstag Sant Ulrichs tag des heiligen bischoffs (4 juillet). Arch. de la Côte-d'Or, B, 1050. Orig., Parch. Scellé du sceau secret en cire verte de la ville de Bâle.
5. 30 juin 1469.
6. 30 juin 1469.

Item vng aultre instrument receu par les diz notaires de la prinse de possession, pour et en nom de mon dit seigneur, de sa ville de *Valechoue* et de l'obeissance que lui ont fait et juré, comme ses vrays subgetz, les habitans du dit lieu, selon que le contient le dit instrument, signé par les diz notaires et au doz par   H [1]

[Fol. 2, rº]. Item vng autre instrument, receu comme devant, de la possession prinse de la place de *Habbenstain* et de l'obeissance faite et jurée à mon dit seigneur par les habitans d'aucuns villaiges appartenans à icelle place, comme le contient le dit instrument, signé comme dessus et au doz par   J [2]

Item vng instrument receu par le dit *Besançon* seul de la prinse de possession du bourg de *Hawenstan*, ainsi que le contient le dit instrument, signé par icellui *Besançon* et au doz par   K [3]

Item vng autre instrument receu par les diz deux notaires faisant mencion que les gens des trois estatz des diz pays acquis, c'est assauoir les gens de l'église, barons et nobles et aussi ceulx des bonnes villes assemblez en bon nombre ont fait obeissance vniuersale à mon dit seigneur, promectant par leurs seremens de lui estre bons et loyaulx subgez, selon qu'il est contenu ou dit instrument, signé des diz notaires et au doz par   L [4]

Item vng autre instrument receu comme deuant, par lequel appert de la possession prinse pour et en nom de mon dit seigneur de sa bonne ville de *Hanguessel* et de l'obeissance à lui faite et promise par les habitans d'illec, comme le contient le dit instrument, signé par   M [5]

Item vng autre instrument receu comme dessus faisant mencion de la possession prinse, pour et en nom de mon dit seigneur, du chastel du dit *Anguessel*, signé au doz par
                         N [6]

[Fol. 2, vº]. Item le scelle de messire *Bernard* de *Ramstain* par lequel il promect à mon dit seigneur remectre en ses

---

1. 1ᵉʳ juillet 1469.
2. 1ᵉʳ juillet 1469.
3. 1ᵉʳ juillet 1469.
4. 1ᵉʳ juillet 1469.
5. 8ᵉ juillet 1469.
6. 11 juillet 1469.

mains ce qu'il tient de gaige à *Ysenhein* et *Ingeltzet* par gaigière des seigneries d'*Osteriche*, en le remboursant des deniers pour lesquelz la dite gaigière lui a esté faite. Signé au doz par   O [1].

Item le scelle de messire *Thurin* de *Halwich* par lequel il promet rendre et remectre ès mains de mon dit seigneur la seignoirie de *Lamser*, en le remboursant aussi de ses deniers pour lesquelx la dite seignoirie lui a esté engaigiée, lequel seel est signé au doz par   P.

Item le scelle de messire *Christofle* de *Rechbergh*, qui tient la seignorie de *Ferrete*, laquelle il promect par le dit scelle rendre et remectre à mon dit seigneur, en le remboursant des deniers pour lesquelx elle lui a esté engaigée. Signé au doz par   P. P.

Item le scelle de messire *Henry* de *Ramstain*, seigneur gaigier de *Pharrate*, par lequel il promect rendre à mon dit seigneur la dite seignoirie, en le remboursant du pris pour lequel icelle seignoirie lui a esté engaigée. Signé au doz par
Q.

Item le scelle de monseigneur le conte *Rodolf* de *Sultz* par lequel il promet rendre et remectre ès mains de mon dit seigneur la seignoirie de *Rougemont* qu'il tient de gaigière, en le ramboursant du pris pour lequel elle lui a esté baillée. Signé au doz par   R [2].

[Fol. 3, rᵒ]. Item le scelle de messire *Marc* de la *Pierre*, seigneur de *Florimont*, par lequel il promect rendre et remectre ès mains de monseigneur la dite seignoirie de *Florimont*, en le ramboursant des deniers pour lesquelx la dite gaigière a esté faitte. Signé au doz par   S.

Item le scelle de messire *Pierre* de *Morimont*, seigneur gaigier de *Belfort*, *Dele* et *Ysenhein*, par lequel il promect rendre et restituer ès mains de mon dit seigneur toute la dite seignoirie, en le ramboursant des sommes pour lesquelles il les tient de gaige. Signé au doz par   T [3]

Item le scelle de monseigneur le marquis de *Baulde* par lequel il promect rendre à mon dit seigneur la seignoirie de

---

1. En marge de la même écriture que les dates : deficit.
2. Deficit.
3. Ensisheim, 1469, fritag nach Sant Ulrichs tag (7 juillet).

Berhen qu'il tient de gaige, en le ramboursant des deniers que pour ce il a payez. Signé au doz par   V [1]

Item vng instrument receu par *Henry Hochlin* dessus nommé seul, par lequel appert de la possession prinse par mon dit seigneur et en son nom de la seignoirie et ville de *Brisac* et de l'obeissance que lui ont faicte et jurée les habitans d'illec, ainsi que le contient le dit instrument. Signé du dit *Henry* et au doz par   X [2]

Item pour ce que monseigneur de *Ribaulpierre* ne peust estre à l'obeissance que fut faitte à mon dit seigneur par ceulx des trois estatz des diz pays ses subgetz, il bailla vng sien scelle en papier par lequel il promect à mon dit seigneur toute telle obeissance et fidelité comme les aultres barons et nobles d'iceulx pays cy rendent. Signé au doz par
Y.

[Fol. 3, v°] Item plusieurs copies des lettres que les diz seigneurs gaigiers ont de leurs dites gaigières et aussi les desclaracions des valeurs d'icelles qui toutes sont cousues en liure et contiennent plusieurs feuillez escripz en thiois, dont la desclaracion en françois est au commencement du dit liure, et par icelle appert de toute la manière de proceder que ont tenus mes seigneurs les ambasseires à prendre possession des diz pays acquis, lequel liure est sur la couuerture par   Z [3]

Aujourdhuy [4] jour du mois de may lan mil iiijclxx les instrumens et autres tiltres cy deuant inuentoriez ont esté apportez pour les mectre ou tresor de mon dit seigneur en la chambre de ses comptes à *Dijon* et les y a enuoyez le dit *Besançon Philibert*, par *Pierre Bart* du dit *Ournans*, et pour ce que le dit *Henry Hochlin* deuant nommé a fait reffus

---

1. Charles, marquis de Bade, comte de Spanheim, engagiste de la ville d'Ober-Berckheim, promet obéissance au duc Charles de Bourgogne, 1469. Mitwoch nach Sant Peters tag (5 juillet). Arch. de la Côte-d'Or, B, 1050. Orig. Parch. Scellé sur double queue. Fragment du sceau en cire rouge.

2. 11 juillet 1469.

3. C'est le *Cartulaire des seigneuries gageries.*

4. Date laissée en blanc.

de signer et expedier les diz instrumens dessus inuentoriez,
s'il n'estoit payé de ses peine, vacations et despens par lui
soubstenus à ceste cause, lesquelz il extime à cent florins
d'or, le dit *Besançon* doubtant que mon dit seigneur n'eust
dommaige à faulte de la dite expedicion, en retournant du'
paicment fait à cculx de *Basle*, le dernier jour d'auril mil
iiijclxx pour le rachat de *Rinvelle*, a fait venir à *Cleron*,
[Fol. 4, rᵒ] près d'*Ournans*, dez le dit *Basle*, le dit notaire
auquel *Jehan* de *Staghe* a parlé à lui de ceste matière, et
illec lui a fait le dit *Besançon* expedier les diz instrumens et
tiltres soubz telle condition que icellui *Besançon* lui a promis
de le paier de ses dites peine, vacations et despens, ou de lui
rendre les diz instrumens, requerant le dit *Besançon* très
humblement à mes diz seigneurs les président et gens des
comptes que, ou cas qu'ilz vouldront retenir lesdiz instrumens et tiltres, que leur plaisesoit de appointer le dit notaire
de son dit paiement, ou autrement il conuiendra que icellui
Besançon le paie, que seroit chose trop piteable, sur laquelle
requeste mes diz seigneurs les président et gens des comptes
ont [1]

Le xixᵉ jour de nouembre mcccclxxij maistre *Besançon
Philibert* a baillié en la chambre des comptes de monseigneur le duc à *Dijon* vng rachat de la seignorie de *Maisonval* que tient messire *Loys* de *Maisonval* pour le pris du
transport à lui fait de la dite seignorie declairié es lettres
faites d'icellui, et pour lequel monseigneur le duc de
Bourgoingne peut rauoir icelle seignorie, par vertu du dit
rachat qui a esté recouuré par le dit maistre *Besançon
Philibert* et baillé en la dite chambre pour le joindre à ce
present inuentoire et est le dit rachat en papier et scellé du
seel du dit messire *Loys* [2].

---

1. Le mss. primitif s'arrête à ce mot. Ce qui suit est d'une autre écriture de
la même époque.

2. Louis de Massevaux, engagiste de la ville et du bailliage de Massevaux
donna son scellé le 12 janvier 1470 (fritag vor Sant Anthenigen tag). Orig..
Pap.. Etait scellé d'un sceau plaqué en cire verte.

L

L'empereur Maximilien, en qualité d'archiduc d'Autriche, confirme les privilèges accordés par ses prédécesseurs, les princes d'Autriche, à la ville de Florimont, savoir : 1° deux foires annuelles, l'une le jour des Trépassés, l'autre le mercredi après Pâques ; 2° un marché le mercredi de chaque semaine ; 3° un grenier à sel auprès duquel les habitants du bailliage doivent s'approvisionner ; 4° une tribu des marchands dont tous les marchands des environs sont tenus de faire partie.

Ensisheim, 1511, 4 février [1].

1° Wir *Maximilian*, von Gottes gnaden, erwählter Römischer kayser, zue allen zeiten mehrer des reichs, in *Germanien*, zu *Hungarn*, *Dalmatien*, *Croatien*, etc. künig, erzherzog zu *Osterreich*, herzog zu *Burgundi*, zu *Brabant*, vnd *Phalennz* graue, etc., bekhennen, für uns vnnd vnnser erben, offenlich, mit disem brieff, das uns vnser getreuen, lieben burgermaister vnd räthe zu *Blumberg* zuerkhennen geben lassen, wiewol sie von weylend vnnser vorvordern, fürsten von *Osterreich*, löblicher gedächtnus, mit zweyen jahrmärckhten, einen an Aller Seelen tag, und den andern auf mitwoch nach den Heyligen Osterfeyen, desgleichen auch einen wochenmarckht, alwegen auf mitwochen zuhalten, und darzue mit einer zunfft der grempercy, nemblich das all ander umbsessend grämpern, die bey inen zünfftig seyen, dieselb zunfft khauffen haben müssen, fürgesechen vnd begabt werden sy, auch des also etwieviel jahr in beruehigen gebrauch gewesen, so weren in doch die brieff inen, von gedachten vorvordern fürsten von *Osterreich*

1. Arch. de Florimont, AA, I. Copie authenthique. Parchemin. Etait scellée sur double queue. Cachet en cire rouge du notaire J. Stetthamer.

darumben gegeben, in einer prunst, so, verschiner zeit, bey
inen gewesen sey, verdorben und von handen khommen,
und batten uns demuetiglichen, das wür ihnen, als erzherzog
zu *Osterreich*, solch vorangezeigt zwen jarmärckht, und
wochenmerckht, mit samt der zunft der gramperey, widerumben zu confirmieren vnnd zubestetten, vnd darzue, von
neüen, einen salzcassten, also das alle die so in unsern amt
daselbsthin gehn *Blumberg* gehörig, sesshafft seynd, nir-
gendt anderswo als bey inen salz nemmen sollen, zugeben
vnd zuverleichen gnediglich geruchten. — 2° Haben wir angesechen solch vnserer burger zu *Bluemberg* demutig und fleis-
sig bette, auch die annemen, getreüen und willigen dienste,
so ir vordern vnd sy vnns vnd vnnserm löblichen haus
Osterreich bisher williglichen gethan haben, vnd khünffti-
glichen wol thuen mögen vnd sollen, vnd inn darduch,
vnnd aus sondern gnaden, damit die gedacht vnser stat dest
bass in aufnemen bracht werde, die obgenanten zwen
jahrmerckht vnd wochenmerckht, auch die zunfft der gram-
plerey gnediglichen confirmiert vnd bestättiget, und inn
auch darzur oberüerten salzkasten von neüen gegeben, confirmieren und bestätten, geben inen auch die, als regierender erzherzog zu *Osterreich*, hiemit wüssentlich, in krafft
diss briefs, vnd mainen vnd wellen das die iez genanten
vnser burger zuc *Bluemberg* obangezeigt jahrmerckht und
wochenmarckht, auf zeit und teg obenstimpter, mit allen
gnaden, freyheiten und rechten, vnd darzue die zunfft oben-
benennt, aller dermassen, wie vnser voruordern fürsten von
Osterreich, brieff in vormals darumb gegeben, inngehalten
haben, halten, und sich derselben und darzue des salzcassten,
wie oben angezeigt ist, gebrauchen, vnd deren geniessen sollen vnd mögen, von aller meniglich unterhindert, doch uns
vnsern oberckeiten, herrligkheithen vnd gerechtigkhaithen,
auch andern unsern steten vnd märckhten daselbsumb an
iren jahr-und-wochenmärckhten, auch zunfft vnd salzkasten,
vnuergriffenlich, vnd ohn schaden, angefehrlich. — 3° Vnnd
gebieten darauf allen vnd ieglichen, geistlichen vnd weldtlichen, prelaten, landtvögten, grauen, freyenherren, rittern

und knechten, vogten, pfandtherrenn, vitzthumben, pflegern,
verwesern, anmannen, schaffnern, schuldtheissen, burger-
meistern, richtern, räten, burgern, gemeinden, und sunst
allen anderen unsern amtleüthen, vnterthanen vnd getreüen,
gegenwürdigen und khünfftigen, ernstlich, vnd wellen, das
sy die vorbenanten vnser burger zu *Bluemberg* vnd ihr
nachkhomen, an den vorbestimbten jahr-und-wochenmar-
ckhten, auch zunfft, gnaden, freyheiten, rechten, vnd fürse-
chung vnd gebung des salzkastens nicht irren, noch hindern,
sonder sy der berueblich gebrauchen vnd genüessen lassen,
vnd dar wider nicht thun, noch des nymand andern
zuthun gestatten, in khein weis, als lieb in allen, vnd ir
yeden sey vnser vngnad vnd straffe, vnd darzue ein pene,
nemblich zechen marckh löttigs goldes zuvermeyden, die
ein yeder, so offt er freüenlich hierwider thäte, halb in vnnser camer, vnd den anderen halben thail den obbemelten
vnsern burgern zue *Bluemberg* vnablässlich zubezahlen
verfallen sein soll. — 4° Mit urkhundt diss briefs, besigelt
mit vnserm anhangenden innsigel, geben inn vnnser statt
Ennsisheim, am vierten tag des monats februari, nach
Christi geburtte fünffzechenhundert vnd im aylfften vnserer
reiche, des Römischen im fünff und zweynzigisten, vnd des
Hungerischen im ains vnd zweynzigisten jahren.

Commissio domini imperatoris.

Manu propria.

T. Serentein [1].

1. Diese copey ist gegen ihren waren versigelten permentin original colla-
tionirt, demselbigen gleichlautent gemacht, und bemelt original *Heinrich
Diebolten*, in namens burger und raths zu *Bluemberg* widerumb zuegestelt
worden, den 21 julii anno 67. Canzley *Ensissheim*. — [D'une autre écriture :]
Dass vorstehende copia mit seinem bey der O. Oⁿ Kayserlin Stegts registratur befindlichen wahren registrato collationando, in omnibus verbötenus
gleichlauthendt befunden worden, wirdet hiemit, von ambtswegen, crafft
gegenwerthiger fertigung, attestiert. *Yhnsprugg*, den 16ten junij, anno 1740.
[Lieu du cachet]. *Jos. Stetthamer*, O. O^{rer}. Stegts registrator, et iuratus notarius caesareus, publicus, immatriculatus. Manu propria. — [D'une troisième
écriture :] Traduit à *Colmar* ce 18 juillet 1740. [Signé avec paraphe :] *Brueder*.

LI

*La ville de Florimont ruinée par deux incendies survenus
en un siècle prie l'archiduc d'Autriche de lui accorder
un péage dont le produit sera employé à la restauration
du mur d'enceinte et des ponts et chemins.*

Entre 1511 et 1553 [1].

1° Durchleüchtiger fürst, gnädigister herr, eüer fürstliche
durchleuchtigkeit, geben wür derselben arme vnterthanen in
alleruntertbänig-vnd-demüetigkeit zuvernemen, wie das irer
fürstliche durchleüchtigkeit stettlin *Blumberg* in ir graue-
shafft *Pfirt* gelegen, vngeuerlich in hundert jahren här, durch
feürs noth, zum andern maln, gar verbrent worden, dardurch die ringmaur doran gar inn abgang khomen, welche
wir, mit grosser mühe, arbeit und costen, widerumb erbauen
vnd erhalten müessen. — 2° Desshalben das stettlein zu
grosser armuet khomen, dergestalt das sy sidher das ein
thor, darumb das sy dasselbig nit ferner erhalten mögen, zu
sliessen müessen, vnnd sich allein des einen behelffen. —
3° Es ist auch, durch solche feürs nöthen, der gewohnliche
wuchenmarckht alda abgangen. — 4° So müessen wir, vor
dem stettlein, fünff pruckhen, vnnd alle strassen, mit grossen
kosten, erhalten, welche, durch die für vnd vich triber,
vss dem *Shweizerlandt*, *Freyberg*, vnnd sunst allen be-
nachpaurten, täglich zerrissen vnd zerfahren werden. —
5° Dieweil nun, gnedegister herr vnd lanndtsfürst, dem also,
und ohne cüerer fürstlichen durchleüchtigkeit gnedigiste
hilff vnnd handreichung, vns ganz vnmöglich, das stetlich
vnnd solche buw mer zuerhalten, belangt an dieselben eüer
fürstliche durchleüchtigkeit vnnser ganz vnderthenigst vnnd

---

1. Archives de Florimont, AA, 1. Copie authentique. Parchemin. Etait scellée
sur double queue. Cachet en cire rouge du notaire J. Stetthamer.

demüctigist bitt, die wellen solches alles gnedigisten beden-
ckhen, vnnd vns mit einem zoll begaben vnnd bewilligen,
das wir von einen ieden frembden wag, acht pfening ; von
einem karren, vier pfening ; von einem ritenden pferdt,
vier pfening ; von einem gehürnet stuckh viehs einen
pfening ; von einem shwin, einen pfening ; vnnd von
einem shaf, einen pfening stebler, zur zoll, begehren
dörffen, damit wir das stetlein, auch steg vnnd weg, desterbass erhalten mögen. — 6° Haben hein zweifl solcher zoll
werde vns, wan durdurch solche weg vnd steg, der gebür
nach, gebessert vnnd erhalten, gern gericht, wir werden
auch eücrer fürstlichen durchleüchtigkeit die begerte shat-
zung vnnd hilff gelt desterbass erlegen mögen. — 7° Das
alles wellen umb dieselben, eücr fürstliche durchleüchtigkeit, mit plut vnd gut, underthenigst vnnd gehorsamst,
verdienen eücrer fürstlichen durchleüchtigkeit, vnderthe-
nigiste vnnd gehorsambste vnderthanen, burgermaister
vnnd rath, vnnd ganze gemeind des stetlins *Blumberg*.
Ubershrifft : Suplication burgermaister, raths vnd ganzer
gemeindt des stettlins *Blumberg* an die fürstliche durchleüchtigkeit [1].

1. [D'une autre écriture :] Dass vorstehende copia mit seinem, bey der Kayserlin O : On Stegts registratur, in ainem vhralten confirmations-buech,
befindlichen wahren registrato, praevia facta diligenti collatione, in omnibus
verbötenus gleichlauthendt befunden worden, wirdet hiemit, von ambtswegen, crafft gegenwerthiger fertigung, attestiert. *Yhnsprugg*, den 16ten junij,
anno 1740. [Lieu du cachet :] *Jos Stellhamer*, O : Or Stegts registrator, et
iuratus notarius caesareus, publicus, immatriculatus. Manu propria. — [D'une
troisième écriture :] Traduit à *Altkirch*, ce 27 juillet 1740. [Signé avec paraphe :) *Brueder*.

LII

*Charles Quint, en son nom et au nom de son frère Ferdinand,
confirme les privilèges octroyés par ses prédécesseurs,
les princes d'Autriche, à la ville de Florimont et confir-
més précédemment par l'empereur Maximilien à Ensisheim, le 4 février 1511.*

1520, 21 août [1].

1° Wir *Carolus*, von Gottes gnaden, erwählter Römischer
künig, zu allen zeiten mehrer des reichs, zu *Hispanien*, *Beider Sicilien*, vnnd *Iherusalem*, etc. künig, erzherzog zue
Osterreich, herzog zue *Burgundi*, zue *Brabant*, zu *Steyr*,
zu *Kernten* und zu *Crain*, etc., grafe zu *Habspurg*, zu *Flan-
dern* vnnd zue *Tyrol*, etc., bekenen, für vnns und den dur-
chleüchtigen fürsten, herrn *Ferdinanden*, prinzen inn *Hispanien*, erzherzogen zur *Osterreich* und grafen zu *Tyrol*, etc.,
unsern lieben brueder, des genuegsamen gwalt wir haben,
und unser erben, und thuen khundt offentlich, mit disem
briefe, als, durch abgang weilend kayser *Maximilians*,
unseres lieben herrn, und anherrn, hochlöblicher gedächtnus,
seiner kayserlichen mayestätt, alle verlassne erbliche furs-
tenthumb, land, leüth, schloss, stätt, herrshafften, gebiett,
und anders, nichts ausgenommen, auf uns und obbemelten
unsern lieben brueder, als die nechst natürlichen und rechtn
erbherrn und landsfürsten, erblich gefallen seyn, auch die
gedacht ir keyserlich mayestätt unns baydin, irem lesten
willen und testament dermass, als ir nechsten erben ernent
und gesezt, vnnd wir denmach, für uns selbs, und in namen
desselben unsers lieben brueders, in eingang unser bayder
regierung obberiehrter, unseren erblichen fürstenthumb und
landt, auch herrshafften vnd gebiett, durch trefflich vnnser

1. Archives de Florimont, AA, 1. Copie authentique. Parchemin. Etait
scellée sur double queue. Cachet en cire rouge du notaire J. Stetthamer.

räth vnd gwalthaber, meniglich von allen stätten, zugesagt haben sy bey ihren rechten, gnaden, freyheithen, brieffen, alten und guetten gewohnheithen beleiben zulassen, inen auch die selben gnediglichen zu confirmieren, und zubestätten, sind denmach vnser getreüen, lieben burgermaister und rath zu *Blumenberg* ershinen, und auff die gewohnlich erbhuldigung vnd aydt, so sy vnns vnd obberüertem vnnserm lieben brueder erzherzog *Ferdinanden*, als iren nechten herren vnd landsfürsten gethan, unterthäniglich gebetten, das wir inen die gnaden und freyheiten damit sy von weylend unsern vordern, fürsten von *Osterreich*, als nemblich mit zweyen jahrmärckhten und einem wochenmarckht, des gleichen mit einer zunfft der grampern fürgesechen und begabt, welche inen auch am jüngsten, von obberiehrtem vnserm lieben herrn vnd anherrn, kayser *Maximilian*, widerumb verneütt waren, und sy darzue, von neüem, mit einem salzcasten begabt, und inen solchs alles bestätt hete, inhalt des brieffs darumb ausgangen, des datum stett zue *Ennsissheim*, am vierten tag des monats februarii, anno, etc., im eylfften, auch zu confirmieren und zubestätten gnediglich geruhten, haben wir angesechen solch ir zimlich vnd vleissig bete, auch die annemen, getrewen vnd willigen dienst, so ir vordern vnd sy vnnsern vorfahreren, und dem löblichen hauss *Osterreich* bisher williglich gethan haben, vnnd künfftiglich wol thun sollen vnd mögen, vnnd inen darumb, vnd aus sonderen gnaden, obbemelte ir freyheiten vnd gnaden confirmiert vnd bestat, confirmieren vnd bestätten inen die auch, als regierender herr vnd landsfürst zue *Osterreich*, hiemit wissentlich, in krafft ditz briefs, vnnd mainen, sezen vnnd wellen, das sich die obbestimbten vnser burger vnd ir nachkhomen zue *Bluemberg* nun hinfür solcher gnaden vnd freyheiten gebrauchen, geniessen, vnd genuzlich dabey beleiben sollen vnnd mögen, von aller meniglich vnuerhindert. — 2° Vnnd gebieten darauff allen vnd yeglichen, fürsten, geistlichen vnd weldtlichen, prelaten, lanndtvögten, grauen, freyen herren, rittern, knechten, vögten, pfandtherren, vizthumben, pflegern, verwesern, anmanen, schaffnern, shuldtheissen, etc., etc., burgern, gemeinden, vnd sonst allen vnnsern ambtleüten, vnterthanen vnd getreüen, gegenwürdigen vnd khünfftigen, ernstlich, vnd wellen das sy die vorberüerten vnnser burger zu *Bluemberg*, und ir nachkhomen an vorbestimbten iren gnaden, freyheyten vnd fürsechungen nit irren, noch hindern, sonnder sy der berueweblich gebrauchen vnd genüessen lassen, und darwider nit thun, noch des yemands anderm zuthun gestatten, in khein weis, als lieb in allen, vnd ir yeden vnnser vngnad vnd straff, vnd darzur ein peen, nemblich zechen marckh lötigs goldes zuvermeiden, die ein jeder, so offt er freuentlich hiewider thätte, halb in vnnser camer, vnd den andern halben thail den gedachten vonn *Bluemberg*, ohnablässlich, zubezahlen, verfallen seyn soll. — 3° Das mainen wir ernstlich. — 4° Mit urkhundt ditz briefs, geben am ain und zwaynzigisten tag des monats augusti, nach Christi geburtt fünffzechenhundert und im zwainzigisten unser reiche, des Römischen im anderen, und der Hispanischen im fünfften jahren.

Commissio caesareae et catholicae maiestatis in consilio [1].

---

1. Dise copcy ist gegen ihren warn versigelten permenten original collationiert, demselben, von worth zu worth, gleichlautendt gemacht, und bemelt original *Heinrich Diebolten*, von wegen burger und raths zu *Blumberg*, wider zuegestelt worden, den 21ten julij, anno, etc. 67. — Canzley *Ensissheim*. — [D'une autre écriture:] Dass vorstehende copia mit seinem bey der O. O^n. Stegts-registratur befindlichen wahren registrato, collationando, in omnibus verbötenus, gleichlauthendt befunden worden, wirdet hiemit, von ambtswegen, craft gegenwerthiger fertigung, attestiert. — *Yhnsprugg*, den 16ten junij anno 1740. *Jos. Stetthamer*, O : O^er. Stegts-registrator et iuratus notarius caesareus, publicus, immatriculatus. Manu propria. — [D'une troisième écriture :] Traduit à *Altkirch*, ce 18 juillet 1740. [Signé avec paraphe :] *Brueder*.

LIII

*Charles-Quint, sur la demande de Bernardin de Reinach,
seigneur engagiste de Florimont, qui se propose d'em-
prunter une somme de trois mille florins, permet à celui-
ci d'affecter le gage à la sûreté de la créance, à condition
que le créancier soit un sujet de l'Empire.*

Worms, 1521, 10 mai [1].

Bernhardin von *Reynach.*

Wir *Karl* von Gottes gnaden erwelter Römischer kayser,
zu allen zeiten merer des reichs, in *Germanien*, zu *Hispanien, Beder Sicilien, Jerusalem, Hungern, Dalmacien, Croacien*, etc. kunig, ertzhertzog zu *Osterreich*, hertzog zu *Burgundi*, zu *Brabannt*, graue zu *Habspurg*, zu *Flanndern* und
Tirol, etc., bekennen offenlich mit disem brieue, als unnser
getrewer lieber *Bernhardin* von *Reinach* unnser sloss unnd
herrschafft *Plumberg* von unns unnd unnserm haus *Osterreich* phandsweise innhat, unnd unns aber erynnert, wie
er, zu fürsehung seiner notturfft unnd furderung seins nutz,
ainer suma gelts notturfftig sey, die er annderer enndt, aus-
serhalb berürter phanndtschafft, nit bekomen muge, das wir
demnach gemeltem von *Reinach* gnedigelich gegonnt unnd
erlaubt haben, wissentlich mit dem brieue, also das er drewtausennt guldin reinisch, doch in unnsern lannden, unnd
von unnsern lanndtleuten oder unnderthanen, aufbringen
und entnemen, unnd den oder dieselben sein glaubiger, umb
sollich suma anlehen, auf berürte sein phanndtschafft unnser schloss unnd herrschafft *Plumberg* gar oder auf ettliche
derselben zugehörung, wie sollichs die notturfft eruordert,
verweisen und versichern soll und mag, doch unns unnd
unnserm haus *Osterreich* an unnserm aigenthumb unnd
phanndtschafft on schaden, trewlich und ungeuerlich, mit
urkhundt ditz brieffs. Geben in unnser unnd des reichs statt
Wormbs am zehennden tag des monats may nach Cristi

1. Archives provinciales d'Innsbruck. Cod. 41, fol. 1075. Pfanndtschafft
Plumberg bewilligung drew tausend guldin darauf aufzubringen.

gepurt funfftzehenhundert unnd im ain und zwaintzigisten, unnserer reiche des Römischen im anndern, und aller annderer im sechsten iarn.

Carolus.

Ad mandatum cesaree et catholice maiestatis proprium : *Max. Fransilva.*

Registrata : *M. Püchler.*

LIV

Charles-Quint, attendu la nécessité où il se trouve de prendre en mains le goùvernement de son royaume d'Espagne, déclare qu'il a confié l'administration de l'Alsace, du Sundgau, du Brisgau, de la Forêt Noire, des Quatre Villes Forestières sur le Rhin, des villes de Villingen et de Brunlingen, du comté de Tyrol et des autres pays de la Haute Autriche, ainsi que du duché de Wurtemberg, à son frère Ferdinand, archiduc d'Autriche. La déclaration impériale est notifiée au maître-bourgeois et au conseil de Florimont.

Bruxelles, 1522, 1ᵉʳ mars [1].

Burgermeister und rat zu *Blumberg.*

Wir *Karl* der fünft, von Gottes genaden erwelter Römischer kayser, zu allentziten merer des reichs, etc., inn *Germanien,* zu *Hispanien, Beyder Sicilien, Jherusalem, Hungern, Dalmacien, Croacien,* etc. kunig, ertzhertzog zu *Osterrich,* hertzog zu *Burgundi,* zu *Brabannt,* graf zu *Habspurg,* zu *Flanndern* und zu *Tirol,* etc., embieten den ersamen, geistlichen, andechtigen, edlen unnd unnseren lieben getruwen den prelaten vom adel, stetten, ambtern und sonst allen anndern unnsern lanndtuögten, houbtlewten, vögten, ambtlutten und unndterthanen, in was stanndts oder wäsens die sein, unnser lannd *Ellsass, Sunggew, Brisgew, Swartzwald,* mit sambt den *Vier Stetten* am *Rein* und den stetten *Villingen* und *Prunlingen,* unnser gnad unnd alles guet.

---

1. Archives provinciales d'Innsbruck. Cod. 41, fol. 697 b.

Nachdem wir von götlicher miltigkeit zu der hohe eer unnd
wurd der Römischen kaiserlichen mayestat und cron kommen, und dartzu mit vil anndern kunigreichen unnd fürs-
tenthumben reichlichen begabt, unnd des willens sein, unnser mercklichen notdurft nach, unns in unnsere *Hispanische*
kunigreich zu fuegen, unnd derselben unnser erblichen
kunigreich obligenden geschefft auszuwartten, dadurch wir,
in aigner person, mit stâtem weesen, by uch nit sein, noch
derselben regierung uswarten mögen, domit aber nichtdest-
minder allen unnsern insässen und unndterthanen der
gemelten unnser lanndt *Elsas, Sunggew, Brisgaw, Swartzwald,* mitsambt den *Vier Stetten* am *Rein* unnd den stetten
Villingen und *Prunlingen* und anndern unnsern *Oberösterreichischen Innern und Vordern Lannden,* mitsambt unnserem hertzogthumb *Würtemberg,* so an unns und derselben
unnser *Oberösterreichischen Lannde* ouch erblichen kommen ist, gut recht und iusticii gehalten und administriert,
auch sy in guetem frid gehanndthabt und beschirmbt
und unnser camerguet und was sonst not ist statlichen
gehanndlet und geregiert werde, haben wir den dur-
chleuchtigen herren *Ferdinanden,* infannten zu *Hispanien,*
ertzhertzogen zu *Osterrich* und grafen zu *Tirol,* etc.,
unnseren lieben brueder und fürsten, zu unserem gubernator unnser furstlichen graffschaft *Tirol* und annder
unser *Oberösterreichischen Innern und Vordern Lannden,* mitsambt dem hertzogthumb *Wurttenberg,* gesetzt
und fúrgenomen, und ime des unnser gwalt geben, an unnser stat und in unnserem namen, die volkommenlich zu
regieren und zu gubernieren, unnd alles das zehandlen und
zu thuen, daz wir in eigner person, wo wir zu gegen weren,
thun mochten, innhalt unnsers gewaltsbrief daruber ussgeganngen. Demnach empfelhen wir uch, by den phlichten
darmit ir unns verwont seyt, ernnstlichen, und wellen, daz
ir demselben unnserem lieben brueder ertzhertzog *Ferdinanden,* als unnserem gubernator, an unser stat und in
unnserem namen, gehorsam, diennstlich unnd gewerttig
seyt, und alles thuet, daz ir unns, als ewerem lanndsfürsten
unnd herren, wo wir gegenwurttig weeren, zu thun phlichig
und schuldig seyt, und uch des nit setzet, noch wideret,
noch hierynn nit ungehorsam erschinet, als lieb euch allen,
und eur yedem sey unnser swer ungenad und straff zuuer-
meiden. Daran thuet ir unnser ernnstlich meynung. Geben
in unnser stat *Prussel* in *Brabannt,* am ersten tag des monats marcy, anno Domini, etc. funftzehenhundert unnd im

zway und zwaintzigisten, unnser reiche des Römischen im dritten und der anndern aller im sibenden iaren, und stat die kayserlich mayestat. *Carolus.*

Ad mandatum cesaree et catholice maiestatis proprium : *Hannart* unnd *G. Lamparter* unndterschriben.

LV

Ferdinand, prince et infant d'Espagne, archiduc d'Autri-
che, déclare qu'il a nommé Ciriac, baron de Bolheim et
Wartenberg, gouverneur de l'Autriche au-dessus de
l'Ens, Jean-Jacques de Landau, bailli de Nellembourg et
Jean Henri de Armesdorf, receveur de Haguenau, ses
commissaires à la diète des pays antérieurs qui sera
tenue à Ensisheim le jour de la Saint Vit (15 juin), et
qu'il leur a donné plein pouvoir pour recevoir le serment
d'obéissance des sujets de tout état. Notification au
maître-bourgeois et au conseil de Florimont.

Innsbruck, 1523, 5 juin [1].

Burgermeister unnd rat zu *Blumberg.*

Wir *Ferdinand,* von Gottes genaden, printz unnd infannt in *Hispanien,* ertzhertzog zu *Osterrich,* hertzog zu *Burgundi,* zu *Steyr, Kernnten* und *Crain,* etc., graue zu *Tirol,* etc., gubernator, etc., bekennen offennlich mit disem brief, und thuen kundt allermenigklich, als wir den edlen und unnser lieb getruw *Ciriacen,* freyherren zu *Polhaim* und *Würtem-berg,* unnsern lannds hawbtman in *Osterrich ob der Ens, Hansen Jacoben* von *Lanndaw,* unnsern vogt zu *Nellem-burg,* und *Hanns Heinrichen* von *Armestorff,* unnsern zins-smeister zu *Hagenaw,* unnser rete, zu commissarien uff unnser usgeschriben lanndtag in unnsere *Vordern Lannde,* so uff sannd Veitstag nachstkomen, gen *Ensisheim,* durch unns angesetzt ist, verordnet, und lut unnser instruction, mit den stennden den von prelaten, ritterschaft, adel, stetten und

1. Archives provinciales d'Innsbruck· Cod. 41, fol. 698 a.

ambtern unnser lanndtgraffschaften unnd herrschafften *Elsass, Sunggew, Brysgow, Swartzwaldt,* sambt den *Wald-stetten* am *Reyn* und den stetten *Vilingen* und *Prünlingen,* und derselben gesannten zu hanndlen beuolhen, daz wir daruff benanten von *Polheim, Lanndaw* und *Armesdorff* unnser volkomen macht und gewalt gegeben haben, und thun das hiemit, in crafft ditz briefs, also das sy, sament oder merer teyl uss inen, an unnser statt und in unserem namen, als gubernatoren aller *Oberösterreichen Lannde,* by allen stennden und undterthanen gemelter lannde unnd herrschafften hanndlen, ouch inen, gegen emphahung und uffnemung uff ir vorgethan lehensphlicht und ayde, wither zu sagen, versprechen und anloben unns, als gubernator, gehorsam, diennstlich und gewerttig ze sein, noch lut unnd innhalt angetzaigter unnser instruction, zu sagen thun sollen und mugen, und was sy also, noch vermögen derselben ins-truction, hanndlen inen zu sagen und versprechen, auch weitter gewalt geben unnd annder commissarien an ir stat substituieren, und, an die ennd dahin sy nit komen mögen, von unnsern unndterthanen obbemelte phlicht zu sagen, anloben und versprechen, ufnemen und emphahen zu lassen, schicken. Daz alles ist unnser will unnd meynung. Und wir wellen dem, als regierennder erbherr unnd gubernator, genädig voltziehung thuen zw glicher wys als ob wir das selbs gethan und gehanndlet hetten, unnd, ob sy merers gewalts dann hierinn begriffen ist notdurfftig weeren oder wurden, denselben wellen wir inen auch volkomenlich gegeben haben, alles getrewlich und ongeferlich. Mit urkund ditz brieffs besiglet mit unserem anhanngendem innsigel, geben zu *Ynsprugg* am funften tag des monats juny noch Cristi Unnsers Lieben Herren geburd fünfftzehenhundert und im drigundzwentzigisten iaren. So stat die furstlich durchlichtigkait *Ferdinandus* und *Salamanca* undterschri-ben.

LVI

*Ciriac, baron de Bolheim et de Wartenberg et Jean-Henri
d'Armesdorf, receveur du grand bailliage de Haguenau,
commissaires désignés par le prince Ferdinand pour la
diète de la Saint-Vit dernièrement passée, empêchés par
les affaires du prince de remplir cette mission, délèguent
à la régence de la Haute-Alsace à Ensisheim le pouvoir
de recevoir le serment des sujets. Notification au maître-
bourgeois et au conseil de Florimont.*

Ensisheim, 1523, 16 juillet [1].

Burgermeister und rat zu *Blumberg*.
Wir *Ciriac*, freyherr zu *Polhaim* und *Warttemberg*, furstlicher durchleuchtigkait rate und haubtman in *Osterrich
ob der Enns* und *Hanns Heinrich* von *Armestorff*, zinssmeis-
ter der lanndtuogtey *Hagenow*, bekennen mit dem brieff,
nachdem unns der durchleuchtigist, grosmechtigist fürst und
herr, herr *Ferdinand*, printz und infannt in *Hispanien*,
ertzhertzog zu *Osterrich*, hertzog zu *Burgundi* und graf zu
Tyrol, etc., unnser genädigister herr, als ir furstlichen durchleuchtigkait ratte und commissari uf den lanndtag so
uff sannd Vitustag nechstuerschinen, den stennden der lannde
Elsass, Sunggow, Brissgow, sambt dem *Swartzwald*, den
Vier Waldstetten und den stetten *Villingen* und *Prunlingen*
gen *Ennsisheim*, verschriben, verordnet, und dauon den
stetten unnd ämbteren vorgemelt glübde und zusagen, by
iren vorgethanen eeren und eyden, zu emphahen, die furstlich durchleuchtigkait, als für ein gubernator und regieren-
den lanndsfürsten, uff Römischer kayserlicher mayestat
ussgeganngen mandata, den stennden fürbracht antzunemen
ir furstlichen durchluchtigkhait als gubernatorn getruw,
gehorsam, diennstlich und gewerttig zu sein, und so sich
aber bemelte von stetten und ämbtern sollich anloben und
zusagen zuthund furstlicher durchluchtigkait zu unndter-
thenigem gefallen gewilligt, und wir aber, diser zeit, ann

1. Archives provinciales d'Innsbruck. Code. 41, fol. 698 b.

derer furstlichen durchluchtigkait geschefft halben, sollich
anloben selbs nit by den stetten und ämbtern emphahen
mögen, so haben wir, noch vermög furstlicher durchleuchtigkait gewalt unns deshalben zugestelt unnd gegeben, solich
angeloben zu unnsern nochgesetzten commissari verordnet die
edlen, strenngen, hochgelerten und vessten herren stathaltern,
regennten und rete in *Obern Elsass* zu *Ensisheim*, oder dem
sy das zutun beuelhen, oder die stett und ämbter deshalben
wider für sich zueruordern, und sollich anloben von inen, uf
vorangetzaigt ir bewilligen, zu uoran, an ir furstlich durchleuchtigkait, uff derselben gwalt so wir ine hiemit zustel-
len und an unnser statt, als nochgesetzten commissari, daz
bemelt anloben und zusagen von inen zueruordern, zu begeren und zu emphahen, wie sich das der pillichait und irem
harkomen gebruch noch zetun geburen wurdet, alles on
geuerd. Und des zu warem urkund, so haben wir disen
gewalt mit unnser yedes aigen hanndt unndterschriben
und ufgedruckhten ringsecreten beuestnet. Beschehen zu
Ennsisheim, uff den sechtzehenden tag juli anno, etc., im
dry und zweintzigisten iare.

So stett zu letst *Ciriac*, freyherr zu *Polheim*, etc., und
Hanns Heinrich von *Armestorff* unndterschriben.

LVII

*Rodolphe, comte de Sultz, landgrave du Kleckgau, juge de
la cour impériale de Rotweil, gouverneur des pays de la
Haute Autriche et bailli d'Altkirch, agissant par ordre
du roi et par délégation de son beau-frère le baron de
Bolheim et du receveur de Haguenau, déclare qu'après
avoir pris connaissance des copies des lettres de nomination et de délégation précédentes (Ferdinand, Innsbruck,
1523, 5 juin; Ciriac, baron de Bolheim et Jean-Henri
d'Armesdorf, Ensisheim, 1523, 16 juillet) et en avoir
reconnu l'exactitude, il a vidimé ces copies et les a munies
de son sceau, sur la demande à lui faite par la députa-
tion du conseil de Florimont.*

Ensisheim, 1523, 19 septembre [1].

Burgermaister unnd rat zu *Blumberg*.

Wir *Ruedolff*, graf zu *Sultz*, lanndgraf im *Kleckow*, des
heiligen reichs hofrichter zu *Rotwil*, der obgemelten fürstlichen durchleuchtigkait, etc., unnsers genedigisten herren,
stathalter der *Oberösterreichischen Lande*, und vogt zu
Altkirch, bekennen, daz wir den kayserlichen beuelch und
gebets auch der fürstlichen durchlichtigkait gewalts, so
dann unnsers swagers von *Polhaims* und des zinssmeisters
zu *Hagnews* substitucien brief, der hieobgeschriben abs-
chrifften vor unns gehabt gesehen und hören lassen und
luten, von wort zu wort, wie dieselben obgeschriben abgeschriften, die auch an papir, pergamen geschriften, unnd iren
unndtergeschrifften, unnd der kayserlichen mayestat zuruck
aufgedruckhtem secret, der fürstlichen durchleuchtigkait
anhangend insigel, so dann genannts unnsers swagers von
Bolhaims und zinssmeisters furgedruckhten petschafften,
gerecht und on arkwon gefunden, und darumb die, uff begeren und bit burgermaister und rats zu *Blumberg*, ersam

---

1. Archives provinciales d'Innsbruck. Cod. 41, fol. 699.

rats potschaft, vidimieren und zu warer urkundt mit unnserem anhanngenden insigel besiglen unnd bekrefftigen lassen haben, doch unns, unnsern erben und nochkumen on schaden, getruwlich und on geuerd. Geben zu *Ennsisheim*, am neuntzehenden tag des monats septembris, nach Cristi Unnsers Lieben Herren geburd getzalt funftzehenhundert zwentzig und dry iare.

Collationate, vise et reuise sunt presentes littere cum veris suis originalibus litteris, sigillatis, sine suspicione, de verbo ad verbum concordantes. Testor notarius infrascriptus manu propria signoque et nomine meis solitis atque consuetis.

Eberhardus Hofman, sacra imperiali auctoritate notarius publicus, necnon prothoscriba in *Ennsisheim*.

LVIII

La régence d'Ensisheim, après avoir reçu, par la bouche du maître-bourgeois de Florimont, le serment de fidélité de la ville à la Maison d'Autriche, confirme les libertés et les anciennes coutumes de la bourgeoisie.

Ensisheim, 1523, 23 novembre [1].

Wir des durchleüchtigsten, grossmächtigsten fürsten vnnd herrn *Ferdinanden*, prinzen vnd infanten zue *Hispanien*, erzherzogen zue *Osterreich*, herzogen zu *Burgundi*, zue *Steyer*, *Kerndten* vnnd *Kränn*, etc., graffen zue *Tyrol*, etc., als gubernators etc., vnnsers gnedigisten herrn statthalter, regent und rath in *Obern Elsass*, bekhennen, als die erbern burgermeister und rath zu *Bluemberg*, durch ihr potshafft vnd anwaldt, mit namen der erber *Peter Schmidt*, burgermaister, neben andern von stetten, amptern, lanndshafften vnd gerichten diser *Vordern Lannde* vnnserer verwaltigung, vff der *Römischen* keyserlichen mayestatt, vnnsers allergnedigsten herrn mandat vnd bevelch, auch der

1. Archives de Florimont, AA, 1. Copie authentique. Parchemin. Etait scellé sur double queue. Traces du cachet en cire rouge du notaire J. Stetthamer.

obgenanten fürstlichen durchleüchtigkheit gewalt, den wolgebohrnen, strengen vnd erenuesten herrn *Ciriacken*, frey-
herrn zu *Bolheim vnd Wartemberg*, landtshaubtmann im
Osterreich ob der Enns, *herrn Johanns Jacoben* von *Landau*, vogt zu *Nellenburg*, ritter, vnd *Hanns Heinrichen* vonn
Armstorff, zinsmeister zue *Hagenau*, irer fürstlich durchleüchtigkeit räthen vnd commissarien, samt vnd sonders
gegeben, vnd die substitution, so dieselben von *Bolheimb*
vnnd *Armstorff*, inn krafft des obberiehrten irs gewalts vff
vnns gestelt, wie dan des alles den bemelten von *Bluemberg*, vff ir begeren, von dem wolgebohrnen herrn *Ruedol-
ffen*, graffen zu *Sulz*, landtgraffen im *Kleckhau*, des heiligen
reichs hoffrichter zu *Rotwyl*, vnnd der obgenanten fürstlichen durchleüchtigkeit statthalter der *Oberösterreichischen
Lannde*, glaubwürdig transumpt vnnd vidimus, unter seinem innsigl, geben ist, vnns anstatt vnd in namen seiner
fürstlichen durchleüchtigkeit, bey den pflichten, eren vnd
eyden, so sy vormals der *Römischen* keyserlichen mayestatt
geschwohren vnd gethan, glopt vnd versprochen haben,
irer fürstlich durchleüchtigkeit, als gubernatorn, getreü,
gehorsamb, dienst — und — gewartig zu sind, das wür,
anstatt der iez gemelten fürstlichen durchleüchtigkeit, und in
krafft obbemelts gewalts vnd substitution, inen dargegen
zuegesagt haben, vnd thundt auch das wüssentlich, mit disem
brieff, das inen solch anloben an ihren freyheiten, gueten
gewohnheiten, vnd alten harkhomen, auch vorgebner irer
confirmation, ganz vnnachtheilig, vnd ohn allen schaden
sein soll, alles ohn geuerde. Das zue vrkhundt mit mein,
Hanns Ymer von *Gilgenberg*, ritter, statthalters, anhangenden insigel versigelt, vnd geben zue *Ensisheim*, am drey
vnd zweynzigisten tag des monats nouembris, nach Christi
Vnnser Lieben Herrn geburtt gezalt fünffzechenhundert
zweynzig und drey jare [1].

1. Dise copey ist gegen einem permentin original, daran das sigel fast halb-
herabgebrochen, collationiert, demselbigen gleichlautent gemacht, vnd bemelt
original *Heinrich Dieboldten*, in namen burgermaister vnd raths zu *Bluemberg*, wider zuegestelt worden, den 21 julii 67. Canzley *Ensisheim*. — [D'une
autre écriture :] Dass vorstehende copia mit seinem, bey der kayserlin O :
O^er : Stegts registratur, in einem vhralten confirmations — buech befindlichen
wahren registrato, praevia facta diligenti collatione, in omnibus verbötenus
gleichlauthendt befunden worden, wirdet hiemit, von ambtswegen, crafft
gegenwerthiger fertigung, attestiert. *Yhnsprugg*, den 16^t^n juny, anno 1740.
[Lieu du cachet :] *Jos. Stetthamer*, O. O^er Stegts registrator et iuratus notarius
caesareus, publicus, immatriculatus. Manu propria. — [D'une troisième écriture :] Traduit à *Colmar*, ce 17° juillet 1740.
[Signé avec paraphe :] *Brueder*.

LIX

Ferdinand, roi de Hongrie et de Bohême, promet à Melchior de Reinach, seigneur engagiste de Florimont, de le laisser sa vie durant en possession de la seigneurie et de ne point racheter le gage avant sa mort.

Lynntz, 1529, 13 mai [1].

Wir *Ferdinand*, von Gottes gnaden, zu *Hungern*, *Beheim*, etc. kunig, infannt in *Hispanien*, ertzhertzog zu *Osterreich*, hertzog zu *Burgundi*, graue zu *Tirol*, etc., bekennen offenntlich mit disem brief, als unnser getrewer lieber *Melchior* von *Reinach* unnser schloss unnd herrschafft *Plumberg* mit irer zugehorung von unns phanndtsweiss innhat, das wir darauf ime, dem von *Reinach*, aus besonndern gnaden, zuegesagt unnd geret haben, ine sein lebenlanng, bey derselben phanndtschafft unabgelöst unnd unentsetzt bleiben ze lassen, thun söllichs auch wissenntlich mit disem brief, also das er dieselb phanndtschafft *Plumberg*, in massen ime die verschriben ist, sein lebenlanng inhaben unnd in seinem leben durch nyemannds, es wär dann sach, das wir die selbst in unnser camer lösen unnd behalten wölten, dauon nicht enntsetzt oder abgelöst werden, aber nach seinem todtlichen abganng, unns oder unnsern erben unnd nachkomen, oder wem wir das vergönnen, die ablosung von seinen erben, yeder zeit, innhalt der phanndt verschreibung unnd reuers, beuorsteen solle, ungeuerlich. In urkundt ditz briefs geben in unnser statt *Lynntz* am dreytzehenden tag may, anno, etc., im neunundzweintzigisten, unnserer reiche im dritten, *Ferdinandus*. *Hofman*, schatzmaister. — Ad mandatum domini regis proprium. *Braslwenng*.

Registrata. *H. Pranndt.*

1. Archives provinciales d'Innsbruck. Cod. 41, fol. 1075. *Melchior* von *Reynach* verschreibung ine sein lebenlang bey der herrschafft *Blumberg* unabgelöst bleiben zelassen.

LX

*Ferdinand, roi de Hongrie et de Bohême, accorde à Mel-
chior de Reinach l'autorisation de créer deux étangs dans
la forêt de Suarce, dépendance de sa seigneurie-gagerie, au bailliage de Florimont, et promet de lui tenir
compte des sommes réellement employées à cette amélioration, à condition qu'après que l'engagiste aura perçu
cinq fois le produit des nouveaux étangs, ceux-ci seront
acquis au bailliage.*

Innsbruck, 1530, 25 août [1].

Wir *Ferdinand*, von Gottes gnaden, zu *Hungern* unnd
Behaim, etc. kunig, infannt in *Hispanien*, ertzhertzog zu
Osterreich, hertzog zu *Burgundi*, graue zu *Tyrol*, etc.,
bekennen für unns, unnser erben unnd nachkomen, das wir
unnserm getrewen lieben *Melchiorn* von *Reinach*, auf sein
unnderthenig bitt, auch gethone erkundigung, besicht unnd
beschaw, das die hernach gemelten zwen wèyer, dem umbli-
gennden fleckhen unnd gründten on sonndern nachtail,
aufgericht werden mugen, genedigclich vergonnt und
erlaubt haben, thun das auch wissentlich, in crafft ditz
briefs, also das er zwen weyer, so auf drewtausennt karpf-
fen ertragen mugen, in unserm vorsst unnd wald zu *Schwertz*,
in unnser ambt *Plumberg*, seiner phanndtschafft gehörig,
doch menigclich on schaden und nachtail, aufrichten, pawen
unnd machen, unnd davon funff nutzung haben mög. Doch
soll er den costen, so zu pawung gerürter weyer aufgen
wirdet, darleihen aigenntlich nach lenngs auffschreiben,
unnd unns, auf unnser *Oberösterreichische* camer, verraitten,
und was sich in guetter raittung befinden wirdet, dasselb,
sollen und wellen wir ime alsdann, zu annderm seinem vo-
rigen phanndtschilling so er auf *Plumberg* hat, schlagen,
unnd darumben brief, berurter unnserer camer ordnung
nach, aufrichten, doch mit dem anhanng, das dieselben
zwen weyer, nach emphanngner obberurter funff nutzen,

---

1. Archives provinciales d'Innsbruck. Cod. 41, fol. 1076. *Melchior* von *Reinach* pawgellt etlicher weyer in der herrschafft *Plumberg*.

bemeltem unnserm ambt *Plumberg* incorporiert unnd zuge-
thon sein, darbey als ain zugehörung bleiben, und nach der
ablösung darbey gelassen werden sollen, trewlich unnd
ungeuerlichen. Mit urkundt ditz briefs, geben zu *Ynnsprugg*
am funff und zwainzigisten tag des monats augusti, nach
Cristi gepurde funffzehenhundert unnd im dreyssigisten,
unnserer reiche des vierdtten iaren.

    Ruedolff graf zu *Sultz.*

  W. Schurff.

Commissio domini regis in consilio. *Teubler* [1].

LXI

Le maître-bourgeois et le conseil de Florimont présentent
au gouvernement de Ferdinand, archiduc d'Autriche, les
privilèges de la ville, au nombre de cinq, afin d'en obtenir
la confirmation.

1567, 21 juin.

Wohlgebohrner gnädige herren. Mit was gnedigisten
begnädigungen und privilegien von dem hochlöblichisten
Haus *Osterreich*, etc., wir, arme unterthanen, burgermaister und rath zu *Blumberg*, bedacht, dasselbig haben eüer
gnaden aus disen hiebey ligenden begnädigungen in *originalibus*, mit A. B. C. D. E. bezeichnet, samt darbey ligen-

---

1. 1553. Dise verschreibungen pfanndtschafft *Plumberg* bettreffend send, auf
beuelch der *Oberösterreichischen* regierung und camer, von der regierung in
Elsass hergeschicklht worden zuregistriern. — V. encore sur Melchior de Reinach : Arch. de la Côte-d'Or, B, 12064, un registre in-8° de 325 feuillets, contenant l'inventaire des titres de Grimont. Fol. 88 v° :
Cy après s'ensuyvent certaines procurations exhibées à la part de ceux
ayant reprins les fiefz et baillé dénombrement à la personne de haut et puissant seigneur messire *Claude* de *la Baulme*, chevalier de l'ordre de la Toison
d'or, mareschal de *Bourgongne,* commis de l'empereur nostre sire, duc et
comte de *Bourgongne* à recepuoir iceux fiefz et dénombrement de ses feaux
et vasseaux de son comté. Fol. 92, v° : vn aultre de *Melchior* de *Reinach*, seigneur de *Florimont, Amoncourt* en partie, dattée du dernier d'aost 1552,
signée dudit seigneur. Cottée Deum.

1. Archives de Florimont, AA. 1. Copie authentique. Parchemin. Etait scellé
sur double queue. Traces du cachet en cire rouge du notaire J. Stetthamer.

den copeyen (welche *originalia*, nach beshechner collationierung, wir widerumb uns zugestellt zu werden unterthänigist bittende) gnedig zuersechen. Denmach aber uff der fürstlichen durchleuchtigkeit, erzherzog *Ferdinanden* zu *Osterreich*, etc., unsers gnedigisten herrns, ausgegangnen mandaten sich gebüren wille, das eheberichrte gnädigiste begnädigung oder privilegien, von neüen, uns vorgemelten verlichen werden. So ist hierauf an eür gnaden unser unterthänigst flessig bitt, dieselbig welle, in namen höchst gedachter fürstlichen durchleuchtigkeit, crnante privilegien uns zuvor angehörten gnedig weiters confirmieren, und lestlichen sind wir urbiettig dargegen zu praestieren dises, so eür gnaden uns dennthalben ufferlegen mechte, hiemit unterthänigst eür gnaden umb cin willfährige antwort bittende.

Eür gnaden unterthänige burgermaister und rath zu *Blumbergg*. Ab extra. Praes: 21 junii 67. Supplication burgermaister und rath zu *Blumberg* [1].

LXII

Mémoire concernant la terre de Florimont *où l'on examine l'ancienneté de cette seigneurie, celle de son chasteau, du bourg et de l'église dudit* Florimont.

1736, au plus tôt [1].

On ne saurait disconuenir que la terre de *Florimont* ne soit ancienne, de mesme que le bourg, l'église et le chateau,

1. [D'une autre écriture :] Das vorstehende copia mit seinem bey der kayserlin O : O^nn Stegts registratur, in cinem vhralten confirmations buech befindlichen wahren registrato, praevia facta diligenti collatione, in omnibus verbötenus gleichlauthendt befunden worden, wirdet hiemit, von ambstwegen, craft gegenwerthiger fertigung, attestiert. *Yhnsprugg*, den 16ten juny, anno 1740. [Lieu du cachet.] *Jos. Stetthamer*, O : O^er Stegts-registrator, et iuratus notarius, caesareus, publicus, immatriculatus. Manu propria. — [D'une troisième écriture :] Traduit à Colmar, ce 18 juillet 1740. [Signé avec paraphe:/ *Brueder*.

1. Il existe, à ma connaissance, trois exemplaires de ce mss. : l'un qui m'a été communiqué par M. Pergue ; l'autre dans la collection de M. Léon Viel-

chef lieu de cette seigneurie, d'où elle a tiré son nom. Quelques monuments et d'anciens tiltres en font foy, et je ne doute pas qu'en remontant plus haut on ne fut enfin paruenu à en fixer la véritable époque, si les longues guerres qui ont désolé cette prouince vers le milieu du siècle passé, et les diuerses réuolutions que *Florimont* a souffertes en particulier n'auoient détruit un grand nombre de ces monumens et dispersé la pluspart des tiltres.

XIIIe siècle, 1243.

MONUMENS DU XIIIe SIÈCLE.

Le plus ancien monument que j'ay pu découurir est une pierre tirée des ruines de l'ancien chasteau, laquelle est enchassée au dessus de la porte de la maison que le seigneur de *Florimont* occupe à present, sur laquelle sont sculpées sans art et d'une manière rude et grossière les anciennes armoiries de cette seigneurie, dans un escu antique suspendu à une courroye que soustient un bras partant de la droite au dessus de l'escu. Ces armoiries sont composées d'un escu coupé, chargé d'une fleur de lys dont la partie inférieure terminée grossièrement en tige sort de trois monticules entés en pointe. Autour de la fleur de lys et dans le champ de l'escu se uoit la datte suiuante qui en fixe l'espoque : 1243.

XIVe siècle, 1309.

[Fol. 1, v°]. — MONUMENS DU XIVe SIÈCLE.

Un ouurage latin, imprimé in 8° à *Pourrantruy*, en 1658, sous le tiltre de *Basilea sacra, siue Episcopatus et Episcoporum Basileensium origo ac series*, fait mention en 1309 de la noble préfecture [1], du bourg et du chasteau de *Blum-*

lard ; le troisième à la Bibliothéque de Montbéliard, mss. n° 195. Les additions (ad.) et variantes (var.) que l'on trouvera dans les notes proviennent du mss. de Montbéliard. — Des fragments de ce mémoire ont été publiés par MM. Liblin, *Belfort et son territoire*, pp. 165, s.;Viellard, 389 (1243) ; Feltin, pp. 38, s. — La communauté de Florimont ayant désiré que je luy fisse part de quelques observations que j'ay faites sur l'ancienneté de leur bourg et de leur église, je me suis fait un plaisir de leur remettre ce mémoire (Ad.).

1. Ou seigneurie (ad.).

berg ou *Florimont*. *Transcripsit* (dit l'autheur de ce liure, page 261) *Theobaldus, Pfirtensis* comes, *Othoni* à *Grandse, Basileensi* episcopo, anno 1309, nobilem toparchiam, castrum et oppidum *Blumbergam* siue *Florimontem*, etc.

1328. Une inscription latine qu'on uoit encore aujourd'huy autour du tombeau de *Félicité de Granges*, femme de *Renaud de Delle*, enterrée au costé de l'epistre de la néef de l'église *Nostre Dame* de *Florimont* [1], qui prouue inuinciblement que cette église estoit déjà construite en 1328, vers le commencement du xive siecle.

Inscription latine grauée le long des deux costés et au bas de la tombe de *Félicité* de *Granges*, en deux lignes d'escriture.

Felicitas de Grâges, vxor *dni Renaldi de Delle militis, que obiit feria sexta ante festum beati Michahelis arcangeli anno Dni 1328. Félicité* de *Granges*, femme de M. *Renauld* de *Delle*, cheualier, laquelle est morte la sixieme férie auant la feste de Saint-Michel archange, l'an de Nostre Seigneur treize cent vingt huit.

[Fol. 2, r°].— Remarques sur l'épitaphe précédent. *Militis* de *miles*, tiltre que prenoient autrefois les cheualiers dans les anciennes chartres ou monuments au lieu de celuy *d'eques* qu'on leur donne à present. *Feria sexta*: c'est ainsi qu'on comptoit les jours ouurables qui suiuoient le dimanche à commencer par le lundy, ainsi la sixieme ferie étoit le samedy, qui est aujourdhuy fixé par l'Eglise au vendredy.

Cette inscription a esté exactement vérifiée auec l'original. On a eu soin d'imiter les caractères et de marquer par une hachure légère les lettres qu'il faut suppléer en tout ou en partie dans les endroits où la pierre s'est trouuée usée ou emportée.

Félicité de *Granges* est représentée sculpée en bosse, couchée tout de son long sur une pierre de cinq pieds, onze poulces de long, sur trois pieds de largeur, les bras croisés, la teste appuyée sur un coussin qui repose sur un carreau.

Aux quatre coins de la tombe sont quatre escus, chargés le premier et le quatrième des armoiries de la maison de *Delle*, ancienne famille à présent esteinte, qui portoit d'argent à la croix d'azur cantonnée de vingt billettes de mesme

---

1. Dans le bas costé de la nef de l'eglise de Notre-Dame de Florimont du costé de l'epitre prouve invinciblement (var.).

2. Rangées l'une au-dessus de l'autre, telle que je l'ay vûe, lûe et copiée en 1736 (ad.).

distribuées egalement deux une et deux dans chaque quartier de l'escu. Le deuxième et le troisième sont chargés d'une croix posée en sautoir. On en ignore les émaux : ce sont les armoiries de la maison de *Granges* qui est originaire de *Franche-Comté.*

Sur la droite et attenant le tombeau de *Félicité de Granges*, est une pierre de mesme grandeur, sur laquelle est sculpé en bosse un homme couché sur le dos, le pot en teste, la main droite appuyée sur sa poitrine, et la gauche sur un escu antique chargé des armoiries de la maison de *Delle.* Son espée engagée dans un ceinturon est couchée à costé de luy sur sa droite. Il a la teste posée sur une espèce de bonnet couronné [1]. Il n'y a aucune [Fol. 2, v°] inscription. Mais, comme cette tombe est beaucoup endommagée, peut estre y en auoit il qui ont esté emportées. Quoyqu'il en soit, on ne sçauroit douter que ce tombeau attenant et à la droite de celuy de *Félicité de Granges* ne soit celuy de *Renault* de *Delle*, son mari, ce qui est confirmé par ses armoiries dont son escu est chargé [2].

Ces deux tombeaux et la date rapportée par celuy de *Félicité de Granges* sont une preuue incontestable que l'église de Notre-Dame de *Florimont* estoit déja bastie en 1328, telle qu'on la uoit encor aujoud'huy, je ueux dire auec une tour ou clocher, un chœur vouté percé de cinq fenestres d'enuiron vingt pieds d'hauteur, une nef [3]. Le tout orné de quatre au-

---

1. La teste inclinée du costé de *Félicité de Granges* ou appuyée en partie sur une espèce d'armement de teste au haut duquel est une couronne à fleurons surmontée pour cimier d'un bonnet estroit et élevé pointu d'où sort une houpe et en partie sur une pièce de sa cuirasse. (Ad. en interligne et en marge).

2. V. sur Renaud de Delle : T., II, 458 (1295) : III, p. 705 (1318, juillet); p. 749 (1332, 20 janvier); p. 821 (1344, 4 février). *Inventaire Scey-Ferrette*, pp. 9, 10 (1325-1336) — Pour les fondations pieuses de Renaud de Delle, v. titre de fondation de la chapellainie érigée en l'honneur de Sainte Catherine à Florimont par Renaud de Delle, 1323, 30 juillet : 1° Original *(Inventaire Scey-Ferrette*, p. 9); 2° traduction française du XVIII° siècle (p. 141 et Arch. du Haut-Rhin, E, 3305). — Pour l'église Notre-Dame de Grandgourt, v. T., II, 458 (1295, 15 octobre) : Nos *Renaldus* et *Willermus*, fratres, filii quondam domini *Renaldi* militis bone memorie de *Dela*, dedimus ecclesie beate Marie Virginis *Grandisgurgitis* tres ochias et quinque agros nostri allodii siti in confinio *Floridi montis.* Quarum ochiarum vna jacet in via de *Fauerois*, iuxta ochiam illustris domini *Theobaldi*, comitis *Ferrettarum*, ex vna parte, et ochiam *Henrici* dicti *Nagelin*, ex altera parte; due vero alie jacent subtus *Lou franc*, inter duas vias : vnus ager jacet supra *Les trauersons*, inter agros *Hulrici* dicti *Caynat*; alter jacet *Es longencs*, inter agrum predicti domini comitis, ex vna parte, et *Petri* dicti *Latzhemole*, ex altera.

3. Et des bas costez. (Ad.).

tels sacrés, des fonds baptismaux et autres ornements, comme formes anciennes, ou sièges des ecclésiastiques dans le chœur, etc., ce qui ne conuient aucunement à une simple chapelle. Et comme *Florimont* estoit déjà décoré en 1309, dix neuf ans auparauant et dèz le commencement du xiv⁰ siècle, du tiltre de bourg ou de petite ville *(oppidum)*, uoyés les preuues que nous auons rapportées cy deuant, il y a toutes apparences que l'église de *Florimont* est antérieure à ce temps là et qu'on peut en assigner l'origine vers le milieu ou peut estre dèz le commencement du xiii⁰ siècle. Ajoutés à ces raisons que n'y ayant guère de bourgs ou petites villes qui n'ayent au moins une paroisse dans l'enceinte de leurs murs, la présomption est que l'église de *Florimont* seruoit déjà de paroisse dèz le xiii⁰ siècle, conjecture d'autant plus uraisemblable qu'il est très incertain si le village et l'église de *Courteleuant* dont on prétend que celle de *Florimont* est filiale, existoit déjà alors, que des tiltres postérieurs que nous rapporterons en leurs lieux, traittent l'église de *Florimont* de paroissiale [Fol. 3, r⁰]. Il est de plus constant que les seigneurs de *Florimont* auoient déjà chapelle particulière sous l'inuocation de *Saint-Georges* dans l'enceinte mesme de leur chasteau, l'un et l'autre ayant subsisté jusqu'en 1583, auquel temps la chapelle et le chasteau périrent ensemble par le mesme incendie.

MONUMENTS DES XV⁰ ET XVI⁰ SIÈCLES.

Les tombeaux de *Renauld* de *Delle* et de sa femme ne sont pas les seuls qui se uoyent dans l'église Nostre-Dame de *Florimont*. Quelques enfants de *Bernard* et de *Melchior* de *Reinach*, père et fils, et tous deux engagistes de *Florimont*, ont esté enterrés dans le chœur de cette église du costé de l'éuangile, en 1496 et en 1520. On y trouueroit mesme un plus grand nombre de tombeaux anciens, si les seigneurs de *Florimont* auoient autrefois résidé dans ce lieu ; mais ayant esté appellé la plupart ailleurs par leurs emplois [1], peu d'entr'eux y ont fixé leur séjour.

---

1. Ou possédant d'autres seigneuries en propre, (Ad.).

xve siècle, 1496.

Inscriptions allemandes, telles qu'on les uoit encor aujourdhuy autour de deux tombeaux anciens dans le chœur de Nostre Dame de *Florimont*.

Epitaphe de quelques enfants de *Bernard de Reinach*.

Hie ligen her Bernhartdin von Rinach ritter kinder etlich den Gott genod. 1496.

Traduction de cet épitaphe :

Icy gissent en la garde de Dieu quelques enfants de *Bernard* de *Reinach*, cheualier. 1496.

Cette inscription est escrite en gros caractères allemands autour d'une pierre bleuastre de cinq pieds de long sur deux pieds huit poulces de large. Au milieu est sculpé un grand escu aux armoiries de *Reinach*, sçauoir d'or [Fol. 3, v°] au lion rampant de gueule, chaperonné d'azur, l'escu parti des *von Stein* ou *zum Stein*, qui est d'argent à trois outils ou instruments de sable posés en pal, faits en forme de croissans, la courbure tournée en haut, au dessous desquels chaquun est attaché un anneau de mesme couleur fait en forme de qüeüe de bouton ; le grand escu cantonné de quatre autres plus petits, chargés le premier des armes de *Reinach*, le deuxième d'une fasce et le troisième des armoiries des *zum Stein*, le quatrième d'une croix[1].

xvie siècle, 1520.

Attenant ce tombeau, et sur sa gauche, est une pierre semblable un peu plus courte[2] chargée, comme la précédente, d'un grand escu, cantonné de quatre autres plus petits aux quatre coins de la pierre. Autour de la tombe est grauée en gros caractères allemands l'inscription suiuante :

Hie ligendt Melchiors von Rinach kinder etlich den Gott genod. 1520.

Traduction de cet épitaphe :

Icy reposent en la garde de Dieu quelques enfants de *Melchior* de *Reinach*. 1520.

---

1. De cinq poissons d'argent, équiposez à quatre de gueules. Les petits escus du haut de la tombe représentent les armes des père et mère de *Bernard* de *Reinach* et ceux d'en bas les armoiries du père et de la mère de sa femme (Ad. en interligne et en marge).

2. Que la précédente, arrazée par le haut, de 4 1/2 pieds de longueur sur 2 pieds, 8 pouces de large. (Ad.).

On a eu soin de copier exactement l'une et l'autre de ces
inscriptions et de conseruer la forme de leurs caractères.

Sur l'escu du milieu sont sculpées les armes de *Reinach*,
l'escu parti de... à trois bandes de... On en ignore les émaux ;
les quatre petits escus cantonnés aux quatre coins de la
tombe sont chargés le premier et le quatrième[1] des armes
des *Reinach*, le deuxième des armes des *Vonstein*. Il paroit
qu'on a voulu représenter dans le troisième les armes de la
femme de *Melchior* de *Reinach* sculpées dans la partition du
grand escu. Mais, au lieu de s'y conformer, l'ouurier les a
contournées ou représentées dans un sens contraire, le plus
petit escu estant chargé de trois barres, au lieu de trois bandes qui sont dans le grand[2].

[Fol. 4, r°] *Melchior* de *Reinach* estoit petit fils de *Marcard von Stein* ou *zum Stein*, car l'un et l'autre se disent. Ce
dernier tenoit en 1486 la seigneurie de *Florimont* en engagement de l'archiduc d'*Autriche*. Il y a apparence que *Melchior* de *Reinach* hérita, vers l'an 1524, la seigneurie de
Florimont, après la mort de *Bernard* de *Reinach*, qui la
tenoit au mesme tiltre de son beau père *Marcard von Stein*.

1511.

Les lettres patentes accordées aux bourgeois de *Florimont*,
le 4ᵉ feuurier 1511, par *Maximilien Iᵉʳ*, alors roy des *Romains*, depuis empereur, font aussi mention de *Florimont*
comme d'une ville, ces lettres portant expressément que
Maximilien, ayant égard à l'instante prière des maistre bourgeois, conseil et habitans de *Florimont*, et aux fidèles ser-
uices qu'ils luy auoient toujours rendus de mesme qu'à ses
prédécesseurs et qu'ils pourroient encor rendre à la maison
d'*Autriche*, et pour remettre en mesme temps notre ditte
ville de *Florimont* en bon estat, etc.

Le mesme tiltre rappelle des lettres antérieures péries
dans un incendie arriué quelque temps auparauant à *Florimont* accordées aux bourgeois de ce lieu par *Sigismond*, archiduc d'*Autriche* et prédécesseur immédiat *de Maximilien Iᵉʳ*.

---

1. Et quatrième supprimé dans le mss. de Montbéliard.

2. Le quatrième est chargé d'un lion rampant à la bordure engreslée de...
sur les deux petits escus d'en haut sont sculpées les armoiries des père et
mère de *Melchior* de *Reinach*, sur les deux petits d'en bas celles des père et
mère de sa femme. (Ad. en interligne et en marge).

1583.

On prouue par des extraits tirés des registres de la chambre archiépiscopale de *Besançon* que la chapelle de *Saint-George* fondée depuis très longtemps dans le chasteau de *Florimont* fut bruslée auec le chasteau en 1583, Monsieur le vicaire général de l'archevesché de *Besançon* ayant permis de desseruir ou faire desseruir la chapelle de *Saint-George* dans l'église de *Florimont*, attendu que le chasteau de *Florimont* auoit esté consumé par un incendie : « Attento quod « dictus castellus de *Florimont* incendio conbustus fuit ». L'acte est du 17ᵉ nouembre 1583.

1584.

Une ancienne reconnoissance passée à *Florimont* [Fol. 4, v°] le 8ᵉ mars 1584, sous le tiltre latin de « Datum pro tran- « sumpto originale inposterum valituri » quoyque l'original soit escrit en françois, dans le temps que le sieur *Grand-richard* estoit curé de *Florimont*, porte dans son vieux langage « qu'auant quelque tems le chasteau de *Florimont* étant « consumé par oruale de feu où que leurs dittes reigles et « papiers estoient, sont aussi estés bruslés et perdues, etc.. »

Je demande si après deux incendies essuyés pendant le cours du xvıᵉ siècle où la plupart de leurs tiltres sont restés, indépendamment mesme des autres accidens qui peuuent leur estre arriués depuis, si, dis-je, il y auroit de la justice à exiger des bourgeois de *Florimont* qu'ils justifiassent par des pièces authentiques la fondation de leur église, qu'on prouue auoir deja existé il y a plus de quatre cents ans ; une antiquité aussi bien établie est préférable à toutes sortes de tiltres.

1590.

Jean Grandrichard estant mort sur la fin du xvıᵉ siècle, fut enterré au milieu de la nef de l'église de Nostre Dame de *Florimont* dont il estoit curé. On lit encore aujourdhuy l'inscription suivante autour de son tombeau : ✝ *Ci git venerable persone messire Jean Grandrichard, prestre, jadit curé de Florimont, qui trespassa le 14ᵉ de septembre, l'an 1590.* Sur le milieu du tombeau est sculpé un escu chargé d'un calice surmonté d'une hostie, autour duquel sont les lettres initiales de son nom I. G. R. ; au dessous de l'escu est le vœu ordinaire : *requiescat in pace, amen.*

Monuments du XVIIe siècle.

On trouue à l'entrée du chœur de l'église Notre Dame de *Florimont* immédiatement au dessous du tombeau des enfants de *Bernard* de *Reinach* une pierre de six pieds deux poulces de long sur deux pieds huit poulces de large au milieu de laquelle est grauée [Fol. 5, r°] l'inscription suiuante sur une table mesnagée exprès pour cela : *Sepultura nobilis scutiferi domini Adam Camy ab Herzberg domini pro parte Bologniae qui, dum vixit, non minimum decus meruit. Obiit 9 junij anno 1601.*

Traduction de cet épitaphe :

Sépulture de noble escuyer Monsieur *Adam Camy de Herzberg* (en françois, *Cœurmont*) seigneur d'une partie de *Bologne* (ou Borogne), qui pendant sa vie n'a pas merité peu de gloire. Il mourut le 9e juin de l'année 1601 [1].

Au dessus de son épitaphe sont deux escus chargés d'armoiries et autant au dessous. Sur le premier est sculpé un cœur couronné chargé d'une teste de léopard ; le casque couronné, pour timbre un cœur, uu à moitié, surmonté d'un panache de plumes de pan épanouïes ; ce sont apparemment les armes des *Camy*.

Le second escu est d'or coupé de sinople, pour cimier deux bras partant du haut du casque, uus de front par dessous, tenants chaqu'un à pleine main une pomme ou boule de gueule. Ces armoiries appartiennent aux *von Bolschouitz*, gentils hommes de *Silésie*, dont étoit apparemment la mère ou la femme d'*Adam Camy* [2].

---

1. Sur la famille de Cœurmont, v. : 1° *Registre des baptêmes et des mariages de l'église parochiale de Saint Pierre de la ville de Pourrentruy, depuis l'an 1481 jusqu'à 1592.* (Arch. de la ville de Porrentruy, état civil, n° 1). Le 6 août 1577, baptême de Mathias Jacques, fils d'Adam de Cucurmont et de Marguerite de Polleine, son épouse. — 2° *Registrum infantium baptizatorum ecclesiæ parochialis Delensis oppidi incœptum sub anno Domini millesimo quingentesimo nonagesimo nono.* (Arch. du tabellionné de Florimont). Le 17 janvier 1623, baptême de Jeanne Hélène, fille d'Antoine de Herzberg, châtelain de Delle, parrain noble Mathis de Herzberg, châtelain de Florimont.

2. Je les ay trouuées dans un vieux nobiliaire allemand imprimé et gravé (Ad. en marge).

Sur le troisième escu est une face chargée d'un besan ou tourteau.

Les armoiries du quatrième escu sont semblables à celles de Monsieur *Waldner* de *Fründstein*, qui portent d'argent[1] à   [2] de sable, chaqu'une des trois pointes chargée d'un oyseau de gueule, mais posés en un sens contraire à ceux de la tombe. Peut estre y a-t-il eu quelque alliance entre ces deux maisons. A costé de ce dernier est un autre tombeau sans date ny inscription ; chargé [Fol. 5, v°] de quatre escus, comme le précédent, qui paroit estre le tombeau d'un gendre ou d'un beau-frère de quelque *Camy*. Le premier escu est chargé de deux fasces ou deuises, surmontées d'une molette ou estoile, si ce n'est pas quelque ordre de cheuallerie suspendu au casque, la grossièreté de la sculpture ne permettant pas de distinguer, pour cimier un buste chargé des pièces de l'escu[3].

Dans le deuxième et le quatrième escu sont les armes des *Camy* et des *Bolschouitz* ; sur le troisième trois fers de hache, deux et un, pour cimier un cigne uu à demy corps sur un casque couronné.

Par des actes tirés des registres de la chambre archiépiscopale de *Besançon*, l'église de N. Dame de *Florimont*, est enfin traitée d'église paroissiale dans les deux institutions des 20ᵉ may 1647 et 9ᵉ feuurier 1651 du sieur *Jean Baptiste Vernerey*, prestre, pour estre receu chapelain de la chapelle de *Saint-George* fondée autrefois dans le chasteau de *Florimont*.

1647.

La première du 20ᵉ may 1647 dit que le sieur *Jean Baptiste Vernerey* fut institué en personne chapelain de la chapelle *Saint George* dans l'église paroissiale de *Florimont*[4].

---

1. Coupé de sable emmanché de trois pointes surmontées chacune d'un oiseau de gueules (Ad.).

2. La lacune existe dans le mss.

3. Y compris l'estoile ou molette (ad. en interligne).

4. Extractum e registro cameræ archiepiscopalis *Bisuntinæ*. Anno Domini 1647, die uero uigesima maij, dominus *Joannes Baptista Vernerey* fuit per R. D. V. G. *Bisuntinum* personaliter institutus ad capellaniam ad altare, decus et honorem Sancti Georgii, in ecclesia parochiali loci de *Florimond* fundatam, vacantem per obitum defuncti domini *Petri Vignette*, illius ultimi et immediati possessoris pacifici, ad præsentationem domini *Rodolphi* de *Ferette*, tanquam procuratoris specialis *Uuolmatii* de *Rose*, unius legionis equestris colonelli, pro Christianissimo Rege *Franciæ*, domini de *Florimond*, dictæ capellaniæ, ratione, dicti dominii de *Florimond*, patroni, litteratorie factam et admissam per nos, cum clausulis necessariis et oppor- tunis. [Signé avec paraphe :] *A. Bourge*, presbyter. Original. Pap.. Communiqué par M. Pergue.

La seconde de ces institutions du 9e feuurier 1651 dit que
« le mesme *Jean Baptiste Vernerey*, prestre, fut personnel-
« lement institué par M. le vicaire général de *Besançon*,
« chapelain de la chapelle de *Saint George* dans l'église
« paroissiale de N. Dame de *Florimont*, in ecclesia paro-
« chiali Beatæ Mariæ Virginis de *Florimont*. »

Inutilement allégueroit on, après des faits aussi constants
et des décisions aussi formelles, que l'église de *Courteleuant*
est reconnue pour paroisse dans la déclarátion déjà citée,
faite par les bourgeois de *Florimont* et les habitans de *Courteleuant* et du *Puy* sous le tiltre latin « Datum pro tran-
sumpto etc. », uoyés cy deuant page 8e, concernant les obligations réciproques du curé enuers [Fol. 6, r°] ses paroissiens,
et des paroissiens enuers leur curé. Personne ne dispute à
l'église de *Saint Estienne* de *Courteleuant* le tiltre de paroissiale. Elle sert de paroisse à *Courteleuant*. Mais il ne s'ensuit pas de là que l'église de *Florimont* n'en soit pas une.
Ajoutés à ces raisons que dans cette mesme déclaration, le
sieur *Jean Grandrichard* se qualifie *prestre curé de Florimont*, où l'on sçait qu'il résidoit, quoyqu'il fut en mesme
temps curé de *Courteleuant*. + Rien n'estoit alors plus commun que de voir le mesme ecclésiastique desseruir plusieurs
bénéfices à la fois. Mille exemples en faisoient encor foy
lorsque le feu Roy est entré en possession de l'*Alsace* après
la paix de *Münster* en 1648, et, pour ne nous pas esloigner de
ces quartiers, on a uu alors le curé de *Delle* desseruir à la
fois les cures de *Delle*, de *Fesche* l'*Eglise* et de *Montboutton*,
outre les chapelles de *Saint Nicolas*, de *Saint George* et du
Rosaire, toutes trois fondées à *Delle*, et le prieur de *Froidefontaine* desservir en mesme temps *Froidefontaine, Groune*
et *Rechésy* tous paroisses.

[En marge, à la hauteur du signe +.] Ces faits sont tirés
d'un mémoire manuscrit de 116 pages in folio concernant
l'établissement d'une chambre souueraine en *Alsace* en 1656
et 1657, par M. *Colbert*, conseiller du Roy en ses Conseils
d'Etat et priués, pour lors intendant d'*Alsace*.

Il résulte de tous les faits articulés dans ce mémoire que
l'église N. Dame de *Florimont* a toujours esté une cure dis-
tincte et séparée de celle de *Courteleuant*, quoyque desseruie
autre fois par un mesme curé. Il paroist mesme très probable
que l'église N. Dame fondée depuis plus de quatre siècles
dans le bourg de *Florimont*, dans un temps où celle de

Courteleuant n'existoit pas encore, a toujours serui de paroisse au bourg de *Florimont*, que le petit nombre de ses habitans ou leurs peu de moyens auoient empeschés jusqu'icy de se faire desseruir par un curé à part. En un mot, si ceux de *Courteleuant* prétendent que l'église N. Dame de *Florimont* n'est pas une paroisse, mais une simple cure filiale de *Courteleuant* [Fol. 6, v°] c'est à eux à prouuer leurs prétentions par des titres suffisants ou par une possession immémoriale, puisque la présomption est tout à fait en faueur de l'église de *Florimont*[1].

1. Il faut compléter le mémoire précédent par la description de l'église Notre-Dame de Florimont et des ruines du château, extraite du *Mémoire Ier pour la communauté de la petite ville de Florimont*, par lequel l'on examine l'ancienneté de cette seigneurie, pp. 3-7. Les observations que l'on trouvera à la suite de cette description sont en marge du mss. Elles ont été également rédigées au xviiie siècle. — Du château de *Florimont*, qui est situé sur un monticule ou éminence fort élevée, il ne reste qu'une grande tour aussi fort élevée, ayant de mur neuf pieds d'épaisseur, au levant de laquelle étoient les bâtiments qui ont été brulés, et dont on voit encore les masures. On y remarque encore un puits d'une grande profondeur. Au flanc de ce monticule, contre le levant et le septentrion est située l'église, qui domine ainsi que le château sur la ville. Cette église est construite dans les enceintes du château, on le voit par les fossés d'icelui, qui, au couchant d'icelle, en touchent les murs, de sorte que, par son emplacement, elle est incontestablement dans les dépendances du château. Par sa grandeur et par sa structure, elle annonce qu'elle n'a pu être édifiée que par les empereurs ou archiducs d'Autriche, qui étoient les premiers seigneurs de *Florimont*, que ce sont eux qui l'ont fondée, bâtie, et dotée, conséquemment qu'ils en étoient les patrons, et conséquemment aussi le seigneur actuel, qui est aux droits d'eux. Le chœur a trente-six pieds de longueur et vingt de largeur, c'est-à-dire, de vuide, non compris les murs, et trente pieds d'hauteur. Il a cinq jours ou fenêtres (a), chacune de plus de vingt pieds d'hauteur sur quatre pieds de largeur. Chaque fenêtre est voûtée ou chaque fenêtre a son arcade, et chaque arcade aboutit à un centre dans la grande voute du chœur. Ce centre est garni de quatre trefles sculpés en forme de croix. La grande voute du chœur a pareillement, à son centre ou à sa clef, des trefles sculpés en forme de croix. Au haut de la fenêtre du milieu du chœur il y a aussi un trefle taillé en pierre et percé a jour, au milieu duquel étoit représenté un chef ou tête couronnée ou mitrée sur verre coloré. Les quatre autres fenêtres étoient de vitres de toutes couleurs (b) représentans des personnages, qui avoient à leur costés leurs armoiries, ces personnages représentoient indubitablement les patrons et seigneurs de l'église et du lieu. Au costé de l'épitre étoit la sacristie adjacente au chœur et sous un autre toit, la porte par laquelle l'on y entroit est murée. Le chœur étoit fermé d'une balustrade de bois, enduite de couleurs rouges et vertes et de la hauteur de sept à huit pieds (c). Entre la porte de la sacristie et cette balustrade, du même costé de l'épitre étoit, comm'il est encore, le siège du chœur, comparti en six formes avec un dôme au dessus sculpé et des armoiries sous l'accoudoir, le tout coloré d'un gris bleu. Le sanctuaire étoit aussi balustré, comm'il est encore (d). Au costé de l'évangile, au bas et à costé du chœur, étoit un chappelle y adjacente, et sous un autre toit, prenant jour dans le chœur et dans la nef par deux grandes ouvertures en forme de portes

voutes, chacune de huit pieds de largeur et de neuf d'hauteur. Cette chappelle avoit dix-sept pieds de longueur, douze de largeur et quinze d'hauteur;
elle étoit voutée avec arcades, ayant deux petites fenêtres, elle étoit sous l'invocation de *Notre-Dame de Pitié*, elle étoit peinte de diverses ,couleurs, et sur
l'ouverture ou porte du costé du chœur étoient aussi peintes les armoiries du
patron de cette chappelle ou du seigneur du lieu (e). Au milieu et au bas du
chœur, derrière la balustrade, qui le fermoit, étoient les fonts baptismaux (f).
La nef de cette église avoit cinquante cinq pieds de longueur et quarant-cinq
de largeur, y compris le clocher au dedans d'icelle, au bas vis-à-vis de ladite
chappelle de *Notre Dame de Pitié*. Au haut de la nef et dans le milieu d'icelle,
contre la balustrade du chœur, étoit un autel du crucifix (g). Au costé de ladite nef et de l'épitre est une chappelle de douze pieds et demy de longueur,
et d'autant de largeur, pareillement voutée et sous le plafond de ladite nef,
cette chappelle est dédiée à *sainte Catherine*. Au dessous de cette chappelle et
contre le mur de la nef est une espèce d'autel, avec une voute ou espèce de
dome en pierres de taille, et à fleur dudit mur, qui paroit avoir été une chasse
de reliques, cette enfonçure fermoit comme un armoire (h). Au haut de la
nef, du costé de l'évangile, entre l'une des portes de l'avant dite chappelle
de *Notre Dame de Pitié* et ladite balustrade, étoit la chaire. Au bas de la nef,
à costé du clocher, étoit une tribune, comm'elle est encore, fort spacieuse,
ayant des balustres sur le devant rouges et vertes. Il n'y a que trois grandes
fenêtres dans la nef, deux au septentrion, et au midy une, n'y en ayant été
pratiquée une seconde à cause de la voute de la *chappelle de sainte Catherine*.
La charpente de la nef est soutenüe par quatre grands piliers de bois de
chesne coloré. Il n'y a qu'une porte d'entrée en ladite église, au costé du septentrion et contre la ville; on a été empesché d'y en pratiquer d'autres, à
cause du monticule du château, et à cause de ses fossés, qui touchent au
clocher. Le chœur de ladite église est flanqué de six grandes augives, toutes
en pierres de taille, par le dehors. Le cimetière est seulement au levant et au
septentrion de cette église, on n'a pû l'étendre ni au midi ni au couchant, à
cause dudit monticule et desdits fossés. Les terres du cimetière sont sou-
tenües par des murs fort élevés, ces murs sont étayés d'augives. A l'entrée
du cimetière il y a une porte de pierres de taille, à couvert. Le chemin pour
aller à cette église est rapide et difficile, c'est par le même que l'on monte au
château.

(a) On les a raccourcies. (b) On a fait faire d'autres vitres et on a enlevé
toutes ces marques antiques. (c) On l'a fait ôter. (d) On l'a raccourci. (e) On
a transféré l'autel au haut de la nef, et de cette chapelle on a fait la sacristie,
et tout a été effacé, ainsi que les anciens tombeaux qui y étoient. (f) On les a
changés et déplacés. (g) On l'a détruit. (h) Cette armoire ôtée. — Tous ces
changements faits pendant les quinze premières années que le sieur *Jean
Baptiste Monnot*, premier vicaire perpétuel, a été institué, sçavoir depuis 1725
jusqu'à 1740.

LXIII

Etat des revenus et droits seigneuriaux de la baronie de
Florimont *et de ses dépendances, ladite baronie composée
du bourg de* Florimont, Courtelevant, Courcelles, Lepuy,
Suerches, Chavannotte *dans la totalité ;* Faiveroy *la moitié,* Fesche l'Eglise *pour le quart, et* Rechesy *pour trois
sujets, comme coseigneur avec Monsieur le Duc de* Mazarin.

Commencement du xviii⁰ siècle [1].

1. Le seigneur a haute, basse et moyenne justice partout.

2. Un fief à *Fetterhans*, avec un moulin bâti à neuf, qui
rend annuellement 5o livres tournois et quatre bichots et
demy d'épeautre grué, un cochon gras, les bois, prels, terres
labourables et chesaux qui, faute de males, sont rentrés en
la seigneurie comme admodiés [2].

3. Un fief à *Rechesey* qui rapporte 2 bichots et demy
par moitié, l'épeautre non grué et deux poules.

4. Un fief à *Courcelles* qui rapporte 72 quartes par
moitié, l'épeautre non grué, huit livres en argent et deux
poules.

5. A *Souerches* un bien qui rend 48 quartes par moitié
de mesme graine, et en argent 4 livres.

6. Un bien à *Bernevesin*, terre de *Porentruy*, composé
de bois, prels, terres labourables, chesaux, foncières sur les
chesaux, qui rapporte 110 penaux de froment et 80 quartes
d'avoine, une livre 18 sols de *Basle* en argent et cinq poules.

7. — Le moulin banal de *Florimont* qui rend 13 bichots
bled et mouture, 2 cochons gras, 2 chapons gras, et en
argent trois livres, six sols, 8 deniers tournois.

8. Le moulin banal de *Courtelevan* qui rend onze bichots
et demy mesme graine que l'autre, un cochon et 2 chapons

1. Arch. du Doubs, E, 1774. En double. Variantes entre les deux exemplaires.
2. Et non admodiés.

gras, et en argent pour le prêtre [1] 18 livres, 6 sols, 8 deniers tournois.

9. Le moulin de l'*Ecrevisse* en fief, qui rend cinq bichots, mesme graine, un cochon et 2 chapons gras.

10. Le moulin de *Chavannatte* paye pour le cours de l'eau un bichot d'épeautre grué.

11. Une métairie au *Fey* qui rend 190 livres tournois et 5 bichots de dixme par moitié.

12. Une métairie dans le *Bois* de *Normanvillers* nommée les *Schvelmes* rend 321 livres.

13. La métairie de *Tours Thomas* dans le même bois rend 159 livres.

14. Pour un canton et pature de la vefve *Jaques Bertrand* [2], qui rend 97 livres.

15. Pour le canton de *Porchy* [3] qui rend 40 livres.

16. Pour celuy de *Hans Verter* et autre canton 43 livres.

17. Celuy de *Thomas Gagnebin* 24 livres.

18. Pour le canton de *Jacob Schneider* 78 livres.

19. Pour celuy de *Hartman Hernlin* [4] 105 livres.

20. Pour les tailles et les droits de saunerie 233 livres, 10 sols [5].

21. Pour droit de banvin dans toute la seigneurie 123 livres, 10 sols.

22. Il y a dans la seigneurie 25 étangs qui portent et qu'on pêche tous les ans, environ 8.000 carpes et des brochets, et 12.000 elvins, et les feuillettes pour elviner tous les étangs. La chose est casuelle et va à peu près à 2500 ou 3000 livres.

23. Divers particuliers doivent cire et carpes 47 livres [6].

24. La glandée de *Normanvillars*, casuelle va à 1800 ou 2000 livres.

25. Appartient au seigneur le droit de remise et surabondance dans tous les bois de la seigneurie.

26. Une portion de dixme à *Faivret*, sur la partie de *Florimont* [7].

---

1. *Pour le prêtre* dans un seul des deux exemplaires.
2. *Bartaud.*
3. *Portchi.*
4. *Hervlin.*
5. 333 dans un exemplaire, 233 dans l'autre.
6. Cpr. permission de faire creuser un étang au ban de Réchésy, seigneurie de Delle, accordée par la régence d'Ensisheim à Mathias Antoine de Hertzberg, bailli de Florimont, à charge de payer annuellement et à perpétuité deux livres de cire à la recette de Delle. 1619. Arch. du Haut-Rhin, C, 672.
7. Une portion de dixme à *Faivret*, le tiers des quartes sur *Florimont*.

27. Tous les novaux à la réserve de quelque chose qu'on donne au curé.

28. Droit de pesche dans toutes les rivières et ruisseaux de la seigneurie.

29. Droit de chefferie[1].

3o. Le tiers des bestiaux que le seigneur a ne paye rien pour la garde.

31. Droit de tabellionné, de greffe, et de mettre et demettre tous les officiers de justice.

32. Environ 6o journaux terres labourables, par piés.

33. Environ 75 chariots de foin.

34. Le *Fourneau* admodié par an à 2,000 livres.

35. Chaque sujet du *Puit, Suerches* et *Chavannotte* doivent chacun une gerbe pour les chiens.

36. Les sujets de *Suerches* sont obligés de voiturer pour ledit seigneur des étangs dans les carpières de *Florimont*, et pour elviner tous les étangs, à cinq sols de *Basle* par voiture.

37. Censes foncières sur *Courcelles, Ligné* et *Montagné.*

38. Dans la seigneurie chaque sujet doit par année deux corvées et 2 poules.

39. Chaque habitant doit un florin d'habitation par an, et ceux qui se passent bourgeois 10 livres.

40. Dans toute la seigneurie, les amendes, et dans les bois à dix livres pour chaque pied de bois, appartiennent au seigneur[2].

---

1. Chaifferie. De l'allemand : schäferei.

2. Ceci montre que l'état de la baronie est antérieur à un arrêt du Conseil souverain d'Alsace du 6 mai 1729 intervenu dans l'instance entre Gaspard Barbaud, seigneur de Florimont, et la communauté de Florimont au sujet de leurs droits respectifs sur les bois communaux. Il y avait deux bois apparte. nant à la communauté de Florimont : les Bois de Ville et les Grands Bois. Le Fahy était une forêt seigneuriale. On l'appelait anciennement le Bois banal du seigneur. Barbaud avait cherché à étendre ses droits au détriment de la communauté, tout en protestant qu'il ne faisait que maintenir ce qui avait existé de tout temps. Il regrettait, disait-il, de n'avoir pas en mains tous les titres que ses ancêtres avaient eus et que les mutations de seigneurs, les minorités, les guerres avaient fait disparaître. La communauté résistait à ce qu'elle considérait comme une usurpation du seigneur. Elle accordait toutefois à celui-ci plus de droit sur les Grands Bois que sur les Bois de Ville. L'arrêt du Conseil souverain n'avait pas à statuer sur l'ensemble des droits respectifs du seigneur et de la communauté. En tenant compte des solutions renfermées dans cet arrêt, cet ensemble peut être déterminé de la manière suivante. On distinguait trois sortes de droits sur les forêts communales : 1° *Droit de propriété.* Les deux forêts appartenaient en propre à la communauté. Elle avait seule le droit aux dommages-intérêts et aux restitutions, ainsi que le droit de permettre d'y couper du bois pour bâtir ou pour tout autre usage. Mais, en ce qui concerne les Grands Bois on devait demander le bois de construction

4ı. Droit de permettre de vendre vin et prendre enseigne.

42. Droit de permettre de tirer des prix et danser.

43. Bâtiments.

au seigneur. Il ne pouvait le refuser. 2° *Droits d'usage.* Chaque bourgeois, en qualité de membre de la communauté, jouissait de ces droits dans les limites fixées par la coutume et par les ordonnances royales. Le seigneur participait à l'usage comme *premier habitant* et *principal bourgeois.* De plus il possédait le droit de *surabondance* ou de *surabondante glandée.* Cela ne lui avait point suffit. Il avait fait couper du bois de son autorité. L'arrêt du Conseil souverain le condamna à en payer le prix à la communauté et lui défendit de réitérer. 3° *Droit de juridiction et police forestière ou grurie,* en vue de la conservation de la forêt. Ce droit comportait le droit d'*inspection,* le droit de régler l'usage, celui de nommer les forestiers, et le droit de *marque,* c'est-à-dire celui de désigner les arbres destinés à être abattus, aucun arbre ne pouvant être coupé sans avoir été marqué par les forestiers. Le droit de poursuivre la répression des délits forestiers et de s'approprier les amendes des délinquants était encore un élément de la grurie. Barbaud prétendait avoir la juridiction forestière. Il invoquait à l'appui de sa prétention deux arguments. Il n'y aurait bientôt plus de bois, si on laissait les bourgeois user des forêts à leur gré, car les communautés ne regardent que le présent sans se préoccuper de l'avenir. L'intérêt de la communauté, la conservation du droit seigneurial de surabondance exigeaient que le seigneur eût la juridiction forestière. Au surplus, la grurie n'était elle-même que la conséquence du droit de justice qui appartenait au seigneur dans toute la seigneurie. C'était la justice seigneuriale appliquée aux forêts communales. Cette argumentation était spécieuse. Barbaud paraît avoir superposé son prétendu droit de grurie sur un droit antérieur de juridiction qui appartenait à la communauté, et l'avoir établi aux dépens de celui-ci. Suivant lui la juridiction forestière de la communauté se réduisait à deux attributs qu'il consentait à laisser subsister : 1° le droit de faire sien le produit des amendes dans les Bois de Ville, et dans les deux forêts le revenu de certaines peines pécuniaires moins élevées que les amendes proprement dites. Ces peines s'appelaient les *gagealles* ou *cynungen.* C'étaient les petits châtiments, les *châtois* pour simples abus ; 2° l'autre prérogative de la communauté consistait à nommer le *bangard,* que la communauté confondait avec le forestier. Mais Barbaud soutenait que ces fonctions n'étaient pas identiques, sans indiquer la différence. Le Conseil souverain déclara dans son arrêt ne point s'arrêter à la demande de Barbaud. C'était reconnaître qu'en principe la grurie appartenait à la communauté, réserve faite de la tutelle de l'Intendant, qui pesait alors sur tous les actes de la vie des communautés alsaciennes. Dans ce droit de juridiction forestière de la communauté, tout affaibli qu'il soit alors, on retrouve un droit analogue à la juridiction des colongers sur les terres de leur communauté. C'est, encore en plein xviii° siècle, la justice foncière que les *vicini* de l'époque franque exerçaient, avec une liberté que les lois de l'Etat respectaient alors, dans tout le territoire de leur marche. — Sur cette affaire v. Arch. de Florimont, D D, 2 : 1° Requête de Barbaud au Conseil souverain contenant les reproches des témoins cités par la communauté et la discussion des dépositions faites en faveur de celle-ci dans l'enquête ordonnée par le Conseil le 18 juin 1727 sur les droits respectifs du seigneur et de la communauté, cette requête non datée, mais signifiée à partie adverse le 12 février 1729 ; 2° arrêt précité. Copie de la grosse exécutoire signifiée à Barbaud le 3 juillet 1731.

On fait en graine environ cinq mille gerbes.

Avoines, 3,000, orge, etc...

On vend par an pour jusque 3oo livres de morts bois.

Et on peut livrer 5oo livres de charbon à 3 livres 10 sols la beine, tous frais faits, sans nuire à la glandée.

LXIV

Mémoire pour les habitans et communauté de Courtelevant, *défendeurs contre les habitans et communauté de* Florimont, *demandeurs, au sujet du droit de la seconde herbe.*

Après 1751 [1]

Page 2. Les villages de *Courtelevant* et *Florimont* sont situés à peu de distance l'un de l'autre ; le premier à l'orient, le second à l'occident ; dans l'espace intermédiaire qui sépare ces deux villages, il règne du midi jusqu'au nord une étendüe de terrain d'environ une demie lieüe, partie en nature de champs, partie en nature de chenevières et partie en nature de prairies.

La plùpart de ces champs, chenevières et prairies appartiennent en toute propriété aux habitans de ces deux villages *ut singuli ;* ce qu'il y a de remarquable est un droit qui compète à ces mêmes habitans *ut universi,* de percevoir la seconde herbe sur une certaine quantité fixe de prairies, dont les propriétaires n'ont que la première herbe ; on dit sur une certaine quantité fixe ; *Florimont,* par exemple, renferme environ 1o fauchées de prairies dans son ban ; mais cette communauté n'a le droit de percevoir la seconde herbe, ou regains, que sur 10 fauchées seulement, ainsi que ses comptes communaux le justifient apertement.

L'origine de ce droit est obscure et incertaine ; les demandeurs, pour faire quadrer le fait avec leur système, ont trouvé qu'il y avoit lieu de croire que ces prairies étoient anciennement des communaux, qui ont été partagés entre les habitans, à charge de n'en percevoir que les foins et d'en laisser

<hr>

1. Brochure de 18 pages, petit in f°. De l'Imprimerie de *Jean Henry Decker,* Imprimeur du Roi et de Nosseigneurs du Conseil souverain d'*Alsace.*

les regains aux communautés ; cette opinion imaginée au hazard choque la vraisemblance ; parce qu'on ne dépouille point un corps communal de ses fonds en faveur de quelques particuliers ; parce qu'on n'auroit point réservé à ce corps propriétaire la seconde herbe de préférence à la première, en supposant que l'on eût fait une libéralité de ses fonds.

Il est probable que le titre d'acquisition de ce droit considéré, soit comme servitude, soit comme prestation réelle düe par les propriétaires, a été adiré par les guerres et calamités qui ont si souvent désolé la Province ; ce qu'il y a de certain est, que les deux communautés, qui figurent dans l'instance, ont constamment perçu les regains des prairies, qui étoient spécialement affectées à ce droit, depuis un tems, qui excède mémoire d'homme ; et que l'une n'a jamais tenté, avant la contestation actuelle, d'inquiéter l'autre relativement à cette perception.

Par un usage invariablement observé dans les deux communautés, les regains qu'elles perçoivent ne sont point consommés en herbe par leur bétail ; mais ils sont annuellement mis à l'enchère, le prix qui en provient est porté en recette dans les comptes communaux, et il fait une partie considérable de leurs revenus.

Dans le même espace intermédiaire, qui sépare les deux villages, il y a des bornes qui servent uniquement à distinguer les deux bans, et non à régler l'étendüe des droits de chaque communauté, comme les demandeurs s'efforcent de l'insinuer.

Page 3. Il y a environ 3o ans que plusieurs de ces bornes ont été, ou dérangées par le fait des propriétaires, ou détruites par vétusté.

Page 5. Le Conseil a rendu deux arrêts, l'un le 10e septembre 1748, l'autre le 24e mars 1751, en exécution desquels les nouvelles bornes ont été plantées. Il s'est trouvé par l'alignement de ces nouvelles bornes qu'une quantité de champs, chenevières et prairies a été enclavée dans le ban de *Florimont ;* mais ce changement n'a rien ôté à personne ; les anciens propriétaires et possesseurs ont continué, comme du passé, à jouir de toute l'étendue de leurs droits.

Page 6. La communauté de *Florimont* répète en cette instance : que le droit de percevoir les regains avoit toujours été subordonné à la question des bans. A tous ces moyens la communauté de *Courtelevant* a opposé que le droit dont elle étoit en possession étoit réel et inhérent aux fonds des prairies dans quelque ban qu'elles fussent situées ; que,

11

comme les propriétaires n'avoient point été ni pû être dépouillés de ces fonds, quoiqu'enclavés dans le ban de *Florimont*, elle, par la même raison, ne pouvoit point être dépossédée.

Page 17. Une communauté a le droit de posséder dans le ban d'une autre communauté. Nonobstant le changement des bornes séparatives des deux bans, la communauté de *Courtelevant* a droit de continuer sa possession. Cette possession est d'autant plus respectacle qu'elle est acquise aux défendeurs par un laps de plusieurs siècles. Les demandeurs jouissent, de même que les défendeurs, d'un droit irrévocablement fixé sur une quantité de prairies déterminée, ils prétendent, au mépris de cette fixation, étendre leur droit pour envahir celui de leurs voisins.

TABLES

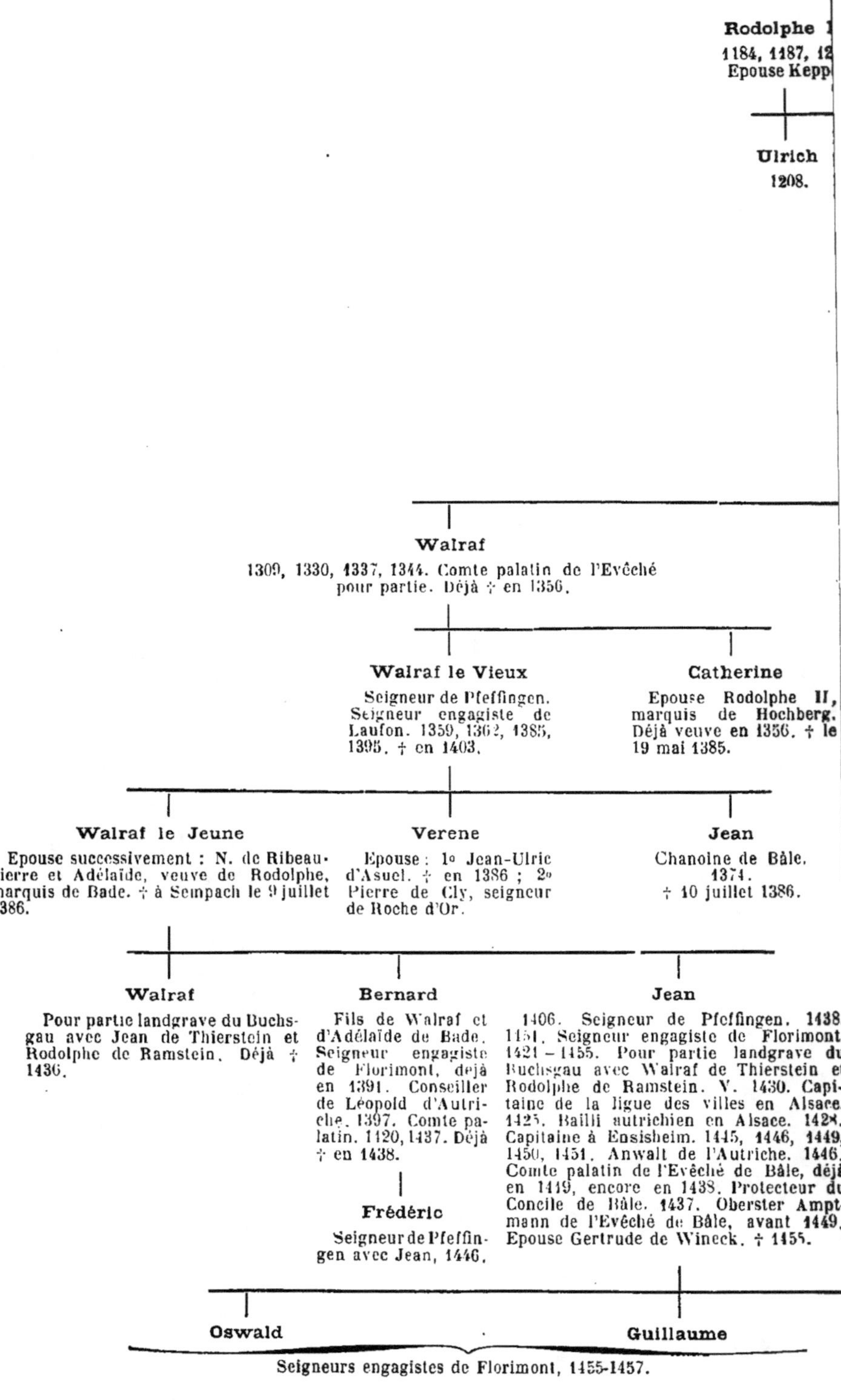

Rodolphe [
1184, 1187, 12[
Epouse Kepp[

Ulrich
1208.

Walraf
1309, 1330, 1337, 1344. Comte palatin de l'Evêché pour partie. Déjà † en 1356.

Walraf le Vieux
Seigneur de Pfeffingen. Seigneur engagiste de Laufon. 1359, 1362, 1385, 1395. † en 1403.

Catherine
Epouse Rodolphe II, marquis de Hochberg. Déjà veuve en 1356. † le 19 mai 1385.

Walraf le Jeune
Epouse successivement : N. de Ribeaupierre et Adélaïde, veuve de Rodolphe, marquis de Bade. † à Sempach le 9 juillet 1386.

Verene
Epouse : 1° Jean-Ulric d'Asuel. † en 1386 ; 2° Pierre de Cly, seigneur de Roche d'Or.

Jean
Chanoine de Bâle. 1374. † 10 juillet 1386.

Walraf
Pour partie landgrave du Buchsgau avec Jean de Thierstein et Rodolphe de Ramstein. Déjà † 1436.

Bernard
Fils de Walraf et d'Adélaïde de Bade. Seigneur engagiste de Florimont, déjà en 1391. Conseiller de Léopold d'Autriche. 1397. Comte palatin. 1420, 1437. Déjà † en 1438.

Jean
1406. Seigneur de Pfeffingen. 1438, 1451. Seigneur engagiste de Florimont. 1421 – 1455. Pour partie landgrave du Buchsgau avec Walraf de Thierstein et Rodolphe de Ramstein. V. 1430. Capitaine de la ligue des villes en Alsace. 1425. Bailli autrichien en Alsace. 142[?]. Capitaine à Ensisheim. 1445, 1446, 1449, 1450, 1451. Anwalt de l'Autriche. 1446. Comte palatin de l'Evêché de Bâle, déjà en 1419, encore en 1438. Protecteur du Concile de Bâle. 1437. Oberster Amptmann de l'Evêché de Bâle, avant 1449. Epouse Gertrude de Wineck. † 1455.

Frédéric
Seigneur de Pfeffingen avec Jean, 1446.

Oswald

Guillaume

Seigneurs engagistes de Florimont, 1455-1457.

THIERSTEIN (jusqu'en 1469).

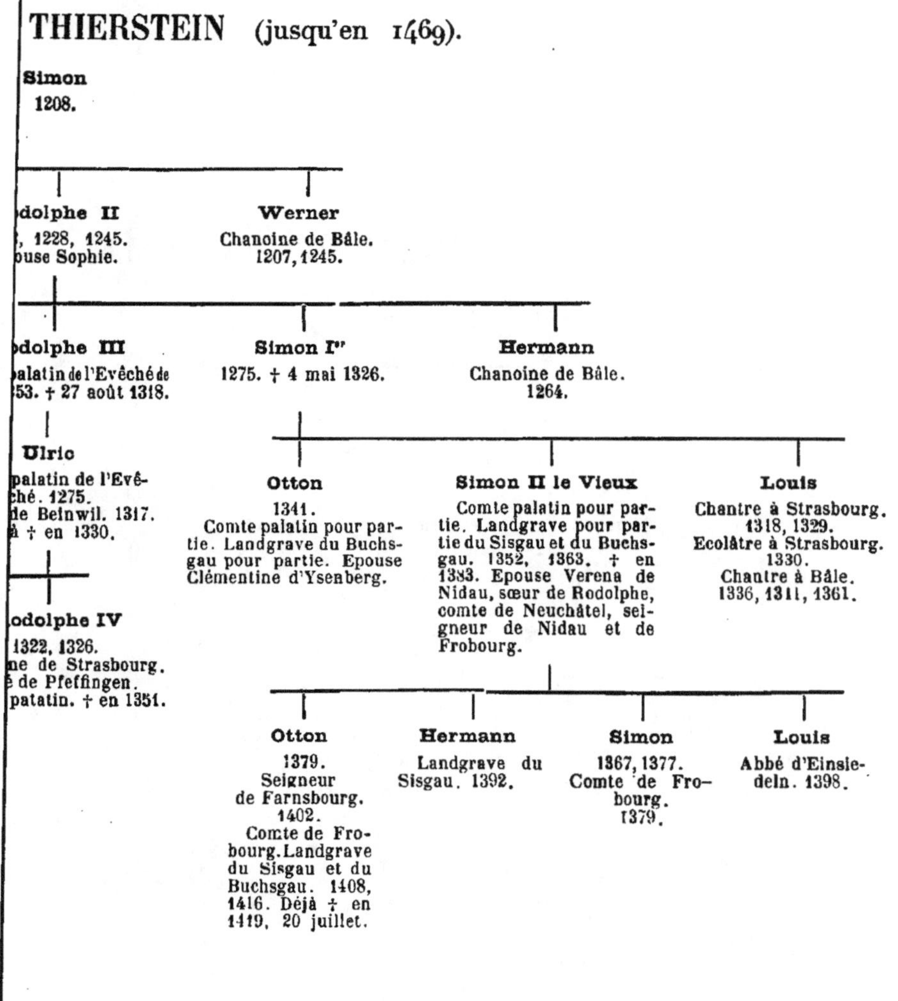

GÉNÉALOGIE DE LA FAMILLE NOBLE DE DELLE

XIIIe, XIVe SIÈCLE

Trois frères :

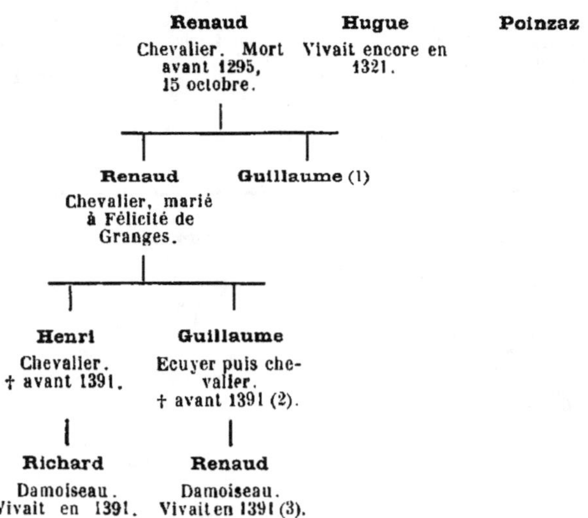

(1) 1279. Bourkard d'Asuel, dit de Vilars ; Pétronille, veuve de Henri d'Asuel, et ses enfants vendent à l'abbaye de Bellelay certains biens situés à Courtemaiche. Testes autem qui huic vendicioni interfuerunt, sunt : dominus *Rinaldus*, miles de *Dela*, *Hugo* et *Poinzaz*, fratres dicti militis, et *Friginus*, nobilis de *Florimont* (T. II, 246). — 458 (1295, 15 octobre).

(2) T, III, 252 (v. 1331) ; p. 821 (1344, 4 février).

(3) Arch. de la Côte-d'Or, B, 1047. Orig.. Parch.. Etait scellé sur doubles queues des sceaux de *Regniaut* de *Dele* et de *Richard* de *Dele*. Fragment du second sceau. Acte reçu par *Egidius Gamelony* de *Roya* in *Viromendensy, Ambianensis* diocesis-auctoritate imperiali notarius curieque *Bisuntinensis* juratus. Anno... Domini mille,

simo tercentesimo nonagesimo primo, more *Bisuntinensi*, decima secunda die mensis octobris,... in opido de *Dela*, *Bisuntinensis* diocesis, videlicet in stupam desuper coquinam illius opidi tunc edificatam,... veniens nobilis vir, *Reginaldus* de *Dela*, domicellus, filius quondam domini *Guillelmi* de *Dela*, militis,... quiquidem... vendidit nobili viro, *Hechemano* de *Attigney*, domicello, tunc de *Dela*, nomine illustrissimi principis domini ducis *Austrie* castellano,... omnem partem suam justicie de dicta *Dela*,... pro precio seu summa quinquaginta florenorum aureorum... ad pondus ciuitatis *Basiliensis*... Et ob maiorem securitatem,... nobilis vir, *Richardus* de *Dela*, domicellus, filius quondam domini *Henrici* de *Dela*, sepe dicti militis,... se, tanquam principalis fideiussor,.. constituit... Presentibus... *Willelmo* de *Bief*, villico de *Dela*, *Johanne* dicto *Bailliot*, loci *Bingen*, *Varnerio* dicto *Batentare* de *Rechesy*, *Basiliensis* diocesis, et pluribus aliis testibus. — V. encore sur Richard et Renaud de Delle, *Inventaire Scey-Ferrette*, p. 22 (1393) ; sur Henri de Delle p. 137 (1412), sur Guillaume de Delle, marié à Etiennette de Lanthennes (p. 30, 1430), lui et son fils unique morts avant le 11 mars 1437 (p. 138).

INDEX DE NOMS DE LIEU

Prél. Préliminaires.
I. Première partie.
II. Deuxième partie.
Les nombres indiquent les pages.

Beinweil, Suisse, cant. de Soleure, I, 59, 64, 97.
Belchamp, Doubs, arr. de Montbéliard, cant. d'Audincourt, II, 60.
Bélieu, Doubs, arr. de Montbéliard, cant. du Russey, I, 60.
Bellelagia. V. Bellelay.
Belfort, Beaufort, Bedefort, Beffort, Befort, Befurt (allemand),
    Bellifort. H.-Rhin, chef-l. d'arr.. Prél., i, viii, xiv; I, 16, 24, 25,
    42, 68, 85, 86, 87, 88, 90, 95, 108 ; II, 17, 19, 34, 38, 72, 75, 101,
    104, 108, 109, 119.
Bellelay, Suisse, cant. de Berne, distr. des Franches-Montagnes.
    Prél., xxiii. I, 36, 38, 47 ; II, 58, 59, 60.
Bellifort. V. Belfort.
Belmont, Ht-Rhin, arr. de Mulhouse, cant. de Ferrette, com. de
    Sondersdorf. Prél., xv.
Belmont, Doubs, arr. de Baume-les-Dames, cant. de Vercel, I, 58.
Belvoir, Doubs, arr. de Baume-les-Dames, cant. de Clerval. II, 90.
Benevecin V. Beurnevésain.
Bergheim, Bercheim, Berchen, Berhen, Berkcheim, Ht-Rhin, arr.
    de Colmar, cant. de Ribeauvillé. II, 17, 100, 104, 108.
Berne, Suisse. Prél., xxiii ; I, 60, 76.
Besançon, Doubs, I, 17, 54.
Bessoncourt, Busincourt, H.-Rhin, arr. de Belfort, cant. de Fon-
    taine, II, 37.
Beurnevésain, Benevecin, Brunschwilr, Suisse, cant. de Berne,
    district de Porrentruy. I, 33, 49 ; II, 59, 113, 115, 156.
Beveuges, Haute-Saône, arr. de Lure, cant. de Villersexel. II, 89.
Bienne, Suisse, cant. de Berne, chef-l. de district, I, 57, 92.
Birse, affluent de la rive gauche du Rhin, qui se jette dans ce fleu-
    ve près et au-dessus de Bâle, I, 57, 58, 94, 96.
Birsig, affluent de la rive gauche du Rhin qui se jette dans ce
    fleuve à Bâle, I, 58.
Bisel, H.-Rhin, arr. de Mulhouse, cant. d'Hirsingen, I, 34.
Blamont, Blanmont, Doubs, arr. de Montbéliard, chef-l. de can-
    ton, II, 57, 90.
Blenne, Pleigne ou un village détruit, I, 34.
Blochmont, H.-Rhin, arr. de Mulhouse, cant. de Ferrette, com.
    de Lutter, I, 29.
Blumbergk, Blumenberg. V. Florimont.
Blumeneck, Blümnegk. Grand duché de Bade, nord-est de Stüh-
    lingen, II, 94.
Bohème, Behaim, Beheim. Royaume. Passim.
Boingne, II, 90.
Bolheimb. V. Polheim.
Bollwiller, H.-Rhin, arr. de Colmar, cant. de Soultz, I, 45.
Bomebrin, II, 90.
Boncourt, Bacort, Boncort, Suisse, cant. de Berne, district de
    Porrentruy, I, 25, 28, 34.
Bonfol, Suisse, cant. de Berne, district de Porrentruy, I, 26, 36.
Boppard, Boppart, sur le Rhin, Prusse, prov. du Rhin, I, 84.
Boron, H.-Rhin, arr. de Belfort, cant. de Delle, I, 28, 32, 33, 46,
    47, 50 ; II, 60, 112, 115.
Bourgogne, Bourgoingne, Bourgoinne, Bourgongne, Burgunden,
    Burgundi, Burgundien. Passim.
Bourrignon, Suisse, cant. de Berne, distr. de Delémont. I, 61.
Bouxwiller, H.-Rhin, arr. de Mulhouse, cant. de Ferrette. I, 29.
Bozen, Batzen, Tyrol. II, 108.

Brabant, Brabault, Brabannt, Brabantia. Passim.

Breissgaw. V. Brisgau.

Bressaucourt, Brusagurt? Suisse, cant. de Berne, distr. de Porrentruy. II, 17.

Brisac, Brisach. Grand duché de Bade, nord-ouest de Fribourg.
I, 8, 60, 61, 110, 111. II, 42, 48, 80.

Brisgau, Breissgaw, Brisgew, Brisgow. Partie sud-ouest du grand
duché de Bade. Prél., ii. I, 8, 62. II, 23, 62, 131, 132, 135.

Bristol. V. Brisac.

Bruebach, Brutbach. H.-Rhin, arr. de Mulhouse, cant. de Landser.
I, 91.

Brumelique. V. Burnkirch.

Brusagurt. V. Bressaucourt?

Bruxelles, Prussel in Brabannt. II, 132.

Bubendorf. Suisse, cant. de Bâle-Campagne. I, 57.

Buchsgau. Suisse, cant. de Soleure. I, 56, 59.

Buffignécourt, Buffignecourt, Buffignycourt. Haute-Saône, arr. de
Vesoul, cant. d'Amance. II. 9C.

Bure. Suisse, cant. de Berne, distr. de Porrentruy. I, 34, 39.

Burgunden, Burgundi, Burgundien. V. Bourgogne.

Burnhaupt, Burnhoupten. H.-Rhin, arr. de Belfort, cant. de Cernay (Alsace-Lorraine). I, 29, 111.

Busincourt. V. Bessoncourt.

Burnenquelique. V. Burnkirch.

Burnkirch, Brumelique, Burnenquelique. Village détruit près
d'Illfurth. H.-Rhin, arr. de Mulhouse, cant. d'Altkirch. I, 58. II,
38, 90.

Carinthie, Kernden, Kernndten. Autriche. Duché. Passim.

Carniole, Corniole, Crain, Krain. Autriche. Duché. Passim.

Carspach. H.-Rhin, arr. de Mulhouse, cant. d'Altkirch. Prél., xxii.
I, 53.

Cernay, Saligney. Sarinnie, Sennheim. H.-Rhin, arr. de Belfort,
chef-l. de canton (Alsace-Lorraine). I, 29, 54. II, 90, 101, 104,
108.

Châlon. Saône-et-Loire, chef-l. d'arr.. II, 13, 18.

Chamterin. I, 58.

Charmoille. Cumlz? peut-être altération de la forme allemande
Kalmis. Suisse, cant. de Berne, distr. de Porrentruy. II, 36.

Charolais. II, 80.

Châtelvouhay. V. Châteauvert.

Châteauvert, Châtelvouhay. Suisse, cant. de Berne, arr. de Porrentruy, com. de Courchavon. I, 26, 84.

Châtelet (Le). Châtelot (Le). Doubs, arr. de Baume-les-Dames,
cant. de Vercel. I, 58.

Châtillon (Le). Près Bremoncourt. Doubs, arr. de Montbéliard,
cant. de St-Hippolyte, com. de Glère. I, 26.

Chauvelier, Chauvilier. Doubs, arr. de Montbéliard, cant. de St-
Hippolyte, com. d'Indevillers. I, 84.

Chavannatte. Chavannotte, Chavenat, Schaffnatt. H.-Rhin, arr. de
Belfort, cant. de Delle. I, 18, 19, 33. II, 156, 157, 158.

Chavannes-les-Grands. H.-Rhin, arr. de Belfort, cant. de Delle.
I, 28.

Chênois (Le). Bois, com. de Delle. I, 32.

Chesslach. V. Kestlach.

Chevenez. Suisse, cant. de Berne, distr. de Porrentruy. I, 21.

Chèvremont, Geissemperg. H.-Rhin, arr. et cant. de Belfort. I, 33. II, 17.

Chingey-les-Port-sur-Saône. V. Port-sur-Saône.

Clémont. Doubs, arr. de Montbéliard, cant. de S.-Hippolyte, com. de Montécheroux. I, 26, 37. 67, 85, 87, 89. II, 48, 50.

Cléron, près Ornans. Doubs, arr. de Besançon, cant. d'Amancey. II, 121.

Clingenthal. Petit-Bâle. II, 60.

Cœurmont, Herzberg. II, 151, 157.

Cœuve, Cuove. Suisse, cant. de Berne, distr. de Porrentruy. I, 25.

Colmar. H.-Rhin, chef-l. de département. Prél., x, xii, xxv. I, 8, 9, 42, 95, 97, 98, 102. II, 124, 139.

Constance. Grand duché de Bade. II, 88, 116.

Corniole. V. Carniole.

Cornol. Suisse, cant. de Berne, distr. de Porrentruy. I, 92.

Courcelles, Corcella, Curselle, Kurselle, Kurssel. H.-Rhin, arr. de Belfort, cant. de Delle. Prél., xi. I, 18, 21, 24, 25 28, 32, 33, 34, 47, 49, 50, 51. II, 60, 111, 112, 113, 115, 156, 158.

Vies de. I, 25.

Courchavon, Vogtspurg. Suisse, cant. de Berne, distr. de Porrentruy. II, 57.

Courtavon. H.-Rhin, arr. de Mulhouse, cant. de Ferrette. I, 92.

Courtelevant, Cortelevano, Courtelvant, Herbistorf, Herbstorff. H.-Rhin, arr. de Belfort, cant. de Delle. Prél., xii. xxii, xxiii. I, 17, 18, 20. 22, 24, 25, 26, 27, 28, 32, 33. 34, 35, 39, 40, 50. II, 60, 111, 115, 147, 153, 154, 156, 160, 161, 162.

Courtemaiche. Suisse, cant. de Berne, district de Porrentruy. I, 21.

Covatte (La). Affluent de la rive gauche de la Vendeline. I, 17, 24, 25.

Crain. V. Carniole.

Crécy. I, 66.

Croatie, Croacien. Royaume. Passim.

Croix. H.-Rhin, arr. de Belfort, cant. de Delle. I, 34.

Cumlz. V. Charmoille ?

Cuove. V. Cœuve.

Cusance. Doubs, arr. et cant. de Baume-les-Dames. I, 58.

Dalmatie, Dalmacien. Royaume. Passim.

Damphreux, Danfruyl. Suisse, cant. de Berne, district de Porrentruy. I, 25.

Dampierre. Doubs, arr. de Montbéliard ; deux communes, Dampierre-les-Bois, cant. d'Audincourt ; Dampierre sur le Doubs, cant. de Pont-de-Roide. II, 91.

Danjoutin. Anschotin ? II, 17.

Dannemarie, Dannemarie-les-Tanne, Domarkilchen. H.-Rhin, arr. de Belfort, chef-l. de canton (Alsace-Lorraine). Prél., xv. I, 29, 49.

Datenried, Datira, Dattenriet. V. Delle.

Dela. V. Delle.

Delémont, Deleymont, Telsperg. Suisse, cant. de Berne, chef-l. de distr.. I. 23, 61, 86, 87. II, 71.

Delle, Datira, Dela, Datenried, Dattenriet, Tattenried, Tattenriet. H.-Rhin. arr. de Belfort, chef-l. de canton. Prél., i, viii, xii, xxii. I, 9, 17, 20, 24, 25, 28, 32, 33, 34, 35, 38,

house, chef.-l. de cant.. Prél., VIII, XIII, .XIV, XVI, XVII, XVIII,
I, 4, 5, 6, 9, 13, 14, 16, 19, 22, 23, 25, 27, 28, 29, 38, 39, 43, 46. 60,
64, 79, 86, 92, 93, 110. II, 16. 33, 37, 61, 62, 64, 66, 67, 68, 69, 79,
80, 81. 85, 86, 87, 88. 89, 90, 91, 100. 101, 102, 104, 108. 116, 119.

Fesche, Vetsch, Faiche, Fesche-l'Eglise. H.-Rhin. arr. de Belfort, cant. de Delle. I, 18, 33, 34, 50. II, 112, 115, 153, 156.

Feterhüssen. V. Pfetterhouse.

Fetterhans. V. Pfetterhouse.

Fey (Le). V. le Fahy.

Flagey, Flaigey. Flagey-Rigney, Doubs, arr. de Besançon, cant. de Marchaux. II, 88.

Flandre, Flanndern. Comté. Passim.

Flaxlanden, Flahslanden. H.-Rhin, arr. de Mulhouse, cant. de Landser. I, 83. II, 54.

Fleckenstein. Bas-Rhin, arr. et cant. de Wissembourg. I, 7.

Florimont, Florete Monte, Floridus Mons, Florimons, Bluemberg, Blumenberc, Bluomberg, Bluomenberc, Bluomenberg, Plumberg. H.-Rhin, arr. de Belfort, cant. de Delle.

Château. Prél., I, IV, IX.

I. 17, 22, 26, 34, 35, 36, 37, 49, 76, 82, 83, 86, 88, 89, 90, 92, 96, 98, 101, 102, 104.

II. 4, 21, 29, 31, 43, 44, 54, 56, 83, 92, 93, 96, 97, 98, 99, 101, 104, 110, 113, 114, 130, 140, 143, 144, 150, 154.

Donjon. I, 17, 22, 34, 76. II, 154.

Premières portes du château. Die wordern thor. Ausszug wass im scheloss Plumberg werpawt ist worden in meiner werwaltung von Michaëlis nechst werschinnen dess tausent funff hundert sezig zewey hitz vff den 26 tag aprilis a° lxiiij. Frey. Arch. du H.-Rhin, fonds Barbaut.

Puits (Brunnen) du château. Ibid. et I, 34.

Pourpris du château. I, 34. II, 154.

Chapelle Sain-Georges-du-Château. Prél., XIII. I, 35. II. 147, 150, 152, 153.

Eglise Notre-Dame. Prél., XIII. I, 17, 24, 35, 52. II. 143, 145-155.

Chapelle Sainte-Catherine. Prél., XIII. I. 52. II, 155.

Chapelle de Notre-Dame-de-Pitié ou des bourgeois. I, 40. II. 155.

Cimetière. I, 35, 90. II, 55.

Ville. I. 17, 26, 35, 36, 37, 39, 40, 41, 51, 55, 87, 88, 105. II. 4, 21, 24, 29, 92, 93, 101, 104, 110. 112, 125. 126. 143.

Cloison de la ville. Ringmauer. I, 36. II, 125.

Galerie des murs. I, 37.

Tours de la ville. I, 37.

Celle de ces tours qui servait de prison. Plainte de Nicolas de Weilersberg, bailli du Weilerthal, et de Louis Kaiser, gouverneur de Massevaux, à la régence d'Ensisheim, au sujet de la mauvaise administration du magistrat de Florimont, 1594. Arch. du H.-Rhin, G, 658, 2e partie.

Portes. I, 37. II, 79.

Ponts. I, 37 II, 125.

Grande rue. I, 36.

Maison de l'abbaye de Lucelle. I, 36.

Maison des nobles de Ferrette contiguë à la tour de la prison. Plainte de Nicolas de Weilersberg, etc..

Maison du seigneur. II, 144.

Battoir. I, 50. II, 77.

Moulins. I, 50. II, 79, 113.
Petit bourg. I, 36.
Malatière. I, 19.
Fourches. I, 19, 52.
Fourneau (Le). I, 22.
Ecrevisse (Moulin de l'). II, 157.
Bois de la Ville. I, 32. II, 158, 159.
Bois Banal du Seigneur ou Fahy. I, 32. II, 158.
Bois ou Forêt de Saint-André. I, 22, 32.
Fahy. V. Bois Banal du Seigneur.
Forêt de Florimont, I,32.
Grands Bois. II, 158, 159.

CURÉS

1323-1332. Pierre (Extrait du titre de fondation de la chapelle
Sainte-Catherine dans le Mémoire premier pour les habitants
de Florimont, p. 7. T., III, p. 749, 1332, 20 janvier).
1341, 1345, 1347. Jean de Granges (T., III, pp. 793, 830-831, 853).
1365. Jean de Courcelle (T., IV, p. 696).
1578-1590. Jean Grandrichard *(Livre de vie de l'église de Courtelevant)*.
1591. Estienne Richard, curé des églises de Curtelevans et
Florimont (*Livre de vie*, f° 99, r°).

CHATELAINS

1313. Renaud de Delle.
1420. Renaud le bâtard de Thierstein.
1436 ou 1437 1444, 1445. Jean-Henri de Spechbach.
1577-1578. Jacques Girardin (*Livre de vie*, f° 5, v°).
1591. Jehan Salliard (f° 11 r°).
1595. Claude Chicquet, chastellain et receveur de la seigneurie
(f° 185 r°).

PRÉVÔTS

1302. Petrus dictus Letchemule, prepositus (T., III, 18), quondam
prepositus (107, 1313).
Avant 1344. Besançon, jadis prévôt et châtelain (p. 820, 1344,
4 févr.).
1512. Huguenin Chapaigney, prévost. (Lettre de constitution de
5 livres basloises d'annuelle cense au profit de MM. les vénérables doyen et chapitre de l'église collégiale M. Saint-Maimbœuf de Montbéliard sur les bourgeois et habitans de la ville
de Florimont. Arch. du Doubs, G, Saint-Maimbœuf).
1578, 1579, 1584. Pierre Thomas (*Livre de vie*, f°ˢ 8, r°, 79, v°).
1594. Jacob Thomas, schultheiss (Protestation de l'assemblée des
bourgeois de Florimont contre la mauvaise administration du
maître-bourgeois. Arch. du H.-Rhin, G, 658).
1595. Jacques Thomas, prévost (*Livre de vie*, f° 169, r°).

PROCUREURS

1303. Pierre, procureur de Thiébaud, comte de Ferrette.

MAIRES

1262. 1264. Warnerus ou Wernerus, villicus (T., II, 108; V, 8).
1512. Thiébaud Malfrey, maire (Constitution de rente au profit de Saint-Maimbœuf).

VŒBLES

1337. 1347. Hechelin (T., III, pp. 777, 853).

MAITRES-BOURGEOIS, CONSEIL ET ASSEMBLÉES DE VILLE

1479. Perrin Poite, maistre-bourgeois (Constitution d'une rente au profit de Saint-Maimbœuf, ci-dessus, II, p. 60).
1512. Stoffel Vendelin, maistre bourgeois.
1523. Peter Schmidt, burgermaister (P. J., 58).
1579. Michiel Abry, maistre bourgeois (*Livre de vie*, f° 79, v°).
1584. Michel Abry, maitre bourgeois, Jean la Rose (a Jehan la Rousse), Henry Mounier et Henry Stoff (b Horry Stoffe), conseillers dudit Florimont (Extrait de l'acte de renouvellement du rôle de la paroisse dans le deuxième Mémoire pour les habitants de Florimont, p. 3 ; a, b noms rectifiés d'après le *Livre de vie*).
1594. Heinrich Müller, burgermeister. Hans Boichat, des burgermeisters statthalter. Richard Gross. Hans Gallon. Theobald Stoff. Anthony Boichat. Claude Gallon und Hans Benoist. (Protestatation, etc.).
1598. Jean Marion, maistre bourgeois. Jean la Rosse, maistre bourgeois (*Livre de vie*, fol. 189, r° ; 191, v°).

Fontenais. Suisse, cant. de Berne, district de Porrentruy. I, 21, 38.
Forêt Noire, Foree Noire, Noire Montaigne, Schwartzwald. Grand duché de Bade. Prél , ii, xv. I, 16, 78. II, 80, 99, 101, 105, 131, 135.
Franche Montagne du comté de Bourgogne. Doubs, arr. de Montbéliard, cant. de Maiche. II, 88.
Franches Montagnes (Les), Freyberg. Suisse, cant. de Berne, district de Seignelegier. I, 7, 22. II, 125.
Freyberg. V. Franches Montagnes (Les).
Fribourg-en-Brisgau. Freyburg-in-Briszgaw. Grand duché de Bade. I, 9, 60, 78. II. 48, 49, 84, 94, 108, 109.
Fribourg-en-Uechtland. Fribourg-en-Suisse. I, 9, 76.
Frick. Frickgau. Suisse, canton d'Argovie. I, 57.
Friessen. Haut-Rhin, arr. de Mulhouse, cant. d'Hirsingen. I, 22.
Frobourg. Suisse, cant. de Soleure, nord-ouest d'Olten. I, 56.
Froidefontaine. Haut-Rhin, arr. de Belfort, cant. de Delle. I, 19, 32, 38, 47. II, 60, 153.
Fürstenstein. Suisse, cant. de Bâle-Campagne, sud de Bâle. I, 57.
Gand, Gandavum. Belgique. II, 13.
Geissemperz. V. Chèvremont.
Gempen. Suisse, cant. de Soleure. I, 57.
Germanie, Germanien. Royaume. Passim.
Gévigney. Haute-Saône, arr. de Vesoul, cant. de Combe ufontaine. II, 90.
                                                                        a
Gilgenberg. Suisse, cant. de Soleure. I, 11, 80.
Gléresse. Suisse, cant. de Berne, au lac de Bienne. II, 60.
Glocester. Glocestre. Angleterre. Duché. I, 67.
Glovelier. Suisse, cant. de Berne, distr. de Delémont. I, 92.

Hongrie, Hungern. Royaume. Passim.
Horn (Montagne). Est de Bâle, rive droite du Rhin. I, 70.
Huningue. H.-Rhin, arr. de Mulhouse, chef l. de cant.. I, 22.
Hurelinguen. II, 91.
Illfurth. H.-Rhin, arr. de Mulhouse, cant. d'Altkirch. I, 27, 29.
Ingeltzet, Ingeltzot. V. Angeot.
Inner Lande. V. Pays intérieurs.
Innsbruck, Insprucka, Insprugg, Yhnsprugg. Autriche, capitale
   du comté de Tyrol. Prél., xx, xxiv. II, 7, 24, 62, 78, 108, 124, 126,
   129, 131, 139, 142, 143.
Isenburg, Ysemberg. H.-Rhin, arr. de Colmar, cant. de Rouf-
   fach, ancien château près de Rouffach. II, 18.
Isenheim, Ysenheim. H.-Rhin, arr. de Colmar, cant. de Soultz. I,
   68, 108. II, 100, 104, 108, 109, 119.
Isny. Wurtemberg, oberampt de Wangen.
Jauley, près Dijon. II, 8.
Joncherey, Guntscherach, Jontzere. H.-Rhin, arr. de Belfort, cant.
   de Delle. I, 18, 19, 21, 28, 32, 33, 34, 50. II, 112, 115.
Karinthe. V. Carinthie.
Kaysersberg. H.-Rhin, arr. de Colmar, chef-l. de cant.. I, 8.
Kembs. H.-Rhin, arr. de Mulhouse, cant. de Habsheim. I, 22. 49.
Kintzingen, Kentzingen. H.-Rhin, arr. et cant. sud de Mulhouse,
   village détruit entre Dornach et Didenheim. II, 12, 18.
Kernden, Kernndten. V. Carinthie.
Kœstlach. Chesslach. H.-Rhin, arr. de Mulhouse, cant. de Ferrette.
   I, 25.
Kibourg, Kyburg. Suisse, cant. de Zurich. I, 56. II, 3.
Kienberg. Suisse, cant. de Soleure. I, 57.
Kiffis. H.-Rhin, arr. de Mulhouse, cant. de Ferrette. I, 58, 59.
Kletgau, Kleckhau, Kleckow. Landgraviat. II, 137, 139.
Krain. V. Carniole.
Kürenberg, Kuremberg, Kuzemberg. H.-Rhin, arr. de Colmar,
   cant. de Wintzenheim, com. de Turckheim. II, 12, 18.
Kyburg. V. Kiburg.
Labegasse. V. Laubeck?
Lamser. V. Landser.
Lanans. Doubs, arr. et cant. de Baume-les-Dames. II, 89.
Landau, Lanndaw. Allemagne. Palatinat. Regierungsbezirk. II, 133,
   139.
Lanndaw. V. Landau.
Landenberg. H.-Rhin, arr. de Belfort, cant. de Thann, com. de
   Burbach-le-Haut (Alsace-Lorraine). II, 108.
Landser, Lanndser, Lannser, Lanser, Lendeser. H. Rhin, arr. de
   Mulhouse, chef-l. de cant.. I, 103, 111. II, 17, 100, 104, 108, 119.
Lanthenans. Doubs, arr. de Baume-les-Dames, cant. de l'Isle-sur-
   le-Doubs. I, 38. II, 60, 90.
Lapis. V. Stein près Rheinfelden.
Larges. V. Largitzen.
Largin (le). Suisse, cant. de Berne, distr. de Porrentruy, près de
   Bonfol. I, 92.
Largue (la). Affluent de la rive gauche de l'Ill. I, 22.
Largitzen, Larga, Larges. H.-Rhin, arr. de Mulhouse, cant. d'Hir-
   singen.. I, 22. II, 36.
Laubeck, La Begasse? H.-Rhin, arr. de Colmar, cant. et com. de
   Rouffach. II, 91.

Laufon. Suisse, cant. de Berne, chef-l. de distr., sur la Birse. I,61.
Laufenbourg, Loffamberg. Suisse, cant. d'Argovie. II, 117.
Lebetain. H.-Rhin, arr. de Belfort, cant. de Delle. I, 34.
Leimenthal. H.-Rhin, arr. de Mulhouse, cant. d'Huningue, com.
   de Leimen. I. 70.
Lemburg. V. Limbourg.
Lendeser. V. Landser.
Lepuix. V. Puix (Le).
Liber Mons. V. Franches-Montagnes (Les).
Liebenstein. H.-Rhin, arr. de Mulhouse, cant. de Ferrette, com.
   de Liebsdorf. I, 29.
Lienaige. V. Linange.
Liestal. Chef-l. du cant. de Bâle-Campagne. I, 61.
Lignières. Suisse, cant. de Neuchâtel. I, 57.
Limbourg, Lemburg. Duché. Passim.
Linange, Leiningen, Lienaige. Palatinat, sud-ouest de Worms, I,29.
Lintz, Lynntz. chef-l. de la Haute Autriche, vers le confluent du
   Danube et du Traun. II, 140.
Lœwenberg. V. Lowenbourg.
Loffamberg. V. Laufenburg.
Loire (La). Fleuve. I, 13.
Loph, Lophf. V. Lupfen.
Lowenbourg, Lœwenberg, Lovemberg. Suisse, cant. de Berne,
   distr. de Delémont, com. de Pleigne. I, 29. II, 36.
Lucelle. H.-Rhin, arr. de Mulhouse, cant. de Ferrette. Prél., xiii.
   I, 33, 36, 38 ,47, 48, 51, 52, 58. II, 60.
Lucelle (La). Affluent de la rive gauche de la Birse. I, 58.
Luders. V. Lure.
Lugnez, Luegnue, Ligné. Suisse, cant. de Berne, distr. de Porrén-
   truy. I, 21, 25. II, 87. 90, 91. 158.
Lupfen, Loph, Lophf. Wurtemberg, nord-ouest de Tuttlingen. II,
   91, 92.
Lure, Luders. Haute-Saône, chef-lieu d'arr.. I. 91. II, 91.
Luxeuil, Luxovium. Haute-Saône, arr. de Lure. II, 8.
Mâconnais, Masconnois. Un des quatre comtés annexes du duché
   de Bourgogne. II, 80.
Maison (La). Das Huos. II, 108.
Maisonval, Maisonvaul. V. Massevaux.
Maisprach. Suisse, cant. de Bâle-Campagne. I, 57. 58.
Mandeure, Epomanduodurum. Doubs, arr. de Montbéliard, cant.
   d'Audincourt. I. 22.
Marast. H.-Saône, arr. de Lure, cant. de Villersexel. II, 90.
Marvelise, Mervelize. Doubs, arr. de Baume-les-Dames, cant. de
   l'Isle-sur-le-Doubs. II, 91.
Massevaux, Maisonval, Maisonvaul, Massmünster, Vallis Maso-
   nis. H.-Rhin, arr. de Belfort, chef-l. de cant. (Alsace-Lorraine).
   I. 50, 51, 71. II, 3, 17, 38, 52, 60, 101, 104, 108, 121.
Massmünster. V. Massevaux.
Matzendorf. I, 59.
Menoux, Meneurs, Menours. H.-Saône, arr. de Vesoul, cant.
   d'Amance. II, 90,91.
Mésiré. H.-Rhin, arr. de Belfort, cant. de Delle. I. 21.
Mettemberg, Mettenberg. Suisse, cant. de Berne, distr. de Delé-
   mont. I, 59.
Metzerlen. Suisse, cant. de Soleure. I, 59.

Ober-Klus. Suisse, cant. de Bâle-Campagne, sud de Bâle. I, 57.
Obernai, Ober-Enheim. B.-Rhin, arr. de Schlestadt, chef-l. de cant.. I, 8.
Obercœsterreichische Lande. V. Autriche (Haute).
Ocourt. Suisse, cant. de Berne, distr. de Porrentruy. I, 26.
Offemont, Offernans. H.-Rhin, arr. et cant. de Belfort. II, 17.
Offernans. V. Offemont.
Olten. Suisse, cant. de Soleure. I, 61.
Oricourt. Hte-Saône, arr. de Lure, cant. de Villersexel. II, 89.
Ortenberg, Ortenbourg. B.-Rhin, arr. de Schlestadt. I,38,42. II,17, 100, 104.
Ortenbourg. V. Ortenberg.
Osterrich. V. Autriche.
Ostum, Ostun. V. Autun.
Othey, Belgique. I, 66.
Pays antérieurs, Vorder Lande. Prél., II. II, 132, 133.
Pays intérieurs. Inner Lande. Prél., II. II, 132.
Pfeffingen. Suisse, cant. de Bâle-Campagne, sud de Bâle. I, 57, 59, 63, 79, 82, 95, 96, 97.
Pfetterhouse, Feterhüssen, Fetterhans, Pfetterhusen. H.-Rhin, arr. de Mulhouse, cant. d'Hirsingen. Prél., VI. I, 18, 22, 33, 50. II, 47, 60, 113, 114, 156.
Pharrate. V. Ferrette.
Pierre (La). V. Stein.
Pierrefontaine. Doubs, arr. de Baume-les-Dames, chef.-l. de cant.. II, 89.
Pleigne, Plennen. Suisse, cant. de Berne, distr. de Delémont. I, 61.
Pleujouse, Blützhusen, Pluhusen, Pluviosa. Suisse, cant. de Berne, distr. de Porrentruy. I, 21, 84, 86, 87.
Plumberg. V. Florimont.
Pluviosa. V. Pleujouse.
Polhaim, Bolheim, Polheim, Polleine. II, 134, 135, 137, 139, 151.
Porrentruy, Porentru, Burnendrut. Suisse, cant. de Berne, chef-l. de distr.. Prél., XVI, XXIII. I, 17, 24, 25, 38, 42, 43, 54, 84. II, 53, 144, 156.
Port-sur-Saône. Haute-Saône, arr. de Vesoul, chef-l. de cant.. II, 89.
Prunlingen. Prél., II. II, 131, 132.
Prussel. V. Bruxelles.
Puix (Le), Lepuy, Le Puis. H.-Rhin, arr. de Belfort, cant. de Delle. I, 18, 32, 33, 46. II, 58, 59, 60, 153, 156, 158.
Raimeux (Le). Suisse, cant. de Berne, montagne au nord-est de Moutier-Grandval. I, 22, 23.
Ramstein, Ramenestaing, Ramestain, Ramestaing, Romestan. Suisse, cant. de Bâle-Campagne, sud-ouest de Liestal. I, 9, 57, 66, 67, 93, 96. II, 87, 88, 90, 108, 119.
Rapoltzsteyn. V. Ribeaupierre.
Ratemburg. V. Rottenburg.
Rechberg, Rechbergh. Wurtemberg, sud-ouest de Gmünd. II, 108, 119.
Réchésy, Rachesis, Roschlis. H.-Rhin, arr. de Belfort, cant. de Delle. I, 18, 24, 25, 28, 32, 33, 34, 38, 39, 49, 50. II, 111, 115, 153, 156, 157.
Recguehain. II, 91.
Reichenau. Grand duché de Bade, au lac inférieur de Constance. I, 60.

Reichenstein, Richenstein. Suisse, cant. de Bâle-Campagne, sud de Bâle. I, 57, 116. II, 108.

Reinach. Suisse, cant. d'Argovie, sud-est d'Aarau. Prél., VI, VII. II, 140, 141, 148, 149.

Reiningen, Reyningen. H.-Rhin, arr. et cant. nord de Mulhouse. I, 111.

Reineck. H.-Rhin, arr. de Mulhouse, cant. d'Huningue, com. de Leymen, sur la montagne de Landskron. I, 70.

Rheinfelden, Rinveldia, Rinvelle. Suisse, cant. de Bâle-Campagne. I, 68, 110, 111. II, 7, 116, 117, 121.

Rhin (Le). I, 22, 67. II, 16, 73, 80.

Ribeaupierre, Ribaulpierre, Rapoltzsteyn. H.-Rhin, arr. de Colmar, cant. et com. de Ribeauvillé. I, 110. II, 72, 120.

Richecort. I, 29.

Rickenbach. Suisse, cant. de Bâle-Campagne. I, 57.

Riespach. H.-Rhin, arr. de Mulhouse, cant. d'Hirsingen. I, 29.

Rin. V. Rhin.

Rinvelle. V. Rheinfelden.

Roche (La). La Roiche. Ancien comté, chef-l. Saint-Hippolyte-sur-le-Doubs. I, 10. II, 67, 69.

Roche d'Or. Suisse, distr. de Porrentruy. I, 26, 84.

Rœdersdorff, Roterstorff. H.-Rhin, arr. de Mulhouse, cant. de Ferrette. II, 109.

Rœteln, Rutelin. Grand duché de Bade, nord-est de Bâle. Prél., XVII. II, 108.

Roggenbourg Suisse, cant. de Berne, distr. de Delémont. I, 58, 59.

Roiche (La). V. La Roche.

Rosemont, Roseus Mons, Rosenfeils, Rosenvels, Rossemont. H.-Rhin, arr. de Belfort, cant. de Giromagny, com. de Rierevescemont. I, 12, 25, 68, 108. II, 17, 25, 34, 38, 101, 104, 109.

Rosenfeils. V. Rosemont.

Rosenvels. V. Rosemont.

Roseus Mons. V. Rosemont.

Rotemberg. V. Rougemont.

Rothenfluh. Suisse, cant. de Bâle-Campagne. I, 57.

Rottenbergh. V. Rougemont.

Rottenburg, Ratemburg. Sur la Tauber. Bavière. Ou sur le Neckar. Wurtemberg. II, 83.

Rottweil, Rotwil, Rotwyl. Wurtemberg. II, 137, 139.

Rougemont, Rotemberg, Rottenbergh. H.-Rhin, arr. de Belfort, cant. de Fontaine. I, 25. II, 17, 88, 91, 101, 104, 108, 119.

Rümlingen, Rumlang. Suisse, cant. de Bâle Campagne. II, 109.

Rünenberg. Suisse, cant. de Bâle-Campagne. I, 57.

Rupt, Rup, Ruppes. Haute-Saône, arr. de Vesoul, cant. de Scey-sur Saône. II, 80, 90.

Rutelin. V. Rœteln.

Sæckingen, Seclimguen, Sekchingen. Grand duché de Bade. II, 101, 105, 117.

Sanctus Ursicinus. V. St-Ursanne.

Saint-André, H.-Rhin, arr. de Belfort, cant. de Delle, com. de Florimont. Prél., XI. I, 22, 32.

Saint-Aubin. Jura, arr. de Dôle, cant. de Chemin. II, 90.

Saint-Blaise. H.-Rhin, arr. de Mulhouse, cant. de Ferrette, com.
de Bettlach, Linsdorf et Oltingen. I, 22.
Saint-Dizier. II.-Rhin. arr. de Belfort, cant. de Delle. I, 34.
Saint-George. I, 34.
Saint-Hippolyte, Saint Ypolyte. Doubs, arr. de Montbéliard, chef-l.
de cant. I, 10, 84, 85. II, 64, 65, 66, 69.
Saint-Imier (Val de). Suisse, cant. de Berne, distr. de Saint-Imier.
I, 26.
Saint-Jacques, Sant Jockob. Près Bâle. I, 13, 62, 76, 93, 94, 98.
Saint-Ursanne. Sanctus Ursicinus. Suisse, cant. de Berne, distr.
de Porrentruy. I, 7, 38, 43, 52, 84.
Sainte-Suzanne. Doubs, arr. et cant. de Montbéliard. I, 34.
Salins. Jura, arr. de Poligny, chef-l. de cant. II, 13, 18.
Saligney. V. Cernay.
Salsgau. Pays comprenant la vallée haute et les vallées des af-
fluents de la Birse. I, 56, 58.
Sarinnie. V. Cernay.
Sausenberg, Suzemberg. Grand duché de Bade, bailliage de
Müllheim, territ. de Malsburg. Prél., xvii.
Savrenei. V. Cernay.
Schaffouse, Scafusa. Suisse, chef-l. de cant. II, 10, 11.
Schauenberg, Schowenberg. H.-Rhin, arr. de Belfort, cant. de
Massevaux, com. de Dolleren (Alsace-Lorraine) ou arr. et cant.
sud de Mulhouse, com. de Niedermorschwiller. II, 108.
Schlestadt. Bas-Rhin, chef-l. d'arr.. I, 8, 9.
Schlossberg (Le). Suisse, cant. de Berne, près la Neuveville, au
lac de Bienne. I, 26.
Schœnthal. Suisse, cant. de Bâle-Campagne. I, 59.
Schowenberg. V. Schauenberg.
Schwartzwald. V. Forêt-Noire.
Schweighausen. II.-Rhin, arr. de Colmar, cant. de Guebwiller,
com. de Lautenbach. I, 29.
Schweizerlandt. V. Suisse.
Seclimguen. Sekchingen. V. Sæckingen.
Semberg, Seneberg ? II.-Rhin, arr. de Mulhouse, cant. d'Altkirch,
colline à Illfurth, Luemschwiller et Tagolsheim. II, 91.
Sempach. Suisse, cant. de Lucerne. I, 66, 78.
Sennheim. V. Cernay.
Seppois, Sept. H.-Rhin, arr. de Mulhouse, cant. d'Hirsingen. I, 32,
34.
Seve. Sewen. H.-Rhin, arr. de Belfort, canton de Massevaux
(Alsace-Lorraine). II, 91.
Siciles (Deux). Beder-Beyder-Sicilien. Royaume. Passim.
Sisgau. Suisse, cant. de Bâle-Campagne. I, 56, 57, 59.
Soies. V. Soye.
Souabe. I. 8, 62.
Soppe. V. Sultzbach.
Soleure, Solottern, Suisse, chef-l. de cant. I, 8, 60, 97. II, 48.
Sornegau. Pays de la Sorne, affluent de la rive gauche de la
Birse, au val de Delémont. I, 58.
Souerches. Souhars. V. Suarce.
Soultz, Sultz. Sulz. H.-Rhin, arr. de Colmar, chef-l de cant. II,
108, 119, 137, 139.
Soye. Soies. Doubs, arr. de Baume-les-Dames, cant. de l'Isle-sur-
le-Doubs. II, 90.

Spape. V. Spechbach.
Spechbach, Spape, *Spechtbach*, H.-Rhin, arr. de Mulhouse, cant.
d'Altkirch. I, 29, 76, 93, 97, II, 76.
Spiegelberg. V. Muriaux.
Spire. Palatinat. I, 91.
Staffelfelden. H. Rhin, arr. de Belfort, cant. de Cernay (Alsace-
Lorraine). I, 49.
Stattegg, Stadegg. Autriche. Styrie. II, 6.
Stauffenberg. Stouffemberg. Grand duché de Bade. Bailliage de
Rastatt. I, 9, 84, II, 43, 46.
Stein, Stain. Suisse, cant. de Schaffouse, sur le Rhin. II, 109.
Stein près Rheinfelden. La Pierre de Rinvelle. Lapis. II, 101, 104,
117.
Steinbach. H.-Rhin, arr. de Belfort, cant. de Cernay (Alsace-Lor-
raine). II, 101, 104.
Steyr. V. Styrie.
Stouffemberg. V. Stauffenberg.
Strasbourg. Alsace. I, 8, 9, 36, 60, 61, 78, 89, 90.
Styrie, Steyr, Stire. Autriche. Duché. Passim.
Suarce, Souerches, Souhars, Schwertz. II.-Rhin, arr. de Belfort,
canton de Delle. I, 18, 28, 32, 33, 39, 46, 48, 50, 51. II, 59, 60,
112, 113, 114, 115, 156, 158.
Forêt de. II, 141.
Suisse, Schweizerlandt, Souhychrych. Prél., xv. I, 16, 57, 67. II,
125.
Sultz. V. Soultz.
Sultzbach. Soppe, H.-Rhin, arr. de Belfort, cant. de Massevaux
(Alsace-Lorraine). I, 48, 49. II, 108.
Sulz. V. Soultz.
Sundgau, Sunggew, Sunggow, Suntgaw. Primitivement toute la
Haute-Alsace, réduit en dernier lieu à peu près aux arrondisse-
ments actuels de Belfort et de Mulhouse. Prél., ii, viii. I, 9, 18,
40, 62, 63, 78, 92, 96, 107. II, 23, 31, 62, 131, 132, 134, 135.
Susse, Süssen Burn? Ht-Rhin, arr. de Colmar, cant. et com. de
Guebwiller. II, 90.
Suzemberg. V. Sausenberg.
Talant, Talend. Côte-d'Or, arr. et cant. nord de Dijon. I, 42.
Tanne. V. Thann.
Tattenried. V. Delle.
Tettnang. Wurtemberg, sud de Ravensburg, sur le lac de Cons-
tance. I, 33.
Thann, Tanne, Thanne. H.-Rhin, arr. de Belfort, chef-l. de cant.
(Alsace-Lorraine). I, 29, 44, 51, 110, 111 ; II, 16, 20, 21, 45, 101,
104, 106. 108.
Therwil, Suisse, cant. de Bâle-Campagne, sud de Bâle. I, 58,
59, 60.
Thiancourt. H.-Rhin, arr. de Belfort, cant. de Delle. Prél., ix. I,
28, 34.
Thierstein, Thierstain, Thierstaing, Tierstain, Tierstein. Suisse,
cant. de Soleure, distr. de Dornach-Thierstein, com. de Büsse-
rach. I, 7, 56, 59, 96.
Tirol, Tiroll. V. Tyrol.
Tonnerrois. II, 61.
Traubach, Troubach. H.-Rhin, arr. de Belfort, cant. de Dannema-
rie. (Alsace-Lorraine) I, 49, 111.

TABLE DES MATIÈRES

mont, demandeurs, au sujet du droit de la seconde herbe. Après
1751.. 160

TABLES

IMPRIMERIE BARBIER-MARILIER, DIJON

Préliminaires, page xvi, note 1, ligne 4, geschichtsforschenden.

Première partie, page 87, note 2, ligne 2, kurtz.

Deuxième partie, page 3, ligne 11. mocht : ligne 13, mit.

Extrait de la *Revue Bourguignonne de l'Enseignement supérieur*

www.ingramcontent.com/pod-product-compliance
Lightning Source LLC
Chambersburg PA
CBHW051233050726